**A experiência
nacional**

*Flávio Limoncic e Francisco Carlos
Palomanes Martinho (Organizadores)*

A experiência nacional

Identidades e conceitos de nação na África, Ásia, Europa e nas Américas

1ª edição

CIVILIZAÇÃO BRASILEIRA

Rio de Janeiro
2017

Copyright © dos organizadores Flávio Limoncic e Francisco Carlos Palomanes Martinho, 2017

CIP-BRASIL. CATALOGAÇÃO NA PUBLICAÇÃO SINDICATO NACIONAL DOS EDITORES DE LIVROS, RJ

Limoncic, Flávio
L714e A experiência nacional: identidades e conceitos de nação na África, Ásia, Europa e nas Américas/Flávio Limoncic, Francisco Carlos Palomanes Martinho. – 1ª ed. – Rio de Janeiro: Civilização Brasileira, 2017.
448 p.; 25cm.

ISBN: 978-85-200-1271-0

1. Identidade social. 2. Identidade (Conceito filosófico). I. Martinho, Francisco Carlos Palomanes. II. Título.

16-38729

CDD: 302.54
CDU: 316.37

Todos os direitos reservados. É proibido reproduzir, armazenar ou transmitir partes deste livro, através de quaisquer meios, sem prévia autorização por escrito.

Texto revisado segundo o novo Acordo Ortográfico da Língua Portuguesa.

Direitos desta edição adquiridos pela
EDITORA CIVILIZAÇÃO BRASILEIRA
Um selo da
EDITORA JOSÉ OLYMPIO LTDA.
Rua Argentina, 171 – Rio de Janeiro, RJ – 20921-380 –
Tel.: (21) 2585-2000

Seja um leitor preferencial Record.
Cadastre-se e receba informações sobre nossos lançamentos e nossas promoções.

Atendimento e venda direta ao leitor:
mdireto@record.com.br ou (21) 2585-2002

Impresso no Brasil
2017

Sumário

APRESENTAÇÃO   **7**

1. Contestação e nacionalismo em Angola   **11**
   Andrea Marzano e Marcelo Bittencourt

2. A Primeira Guerra e o Brasil   **51**
   Lucia Lippi Oliveira

3. Estado, imigração e imaginação nacional nos Estados Unidos
   das primeiras décadas do século XX   **79**
   Flávio Limoncic

4. Portugal e as questões do nacionalismo e da cultura autoritária   **105**
   Francisco Carlos Palomanes Martinho

5. Guerra e nação: imagens do inimigo e mobilização
   patriótica na Guerra da Espanha   **125**
   Francisco Sevillano Calero (Tradução de Ana Luiza Libânio)

6. O Estado-Nação e a questão nacional no Canadá   **157**
   Michel Bock (Tradução de Clóvis Marques)

7. Nação e nacionalismo na Grécia a partir da
   Primeira Guerra Mundial   **195**
   Eugénia Palieraki (Tradução de Clóvis Marques)

8. A queda da Áustria-Hungria e suas consequências
no nacionalismo na Hungria   231
Ágnes Judit Szilágyi (Tradução de Ana Luiza Libânio)

9. À procura de uma nova identidade italiana: a definição
do pensamento nacionalista na passagem do
século XIX para o XX   243
Goffredo Adinolfi (Tradução de Bernardo Romagnoli Bethonico)

10. Nacionalismos alemães: do liberalismo ao
nacionalismo excludente   279
Luís Edmundo de Souza Moraes

11. Nações e nacionalismo na Rússia desde 1914   311
Angelo Segrillo

12. O "nacionalismo dos nacionalistas" na França desde 1914   331
Olivier Dard (Tradução de Clóvis Marques)

13. Uma nação sem Estado: a Palestina dos palestinos   353
Leonardo Schiocchet

14. Entre as tensões do europeísmo e a questão nacional:
diagnósticos e deslocamentos temáticos na imprensa
argentina diante do início da Primeira Guerra Mundial   385
Emiliano Gastón Sánchez (Tradução de Ana Luiza Libânio)

15. Uma breve história da República Popular da China   409
Lorenz Bichler (Tradução de Ana Luiza Libânio)

SOBRE OS AUTORES   443

Apresentação

Jules e Jim, membros da irmandade internacional de boêmios da Europa da *belle époque*, eram amigos inseparáveis. Eram, também, austríaco – o primeiro – e francês – o segundo. Por isso, lutaram em trincheiras opostas na Grande Guerra.

Novikov e Guetmanov, pelo contrário, lutaram lado a lado nas fileiras do Exército Vermelho. Sentiam-se irmanados pela tradição internacionalista do marxismo. No entanto, no front de Stalingrado, entabularam o seguinte diálogo:

– Talvez devêssemos nomear temporariamente o major Bassangov – sugeriu Novikov. – É um comandante sensato, que tomou parte nos combates de tanque na área de Novograd-Volínksi. O comissário de brigada tem alguma objeção?

– Claro que não – contestou Guetmanov –, quem sou eu para ter objeções... Mas tenho uma consideração a fazer: o subcomandante da segunda brigada, o tenente-coronel, é armênio, seu chefe de Estado-Maior será calmuco, e, além disso, o chefe de Estado-Maior da terceira brigada é o tenente-coronel Lifchitz. Será que não podemos passar sem o calmuco?

Shmuel Asch e Guershom Wald não lutaram as duas primeiras guerras oriundas do nascimento do Estado de Israel, mas, em uma conversa no fim dos anos 1950, disseram as seguintes palavras:

A EXPERIÊNCIA NACIONAL

Shmuel declarou:

– Na Operação Sinai de 1956, o seu Ben Gurion amarrou Israel ao rabo de duas potências colonialistas destinadas ao ocaso e à decadência, a França e a Inglaterra; com isso, só aprofundou o ódio árabe a Israel e convenceu definitivamente os árabes de que Israel é um enxerto estranho à região, um instrumento a serviço do imperialismo mundial.

– Mesmo antes da operação Sinai, esses seus árabes não morriam de amores por Israel, e até mesmo... – disse Wald.

Shmuel interrompeu o velho:

– E por que haveriam de gostar de nós? Por que, realmente, você acha que os árabes não têm o direito de se opor com todas as suas forças a estrangeiros que chegaram de repente aqui, como vindos de outro planeta, e tiraram deles seu país e sua terra, campos e aldeias e cidades, os túmulos de seus antepassados e o patrimônio dos seus filhos? Nós contamos a nós mesmos que viemos para o país só "para construir e sermos construídos por ele", para "renovar nossos dias para serem como antigamente", para redimir a pátria dos nossos ancestrais etc., mas diga-me você se existe um único povo em todo o mundo que receberia de braços abertos uma invasão repentina como essa de centenas de milhares de estrangeiros, e depois também de milhões deles, que aterrissaram aqui vindo de grandes distâncias e tendo na boca a estranha alegação de que os livros sagrados deles, que trouxeram com eles dessas distâncias, prometem a eles, e somente a eles, o país inteiro?

Este livro não possui a liberdade narrativa proporcionada por obras de ficção como *Jules e Jim* (1962), filme de François Truffaut, e os livros *Vida e destino* (finalizado em 1960, publicado em 1980), de Vassily Grossman, e *Judas* (2014), de Amós Oz. E, no entanto, seu tema central é o mesmo que serve como cenário das cenas descritas: a nação e o Estado-Nação, que se fizeram palco de dramas individuais e coletivos ao longo do século XX.

Ainda que buscando evitar o "ídolo das origens", apontado por Marc Bloch como um risco no qual se perdem muitos historiadores, é possível apontar a Paz de Westfalia, de 1648, como o momento em que o moderno sistema de Estados ganhou seus contornos principais.

APRESENTAÇÃO

Já a ideia de nação talvez seja de mais difícil datação. De Antony Smith, que entende a nação como um fenômeno da longa duração, a Eric Hobsbawm, Ernst Gellner e Benedict Anderson, que a entendem como um fenômeno da modernidade, inúmeros enfoques, tendências e cronologias podem ser identificados. O que não resta dúvida é que ao longo dos séculos XIX e XX, o Estado-Nação, ou seja, aquela forma de Estado que busca exercer, entre outros monopólios, também o da identidade nacional, tornou-se a forma básica de organização política de territórios e populações em todos os continentes.

Assim como Jules e Jim, Novikov e Guetmanov, Shmuel Asch e Guershom Wald, que, no plano ficcional, viveram em momentos e lugares diferentes, este livro tem o propósito de pensar o fenômeno nacional, e suas intrincadas relações com os Estados, em diferentes lugares e momentos ao longo dos séculos XIX e XX.

Tal propósito se explica em razão do fato de que muito embora novas identidades tenham surgido na arena política – mulheres, negros, homossexuais, ambientalistas etc. –, muitas delas com forte dimensão transnacional, a nação continua sendo uma categoria e uma experiência vívida central para a compreensão desse início de século XXI, tanto quanto o foi no princípio do XX.

Os textos aqui reunidos buscam pensar a questão nacional com ampla abrangência teórica e cronológica. Lucia Lippi analisa os impactos da Primeira Guerra no Brasil a partir da identidade nacional e das transformações modernizadoras no país; Goffredo Adinolfi discute o caso italiano com ênfase na questão do fascismo; Flávio Limoncic centra suas reflexões nos Estados Unidos da Era Progressista, temporalidade que converge com o estudo de Emiliano Gastón Sánchez para a Argentina; Angelo Segrillo traça um amplo painel da questão nacional russa, assim como Lorenz Bichler o faz para a China e Eugénia Paliekari para a Grécia; Luís Edmundo realiza uma reflexão sobre as bases do nacionalismo alemão, construídas ainda no século XIX, ao passo que Andrea Marzano e Marcelo Bittencourt iniciam no século XIX e entram pelo XX para pensar a questão nacional em Angola. Francisco Sevillano Calero faz um corte mais preciso, pensando a Espanha durante a guerra civil, ao passo que Ágnes Judit Szilágyi considera os impactos

9

A EXPERIÊNCIA NACIONAL

da queda da Áustria-Hungria no nacionalismo húngaro. Michel Bock avalia as especificidades de um país bilíngue, como o Canadá, ao passo que Leonardo Schiocchet centra seus estudos na única nação entre as aqui elencadas que não possui seu próprio Estado-Nação, a Palestina. Francisco Martinho discute o impacto da Grande Guerra para a unidade da extrema direita portuguesa e a desagregação da Primeira República. Olivier Dard faz uma análise das continuidades e descontinuidades da direita francesa entre a Grande Guerra e o surgimento da Frente Nacional no fim do século XX.

Enquanto estas páginas foram escritas, homens, mulheres e crianças continuaram, e continuam, a matar e a morrer por suas nações. Com tal livro, esperamos contribuir para o que Eric Hobsbawm apontava como uma das tarefas fundamentais do historiador no início do século XXI, qual seja, a de desmistificar as ideologias nacionalistas, entendendo as nações não como dados, mas como construções; não como essências genéticas, biológicas ou espirituais, mas como fenômenos históricos.

Flávio Limoncic e
Francisco Carlos Palomanes Martinho

1. Contestação e nacionalismo em Angola

Andrea Marzano e Marcelo Bittencourt

Introdução

Entre 1886 e 1887, José de Fontes Pereira redigiu 13 artigos, com o título "A independência de Angola", para o periódico luandense *O Futuro d'Angola*. O eminente jornalista *filho da terra* criticava duramente a administração portuguesa, ameaçando as autoridades com a ideia de uma possível independência da colônia. A subalternização dos chamados filhos da terra, no entanto, prosseguiria, bem como o movimento reivindicativo por eles protagonizado.

A partir de 1926, a ditadura do Estado Novo sufocou as suas vozes contestadoras, construindo a empresa colonial com base numa crescente presença de colonos. Seriam necessárias algumas décadas para que a ideia de independência voltasse a circular em Angola, ainda que de forma clandestina, mas definitiva. Nos anos 1950, o enfrentamento anticolonial, bem como diferentes concepções de nação angolana, ganhariam corpo.

Nos anos 1970 e, sobretudo, nas décadas seguintes, alguns autores refletiram sobre a contestação urbana em Angola, entre o fim do século XIX e o início do Estado Novo, definindo-a como protonacionalismo.[1] Outros buscaram reforçar as diferenças entre duas grandes fases da contestação angolana.[2] Na primeira, teríamos o protagonismo de filhos da terra em críticas diretas, incisivas, à forma assumida pela dominação colonial em Angola, particularmente no que dizia respeito às medidas que levavam à sua subalternização. Já na segunda fase, a partir de meados do século XX, a ideia de independência se tornaria central, e as massas seriam crescentemente convocadas a participar.

Nosso objetivo é discutir as tensões geradas pela presença colonial portuguesa, especialmente em ambiente urbano e, ainda mais particularmente, em Luanda, nesses dois momentos da história angolana. Buscaremos explicitar, em cada um deles, as diferentes formas de contestação à dominação colonial.

Contestação urbana à forma de dominação colonial

A abordagem da contestação urbana à dominação colonial em Angola envolve, necessariamente, a compreensão do processo de formação dos agentes sociais envolvidos em suas primeiras manifestações. A precocidade da presença portuguesa em Luanda, remontando ao fim do século XVI, e a fragilidade numérica dos europeus, que permaneceria pouco alterada até a segunda metade do século XIX, propiciaram a consolidação de um segmento privilegiado de filhos da terra. Dedicando-se ao comércio atlântico de escravos ao longo dos séculos XVII, XVIII e parte do XIX, ocupando cargos na restrita administração colonial, no Exército e no clero, africanos negros e mestiços que dominavam códigos culturais europeus distanciaram-se, política, econômica e culturalmente, da massa de nativos considerados incivilizados, sujeitos à escravidão e, após a sua ilegalidade, a diferentes formas de trabalho forçado.[3]

Marcado pelo discurso de igualdade entre os habitantes do império, o liberalismo português do século XIX reconheceria à população colonial os direitos e deveres da cidadania portuguesa. Afirmava-se, assim, que os portugueses da Europa, da África e da Ásia teriam suas vidas reguladas pelas leis da metrópole. Se o discurso e a legislação liberais permitiram que o segmento privilegiado de filhos da terra fosse incorporado, mediante a adoção dos códigos culturais europeus, nos quadros da cidadania portuguesa, a maioria da população nativa, dividida em línguas, culturas e organizações sociais próprias, permaneceria em uma situação jurídica indefinida. Pautado em uma ideia abstrata de igualdade, o liberalismo português silenciava a respeito de realidades concretas, cotidianas, especificamente coloniais, como a escravidão, o trabalho forçado, as diferenças culturais e o racismo.

Em 1821, os liberais estenderam às colônias o direito de voto, o que permitiu que colonos e filhos da terra passassem a escolher seus representantes para o Parlamento, em Lisboa.[4] Os candidatos a deputado eram apontados previamente pelo governo da metrópole, e as eleições em Angola eram marcadas pelo desinteresse e pelas acusações de fraudes. Apesar das limitações desse quadro formal, é possível que ele tenha favorecido o amadurecimento de críticas à ação política de ministros, deputados e, no plano local, de governadores.

Os silêncios do liberalismo, bem como as distâncias entre o discurso metropolitano e as vivências coloniais, abririam espaço para uma nova geração de militares que, com experiência no terreno, a partir do fim do século XIX se tornariam ideólogos do regime colonial e seriam responsáveis por uma considerável inflexão nas proposições metropolitanas para as colônias. Para esses intelectuais, dos quais Antônio Ennes e Mousinho de Albuquerque seriam notáveis exemplos, os habitantes do império não eram todos iguais. Os africanos eram incivilizados, resistentes ao trabalho, precisavam ser submetidos a leis específicas. E cada colônia diferia, em suas potencialidades e desafios, não apenas da metrópole, como também das demais. Como consequência dessa afirmação, esses intelectuais defendiam a autonomia das colônias, particularmente no terreno legislativo. Podendo ser confundido com o respeito às diferenças, o discurso da *geração de 1895* respondia a uma série de especificidades da experiência colonial: o objetivo de exploração da mão de obra africana, a crença na sua inferioridade racial e cultural e, enfim, o fato de que a maioria dos nativos não via vantagens no trabalho para os europeus.

Antes mesmo que as propostas da geração de 1895 se materializassem em leis, os filhos da terra começaram a manifestar, sobretudo na imprensa, sua insatisfação com os rumos da dominação colonial em

Angola. Seu descontentamento devia-se à subalternização que vinham sofrendo em decorrência do aumento do número de colonos europeus, que tendiam a tomar para si os melhores cargos públicos, a expropriar as melhores terras e, enfim, a concorrer com esses nativos na exploração do trabalho dos chamados *indígenas*.[5] O jornal mais representativo dos interesses dos filhos da terra foi O *Futuro d'Angola*. E seu mais aguerrido jornalista foi o *angolense*, como também se designavam os filhos da terra, José de Fontes Pereira. Nascido em Luanda em 1823, Fontes Pereira foi advogado provisionário e também colaborou regularmente para outros jornais, como O *Cruzeiro do Sul*, O *Arauto Africano*, O *Mercantil* e O *Pharol do Povo*.

Entre 30 de setembro de 1886 e 22 de junho de 1887, Fontes Pereira publicou, n'O *Futuro d'Angola*, uma série de 13 artigos denominada "A independência d'Angola". Os artigos eram uma resposta a 11 textos publicados n'O *Mercantil*, também de Luanda, defendendo a ideia de que o domínio português convinha aos povos da colônia, por civilizá-los. O articulista d'O *Mercantil* teria argumentado, segundo Fontes Pereira, que faltava ilustração aos povos de Angola, para que pudessem projetar e manifestar o desejo de se livrar do domínio português. Ironicamente, teria afirmado que a ideia da emancipação era a ordem do dia em toda a colônia, e que pairavam dúvidas sobre se os povos de Angola iriam preferir um monarca estrangeiro, o rei do Congo, a rainha Ginga ou o regime republicano. O articulista teria questionado, ainda, quem poderia ser o novo presidente de uma possível República, perguntando "onde [estariam] os homens abastados e científicos que devem ocupar os cargos e dirigir a administração do novo Estado, como foram encontrados por ocasião de se levar a efeito a independência do Brasil".[6] Para os que, na sua opinião "em pequeno número", indicavam na imprensa os caminhos para a emancipação, teria afirmado que "o governo português é tão benéfico que tem permitido aos nativos a ascensão em todos os ramos da pública administração".[7]

Nos artigos de Fontes Pereira, são expostas críticas à má administração da colônia,[8] destacando-se que Portugal não tem feito nada pela sua civilização[9] e, particularmente, pela instrução dos indígenas.[10] Diante da ineficácia civilizadora da metrópole, Angola teria "o direito de sacudir o jugo que a oprime e esfacela, e escolher quem, sem a sub-jugar (...) lhe dê toda a proteção para o seu desenvolvimento moral e intelectual".[11]

A ameaça de que os filhos da terra buscariam "um outro protetor" não apenas reforçava a crença na superioridade da cultura de origem europeia, como também assumia um sentido muito especial, em um momento em que diferentes países europeus concorriam pelo domínio de regiões do continente africano. Por outro lado, fica evidente, em tal ameaça, o reconhecimento da fragilidade dos filhos da terra que, diante de uma massa de indígenas, teriam dificuldades para construir uma nação *civilizada*.

Fontes Pereira estabelece uma comparação entre a colonização de Angola e a do Brasil.[12] Promovendo a civilização e a instrução, Portugal teria preparado o Brasil para a emancipação e para a manutenção de relações fraternas após a independência. Em Angola, ao contrário, o descaso das autoridades, ao longo de 400 anos, autorizaria seus habitantes a trabalhar pela emancipação.[13] O Brasil aparece, ainda, como responsável pela falta de desenvolvimento de Angola, por ter enriquecido com os braços dessa colônia, arrancados por meio do comércio atlântico de escravos.[14] O mesmo estaria acontecendo, na sua opinião, com São Tomé, para cujas roças eram deslocados traba-lhadores de Angola.[15]

Os portugueses aparecem, nos artigos, como os únicos responsáveis pelo comércio atlântico de escravos, bem como pela sua manutenção apesar da ilegalidade.[16] Ao apresentar o tráfico como obra dos euro-peus, Fontes Pereira desconsidera a participação histórica de filhos da terra em tal comércio. Referindo-se às práticas de seu tempo, o jornalista critica a manutenção do "comércio da escravatura" com aprovação das autoridades, mencionando, particularmente, a trans-ferência de serviçais para as roças de São Tomé, em transações disfar-çadas de resgate de prisioneiros de guerras entre diferentes sociedades africanas.[17] Para Pereira, a retirada de trabalhadores compromete, pela carência de mão de obra, o progresso de Angola.[18] Por esse motivo, o jornalista defende que, no lugar dos de Angola, sejam enviados nativos da ilha de Palmas para as plantações de São Tomé.[19]

A EXPERIÊNCIA NACIONAL

Fontes Pereira estabelece comparações entre o passado e o presente, afirmando que, até o século XIX, os colonos se esforçavam para instruir os indígenas, tendo-os como parceiros e preparando-os para a ocupação de cargos públicos. Para reforçar essa afirmação, apresenta, inclusive, uma relação de africanos "pretos" e "mulatos", que foram educados na colônia e ocuparam cargos de prestígio.[20] O avanço da instrução primária é, aliás, uma de suas reivindicações, embora ele concorde em deixar para um segundo momento o desenvolvimento da instrução secundária.[21]

O jornalista distingue, claramente, a colonização portuguesa em duas épocas. Para Pereira, a monarquia absoluta fez mais pela civilização de Angola do que a monarquia liberal.[22] Nesse sentido, enumera realizações positivas de capitães-mores à época da monarquia absoluta[23] e feitos negativos das autoridades do período liberal.[24] Além de criticar diretamente governadores-gerais nomeados pela metrópole no tempo da monarquia liberal,[25] Fontes Pereira apresenta uma listagem de filhos da terra, brasileiros e europeus assassinados na colônia por ordem ou com a conivência das autoridades na década de 1830.[26] Suas principais críticas são voltadas à questão da ocupação dos cargos públicos. Para o estudioso, as autoridades metropolitanas usam Angola como local de despejo de funcionários, seus afilhados e protegidos, que não conseguiriam posição semelhante no reino.[27] Assim, define os funcionários enviados pela metrópole como *pássaros de arribação*,[28] que inclusive aproveitariam sua posição para desviar, para si, recursos da colônia.[29] Fontes Pereira chega a comparar os *filhos de Angola*, negros, mestiços e até brancos, que seriam honestos na ocupação dos cargos públicos, com os funcionários enviados da metrópole,[30] que seriam, além de desonestos, despreparados.[31]

O jornalista menciona, em particular, o decreto de 27 de dezembro de 1877, que "monopoliza as nomeações de funcionários que devem servir nas colônias", e o decreto de 29 de novembro de 1883, "que manda abrir concurso na repartição do ultramar para a nomeação dos escrivães de 1ª e 2ª instância das comarcas dessas colônias".[32] Assim, defende que europeus nomeados na metrópole estariam "roubando" os cargos até então ocupados por filhos da terra,[33] prejudicando,

CONTESTAÇÃO E NACIONALISMO EM ANGOLA

também, *residentes*, que seriam colonos estabelecidos há mais tempo, e, talvez, seus descendentes.[34] É nesse sentido que o autor defende a possibilidade de união entre filhos da terra e residentes, para juntos afastarem o jugo português.[35] Reforçando a valorização da civilização europeia e a ideia de que não se trata de um movimento antieuropeu, Fontes Pereira afirma que, com a emancipação e a República, Angola receberia europeus de todas as nações, que promoveriam, finalmente, o seu progresso.[36]

Logo no primeiro artigo da série, o jornalista critica uma lei da metrópole que proibia que os funcionários públicos nativos das províncias ultramarinas gozassem licenças no reino, como faziam os europeus. Na sua opinião, se a metrópole pretendia distinguir os nascidos no reino dos nascidos no ultramar, deveria abandonar estes últimos, deixando "ao seu [arbítrio] escolher um protetor, mas não um conquistador".[37]

Embora Fontes Pereira radicalize seu discurso a ponto de sugerir a independência de Angola, assumindo uma posição incomum até mesmo entre os angolenses, a centralidade que atribui à questão dos cargos públicos revela preocupações específicas com a situação dos filhos da terra, bem como um projeto político para o qual os indígenas não são, em geral, convidados a participar. Podemos perceber, nas entrelinhas do seu discurso, que uma possível nação angolana seria liderada por filhos da terra e por europeus residentes que se aliassem ao grupo. A substituição dos dirigentes não alteraria, de modo radical, a situação do conjunto da população, que, ainda considerada incivilizada, permaneceria encarada como mão de obra em potencial. Não por acaso, suas referências à transferência de indígenas para as roças de São Tomé são frequentemente acompanhadas da preocupação com a carência de trabalhadores resultante desse processo. No mesmo sentido, em um único artigo que critica a expropriação de terras dos *pretos livres* dos concelhos do leste, Fontes Pereira ressalta, exatamente, o despovoamento deste e dos outros concelhos, o que prejudicaria a agricultura e o comércio.[38]

Apesar dos limites de tal projeto político, Fontes Pereira, não por acaso no último artigo, dá "um passo à frente", referindo-se, através da menção a um texto publicado em *O Século*, de Lisboa, à possibi-

A EXPERIÊNCIA NACIONAL

lidade de união entre Angola e Moçambique para afastar o domínio português.[39] Isso não representa, entretanto, a ruptura definitiva com a ideia de um projeto político restritivo, por ser consequência direta dos descontentamentos e anseios de uma pequeníssima parcela *europeizada* da população nativa. Sobretudo porque, também em Moçambique, os filhos da terra sofreram subalternização e protagonizaram, no início do século XX, especialmente na capital Lourenço Marques, um movimento reivindicativo baseado na atividade jornalística e no associativismo.[40]

Mais radical do que a ameaça de união entre filhos de Angola e filhos de Moçambique foi a menção, no mesmo artigo, a uma série de revoltas indígenas que afastaram, em regiões específicas da colônia, o jugo português.[41] Sugerindo a possibilidade de união entre indígenas e filhos da terra pela independência de Angola, Fontes Pereira apresentava um argumento final a favor da melhoria das condições do pequeno segmento europeizado da população nativa. No entanto, seu discurso permanecia distante da realidade da maioria da população africana da colônia, dividida em línguas, culturas e regiões diferentes, sem grandes possibilidades de construção de uma identidade comum e, além disso, encarando os filhos da terra como exploradores e mesmo aliados dos europeus.

As críticas e reivindicações de filhos da terra, em fins do século XIX, não impediram a manutenção da sua subalternização. Ainda reagindo a essa situação, alguns dos seus principais intelectuais reuniram protestos no volume *A voz de Angola clamando no deserto*, publicado em 1901.

No interior do movimento dos filhos da terra, mas também em círculos mais restritos de colonos, adensaram-se, animadas por uma das facetas do discurso da geração de 1895, as reivindicações de autonomia legislativa, administrativa e financeira das colônias.[42] Tais reivindicações, que marcaram a primeira década do século XX, faziam parte do contexto de agitação republicana, expresso, em territórios coloniais, na formação de centros republicanos e lojas maçônicas em algumas cidades, que atraíram sobretudo colonos, mas também angolenses.

Entre 1904 e 1911, o número de núcleos maçônicos na colônia chegou a 11, difundindo os princípios republicanos. A primeira loja, denominada *Independência Nacional*, surgiu em Luanda em 1901.[43]

CONTESTAÇÃO E NACIONALISMO EM ANGOLA

Embora se conheça pouco sobre a maçonaria em Angola, é possível supor que o sugestivo nome desse núcleo fosse uma alusão à independência de Portugal frente às demais potências europeias ou, em outras palavras, à soberania nacional portuguesa. Assim, poderíamos aproximar o surgimento da maçonaria em Angola ao legado da revolta do Porto, ocorrida em 1891 e motivada, em parte, pelo Ultimato britânico, que pôs fim às pretensões portuguesas de ocupação das regiões entre Angola e Moçambique.[44]

As notícias da Proclamação da República, em 5 de outubro de 1910, aceleraram a atividade política nos núcleos republicanos da colônia. O objetivo era a organização partidária para a eleição de representantes de Angola no Parlamento – o qual viria a elaborar a primeira Constituição republicana. No mês seguinte, foi criado o Partido Reformista de Angola (PRA), com um programa voltado para a reestruturação da administração da colônia, com base no princípio da autonomia legislativa, orçamentária e fiscal. A proposta do PRA incluía, também, o prosseguimento da *missão civilizadora* de Portugal em relação às populações nativas. Não questionava, portanto, a ideia de que Angola era uma fração ou prolongamento da pátria portuguesa. O que não significava que os reformistas não aventassem a possibilidade de Angola tornar-se, um dia, independente, a exemplo do Brasil, podendo, nesse caso, manter-se como mercado privilegiado de Portugal.[45]

O PRA buscava conciliar objetivos metropolitanos com interesses, que tendiam cada vez mais a se tornar antagônicos, de colonos e filhos da terra. Embora fosse formado majoritariamente por colonos, o PRA convidava os angolenses, nas páginas do jornal *A Reforma*, a participar de seu projeto político.[46] A defesa da autonomia da colônia era, sem dúvida, o principal elemento de união entre as reivindicações de colonos e filhos da terra, já que estes também criticavam, no jornal *O Angolense*, a centralização administrativa, que teria efeitos perniciosos sobre a economia de Angola. O combate aos preconceitos de raça, essencial para que os colonos reformistas pudessem atrair o apoio dos filhos da terra, não impedia a presença de manifestações racistas no jornal *A Reforma*, evidenciando a ambiguidade e os limites da possível aliança entre os dois segmentos sociais.[47]

A EXPERIÊNCIA NACIONAL

Também tendo em vista as primeiras eleições do novo regime, republicanos de última hora formaram o Partido Republicano Colonial (PRC), que divulgava suas aspirações no jornal *Voz de Angola* e não se afastava muito das pretensões autonomistas do PRA.[48] Uma das diferenças entre os programas dos dois partidos era a defesa, pelo PRC, da introdução do ensino secundário na colônia, uma importante bandeira dos filhos da terra.

Em abril de 1911, os dois partidos começaram a indicar seus candidatos. Ambos tentaram, nas páginas da imprensa, atrair o apoio dos filhos da terra.[49] Nenhum dos dois obteve grande sucesso, apesar da vantagem conquistada pelo PRC, que indicou o angolense Aníbal Matoso da Câmara Pires, residente havia anos em Lisboa, como candidato pelo círculo de Luanda. Os candidatos reformistas saíram vitoriosos, e, em setembro de 1911, quando já estava quase concluída a discussão de questões que diziam respeito às colônias, tomaram posse os três novos deputados por Angola. Decidiu-se pela extinção do PRA em assembleia geral de 13 de fevereiro de 1912.[50] Quatro dias depois, como vimos, publicou-se o último número de *A Reforma*.

O PRA e o PRC canalizaram, até certo ponto e por pouco tempo, a contestação urbana à forma de dominação colonial, especialmente entre o segmento branco da população.[51] Assim como a maior parte dos filhos da terra, tais partidos rejeitavam os métodos e a ineficácia da dominação portuguesa. O que não se questionava, tanto entre colonos quanto entre filhos da terra, era a ideia de que os indígenas seriam fundamentais, como mão de obra, para o progresso da colônia. Os membros do PRC defendiam a imposição de um "imposto de trabalho", por certos dias ou meses do ano, para todos os indígenas. Esta seria, para esse grupo, uma medida educativa, que deveria ser mantida até que os indígenas fossem capazes de compreender o valor do trabalho.[52]

Embora expressassem insatisfações e fossem fruto de movimentos mais amplos de contestação, os dois partidos representavam a esperança, especialmente de colonos, em relação à República. Também os filhos da terra manifestaram suas expectativas com o novo regime. No dia 19 de novembro de 1910, enquanto uma grande aglomeração de pessoas se

CONTESTAÇÃO E NACIONALISMO EM ANGOLA

concentrava em frente ao palácio, foi entregue ao governador-geral uma "Mensagem dos Filhos de Angola", na qual 150 subscritores assumiram a responsabilidade de informar ao governo da República sobre os males da colônia e suas causas. Entre estas, destacaram o "ódio de raça", que criava uma "atmosfera de antipatia entre os cidadãos da mesma pátria". Defendendo o fim definitivo da escravatura, que continuava existindo apesar da legislação em contrário, afirmaram, ainda, que os "dois elementos – europeu e angolense –, igualmente portugueses, deviam agir no mesmo sentido e identificar as suas aspirações no bem da pátria comum". Apesar do apoio explícito ao novo regime, os filhos da terra, revelando a ambiguidade de sua posição social e política, ameaçaram veladamente as autoridades, afirmando que abririam mão do "sagrado" direito de insurreição contra a República.[53]

O impacto da República revelou-se, a curto prazo, decepcionante. É certo que sua instauração atendeu a uma grande aspiração de residentes e filhos da terra ao estabelecer, pelas leis de 15 de agosto de 1914, a autonomia política e financeira das colônias, conferindo largos poderes aos governadores-gerais. Tal processo teria continuidade na revisão constitucional de 1920, que criaria o cargo de alto comissário, eleito pelo Senado e dotado de grande independência em relação à tutela ministerial metropolitana. Apesar disso, os filhos da terra logo perceberiam que parte dos textos legais responsáveis pela sua subalternização eram oriundos não de Lisboa, mas dos poderes locais.

O governador-geral Norton de Mattos, na Portaria Provincial nº 43, de 26 de janeiro de 1913, definiu como *não indígenas* os naturais da província que sabiam "falar corretamente o português", exerciam "alguma arte ou profissão liberal", pagavam contribuições ou tinham "hábitos ou costumes europeus". Tal definição foi reafirmada pela Lei Orgânica de 15 de agosto de 1914.[54] Assim, a legislação da República consagraria, ao lado da definição jurídica do *indígena*, a figura do *assimilado*. As expressões máximas dessa política, já no Estado Novo, foram os decretos que estabeleceram o *Estatuto Político Civil e Criminal dos Indígenas de Angola e Moçambique*, de 1926, o *Código de Trabalho dos Indígenas nas Colônias Portuguesas de África*, de 1928, o *Estatuto Político Civil e Criminal dos Indígenas*, de 1929,

A EXPERIÊNCIA NACIONAL

e o *Estatuto dos Indígenas Portugueses das Províncias da Guiné, Angola e Moçambique*, de 1954. Este último, uma adaptação do primeiro, incluiu a descrição dos requisitos para que negros e mestiços fossem considerados *civilizados* ou *assimilados*, ganhando o direito à cidadania portuguesa.

Considerando-se que, na monarquia liberal, os nativos das colônias eram legalmente portugueses, a segmentação da população era, para os filhos da terra, um rebaixamento de estatuto. Essa situação seria agravada posteriormente, sobretudo no mandato de Norton de Mattos como alto-comissário, por documentos legais que negavam aos assimilados igualdade plena em relação aos europeus.[55]

Os filhos da terra continuaram se organizando em defesa de seus interesses. Entre 1910 e 1930, estiveram envolvidos em mais de uma dúzia de associações recreativas, culturais e de ajuda mútua. As mais conhecidas, a Liga Angolana e o Grêmio ou Centro Africano, foram oficializadas em 6 e 20 de março de 1913. Juntamente com os jornais nativos, a Liga Angolana foi fechada em 1922, sob acusação de conspiração separatista. Em 1925, foi autorizada a sua reconstituição, dando origem à fundação, em 1930, da Liga Nacional Africana. A inserção da expressão *nacional* em seu nome, por exigência do governo, seria uma alusão à nação portuguesa.

A formação de duas associações nativas, em 1913, revela a presença de hierarquias entre os filhos da terra. O Grêmio Africano, que alegadamente tinha apenas fins "instrutivos, educativos e recreativos", agrupava famílias nativas renomadas desde pelo menos o século XIX, que, apesar de relativamente subalternizadas, ainda ocupavam cargos médios na administração e se dedicavam ao comércio. A elas se juntavam, ainda, alguns europeus. Do ponto de vista das atividades políticas, o grêmio se manteve distante dos grandes confrontos que opuseram os filhos da terra às autoridades e aos colonos. A Liga Angolana, por sua vez, embora tivesse membros de famílias tradicionais do meio angolense, agregava uma maioria de sócios dos estratos mais baixos dos nativos civilizados. Eram mestiços mais escuros e negros, funcionários subalternos, empregados do comércio, operários e pequenos proprietários rurais. Aos objetivos "instrutivos e recreativos", a Liga agregava a defesa dos interesses e direitos dos associados. Não contemplava, em seu programa, a defesa da autonomia da colônia, e a maioria de seus dirigentes atuou moderadamente, reiterando a sua lealdade a Portugal e ao governo republicano.[56]

O associativismo de filhos da terra teve lugar, também, na metrópole, envolvendo indivíduos provenientes de diversas colônias. A mais importante dessas organizações foi a Junta de Defesa dos Direitos d'África (JDDA), criada em 1912 por santomenses, cabo-verdianos e angolanos. Por meio do jornal *Voz d'África* e, posteriormente, do *Tribuna d'África*, a JDDA defendia, em Portugal, a autonomia das colônias e a instrução das populações nativas em estabelecimentos de ensino nos moldes europeus, entre outras reivindicações.[57] Em 1919, a JDDA sofreu uma dissidência, possivelmente influenciada pelas divisões do movimento pan-africano internacional. Dois santomenses e um angolano formaram a Liga Africana, que passou a editar o jornal *Correio d'África*. Em 1921, a Junta foi reorganizada como Partido Nacional Africano, tendo como porta-voz o jornal *Protesto Indígena*.[58]

Ainda na década de 1910, em Angola, os filhos da terra foram acusados de fomentar revoltas indígenas no campo, contra a cobrança de impostos e a expropriação de terras, e mesmo de planejar movimentos de *mata brancos*, sofrendo prisões, perseguições e desterro. Em consequência de um desses episódios, ocorrido em Malange no início de 1914, ativistas da Liga Angolana foram desterrados e presos. Até mesmo um europeu foi implicado nos acontecimentos. Acusada de intenções separatistas, a Liga logo tratou de desmenti-las. Um de seus dirigentes, Manuel Inácio dos Santos Torres, reconheceu posteriormente na imprensa as dificuldades de obtenção da independência de Angola, que seriam motivadas, em parte, pelo fracasso da ação colonizadora portuguesa. Para Santos Torres, se Portugal tivesse sucesso em sua empreitada colonizadora, Angola poderia se tornar independente e manter os laços com a antiga metrópole, tornando-se, nessa relação, um novo Brasil.[59]

As declarações de Santos Torres revelam uma considerável continuidade em relação ao discurso de Fontes Pereira, expresso quase trinta anos antes, no que diz respeito às comparações com o caso brasileiro.

A EXPERIÊNCIA NACIONAL

Além disso, Santos Torres compartilhava com Fontes Pereira, pertencente a outra geração de filhos da terra, o radicalismo incomum entre seus pares. Declarações relativas ao desejo de independência não eram frequentes entre os membros da Liga Angolana.[60]

No fim da Primeira Guerra Mundial e nos anos que se seguiram, o aumento da inflação, sobretudo em Luanda, gerou protestos de filhos da terra e de colonos, que reivindicavam aumentos salariais e denunciavam os comerciantes por abuso nos preços. Ocorreram manifestações e greves, das quais se destacaram a dos ferroviários dos caminhos de ferro de Ambaca, em 1918, e a dos funcionários públicos, em 1920. Embora tenham sido aparentemente liderados por europeus, tais movimentos favoreceram a hostilidade e as acusações contra os membros da Liga Angolana, apontados como incentivadores das greves operárias e dos assaltos a casas comerciais.[61]

O crescimento econômico de Angola, com base na produção de açúcar e café, e as dificuldades na Europa, relacionadas à vigência da Primeira Guerra Mundial, contribuíram decisivamente para o aumento da migração de portugueses para a colônia. Por volta de 1920, os colonos eram, no distrito de Luanda, quase 20 mil. A intensificação da presença de europeus, que concorriam com os filhos da terra pela ocupação dos cargos públicos, aprofundaria o processo de subalternização a que os últimos já vinham sendo submetidos.[62]

Em seu mandato como alto-comissário a partir de 1921, Norton de Mattos buscou promover a economia e o povoamento europeu. Nesse ano, a reorganização administrativa do funcionalismo público afastou os últimos nativos que ocupavam cargos locais relativamente importantes, como chefe de circunscrição e chefe de posto. Na mesma época, uma reforma dos corpos militares determinou que as *companhias indígenas* seriam comandadas exclusivamente por europeus. Mesmo para os cargos mais baixos exigia-se cada vez mais, dos nativos, a instrução secundária, restrita ao seminário de Luanda, às missões metodistas de Luanda e Malange e ao liceu de Luanda, fundado em 1919. Mattos introduziu, ainda, a diferenciação racial no funcionalismo público, por decreto de 19 de maio de 1921, formalizando a remuneração diferenciada para europeus e africanos. Os nativos dos

CONTESTAÇÃO E NACIONALISMO EM ANGOLA

quadros inferiores foram alocados no Quadro Auxiliar, criado na ocasião, no qual só poderiam ascender a amanuenses de primeira classe. A partir dessa categoria, a única forma possível de promoção seria "por distinção". Tais medidas geraram uma onda de protestos dos filhos da terra.

A intensificação das expropriações de terras no mandato de Norton de Mattos e algumas medidas que mantiveram o trabalho forçado provocaram a eclosão, em 1921-1922, da Revolta do Catete, que mobilizou indígenas do campo.[63] Membros da Liga Angolana foram acusados de fomentar o protesto indígena e organizar um movimento armado contra a soberania portuguesa. Em fevereiro de 1922, a Liga Angolana e o jornal O *Angolense* foram fechados, ao mesmo tempo que se verificou uma sequência de perseguições, prisões e desterro de lideranças entre os filhos da terra.

As acusações feitas aos filhos da terra precisam ser problematizadas. Embora seja plausível supor que alguns dos membros desse grupo, manifestando-se contra as arbitrariedades dos colonos, tenham fomentado revoltas indígenas no campo, é pouco provável que o conjunto deles tenha buscado, em algum momento, promover um movimento de massas contra a dominação portuguesa. E mesmo que tivesse buscado, dificilmente teria conseguido. A identidade dos filhos da terra permanecia claramente distinta da dos indígenas. Estes, por sua vez, tendiam a desconfiar dos primeiros e, mais do que isso, a identificá-los com os colonos. A atuação de filhos da terra nos quadros da administração – bem como a posição de intermediários entre europeus e indígenas, ao longo do estabelecimento da dominação colonial – fazia que fossem vistos, com frequência, com distanciamento e hostilidade pelos africanos *não civilizados*. Vale lembrar, ainda, que a concorrência pela exploração do trabalho indígena, que tendia a opor colonos e filhos da terra, dificultava, também, a confiança da massa de africanos na pequena parcela europeizada da população nativa.

De todo modo, a intensificação da repressão parecia anunciar o futuro próximo. O fechamento político no Estado Novo, inaugurado em 1926, tenderia a silenciar a contestação angolense, provavelmente levando os filhos da terra a privilegiar o esforço individual para o

A EXPERIÊNCIA NACIONAL

reconhecimento como assimilados, nos quadros da legislação vigente. Tal situação perduraria até a década de 1940, quando ventos nacionalistas e independentistas começariam a agitar os ares da colônia.

Anticolonialismo e Nacionalismo

A instalação da Polícia Internacional de Defesa do Estado (Pide),[64] em Angola, em 1957, foi a manifestação mais contundente de que o regime colonial tinha em conta as mudanças ocorridas no cenário político local. A Pide foi acionada pelas autoridades portuguesas a fim de investigar a divulgação de panfletos anticoloniais clandestinos. As diversas organizações políticas que pululavam na capital angolana, responsáveis por tal divulgação, apesar de limitadas quanto à implementação de ações concretas, estavam crescendo em número e em adesões.

A Angola dos anos 1950 tinha mudado bastante em relação aos primeiros anos do século XX. A intensificação da presença portuguesa foi, antes de tudo, física, principalmente quando comparada ao padrão anterior. A população branca da colônia saltou de 9.198 indivíduos em 1900, o equivalente a 0,2% da população total, para 44.083 em 1940, ou 1,2% da população total, chegando aos surpreendentes 172.529 em 1960, algo em torno dos 3,6% do total.[65]

A legislação e a ação das autoridades coloniais, por sua vez, buscariam atender às demandas dessa crescente migração, concentrando-se na imposição do trabalho aos indígenas e na negação do direito de propriedade aos africanos. As expropriações de terras continuaram a ocorrer, bem como a restrição das oportunidades para os descendentes dos filhos da terra que, como vimos, haviam questionado, mais de meio século antes, o formato da dominação colonial.

Se a presença e, consequentemente, a pressão colonial estavam mais intensas, o mesmo não pode ser dito em relação ao discurso metropolitano acerca das suas colônias. A partir de 1951, Portugal passou a ter oficialmente províncias ultramarinas, e não mais colônias. A mudança de designação estava inserida em uma estratégia de diferenciação entre o colonialismo português e os demais colonialismos europeus, confrontados desde o imediato pós-Segunda Guerra com os desejos e as lutas por independência na Ásia. A estratégia governamental adotaria Gilberto Freyre como seu defensor, promovendo seu "lusotropicalismo" como a melhor demonstração da "peculiaridade" portuguesa.

A colonização havia gerado uma novidade no tecido social angolano. Entre os descendentes dos filhos da terra e os indígenas, ganhara espaço e consistência numérica uma camada de angolanos que, ao se afastar do trabalho obrigatório nas zonas rurais e se aproximar tanto dos pequenos empreendimentos industriais coloniais quanto das áreas urbanas, transformou-se num importante ator desse novo cenário de contestação anticolonial. Pela sua migração mais recente para as cidades, ainda que quase sempre para as periferias, esses agentes mantinham laços estreitos com as áreas rurais, não tinham o português como língua materna, eram negros e, tendo sofrido a discriminação racial de perto, percebiam os mestiços como privilegiados no mundo colonial.[66]

Apesar dos limites e dos obstáculos, a colonização tinha dado lugar a segmentos sociais angolanos diferenciados, mais visíveis nas áreas urbanas e em suas respectivas periferias. Ainda assim, nessas áreas, ao contrário de em outras regiões africanas, em especial na África Ocidental, não se constituiu, de fato, uma burguesia nativa. Negros e mestiços de maior destaque alcançaram a posição de professores, enfermeiros e funcionários públicos, mas não conseguiram controlar setores da produção, quer agrícola, quer industrial. Eram assalariados, mas, na comparação com os indígenas, obtinham pequenos privilégios, como seria o caso do acesso menos restrito às instituições de ensino.

Não seria de se estranhar, portanto, que alguns grupos pertencentes a tais segmentos intermediários olhassem com apreensão e buscassem distância tanto de ideologias horizontalizantes, como o socialismo e o comunismo, quanto de uma possível aproximação com os indígenas. Esse passo numa direção mais nitidamente nacionalista sempre foi o temor dos segmentos intermediários, enclausurados entre a arrogância colonial e a exploração do indigenato. A sociedade colonial, construída de forma hierárquica e racializada, deixara marcas profundas entre os africanos. A mudança de posição entre os mais receosos se processaria

A EXPERIÊNCIA NACIONAL

de forma lenta, com o correr da luta, quando se evidenciou que uma futura independência era uma possibilidade real.[67]

Sinais de mudança na forma de pensar e sentir em Angola foram dados já em fins dos anos 1940, com movimentos culturais que expressavam uma visão nacionalista, através da exaltação das diferentes línguas e dos diversos costumes presentes no território angolano, especialmente na literatura e na música, buscando sempre realçar o "patrimônio africano" da região.[68] Não se apresentava ainda um programa político de luta contra as autoridades coloniais, mas tais movimentos foram importantes na mobilização e conscientização daqueles que futuramente iriam encabeçar a luta anticolonial. Deles participavam jovens negros, mestiços e brancos, mergulhados no ambiente urbano e suburbano de Luanda, que deram seus primeiros passos no terreno das associações culturais[69] para, em seguida, desaguar na movimentação política subterrânea.[70]

Surge, então, uma nova cena de contestação e reivindicação, que será adensada nos anos 1950, assumindo contornos anticoloniais. Demonstrando íntima ligação com o clima geral de descolonização reinante na África e na Ásia, a movimentação política em Angola dava provas de que a estratégia colonial de blindar o território contra tais influências não resultara como o esperado.

A opção pela clandestinidade e pela luta armada na condução do embate anticolonial em Angola seria, em grande medida, resultante da intransigência do governo português. O autoritarismo e o sistema de partido único que moldavam o regime impediam o diálogo com outras forças políticas, não só nas colônias, mas também na metrópole. Ao contrário de várias colônias francesas e inglesas, nas quais os africanos conheceram a possibilidade de formar partidos políticos e conviver com uma relativa liberdade de imprensa,[71] as colônias portuguesas, desde 1926, não possuíam canais institucionalizados de comunicação entre colonizadores e colonizados, a não ser aqueles voltados para a legitimação do regime e da condição colonial.[72]

O resultado desse fechamento político se faria presente na década de 1950, quando teve início a organização de pequenos grupos de ação política clandestina, estabelecidos nas zonas urbanas e em suas

CONTESTAÇÃO E NACIONALISMO EM ANGOLA

periferias, em especial nos musseques[73] e nos bairros pobres, mas com ramificações que alcançavam trabalhadores e estudantes que circulavam pelo centro. A configuração desses grupos apontava para vínculos de solidariedade construídos nas relações familiares, na vivência comunitária religiosa, no trabalho ou, de forma mais diluída, no mesmo ambiente cultural. Esses filtros de diferentes ordens eram resultado, principalmente, do temor à perseguição pelas autoridades coloniais, limitando tais organizações a pouco mais de duas dezenas de militantes. A clandestinidade, indiscutivelmente, dificultava a arregimentação de novos quadros.

Todavia, o importante a ser destacado é que muitos desses grupos adotavam nomes que evidenciavam pretensões nacionais, apesar de estarem limitados a âmbitos locais. Esse seria o caso, entre outros, do Exército de Libertação de Angola (ELA), do Movimento de Independência Nacional de Angola (Mina), do Movimento de Libertação Nacional (MLN), do Movimento de Libertação Nacional de Angola (MLNA), do Partido Comunista Angolano (PCA) e do Partido da Luta Unida dos Africanos de Angola (Plua).[74]

O nacionalismo angolano, construído a partir de Luanda, conheceu uma fase inicial em que a certeza da luta pela independência não levava os correligionários a adotar uma determinada perspectiva nacional. As contradições estavam presentes, quer no tocante à escolha de quem iria comandar as ações a fim de se obter a tão sonhada libertação, quer quanto à definição de quem iria compor a nação a ser libertada. Para completar, também já era possível vislumbrar as futuras disputas quanto à forma de governo a ser adotada. Todavia, essas dúvidas não se constituíram como um obstáculo capaz de impedir a intensificação do confronto, nem mesmo o início da luta armada de libertação.[75]

Contrastando com os padrões da contestação do fim do século XIX e do início do XX, as novas organizações políticas angolanas, apesar de serem clandestinas e acanhadas em número de militantes e de se desdobrarem numa série de pequenas legendas, apresentavam uma nova postura, uma determinação inquestionavelmente anticolonial, independentista, nacional. Sonhavam em ser mobilizadoras e conscientizadoras. Pressupunham a participação dos indígenas, e não

A EXPERIÊNCIA NACIONAL

apenas de um pequeno segmento de descontentes com algumas leis e condutas coloniais. Eram, sobretudo, ativas. Afinal, suas atividades se iniciaram com a distribuição de panfletos e a realização de reuniões clandestinas e, em poucos anos, muitos de seus militantes passaram à luta armada.[76]

A criação do Movimento Popular de Libertação de Angola (MPLA) resulta, em grande parte, dessa movimentação luandense e do interior próximo à capital, sobrepondo-se, portanto, aos pontos mais antigos da colonização. Como outros movimentos de libertação africanos, o MPLA formou-se a partir de duas correntes: os que estavam na colônia – *os do interior* – e os que estavam na metrópole ou haviam passado recentemente por esse local – *os do exterior*.[77]

Em Luanda, as seguidas detenções da Pide, em 1959 e 1960, não só confirmaram que as ações de contestação eram realizadas e mobilizavam, particularmente, funcionários públicos, empregados do comércio, enfermeiros, estudantes, monitores agrícolas e operários, como também propiciaram os primeiros encontros entre diferentes grupos anticoloniais. Mais do que isso, os encarceramentos provocaram a desarticulação das redes clandestinas, dando força, na sequência, à ideia de se acionar vozes que estivessem no exterior e que pudessem divulgar a existência da luta anticolonial em Angola. É assim, a partir de contatos estabelecidos nas prisões luandenses, que o MPLA passa a agregar muitos dos militantes desses pequenos grupos políticos.[78]

A base de apoio e de consolidação do MPLA no exterior era formada, sobretudo, por estudantes que migraram para a metrópole em busca do diploma universitário, algo impossível na colônia pela inexistência de cursos superiores até 1964. Chegados a Portugal nos anos 1940 e 1950, esses jovens negros, mestiços e brancos, provenientes das diversas colônias portuguesas, logo sentiriam necessidade de criar locais de acolhimento e convivência, como a famosa Casa dos Estudantes do Império (CEI).[79]

Antes mesmo do ingresso no MPLA, muitos militantes da causa independentista angolana participaram, com africanos das demais colônias portuguesas, de um movimento que, de certa forma, mantinha uma postura unificada pelo colonizador, o Movimento Anticolonial

CONTESTAÇÃO E NACIONALISMO EM ANGOLA

(MAC).[80] Tendo origem na vivência no ambiente de contestação colonial da metrópole em função da aceleração do processo de independência na maioria das colônias francesas e inglesas, essa perspectiva acabaria sendo ultrapassada pelas lutas de libertação nacional desenvolvidas nos diferentes territórios.

Não obstante, foi também a partir dessa experiência comunitária ocorrida na metrópole que muitos desses jovens, que estavam na concepção e articulação do MAC e do MPLA, se aproximaram da esquerda estudantil portuguesa, mobilizada pelo Movimento de Unidade Democrática (MUD) e pelo Partido Comunista Português (PCP). Tal aproximação seria influente, ao mesmo tempo que já sinalizava para qual bloco de poder os quadros angolanos com esse percurso estavam direcionando suas atenções. A radicalização do cenário da Guerra Fria empurraria o MPLA para o campo de atuação e interesse dos países do Leste Europeu, ainda que a legenda optasse por não evidenciar essa filiação de forma mais explícita, a fim de não dar elementos para a campanha acusatória das autoridades portuguesas, segundo as quais as manifestações pela independência em Angola eram fruto da infiltração de "agentes do comunismo internacional".[81]

O contexto mundial da bipolarização, a sequência das independências africanas – assumindo rumos diferentes e muitas vezes divergentes –, bem como a dispersão das lideranças do MPLA por vários países, são aspectos fundamentais para o entendimento da forma como tomou corpo o projeto oficial de construção da nação angolana, que seria apresentado em seu Programa Maior.[82] O documento, que reivindicava a independência imediata e completa, espelhava essa fase inicial da luta e a gestação do próprio movimento, refletindo-se nas ideias de criação de uma frente e de coordenação das várias organizações políticas angolanas.

Quanto ao projeto de nação, destacava-se a ênfase na condenação a quaisquer "distinções de etnia, de classe, de sexo, de idade, de tendências políticas, de crenças religiosas e de convicções filosóficas". Com tal postura, ainda que no campo programático, o MPLA se destacava dos demais movimentos de libertação angolanos. Sua capacidade discursiva e seu posicionamento nacionalista se fariam presentes tanto

A EXPERIÊNCIA NACIONAL

na estrutura organizativa e política, explicitada em seus documentos oficiais, como nas preocupações quanto ao futuro da nação que se sonhava. Seu programa demonstrava atenção aos patrimônios culturais dos diferentes grupos étnicos existentes no território e esboçava um horizonte "republicano, democrático e laico", regulado por um Estado forte. Evidenciava-se, dessa forma, a familiaridade de seus dirigentes com as disputas existentes no cenário internacional, e seu receio em apresentar uma vinculação política automática.

Não obstante o cuidado na exposição da amplitude de suas ideias, o nacionalismo esboçado pelo MPLA estava longe de congregar os interesses de todos aqueles que diziam apoiar sua luta, e mesmo de seus dirigentes e militantes. Alguns dos temas mais explosivos, como as questões étnicas e raciais, continuariam como focos de tensão e conflito dentro do movimento, e viriam à tona nas diversas dissidências enfrentadas pela organização ao longo da Guerra de Libertação, a primeira delas já ao fim de 1962.[83]

Os projetos de nação em discussão estavam intimamente ligados às trajetórias das organizações políticas criadas nesse período e, sobretudo, às bases sociais de apoio que esses grupos congregavam. Também os percursos individuais tinham peso considerável, ainda mais quando se tratava de lideranças importantes do ponto de vista da articulação e da mobilização política. Nesse sentido, ganham destaque os embates entre Viriato da Cruz e Agostinho Neto, dois nomes incontornáveis na criação do MPLA, na longa troca de correspondência entre os diferentes líderes da luta anticolonial angolana, ainda em 1959 e 1960, posteriormente publicada por Lúcio Lara.[84] Rivalidade que condensaria em campos opostos grupos com experiências diferentes no tocante a fatores como formação acadêmica, vivência fora de Angola, cor da pele e grupo étnico de origem.[85]

Indiscutivelmente, o terreno do nacionalismo angolano se apresentava pantanoso e repleto de obstáculos. Os fatores citados anteriormente seriam alguns dos temas geradores e fomentadores de divergências no interior do MPLA, o que não impedia que esses elementos, ou ainda outros, estivessem presentes e atuantes nas demais organizações anticoloniais. O mais grave naquele contexto, porém, é que tais fatores extrapolavam os movimentos e exerciam um papel importante no confronto entre as diferentes forças políticas e suas lideranças, como poderemos ver ao observarmos outro importante ator nesse cenário: a União das Populações de Angola (UPA), liderada por Holden Roberto.

A UPA, que em 1962, após sua associação com outras organizações, seria transformada na Frente Nacional de Libertação de Angola (FNLA), era uma derivação de outro movimento, denominado União das Populações do Norte de Angola (UPNA).[86] Essa formação inicial estaria ligada, por sua vez, à polêmica surgida, em 1955, em torno da disputa sucessória no Reino do Congo.[87] Os derrotados, que num primeiro momento acusaram a interferência portuguesa na sucessão, na sequência empenharam-se na consolidação da UPNA, que pretendia fazer reviver os dias de glória do antigo Reino do Congo, o que ficava explícito pela menção regional presente em seu nome.

A base de apoio inicial desse grupo seria justamente o grande número de angolanos do grupo etnolinguístico bakongo, que vivia de ambos os lados da fronteira Norte da colônia e, com frequência, transitava para o chamado Congo belga, procurando por melhores salários e condições de trabalho. Essa ligação, intensificada a partir da década de 1940, faria que a parte Norte de Angola fosse, em grande medida, marcada politicamente pelos acontecimentos no Congo-Léopoldville.[88]

O fundamental para a virada na disposição da UPNA e, consequentemente, para a criação da UPA, seria a presença de seu presidente, Holden Roberto, na Conferência dos Povos Africanos, organizada em Acra em dezembro de 1958.[89] Sua participação proporcionou o contato com destacadas lideranças africanas, como Frantz Fanon e Kenneth Kaunda, o que provavelmente foi decisivo para a guinada nacionalista. Ainda no correr da conferência, Holden Roberto divulgou um manifesto em nome da União dos Povos de Angola.[90]

A transição apressada para uma sigla que buscava refletir uma postura nacional, comprovada pela ausência de documentos oficiais que sinalizassem essa mudança, não encobriria o fato de que os militantes do movimento e, mais importante, seus alvos preferenciais eram angolanos com uma trajetória muito influenciada pela sociedade congolesa e, sobretudo, pela vivência em Léopoldville.[91]

A EXPERIÊNCIA NACIONAL

É importante ressaltar que na capital congolesa surgira um nacionalismo marcado pela segregação racial, expresso por meio de afirmações de consciência étnica e racial.[92]

Em resumo, a experiência colonial de muitos militantes da UPA foi, em grande medida, moldada por um ambiente cultural e político muito diverso do que servira de base para os quadros que criaram o MPLA. Apesar de as duas organizações terem suas gestações marcadas pelo mundo urbano, Léopoldville e Luanda eram cidades muito diferentes. Enquanto a capital congolesa era o principal polo de atração dos bakongos, a capital angolana seduzia a todos os habitantes da colônia. Acrescentemos, ainda, o componente exterior na formação e, de certa forma, na diferenciação do MPLA.[93]

É assim que os líderes do MPLA passam a tecer acusações à UPA, identificando-a como um movimento não angolano, racista e tribalista. Os líderes da UPA, por sua vez, apresentam os dirigentes do MPLA como não africanos, mestiços e comunistas. O MPLA apostava numa perspectiva nacional mais restrita, tentando subtrair a legitimidade dos dirigentes e militantes da UPA ao realçar o suposto defeito de terem nascido no vizinho Congo ou vivido parte de suas vidas nesse local. Também a presença maciça dos bakongos no movimento rival era criticada por tornar turva a ideia de nação angolana. No outro extremo, a UPA tremulava a bandeira da africanidade, buscando expor a presença de mestiços nos corpos dirigentes do MPLA como obstáculo intransponível a qualquer legitimidade do movimento de libertação. Para Holden Roberto, os líderes do MPLA tinham o agravante de serem comunistas, o que, na sua avaliação, era a prova de que tentariam impor um regime incompatível e estranho aos angolanos.

Apesar das configurações diversas e até mesmo divergentes, fruto, em grande parte, das diferentes formas como se construiu a relação colonial, alguns passos no sentido da associação desses dois movimentos de libertação foram ensaiados.[94] No entanto, após o insucesso dessa iniciativa e de uma fase de acusações de ambos os lados, passou-se para o confronto armado.[95] A disputa pelo controle do nacionalismo angolano se revelaria uma batalha longa e sangrenta, que caminharia em paralelo à luta de libertação nacional.[96]

CONTESTAÇÃO E NACIONALISMO EM ANGOLA

As ações denominadas 4 de Fevereiro[97] e 15 de Março,[98] ambas ocorridas em 1961, marcam o início da luta armada de libertação angolana, ao mesmo tempo que explicitam a divisão desse nacionalismo, já que cada uma delas seria encampada, respectivamente, pelo MPLA e pela UPA.[99] Se as diferentes ações revelam, exemplarmente, fissuras no nacionalismo angolano do início dos anos 1960, rachaduras também se insinuavam, como vimos, no interior dos respectivos movimentos.

Todos se diziam nacionalistas, mas poucos definiam com clareza o que se entendia por tal termo. Além do mais, as explicações nem sempre sobreviviam às oscilações da luta anticolonial e aos embates internos dos movimentos de libertação. De fato, as dissidências vivenciadas por essas organizações políticas do nacionalismo angolano tornam evidentes as tensões existentes dentro de cada uma das duas, deixando claro que, por si só, esses grupos já funcionavam como frentes de luta, e não como forças políticas construídas a partir de um projeto unificado. A união de seus líderes em torno de uma determinada bandeira era consequência de solidariedades múltiplas, e os projetos ditos nacionais seriam repetidos exaustivamente, mas não necessariamente consolidados, tanto no campo do nacionalismo angolano quanto internamente, em cada um dos movimentos de libertação.

O aparecimento de uma perspectiva nacional, ainda que difusa, nos movimentos de libertação, tem relação estreita com a presença, em seu seio, de pessoas que foram alfabetizadas politicamente no ambiente conhecido como moderno, urbano e colonial. Essa perspectiva nacional, valorizada internacionalmente e reconhecida como o caminho viável para a obtenção do sucesso na luta pela independência, de certa forma reprimiu ou ocultou contestações de outro tipo, assumidamente regionais, que congregavam trabalhadores unidos pela exploração, nem sempre étnicas, mas quase sempre sofrendo tal acusação, como seria o caso da revolta da Baixa do Cassanje.[100]

As revoltas locais, e mesmo algumas ações individuais, eram, indiscutivelmente, afrontas à ordem colonial, mas funcionavam em outros moldes. Não apresentavam um discurso organizado, justificado e capaz de alcançar repercussão fora de Angola – fatores fundamentais pela consonância com o momento das independências na África. Mais

A EXPERIÊNCIA NACIONAL

ainda, não tinham relações externas que propiciassem estratégias e suportes militares e diplomáticos. Acima de tudo, não eram nacionais, nem ao menos defendiam tal perspectiva. Além de esmagadas pela reação portuguesa, acabariam sendo, quando não encampadas, simplesmente desconsideradas pelos movimentos de libertação.

Conclusão

No presente capítulo, buscamos analisar dois diferentes momentos da contestação urbana em Angola. No primeiro, evidenciamos as críticas, diretas, incisivas, dirigidas por filhos da terra à forma assumida pela dominação colonial, particularmente no que dizia respeito às medidas que levavam à sua subalternização. Abordamos, também, os anseios de setores colonos pela autonomia administrativa e financeira de Angola, que por vezes os levaram à busca de aliança com os nativos considerados civilizados. Nesse momento, filhos da terra e setores colonos expressaram projetos políticos que excepcionalmente se radicalizaram na defesa da independência e que, de todo modo, não ultrapassaram a concepção vigente de que aos indígenas caberia apenas a enorme tarefa de trabalhar para a porção *civilizada* da população.

Já no segundo momento, iniciado nas décadas de 1940 e 1950 do século XX, mostramos que, a partir de uma difusa movimentação urbana, a ideia de independência ganhou centralidade. As lideranças que deram vida aos projetos independentistas nesse novo momento foram fruto da proximidade da presença colonial, que tornou possível imaginar a própria ideia de nação. Não por acaso algumas dessas lideranças pertenciam a antigas famílias de filhos da terra.

Gerado, em meio urbano, a partir de pequenas organizações, o nacionalismo angolano seria marcado, mesmo após a independência, por fissuras que se manifestavam nas divergências entre os diversos movimentos e no interior de cada um deles. De todo modo, em claro contraste com a contestação que teve lugar entre o fim do século XIX e o início do Estado Novo, finalmente as massas seriam convocadas à luta, inclusive armada.

Notas

1. René Pélissier. *La Colonie du minotaure. Nationalismes et revoltes en Angola (1926-1961)*. Orgeval: Pélissier, 1978; Mário Pinto de Andrade. *Origens do nacionalismo africano*. Lisboa: Dom Quixote, 1997; Rosa Cruz e Silva. "O nacionalismo angolano. Um projeto em construção no século XIX?" In: *Actas do II Seminário Internacional sobre a História de Angola*. Luanda: Comissão Nacional para as Comemorações dos Descobrimentos Portugueses, 2000, p.743-802.

2. Marcelo Bittencourt. *Dos jornais às armas. Trajetórias da contestação angolana*. Lisboa: Vega, 1999.

3. Andrea Marzano. "Filhos da terra. Identidade e conflito social em Luanda". In: Alexandre Vieira Ribeiro, Alexsander Lemos de Almeida Gebara (orgs.). *Estudos africanos: múltiplas abordagens*. Niterói: EDUFF, 2013, p.30-57.

4. A designação dos territórios ultramarinos variou no discurso e na legislação metropolitana. A Constituição liberal de 1822 consagrou o termo *províncias ultramarinas*, em substituição a *colônias*. A Constituição republicana de 1911, ainda refletindo os princípios liberais, manteve a designação províncias ultramarinas. A implantação do Estado Novo, em 1926, foi acompanhada da preferência pelo termo colônias, que se manteve até 1951. Nesse novo contexto, em resposta ao avanço dos nacionalismos, os ideólogos do regime salazarista incorporaram o discurso lusotropicalista e afirmaram que Portugal não possuía colônias, mas sim províncias ultramarinas. No entanto, é possível afirmar que os dois termos, e ainda outros, foram usados, lado a lado, em todos os momentos.

5. Se em 1850 havia em torno de mil brancos vivendo em Luanda e no interior Leste, até Malange, esse número subiria para 6 mil em 1898. (Jill Dias. "Uma questão de identidade: respostas intelectuais às transformações econômicas no seio da elite crioula da Angola portuguesa entre 1870 e 1930". *Revista Internacional de Estudos Africanos*, n.1, jan./jun. 1984, p.62-63.)

6. A comparação com o Brasil marcaria, também, o discurso de contestação à dominação colonial em Angola. Resultante, em parte, dos séculos de comércio atlântico de escravos, que uniram estreitamente, do ponto de vista econômico e cultural, Brasil e Angola, tal referência

A EXPERIÊNCIA NACIONAL

se faria presente, quase setenta anos depois, em estudos que exaltavam o "caráter português" e sua atuação colonizadora no Brasil, na África e na Ásia. Ao contrário do sugerido pelo jornalista d'*O Mercantil* e pelo próprio Fontes Pereira, o discurso dos mais eminentes acadêmicos luso-tropicalistas tenderia a valorizar as semelhanças, e não as diferenças, do processo de colonização portuguesa na África e na América. (Gilberto Freyre. *Aventura e rotina. Sugestões de uma viagem à procura das constantes portuguesas de caráter e ação.* Rio de Janeiro: Topbooks, 2001). Para uma análise lusotropicalista da presença portuguesa em Luanda, ver Mário António Fernandes de Oliveira. *Luanda, "ilha" crioula.* Lisboa: Agência Geral do Ultramar, 1968. Para uma análise crítica do lusotropicalismo, ver Claudia Castelo. *O modo português de estar no mundo. O lusotropicalismo e a ideologia colonial portuguesa (1933-1961).* Lisboa: Afrontamento, 1998; Gerald Bender. "O luso-tropicalismo". In: *Angola sob o domínio português. Mito e realidade.* Luanda: Nzila, 2004, p.41-114; Maria da Conceição Neto. "Ideologias, contradições e mistificações da colonização de Angola no século xx". *Lusotopie,* Bordeaux, 1997, p.327-359.

7. *O Futuro d'Angola,* Luanda, 30 set. 1886, p.1.

8. Idem, Luanda, 30 set. 1886; 21 out. 1886; 24 fev. 1887; 8 mar. 1887.

9. Idem, 21 out. 1886; 19 dez. 1886; 15 jan. 1887; 8 mar. 1887.

10. Idem, 22 jan. 1887.

11. Idem, 21 out. 1886; a mesma ideia se repete em 22 jun. 1887.

12. Idem, 19 dez. 1886; 22 jan. 1887; 24 fev. 1887.

13. Idem, 21 out. 1886; 19 dez. 1886. É interessante salientar que a ideia da antiguidade da presença portuguesa em Angola, que é um elemento importante do discurso de Fontes Pereira (*O Futuro d'Angola,* Luanda, 21 nov. 1886; 19 dez. 1886; 15 jan. 1887; 8 mar. 1887), acabaria se tornando, já na segunda metade do século xx, um argumento favorável à manutenção de colônias portuguesas na África, em um contexto em que isso já era questionado no continente por movimentos de libertação e na própria Europa. Tal argumento seria apresentado tanto por intelectuais quanto por autoridades do regime salazarista, contribuindo para reforçar a ideia, central no lusotropicalismo incorporado ao discurso oficial, da peculiaridade da presença portuguesa na África.

14. *O Futuro d'Angola,* Luanda, 22 jan. 1887.

15. Idem

CONTESTAÇÃO E NACIONALISMO EM ANGOLA

16. Idem, 21 out. 1886; 21 nov. 1886; 12 dez. 1886; 30 dez. 1886.
17. Idem, 15 jan. 1887; 22 jan. 1887; 6 fev. 1887; 24 fev. 1887; 26 mar. 1887.
18. Idem, 22 jan. 1887; 6 fev. 1887.
19. Idem, 6 fev. 1887. Fontes Pereira provavelmente está se referindo à ilha de Las Palmas, no arquipélago das Canárias, localizado no oceano Atlântico, na altura de Marrocos.
20. *O Futuro d'Angola*, Luanda, 21 nov. 1886.
21. Idem, 26 mar. 1887.
22. Idem, 21 nov. 1886; 12 dez. 1886; 15 jan. 1887; 15 jan. 1887.
23. Idem, 21 nov. 1886.
24. Idem, 12 dez. 1886; 30 dez. 1886.
25. Idem, 15 jan. 1887.
26. Idem, 19 dez. 1886. A separação do domínio português em dois mo, mentos também está presente em textos de João Albasini, representante ilustre dos filhos da terra em Moçambique. Albasini, no entanto, considerava positiva a atuação das autoridades à época da monarquia, direcionando suas críticas para o período republicano. Tal preferência pode ser explicada pelas relações de Albasini com Freire de Andrade, último governador-geral de Moçambique no período monárquico. (José Moreira. *Os assimilados, João Albasini e as eleições, 1900-1922*. Maputo: Arquivo Histórico de Moçambique, 1997, p.39-55).
27. *O Futuro d'Angola*, Luanda, 15 jan. 1887; 22 jan. 1887; 24 fev. 1887; 8 mar. 1887.
28. Idem, 21 nov. 1886.
29. Idem, 21 nov. 1886; 12 dez .1886; 30 dez. 1886.
30. Idem, 30 dez. 1886.
31. Idem, 19 dez. 1886.
32. Idem.
33. Idem, 12 dez. 1886; 19 dez. 1886; 30 dez. 1886; 26 mar. 1887.
34. Idem, 19 dez. 1886.
35. Idem, 22 jan. 1887; 8 mar. 1887; 26 mar. 1887.
36. Idem, 22 jan. 1887.
37. Idem, 30 set. 1886.
38. Idem, 15 jan. 1887.
39. Idem, Luanda, 22 jun. 1887.
40. Aurélio Rocha. *Associativismo e nativismo em Moçambique. Con, tribuição para o estudo das origens do nacionalismo moçambicano*

A EXPERIÊNCIA NACIONAL

(1900-1940). Maputo: Promédia, 2002, p.185-242; José Moreira, op.cit., p.39-90; Valdemir Zamparoni. "Notas sobre classe em África". In: *Entre Narros & Mulungos. Colonialismo e paisagem social em Lourenço Marques (c.1890-c.1940)*. Tese de doutorado em História. São Paulo: USP, 1998, p.364-393.

41. *O Futuro d'Angola*, Luanda, 22 jun. 1887.

42. Até a década de 1920, foi frequente a convivência entre colonos e filhos da terra em diferentes espaços e mesmo associações. A intensificação da presença de colonos e os conflitos daí resultantes tornariam essa convivência cada vez mais difícil. (Andrea Marzano. "Práticas esportivas e expansão colonial em Luanda". In: Victor Melo, Marcelo Bittencourt, Augusto Nascimento – orgs.) *Mais que um jogo: o esporte e o continente africano*. Rio de Janeiro: Apicuri, 2010, p.71-99.

43. Aida Freudenthal. "Um partido colonial – Partido Reformista de Angola – 1910-1912". *Revista Internacional de Estudos Africanos*, n.8 e 9, jan./dez. 1988, p.20.

44. Muitos centros maçônicos e republicanos foram fundados e mantidos por ativistas da revolta do Porto deportados para Angola e por indivíduos nascidos no reino que cumpriam pena por delitos de imprensa. Alguns centros republicanos tinham seus próprios jornais.

45. Aida Freudenthal. "Um partido colonial – Partido Reformista de Angola – 1910-1912". *Revista Internacional de Estudos Africanos*, ns.8 e 9, jan./dez. 1988, p.28-31.

46. O primeiro número do semanário *A Reforma* é datado de 1º de de zembro de 1910. Nesse número, o jornal é apresentado como órgão do Partido Reformista de Angola, transcrevendo, inclusive, seus estatutos e programa. O último número, de 17 de fevereiro de 1912, anuncia o fim do partido e do próprio jornal. Acrescenta, ainda, que os compromissos assumidos, como anúncios e assinaturas já pagas, serão cumpridos por outro jornal, com nome diferente e "sem cor política".

47. Aida Freudenthal. "Um partido colonial – Partido Reformista de Angola – 1910-1912". *Revista Internacional de Estudos Africanos*, ns.8 e 9, jan./dez. 1988, p.34-38.

48. Segundo Aida Freudenthal, o jornal *Voz de Angola* foi fundado em 2 de janeiro de 1911 (Idem, p.23). No entanto, o Arquivo Histórico de Angola possui, em seu acervo, um semanário de mesmo nome, cujo primeiro número é de 5 de janeiro de 1908. No primeiro editorial, o

CONTESTAÇÃO E NACIONALISMO EM ANGOLA

referido periódico se apresenta como sucessor do bissemanário *Defesa de Angola*, que, segundo Júlio de Castro Lopo, era ligado à maçonaria e existiu entre 1903 e 1907. (Júlio de Castro Lopo. *Jornalismo de Angola. Subsídios para sua história*. Luanda: Centro de Informação e Turismo de Angola, 1964, p.55-56.) Sua proclamação de princípios, bem como o lema "Libertando pela paz, igualando pela justiça, progredindo pela autonomia" sugerem afinidade ideológica com o que viria a se tornar o Partido Republicano Colonial. Possuímos cópias digitalizadas dessa coleção até o ano 3, número 52, de 31 de dezembro de 1910. Nada aponta, nesse número, para a interrupção da publicação. Segundo Júlio de Castro Lopo, o jornal *Voz de Angola* foi extinto em 18 de maio de 1911, em seu 177º número, em função do falecimento de seu diretor e redator principal Júlio Lobato, que tinha como pseudônimo Xavier da Câmara. Nascido no Porto, em Portugal, Lobato foi jornalista e funcionário público em Angola. Entre 22 de agosto e 1º de junho de 1908, foi presidente da Comissão Municipal de Luanda. (Idem, p.94) Tudo indica que o jornal mencionado por Freudenthal é o mesmo que está disponível no Arquivo Histórico de Angola, tendo sido fundado, portanto, em janeiro de 1908, e não em janeiro de 1911.

49. De acordo com a lei eleitoral, tinham direito de voto "todos os chefes de família e todos os cidadãos que soubessem ler e escrever" (Aida Freudenthal, "Um partido colonial – Partido Reformista de Angola – 1910-1912". *Revista Internacional de Estudos Africanos*, ns.8 e 9, jan./dez. 1988, p.46).

50. Idem, p.50-52.

51. A presença de maçons, monarquistas e republicanos, bem como desses dois partidos, foi estudada, por Fernando Tavares Pimenta, como expressão de um "autonomismo angolano" (Fernando Tavares Pimenta. *Brancos de Angola. Autonomismo e nacionalismo (1900-1961).* Coimbra: Edições Minerva Coimbra, 2005, p.77-116).

52. Aida Freudenthal. "Um partido colonial – Partido Reformista de Angola – 1910-1912". *Revista Internacional de Estudos Africanos*, ns.8 e 9, jan./dez. 1988, p.39-40.

53. Maria da Conceição Neto. "A República no seu estado colonial: combater a escravatura, estabelecer o indigenato". *Ler História*, Lisboa, n.59, 2010, p.205-225.

54. Eugénia Rodrigues. *A geração silenciada. A Liga Nacional Africana e a representação do branco em Angola na década de 30*. Lisboa:

Afrontamento, 2003, p.24. A primeira distinção legal entre africanos civilizados e indígenas teve lugar, ainda antes da República, no terreno do direito criminal. O decreto de 20 de fevereiro de 1894 substituiu, para o caso dos indígenas, a pena de prisão pelo trabalho correcional de 15 dias a um ano (José Moreira da Silva Cunha. *O sistema português de política indígena*. Coimbra: Coimbra Editora, 1953, p.122). No que diz respeito à legislação laboral, a primeira distinção manifestou-se no Regulamento do Trabalho de 1899, que introduziu o uso do passe e obrigou todos os africanos adultos ao trabalho assalariado, exceto se detentores de rendimentos suficientes (Idem, p.21).

55. O descontentamento de filhos da terra com a institucionalização da figura do assimilado, pelo contraste com o indígena, ocorreu, em Moçambique, em decorrência da Portaria Provincial nº 317, de 9 de janeiro de 1917, que estabeleceu que os "indivíduos de raça negra" que se distinguiam culturalmente dos demais deveriam solicitar às autoridades um alvará de assimilação. Para a concessão do alvará, os candidatos seriam avaliados, em seus costumes, por funcionários coloniais (José Moreira da Silva Cunha. *O sistema português de política indígena*. Coimbra: Coimbra Editora, 1953, p.106).

56. Eugénia Rodrigues, *A geração silenciada. A Liga Nacional Africana e a representação do branco em Angola na década de 30*. Lisboa: Afrontamento, 2003, p.27-29.

57. Mário Pinto de Andrade, *Origens do nacionalismo africano*. Lisboa: Dom Quixote, 1997, p.89-97. Entre fevereiro e agosto de 2013, os dois jornais coexistiram.

58. Eugénia Rodrigues, *A geração silenciada. A Liga Nacional Africana e a representação do branco em Angola na década de 30*. Lisboa: Afrontamento, 2003, p.35.

59. *A Província*, Luanda, 8 maio 1916, p.1.

60. Eugénia Rodrigues, *A geração silenciada. A Liga Nacional Africana e a representação do branco em Angola na década de 30*. Lisboa: Afrontamento, 2003, p.32.

61. Idem, p.34-35.

62. Jill Dias, "Uma questão de identidade: respostas intelectuais às transformações econômicas no seio da elite crioula da Angola portuguesa entre 1870 e 1930". *Revista Internacional de Estudos Africanos*, n.1, jan./jun. 1984, p.70-72.

CONTESTAÇÃO E NACIONALISMO EM ANGOLA

63. Eugénia Rodrigues, *A geração silenciada. A Liga Nacional Africana e a representação do branco em Angola na década de 30*. Lisboa: Afrontamento, 2003, p.35-38. Antes mesmo da sua posse como alto-comissário, em 1921, uma lei de 1919 criou reservas de terras para os indígenas, interditando-lhes a propriedade individual, e decretou propriedade do Estado as terras ainda não registradas. Declarando-se "indígenas trabalhadores civilizados", os prejudicados por essas medidas buscaram, sem sucesso, proteção estatal, obtendo, no entanto, o apoio de jornais de Luanda que representavam os filhos da terra.

64. Substituindo a Polícia de Vigilância e Defesa do Estado (PVDE), em 1945, a Pide atuou no controle de fronteiras e nas investigações de ordem política.

65. Marcelo Bittencourt. *"Estamos juntos!" O MPLA e a luta anticolonial (1961-1974)*. Luanda: Kilombelombe, 2008, vol.2, p.42.

66. Christine Messiant diferencia o antigo segmento dos filhos da terra, por ela denominado crioulo, dessa camada, que identifica como novos assimilados (Christine Messiant. "Luanda (1945-1961): Colonisés, société coloniale et engagement nationaliste". In: *"Vilas" et "Cidades". Bourgs et villes en Afrique Lusophone*. Paris: L'Harmattan, 1989, p.125-199; Marcelo Bittencourt, *"Estamos juntos!" O MPLA e a luta anticolonial (1961-1974)*. Luanda: Kilombelombe, 2008, vol.2, p.48-49).

67. Idem, p.50.

68. Michel Laban. *Mário Pinto de Andrade. Uma entrevista*. Lisboa: Edições João Sá da Costa, 1997, p.59-61. Ver também Marcelo Bittencourt. *Dos jornais às armas. Trajetórias da contestação angolana*. Lisboa: Vega, 1999, p.112-124.

69. As associações culturais, após a repressão do início dos anos 1920, ressurgiram nos anos 1930 com um perfil reivindicativo menos acentuado, mais preocupadas em consolidar a condição que a assimilação assegurava. Tal postura sofreria lenta transformação ao longo dos anos 1940, quando alguns jovens se interessaram por tais instituições, enxergando nelas a possibilidade de expansão das ideias independentistas (Marcelo Bittencourt, op. cit., 1999, p.122).

70. René Pélissier, *La Colonie du minotaure. Nationalismes et revoltes en Angola (1926-1961)*. Orgeval: Pélissier, 1978, p.247-248.

71. Os primeiros partidos africanos desse período apareceram em função da abertura para a participação de deputados das colônias nas assembleias

metropolitanas da França e da Inglaterra nos anos 1950. (Marcelo Bittencourt, *"Estamos juntos!" O MPLA e a luta anticolonial (1961--1974)*. Luanda: Kilombelombe, 2008. vol.2, p. 58).

72. Ainda assim, não devemos associar as formas de governo existentes na Europa com os desfechos das disputas políticas ocorridas na África. A democrática França, que negociou com suas colônias da África Ocidental e Equatorial, em 1958, um plebiscito a respeito da sua manutenção nos quadros da União Francesa, levou adiante, na Argélia, oito longos anos de guerra contra a independência (1954-1962).

73. Bairros pobres, com casas muitas vezes de lata, papelão e tudo o mais que a criatividade permite.

74. Marcelo Bittencourt, *"Estamos juntos!" O MPLA e a luta anticolonial (1961-1974)*. Luanda: Kilombelombe, 2008. vol.2, p.65.

75. Nessa fase contaria sobretudo a influência do pensamento de esquerda, transmitido pelos trabalhadores marítimos, pelos exilados do regime ou, ainda, por intermédio de estrangeiros (Michel Laban *et al. Luandino. José Luandino Vieira e a sua obra (estudos, testemunhos, entrevistas)*. Lisboa: Edições 70, 1980, p.16; Mário António Fernandes de Oliveira. *Reler África*. Coimbra: Centro de Estudos Africanos – Universidade de Coimbra, 1990, p.526).

76. Uma última esperança de mudança dentro dos marcos da legalidade governamental teria lugar com as eleições presidenciais portuguesas de 1958. Nelas concorreria o general Humberto Delgado, em oposição ao candidato salazarista, o almirante Américo Tomás. As eleições deram a vitória ao candidato situacionista, o que provocou várias acusações de fraudes. Carlos Pacheco. "Angola: A descrença dos africanos nos candidatos da oposição". In: *Humberto Delgado. As eleições de 58*. Lisboa: Vega, 1998, p.339-353.

77. A polêmica sobre a data de fundação do MPLA durou toda a década de 1990. A versão oficial, sustentada pelo partido na segunda década do século XXI, afirma que data do ano de 1956, enquanto os trabalhos que a contestam insistem que o nome MPLA surgiu em fins de 1959, sendo que sua aparição pública só teria lugar em janeiro de 1960. O importante nessa discussão não é propriamente o ano exato de criação da sigla, mas sim o fato de que essa antecipação para 1956 esconde a agitação difusa que estamos realçando. Essa correção proporciona a percepção de divergências de estratégias existentes nesse terreno anticolonial.

CONTESTAÇÃO E NACIONALISMO EM ANGOLA

(Marcelo Bittencourt. "A criação do MPLA". *Estudos Afro-Asiáticos*, Rio de Janeiro, n.32, 1997, p.185-208).

78. Marcelo Bittencourt, *Dos jornais às armas. Trajetórias da contestação angolana*. Lisboa: Vega, 1999, p.199-201.

79. Marcelo Bittencourt, *"Estamos juntos!" O MPLA e a luta anticolonial (1961-1974)*. Luanda: Kilombelombe, 2008, vol.2, p.68-69.

80. O MAC buscou divulgar internacionalmente o desejo de independência das colônias portuguesas. Em 1960 transformou-se na Frente Revolucionária Africana para a Independência Nacional das Colônias Portuguesas (Frain), que, como o nome sugere, era uma tentativa de manter alianças entre os movimentos de libertação nacional que tomaram corpo nas colônias. Posteriormente, a Frain passou a se chamar Conferência das Organizações Nacionais das Colônias Portuguesas (CONCP) (Marcelo Bittencourt, *Dos jornais às armas. Trajetórias da contestação angolana*. Lisboa: Vega, 1999, p.165-175).

81. Marcelo Bittencourt, *"Estamos juntos!" O MPLA e a luta anticolonial (1961-1974)*. Luanda: Kilombelombe, 2008, vol.2, p.68-70 e 76.

82. Lúcio Lara. *Um amplo movimento... Itinerário do MPLA através de documentos e anotações de Lúcio Lara*. Luanda: edição do autor, volume I, 1997, p.509-512.

83. Marcelo Bittencourt. "Fissuras na luta de libertação angolana". *Métis: história & cultura*, Caxias do Sul, EDUCS, vol.10, n.19, jan./jun. 2011, p.237-255.

84. Lúcio Lara, *Um amplo movimento... Itinerário do MPLA através de documentos e anotações de Lúcio Lara*. Luanda: edição do autor, vol.I, 1997.

85. Sobre o confronto entre essas duas figuras e seus respectivos grupos pela liderança do MPLA, ver Marcelo Bittencourt, "Fissuras na luta de libertação angolana". *Métis: história & cultura*, Caxias do Sul, EDUCS, vol.10, n.19, jan./jun.2011, p.237-255.

86. John Marcum. *The Angolan Revolution. The Anatomy of an Explosion (1950-1962)*. Cambridge: The Massachusetts Institute of Technology, volume I, 1969, p.63; e René Pélissier, *La Colonie du minotaure. Nationalismes et revoltes en Angola (1926-1961)*. Orgeval: Pélissier, 1978, p.269, nota 45.

87. Marcelo Bittencourt, *Dos jornais às armas. Trajetórias da contestação angolana*. Lisboa: Vega, 1999, p.141.

A EXPERIÊNCIA NACIONAL

88. Após o retorno de Patrice Lumumba da Conferência dos Povos Africanos (Acra, 1958), o confronto entre independentistas e o governo colonial belga se intensifica. Lumumba é preso em novembro de 1959, e, em janeiro de 1960, é chamado a participar das negociações em Bruxelas. As eleições e a proclamação da independência do Congo-Léopoldville ocorrem nesse mesmo ano (Marcelo Bittencourt, *"Estamos juntos!" O MPLA e a luta anticolonial (1961-1974)*. Luanda: Kilombelombe, 2008, vol.2, p.65-66)

89. René Pélissier, *La Colonie du minotaure. Nationalismes et revoltes en Angola (1926-1961)*. Orgeval: Pélissier, 1978, p.270; John Marcum, *The Angolan Revolution. The Anatomy of an Explosion (1950-1962)*. Cambridge: The Massachusetts Institute of Technology, vol. I, 1969, p.66.

90. Marcelo Bittencourt, *Dos jornais às armas. Trajetórias da contestação angolana*. Lisboa: Vega, 1999, p.142.

91. Em seu esforço para nacionalizar a UPA, Holden Roberto considerou a possibilidade de realçar os contatos estabelecidos com figuras atuantes na movimentação clandestina em Luanda, em especial o cônego Manuel das Neves. Todavia, seu temor de correr o risco de perder o controle do movimento e do espaço de luta que havia criado, em favor das organizações políticas existentes na capital da colônia, impediu-o de investir nessa conexão (Marcelo Bittencourt, *"Estamos juntos!" O MPLA e a luta anticolonial (1961-1974)*. Luanda: Kilombelombe, 2008, vol.2, p.79-85).

92. Christine Messiant. *Social and Political Background to the "Democratization and the Peace Process in Angola"*. Leiden: African Studies Centre/Seminar Democratization in Angola, 18 set. 1992, p.17.

93. Marcelo Bittencourt, *Dos jornais às armas. Trajetórias da contestação angolana*. Lisboa: Vega, 1999, p.143.

94. Marcelo Bittencourt, *"Estamos juntos!" O MPLA e a luta anticolonial (1961-1974)*. Luanda: Kilombelombe, 2008, vol.2, p.108 e 117.

95. A UPA deu o primeiro passo ao atacar tropas do MPLA que tentariam abastecer guerrilheiros isolados no norte de Angola (Idem, p.230-245).

96. Para ficarmos no terreno dos movimentos de libertação de maior dimensão, é preciso acrescentar, a partir de 1966, a União Nacional para a Independência Total de Angola (Unita). Formado a partir de uma dissidência da FNLA, o movimento comandado por Jonas Savimbi

CONTESTAÇÃO E NACIONALISMO EM ANGOLA

conduziu a guerra civil contra o governo do MPLA após a Proclamação da Independência de Angola, em 1975.

97. Na madrugada desse dia, em 1961, um grupo de populares atacou as prisões onde se encontravam os líderes independentistas detidos em 1959 e 1960; um segundo ataque, também sem sucesso, teria lugar no dia 10 do mesmo mês. Mais de cinquenta anos depois ainda existem incertezas quanto à matriz política dos articuladores de tais ações, apesar de o MPLA ter reivindicado a responsabilidade pela sua orientação e organização. (Idem, p.77-79).

98. A revolta, iniciada em 13 de março apesar do nome pelo qual ficou conhecida, foi marcada pela violência num grau até então inédito na luta anticolonial. Além dos colonos brancos, também seriam assassinados mestiços e negros identificados como assimilados e muitos ovimbundus que trabalhavam como contratados nas plantações, reforçando assim o perfil étnico e racial da UPA. As estimativas oscilam entre trezentos e setecentos brancos mortos, enquanto a reação colonial teria provo cado a morte de 30 a 50 mil africanos. (René Pélissier, *La Colonie du minotaure. Nationalismes et revoltes en Angola (1926-1961)*. Orgeval: Pélissier, 1978, p.530 e 658).

99. Nesse mesmo ano de 1961, após o início da luta armada de libertação nacional, o governo português promulga o fim do indigenato (Marcelo Bittencourt, *"Estamos juntos!" O MPLA e a luta anticolonial (1961 1974)*. Luanda: Kilombelombe, 2008, vol.2, p.55).

100. Cassanje foi uma região que, a partir da década de 1940, sofreu de forma intensa a imposição do cultivo do algodão. A revolta, ocorrida entre dezembro de 1960 e janeiro de 1961, seria marcada, em seu início, pela falta ao trabalho nas lavouras e a recusa ao pagamento do imposto. Com o passar dos dias, o movimento assumiu traços de ação contrários à soberania portuguesa na região, avançando para ataques a bens e propriedades de comerciantes brancos e mestiços. A repressão colonial, que incluiria a ação da força aérea, com o uso de bombas napalm, resultou num elevado número de mortos entre os africanos. Os dados oscilam entre 10 mil e 20 mil mortos. (Aida Freudenthal. "A Baixa de Cassanje: algodão e revolta". *Revista Internacional de Estudos Africanos*, Lisboa, n.18-22, 1995-1999, p.245-283).

A EXPERIÊNCIA NACIONAL

Referências bibliográficas

ANDRADE, Mário Pinto. *Origens do nacionalismo africano*. Lisboa: Dom Quixote, 1997.

BENDER, Gerald. "O lusotropicalismo". In: *Angola sob o domínio português. Mito e realidade*. Luanda: Nzila, 2004, p.41-114.

BITTENCOURT, Marcelo. "A criação do MPLA". *Estudos Afro-Asiáticos*, Rio de Janeiro, n.32, 1997, p.185-208.

_____. *Dos jornais às armas. Trajetórias da contestação angolana*. Lisboa: Vega, 1999.

_____. *"Estamos juntos!" O MPLA e a luta anticolonial (1961-1974)*, vol.2. Luanda: Kilombelombe, 2008.

_____. "Fissuras na luta de libertação angolana". *Métis: história &cultura*, Caxias do Sul, EDUCS, vol.10, n.19, jan./jun. 2011, p.237-255.

CASTELO, Claudia. *O modo português de estar no mundo. O lusotropicalismo e a ideologia colonial portuguesa (1933-1961)*. Lisboa: Afrontamento, 1998.

CRUZ E SILVA, Rosa. "O nacionalismo angolano. Um projeto em construção no século XIX?". In: *Actas do II Seminário Internacional sobre a História de Angola*. Luanda: Comissão Nacional para as Comemorações dos Descobrimentos Portugueses, 2000, p.743-802.

DIAS, Jill. "Uma questão de identidade: respostas intelectuais às transformações econômicas no seio da elite crioula da Angola portuguesa entre 1870 e 1930". *Revista Internacional de Estudos Africanos*, n.1, jan./jun. 1984, p.61-94.

FREUDENTHAL, Aida. "Um partido colonial – Partido Reformista de Angola – 1910-1912". *Revista Internacional de Estudos Africanos*, n.8 e 9, jan/dez 1988, p.13-57.

_____. "A Baixa de Cassanje: algodão e revolta". *Revista Internacional de Estudos Africanos*, Lisboa, n.18-22, 1995-1999, p.245-283.

FREYRE, Gilberto. *Aventura e rotina. Sugestões de uma viagem à procura das constantes portuguesas de caráter e ação*. Rio de Janeiro: Topbooks, 2001.

LABAN, Michel *et al. Luandino. José Luandino Vieira e a sua obra (estudos, testemunhos, entrevistas)*. Lisboa: Edições 70, 1980.

LABAN, Michel. *Mário Pinto de Andrade. Uma entrevista*. Lisboa: Edições João Sá da Costa: 1997.

CONTESTAÇÃO E NACIONALISMO EM ANGOLA

LARA, Lúcio. *Um amplo movimento... Itinerário do MPLA através de documentos e anotações de Lúcio Lara*, vol.1. Luanda: edição do autor, 1997.

LOPO, Júlio de Castro. *Jornalismo de Angola. Subsídios para sua história*. Luanda: Centro de Informação e Turismo de Angola, 1964.

LOVEJOY, Paul. *A escravidão na África. Uma história de suas transformações*. Rio de Janeiro: Civilização Brasileira, 2002.

MARCUM, John. *The Angolan Revolution. The Anatomy of an Explosion (1950-1962)*, vol.1. Cambridge: The Massachusetts Institute of Technology, 1969.

MELO, Victor, BITTENCOURT, Marcelo, NASCIMENTO, Augusto (orgs.). *Mais que um jogo: o esporte e o continente africano*. Rio de Janeiro: Apicuri, 2010.

MESSIANT, Christine. "Luanda (1945-1961): Colonisés, société coloniale et engagement nationaliste". In: *"Vilas" et "Cidades". Bourgs et villes en Afrique Lusophone*. Paris: L'Harmattan, 1989, p.125-199.

_____. *Social and Political Background to the "Democratization" and the Peace Process in Angola*. Leiden, African Studies Centre/Seminar Democratization in Angola, 18 set. 1992.

MOREIRA, José. *Os assimilados, João Albasini e as eleições, 1900-1922*. Maputo: Arquivo Histórico de Moçambique, 1997.

NETO, Maria da Conceição. "Ideologias, contradições e mistificações da colonização de Angola no século XX". *Lusotopie*, Bordeaux, 1997, p.327-359.

_____. "A República no seu estado colonial: combater a escravatura, estabelecer o indigenato". *Ler História*, Lisboa, n.59, 2010, p.205-225.

OLIVEIRA, Mário António Fernandes de. *Luanda, "ilha" crioula*. Lisboa: Agência Geral do Ultramar, 1968.

_____. *Reler África*. Coimbra: Centro de Estudos Africanos – Universidade de Coimbra, 1990.

PACHECO, Carlos. "Angola: A descrença dos africanos nos candidatos da oposição". In: *Humberto Delgado. As eleições de 58*. Lisboa, Vega, 1998.

PÉLISSIER, René. *La Colonie du minotaure. Nationalismes et revoltes en Angola (1926-1961)*. Orgeval: Pélissier, 1978.

PIMENTA, Fernando Tavares. *Brancos de Angola. Autonomismo e nacionalismo (1900-1961)*. Coimbra: Edições Minerva Coimbra, 2005.

RIBEIRO, Alexandre Vieira, GEBARA, Alexsander Lemos de Almeida (orgs.). *Estudos Africanos: múltiplas abordagens*. Niterói: EDUFF, 2013.

A EXPERIÊNCIA NACIONAL

ROCHA, Aurélio. *Associativismo e nativismo em Moçambique. Contribuição para o estudo das origens do nacionalismo moçambicano (1900-1940)*. Maputo: Promédia, 2002.

RODNEY, Walter. *How Europe Underdeveloped Africa*. Washington D.C.: Howard University Press, 1981.

RODRIGUES, Eugénia. *A geração silenciada. A Liga Nacional Africana e a representação do branco em Angola na década de 30*. Lisboa: Afrontamento, 2003.

SILVA CUNHA, J. M. *O sistema português de política indígena*. Coimbra: Coimbra Editora, 1953.

ZAMPARONI, Valdemir. *Entre Narros & Mulungos. Colonialismo e paisagem social em Lourenço Marques (c.1890-c.1940)*. Tese de doutorado em História. São Paulo: USP, 1998.

2. A Primeira Guerra e o Brasil

Lucia Lippi Oliveira

As origens da nação e as correntes modernizadoras

Achamos oportuno fazer um retorno ao século XIX, mais precisamente ao momento em que os novos países hispano-americanos eram constituídos com a independência, antes de dirigirmos nosso foco aos anos 1910 e 1920. Vale notar que o processo de independência das colônias espanholas expressou não uma fragmentação, mas, sim, uma incapacidade de vencer a fragmentação já existente.[1] Pode-se ver isto quando atentamos para o que aconteceu com as Treze Colônias do Norte, onde as identidades regionais foram gradativamente abandonadas em prol de uma identidade comum que acabou se apresentando como *americana*. A ex-colônia portuguesa, por sua vez, venceu a fragmentação pela centralização monárquica que pretendia ser a continuação da civilização europeia nos trópicos. No caso brasileiro, a construção da identidade nacional envolveu a manutenção de alguns valores, a reconstrução de outros e uma relação, por assim dizer, ambígua com a ex-metrópole. Longe de romper com o mundo europeu, dele se valeu para o reconhecimento do estatuto de Estado-Nação.[2] A demanda por ser americano, no caso brasileiro, é bom lembrar, só vai aparecer no Manifesto Republicano de 1870.

A EXPERIÊNCIA NACIONAL

O contexto no qual a própria ideia de uma América Latina foi formulada nos foi relembrado por Richard Morse em seu livro *O espelho de Próspero*, que discute os conflitos entre as culturas anglo-americana e ibérica. Segundo Morse, o termo "América Latina" surgiu após uma expedição militar e científica da França – sob Napoleão III – ao México, e apareceu pela primeira vez em livro publicado em 1862, com o intuito de defender uma suposta unidade de língua, de cultura e de *raça* dos povos latinos.[3] Seu objetivo era reagir à expansão americana e facilitar a libertação dos países de colonização espanhola da tutela da mãe-pátria ibérica. Tratava-se, portanto, de uma disputa entre os Estados Unidos e a França pelo espólio espanhol do fim do século XIX.

A América chamada "Latina" a partir da segunda metade do século XIX viveu obcecada pelo futuro, ao mesmo tempo que se mostrava incapaz de lidar com as sociedades já existentes e apresentava dificuldades para encontrar seu espaço na sociedade capitalista em expansão. Diferentes correntes modernizadoras produziram a noção de que nessa região não haveria nenhuma história, nenhum passado utilizável para a consolidação das comunidades nacionais. Para se chegar aos patamares das nações avançadas seria preciso, segundo os modernizadores da época, remover os obstáculos e colocar em seu lugar modelos já prontos e definidos.

A essa corrente modernizadora se contrapôs à corrente arielista – assim chamada a partir da obra do uruguaio José Enrique Rodó, *Ariel*, publicada em 1900 –, que esteve ocupada com questões de identidade, com a revalorização do passado e da cultura ibérica. Os arielistas criticaram o cientificismo positivista e recuperaram o idealismo e a perspectiva romântica, propugnando por uma aristocracia de espírito e por uma liderança comprometida com o espírito público. Desejavam também combater e vencer o caudilhismo, integrar os fragmentos deixados pelas lutas do século XIX e estimular, pela educação, o sentimento nacional e a recuperação da memória dos heróis nacionais.

Correntes modernizadoras e identitárias[4] fizeram parte do pensamento social latino-americano e brasileiro desde meados do século XIX até a época em que este livro é escrito. As questões derivadas

A PRIMEIRA GUERRA E O BRASIL

da modernização e do arielismo podem ser observadas em seus mais significativos autores e pensadores.[5]

Eduardo Devéz Valdés,[6] em artigo cujo foco central é o caso chileno, menciona quatro ondas modernizadoras na América Latina ao longo desse período. A primeira seria configurada por Sarmiento e Alberti, que apresentaram um projeto modernizante para o continente por volta de 1850. A geração positivista do fim do século XIX até 1910, ou até 1914, seria a segunda onda. Durante e após a Segunda Guerra Mundial, a modernização se expressou no desenvolvimento baseado nas ideias de industrialização e de substituição de importações. Por fim, a quarta onda se apresentou a partir das ditaduras modernizadoras do continente.

As relações culturais entre o Brasil e os demais países da América do Sul, por sua vez, têm sido marcadas por um jogo de construção de identidades e de alteridades que se alternam ao longo do tempo. No fim do século XIX, podemos observar alguns autores que apontam principalmente para as diferenças e para o que seria a superioridade brasileira. A avaliação que os historiadores monarquistas fizeram da América Latina, por exemplo, enfatizava as mazelas das repúblicas da América do Sul e os benefícios do fato de a independência brasileira ter se realizado com a continuidade do regime monárquico. Podemos citar como exemplo Eduardo Prado em seu livro *A ilusão americana*, de 1893. A América espanhola, ao adotar o modelo norte-americano por ocasião dos movimentos de independência durante o século XIX, teria renegado suas tradições. Se os Estados Unidos são acusados por Prado, nesse livro, de ter uma política externa invasora, tirânica, arrogante e oportunista, as repúblicas da América espanhola são, por outro lado, identificadas com o militarismo e o caudilhismo. Para Prado, foi o regime imperial no Brasil que manteve sob controle o caudilhismo que sufocava os outros países da América do Sul.

Entre o fim do século XIX e os primeiros anos do século XX, ou seja, durante a vigência da segunda onda modernizadora, chega da Europa uma enorme leva de imigrantes que vieram "fazer a América". Os Estados Unidos da América eram o principal destino, mas também Argentina, Venezuela e Brasil receberam grande contingente. Vieram da Europa

A EXPERIÊNCIA NACIONAL

não só os imigrantes, mas também as ideias que postulavam a inferioridade dos mestiços diante das raças puras, e dos negros diante dos brancos. Parcelas da intelectualidade brasileira, sob influência dessas doutrinas, passaram a valorizar o lado biológico (racial) das relações sociais. O Brasil passou a ser visto como uma sociedade atrasada e doente, já que era formada por um grande contingente de raças consideradas inferiores e por uma imensa população miscigenada, ambas identificadas como obstáculos ao progresso e à harmonia social. A grande onda migratória de população, originária principalmente da Europa, era bem-recebida não só por resolver o problema da substituição da mão de obra escrava, mas por minimizar a composição da população miscigenada, o que possibilitaria o chamado branqueamento. O Brasil, vale lembrar, é uma nação em que tanto as elites quanto o povo vieram de fora – as elites, do Sul da Europa e o povo, predominantemente da África. Os índios, antigos habitantes da terra, quase desapareceram, ainda que estejam presentes na herança genética, o que nos diferencia dos países andinos e do México, onde a presença indígena é visível a olho nu. Somos um caso do que Darcy Ribeiro chamou de "sociedades transplantadas".

As relações Brasil/Portugal

As relações entre Portugal, o criador, e o Brasil, a criatura, enfrentaram sempre muitas turbulências. No início do século XX, muitos intelectuais brasileiros consideravam o passado comum valioso; era o que possibilitava a afirmação da nossa origem europeia. Para outros, o passado comum não deveria ser valorizado já que era urgente superar a experiência de ter sido colônia portuguesa; era necessário afirmar a identidade nacional e negar a identificação com Portugal. Ou seja, para o Brasil era importante marcar as diferenças, enquanto para Portugal importava mostrar a permanência, a continuidade, o que minimizava os conflitos com as colônias portuguesas na África. A aproximação entre os dois países nos primeiros anos do século XX era uma demanda mais portuguesa do que brasileira.

A PRIMEIRA GUERRA E O BRASIL

A política de aproximação entre Portugal e Brasil pôde contar com figuras de destaque da comunidade portuguesa no Brasil e com vários intelectuais brasileiros que também participaram desse movimento, principalmente aqueles que faziam a defesa intransigente da obediência aos cânones da língua. No Rio de Janeiro, então Capital Federal, Paulo Barreto (João do Rio) foi um dos intelectuais brasileiros que valorizaram a tradição luso-brasileira. Seu papel pode ser aferido por uma placa afixada no Real Gabinete Português de Leitura, dando o nome de Paulo Barreto (João do Rio) à sua biblioteca. Os portugueses também se faziam presentes no mundo da imprensa do Rio de Janeiro, como nos jornais *O Paiz* e *Jornal do Brasil*, o que demonstra sua presença marcante e, por outro lado, oferece munição ao forte sentimento antilusitano na cidade. Nos anos 1910 e 1920, os cariocas faziam pouco de seus antepassados lusos; os paulistas, por outro lado, estavam ocupados em exaltar os bandeirantes, junção particular do português da Renascença com o índio.[7]

Em 1908, as comemorações do centenário da Abertura dos Portos dariam ocasião para a visita de Carlos I ao Brasil. Seria a primeira visita de um rei, e de Portugal, que a República brasileira receberia. Seu assassinato em fevereiro de 1908, entretanto, acabou com a viagem e com a monarquia portuguesa em 1910. A exposição comemorativa então realizada na Praia Vermelha falava do passado e do futuro. Nessa ocasião, a abertura dos portos foi apresentada como uma certidão da independência econômica do país, obtida mesmo antes da independência política de 1822. Mostrava o que o Brasil já havia alcançado em cem anos e o que deveria alcançar em termos de progresso futuro. Durante três meses, os pavilhões estaduais e as quatro seções – agricultura, indústria pastoril, indústrias e artes liberais – exibiram seus feitos. Além disso, a exposição oferecia atividades de lazer e festivas, como montanha-russa, tiro ao alvo, patinação, passeio de balão e queima de fogos. O visitante poderia também comprar cartões-postais da exposição, divulgando o evento para amigos e familiares no Brasil e no mundo. As revistas *O Malho* e *Careta* foram ricas em notícias e reportagens sobre o evento.

Tal exposição coroa, por assim dizer, um profundo movimento no qual o progresso e a civilização estiveram simbolizados na modernização das cidades. Reformas urbanas, melhoramentos, embelezamento foram alternativas ao caos, ao atraso em que viviam as cidades criadas nos tempos coloniais.

Modernização da capital

Foi no início do século XX, já sob a República, quando a diferença de regime não mais existia como elemento de diferenciação entre o Brasil e as repúblicas latino-americanas, que novas comparações começam a ser feitas. O progresso e a riqueza da República Argentina pareciam seduzir e ameaçar os brasileiros, e Buenos Aires passou a ser considerada a cidade mais europeia do continente. Em 1900, o então presidente Campos Sales visita a Argentina, acompanhado por comitiva composta por ministros, políticos e jornalistas. Entre eles se encontra o jornalista e poeta Olavo Bilac que, ao retornar, expressa seu encantamento diante da "nova capital platina" e passa a divulgar a necessidade de mudanças na capital.[8] Assim, na primeira década do século XX, com a contribuição forte da imprensa carioca, que atuou a favor do projeto civilizatório, a capital passou por um processo de modernização que contribuiu para a construção de uma imagem do país condizente com o imaginário europeu civilizado. No Rio de Janeiro, tal projeto se concentrou nas reformas urbanas que desejavam transformar a cidade em uma Paris tropical.

A reforma urbana do Rio de Janeiro, levada adiante pelo prefeito Pereira Passos, foi realizada em três anos e submeteu a cidade colonial e insalubre ao padrão de modernização que tinha como exemplo máximo a reforma de Paris, realizada por Haussmann. Era preciso vencer a falta de salubridade apontada pelos higienistas; era preciso intervir nos hábitos que favoreciam as condições de transmissão de doenças. E assim foi feito. Em 1903, foi criada a Comissão Construtora das Obras do Porto, chefiada pelo engenheiro Paulo de Frontin, comissão esta encarregada de organizar os projetos, negociar as desapropriações, as vendas e as permutas de terrenos. Outra comissão, a Fiscal e Administrativa, contou com várias figuras ilustres, entre

A PRIMEIRA GUERRA E O BRASIL

elas o engenheiro Francisco Bicalho, que integrou, em 1897, com Aarão Reis a comissão construtora da nova capital para Minas Gerais, Belo Horizonte.

A reforma da capital envolveu a construção da avenida do Cais (Rodrigues Alves), ligando a Praça Mauá a outra avenida às margens do Canal do Mangue (Francisco Bicalho). A abertura da avenida Central, com 2 km de extensão, levou à demolição de cerca de 700 prédios, com a expulsão da população – ambulantes, vendedores, artesãos – que morava em cortiços. A avenida Central também contou com a realização de um concurso internacional para a escolha das fachadas dos prédios a serem construídos. Em 1910, vários prédios monumentais e ecléticos foram nela localizados, como o da Escola Nacional de Belas Artes, o da Biblioteca Nacional, o do Supremo Tribunal Federal, o do Teatro Municipal. A abertura das avenidas Beira-Mar e Mem de Sá também atendeu aos objetivos de saúde pública, de circulação de mercadorias e de pessoas e de criação de novos espaços sociais de ocupação.[9]

A avaliação desse processo de remodelação da cidade, entretanto, não foi tranquila. Para os que criticam a cópia de diferentes estilos, o início do século XX representa o triunfo do mau gosto e da extravagância, o tempo do *carnaval arquitetônico*. Essa mistura formava o estilo eclético característico da jovem República brasileira.

O projeto de civilidade implementado pelas elites na capital ganhava ares afrancesados e divergia da sociedade que também existia no centro da cidade, considerada muito mais próxima de uma cidade oriental. A capital aparece então dividida entre um mundanismo cosmopolita e antigos padrões que persistiam e ainda persistem em diversas áreas urbanas.

O projeto de melhoramento que teve como expoente a avenida Central era o modelo do que se deveria considerar bom gosto, sintetizava o esforço para modificar os hábitos atrasados, enfim, introduzia a capital na chamada *belle époque*, como era divulgado pelas revistas da época. O cosmopolitismo de antes da Primeira Guerra, denominado *a posteriori* de *belle époque*, permitiu também o crescimento do campo do jornalismo, o que garantiu aos intelectuais o primeiro espaço onde puderam viver independentemente das prebendas do Estado. Figura exemplar já mencionada é a de Olavo Bilac: escolhido, de modo consagrador, príncipe dos poetas brasileiros, em concurso promovido pela *Fon-Fon*, em 1913, escreve para a revista *Kosmos*, e tem presença assídua nos jornais diários da cidade. *Kosmos* e *Revista da Semana* foram os principais órgãos de divulgação do novo tipo de sociedade desejada, de um projeto de europeização para a capital da República. "O Rio civiliza-se", frase célebre da época, condensa o esforço para iluminar as vielas escuras e esburacadas, controlar as epidemias, destruir os cortiços, afastar os pobres do centro da cidade.

E mais, os cidadãos da República também precisavam conhecer o país para amá-lo. Era preciso implementar a educação cívica, e os compêndios para o ensino escolar e as publicações para ampla divulgação atendiam a essa necessidade.

Uma dessas publicações, que preencheu o papel de pedagogia da nacionalidade, foi o *Almanaque Brasileiro Garnier*, editado de 1903 a 1914. Sob a direção de João Ribeiro (professor do Colégio Pedro II) e de Ramiz Galvão (do IHGB e figura central nas comemorações do 4º centenário do Descobrimento em 1900), o *Almanaque* foi capaz de atrair diversos intelectuais e divulgar para o grande público feitos passados e sonhos futuros da jovem República.[10]

Esse período de grandes transformações aparece documentado nos escritos de João do Rio e de Lima Barreto, que falam da cidade que surge e da cidade que está desaparecendo. Assim, a mudança foi documentada pelas lentes do fotógrafo Augusto Malta.

Tudo isso marca a chamada *belle époque* carioca. A avenida Central passa a funcionar como vitrine do progresso e favorece a expressão de uma cultura de elite na qual moda, decoração e até prostituição elegante tiveram lugar. O afrancesamento da capital está registrado nas revistas ilustradas, nas lojas de departamento, em teatros, cafés e salões onde uma população (os emergentes da época) aprende novos códigos de conduta e explicita um otimismo quanto ao futuro.[11]

A PRIMEIRA GUERRA E O BRASIL

O choque da Guerra

Sabemos que a Primeira Guerra teve como consequência a reorganização do mundo moderno. Tensões sociais são desencadeadas e levam à Revolução Russa em 1917. Começa então o fim do isolacionismo norte-americano e a derrocada dos impérios atrasados – russo, alemão e austro-húngaro. O Império Otomano, aliado do alemão, perde, com o Tratado de Versalhes, a Palestina, a Síria e o Líbano para a França e o Reino Unido, e vem a se esfacelar em 1923, quando é então proclamada a República, dando origem à Turquia moderna.

A trincheira, tática de guerra e recurso militar, tornou-se símbolo da espera da morte trágica. Os enfrentamentos militares e as péssimas condições dos locais de batalha provocaram a morte de 8 milhões de soldados e produziram cerca de 20 milhões de feridos. Com a guerra, a ideia de fraternidade internacional cedeu vez ao sentimento patriótico, ao amor pela pátria natal, pelos seus. As declarações de guerra, por exemplo, foram recebidas pelas populações com apoio exaltado à nação. O conflito gerou alterações nas relações sociais e familiares. As mulheres, por exemplo, assumem postos do mundo do trabalho antes ocupados só por homens, e também vão se inserir no conflito atuando como enfermeiras da Cruz Vermelha.

O Brasil, em particular, só veio a participar do conflito no seu final, devido aos ataques realizados por submarinos alemães a seus navios comerciais. Tais episódios geraram protestos nas ruas da capital em 1917, contra o afundamento de navios brasileiros e a favor da declaração de guerra. O conflito do outro lado do Atlântico passou a ser coberto com maior atenção pela imprensa, que também acompanhou os debates no mundo político e no governo sobre a decisão de entrar na guerra. Uma das iniciativas do governo brasileiro, além da oferta de ajuda no patrulhamento da América do Sul, foi o envio de uma missão médica militar – atingida pela gripe espanhola ao fazer escalas em portos da costa africana. Mesmo limitada, tal participação permitiu ao Brasil fazer parte do Tratado de Versalhes e ter suas demandas aceitas (considerar o pagamento do café depositado antes do conflito, usado pelos alemães, e a posse de navios alemães

A EXPERIÊNCIA NACIONAL

aqui apreendidos). Assim o país passou a fazer parte da recém-criada Sociedade das Nações.

Para o universo otimista da *belle époque*, que se fazia presente principalmente na capital federal, foi um choque a deflagração da Primeira Guerra em 1914, quando entram em conflito França e Alemanha, dois dos principais paradigmas do progresso, da civilização. A Primeira Guerra também dividiu a intelectualidade brasileira entre aqueles que defendiam concepções pangermanistas e os que marcavam sua francofilia, de, é bom que se diga, longa tradição na cultura brasileira. Para estes era preciso também atentar para a situação "perigosa" das regiões habitadas por populações de origem alemã no Sul do Brasil, que precisavam ser integradas e, com a guerra, vigiadas.

Um abalo na ideia de que um progresso constante era possível ocorreu após o conflito, quando se dimensionaram as suas consequências e se falou da decadência da Europa. Era o fim da chamada *belle époque*, período de otimismo nas realizações humanas e de confiança nas propostas liberais dominantes entre 1870 e 1914. Com o fim da guerra, abriu-se espaço para o aparecimento de outras ideias que questionavam os padrões do que era considerado progresso. Os chamados movimentos de vanguarda pipocaram, com a proliferação de manifestos que procuravam mudar os padrões estabelecidos nos diversos campos da arte e da cultura. Pode-se notar que a história da cultura no século XX foi marcada por uma alternância constante entre tendências que pregavam o rompimento com o passado e movimentos que defendiam sua renovação.

A Europa tinha sido, entre 1870 e 1914, a nossa maior referência, ainda que os modelos, as ideias e as tecnologias admiradas e desejadas no Brasil se alterassem ao longo do tempo. Por outro lado, a consciência de ser um país grande – em dimensões territoriais, em riquezas naturais, em variedade de populações – forçava a pensar o Brasil como diferente de muitos países europeus, inclusive Portugal, nossa ex--metrópole. Reconhecer nossas singularidades, nossas potencialidades e também nossas dificuldades era condição para construir uma nova nação, tarefa fundamental para o novo regime republicano. Que nação seria essa? Quem seria o seu povo? E que aspectos culturais deveriam ser valorizados para a caracterização de nossa identidade nacional?

A PRIMEIRA GUERRA E O BRASIL

A Primeira Guerra Mundial, como já se mencionou, abalou a crença no progresso e na paz como valores já assegurados do mundo moderno. O conflito produziu uma distinção entre a Europa, representante da velha civilização decadente, e a América, espaço da nova civilização e do futuro. Se a Europa estava decadente, o futuro devia estar na América, tanto na do Norte quanto na do Sul.

Até então, as condições climáticas e raciais do Brasil tinham sido entendidas como desfavoráveis ao progresso do país. Isso ocorria, disseram os reformadores e nacionalistas de então, porque as elites viam tanto a si próprias quanto ao país com uma mentalidade europeia. Setores dessa elite mantinham-se fiéis aos padrões da matriz europeia, fosse ela portuguesa, inglesa ou francesa. Com o impacto da guerra, isso começou a mudar, pois se passou a considerar que os brasileiros não podiam e não deviam mais ser tributários dos decadentes valores europeus. Era preciso combater a cópia, o vício da imitação, para produzir um Brasil mais moderno e brasileiro.

Uma figura-símbolo desse comportamento que passou a ser tão criticado era o bacharel, visto como um especialista em generalidades, um copista de legislações estrangeiras, enfim, um burocrata que emperrava a modernização. Pouco ligado ao verdadeiro país, o bacharel era identificado como o braço legal de um Brasil atrasado e artificial. A crítica ao bacharel como burocrata não é novidade, basta citar "A teoria do medalhão", em que Machado de Assis já se antecipara: mas agora a crítica é mais divulgada e vai atingir, principalmente nas futuras décadas, uma figura ícone da República: Rui Barbosa.

Para quebrar a mentalidade sintetizada no "bacharelismo", era necessário voltar a atenção para as raízes brasileiras. A plataforma da época será "Repensar o Brasil", considerado até então atrasado pelo clima e pela raça. Para os novos intelectuais, esses fatores – meio e raça – eram vistos como negativos porque, como já mencionamos, a elite via a si própria e pensava o país com uma mentalidade europeia. Para combater isso era preciso voltar-se para as raízes brasileiras. Quais seriam?

Os intelectuais se atribuíram então como tarefa encontrar a cultura autêntica do país, estivesse ela em um passado histórico ou em

A EXPERIÊNCIA NACIONAL

tempos imemoriais. Foi dentro desse espírito de reinvenção que o povo brasileiro passou a ser visto como a origem da nacionalidade e que o popular passou a ocupar o lugar de destaque como fonte de nossa autenticidade cultural.

Nesse contexto, desenvolveu-se um grande esforço para analisar os problemas nacionais, o que deu origem a vários diagnósticos e à prescrição de terapias capazes de trazer o progresso ao país. Cada um deles foi produzido e defendido por grupos que se destacaram no panorama intelectual dos anos 1910 e 1920. Literatos, poetas, jornalistas, médicos, engenheiros eram conclamados a entrar na cruzada cujo objetivo era criar uma nova nação. Alberto Torres, Oliveira Vianna e Monteiro Lobato são alguns dos intelectuais emblemáticos que desde meados dos anos 1910 vão denunciar, cada um à sua maneira, o Brasil arcaico, atrasado, comandado por uma política incompetente.

O diagnóstico de falta de patriotismo, por exemplo, se fazia presente nos pronunciamentos do já mencionado jornalista e poeta Olavo Bilac, que passou a ver no Exército a única instituição capaz de criar no povo brasileiro o amor à pátria. A luta pelo estabelecimento do serviço militar obrigatório, travada pela Liga da Defesa Nacional, em 1916, teria esse significado e papel. Tratava-se de produzir a figura do soldado-cidadão. Ao lado disso, muitos intelectuais acreditavam que a indiferença das elites diante dos problemas nacionais poderia ser resolvida por uma profunda reforma moral, enquanto o analfabetismo seria enfrentado pela educação do povo. Já as doenças tornavam premente a execução de campanhas de saneamento, o que resultou na fundação da Liga Pró-Saneamento, em 1918. Esse grupo teve entre seus expoentes médicos de renome como Afrânio Peixoto, Belisário Pena e Artur Neiva.

Para alguns intelectuais, a vida urbana era um dos principais problemas do Brasil. Era o cosmopolitismo das cidades que propiciava a cópia de padrões europeus. Nessa perspectiva, a cultura que se desenrolava nas cidades situadas nas regiões litorâneas era vista como degradada e corrompida pelo estrangeiro, e seu contraponto estava no sertão e no sertanejo, considerados autênticos símbolos da nacionalidade. Lendas

A PRIMEIRA GUERRA E O BRASIL

e tradições que falavam do amor a tudo o que fosse brasileiro foram revalorizadas por setores da elite culta, ainda que esse "tudo" fosse apenas o Brasil rural, o Brasil do interior.

Houve assim um movimento de redescoberta do Brasil folclórico e regional, sintonizado com o movimento nacionalista, que teve em nomes como Catulo da Paixão Cearense uma de suas expressões mais conhecidas. Em fins dos anos 1910 e início da década de 1920, prosperou, em vários estados do país, uma literatura regionalista dedicada à vida rural e à cultura sertaneja.

Vale lembrar o personagem do caipira imortalizado pelo Jeca Tatu de Monteiro Lobato. Esse escritor pode ser tomado como exemplo das contradições que a questão nacional e a modernidade apresentavam ao Brasil da Primeira República. Em artigos publicados em 1914, Lobato criou a figura do Jeca, um caipira indolente, "a vegetar de cócoras", incapaz de se mover. O Jeca fez enorme sucesso e foi discutido e incorporado por várias tendências políticas e intelectuais. Os médicos sanitaristas se apropriaram dessa figura para mostrar como a falta de saúde era o que tornava o homem brasileiro preguiçoso e improdutivo. Lobato elaborou uma segunda versão de seu personagem, agora saudável e trabalhador, que passou a participar de campanhas publicitárias de saúde para a venda de fortificantes e remédios, entre os quais o mais famoso foi o Biotônico Fontoura.

Monteiro Lobato destacou-se também como empresário editorial. Nesse setor fez uma verdadeira revolução, alterando a qualidade gráfica dos livros, contratando capistas e ilustradores. Além disso, tratou os livros como produtos que deveriam ser crescentemente consumidos pelo público, iniciou sua divulgação em escolas e sua venda tanto em armazéns do interior quanto através do correio, o que era uma novidade. Lobato participou ativamente da luta contra o Brasil arcaico, ainda que não se tenha integrado ao grupo de intelectuais que então dava início ao chamado movimento modernista, consagrado na Semana de Arte Moderna realizada em São Paulo em fevereiro de 1922.

A EXPERIÊNCIA NACIONAL

Uma nova onda de nacionalismos antilusitanos

Após a Primeira Guerra Mundial ressurge sob novos ângulos a questão da construção da nacionalidade no Brasil. Novos modelos de identidade nacional passam a existir e a competir entre si. No Rio de Janeiro, o nacionalismo de Álvaro Bomilcar e do movimento Propaganda Nativista faz renascer o ideário jacobino dos republicanos com o antilusitanismo. Bomilcar publica em 1920 a obra *A política no Brasil ou o nacionalismo radical*, que aponta que um dos graves problemas do Brasil era ser resultado da colonização portuguesa. A primeira acusação do autor tem a ver com a escravidão. A nação portuguesa "andou devastando não só as terras de África e Ásia, como disse Camões, mas igualmente as do nosso país. Foram os portugueses os primeiros que (...) fizeram um ramo de comércio legal prear homens livres e vendê-los como escravos nos mercados europeus e americanos".[12] A presença lusitana, segundo o autor, também se fazia presente pela nossa intolerância e hostilidade aos brasileiros que têm a infelicidade de descender mais proximamente dos negros e dos espoliados indígenas. Confirmando isso tudo, Álvaro Bomilcar menciona que os surtos de progresso só aparecem nos estados do Sul do Brasil, exatamente aqueles em que a influência portuguesa é mínima.

Bomilcar ainda se manifesta contra os intelectuais que ficam presos às questões filológicas e ao debate em torno da reforma ortográfica, em nome de uma herança ancestral da linguagem. Próximos à antiga metrópole, servindo à recolonização do país, estariam, entre outros, Afrânio Peixoto, Medeiros e Albuquerque e João do Rio. Herdamos a língua – considerada por Alexandre Herculano o túmulo do pensamento – e com ela ficamos isolados do comércio intelectual do mundo. O autor esclarece: "No Brasil, não se fala o português, fala-se o brasileiro, com sintaxe, prosódia, estilo e vocabulário brasileiros."[13] Álvaro Bomilcar escolhe Portugal como objeto de seus ataques, retomando a corrente da qual fazia parte Manoel Bonfim, um dos intelectuais a recusar a ideia de que a herança portuguesa era benéfica ao Brasil.

Assim, volta à cena o antilusitanismo que teve destaque no passado, com a Proclamação da República no Brasil e na crise dos primeiros

A PRIMEIRA GUERRA E O BRASIL

anos do regime republicano na virada do século – quando a colonização portuguesa passou a ser rejeitada como responsável pelo atraso
do país. A discussão sobre os males, as deficiências, o atraso da nação
brasileira, que se acirra na virada do século, ganha novamente força
em torno dos anos da Primeira Guerra Mundial, quando a condenação
da colonização portuguesa retorna.

Nessa mesma época, por outro lado, o francófilo Olavo Bilac reafirma a positividade da herança do mundo português e reforça o valor
da lusitanidade e da latinidade que o Brasil compartilha por ter sido
colonizado pelos portugueses.

Olavo Bilac é assim um dos autores que reafirmam suas ligações
com o mundo português e latino. Se, na primeira viagem à Europa
em 1890, Bilac tivera como mote seus interesses literários, nas viagens
de 1914 e 1916 seu prestígio e sua recepção estavam atrelados ao seu
papel de ideólogo do nacionalismo. Bilac foi recebido em Lisboa como
um autêntico porta-voz de uma latinidade americana, sendo capaz
de enfrentar a insanidade germânica que ameaçava a espiritualidade
latina encarnada e defendida pela França. Em entrevista a um jornal
de Lisboa, Bilac reafirma ser o Brasil absolutamente francófilo, e,
perguntado sobre a ameaça que poderia representar a presença alemã no Sul do Brasil, declara ser necessário promover uma intensa
campanha capaz de desenvolver a coesão nacional. E é exatamente
isto o que faz tão logo retorna ao Brasil, realizando o que considera
ser uma missão: a difusão do ensino primário, a expansão do ensino
profissionalizante e a criação do serviço militar obrigatório. Bilac
como que confirma, legitima e reconhece a atuação de Portugal, que
recém-entrara na guerra, e esse reconhecimento era muito bem-visto.
Sua calorosa recepção em Portugal tinha a ver com o "reforço da
lusitanidade e da latinidade, através da defesa do idioma, miolo,
por sua vez, dos nacionalismos a galope, nos dois países".[14] Sua
defesa da língua, o modo de entender sua veiculação (o enquadramento da sintaxe como fenômeno imutável da língua), afasta-o dos
tempos de poeta parnasiano (a arte pela arte) e o confirma como
combatente da causa nacionalista, fazendo a defesa da integridade
da língua comum entre Portugal e Brasil.

A EXPERIÊNCIA NACIONAL

Olavo Bilac é poeta com amplo reconhecimento como representante da *belle époque* e defensor da herança portuguesa e latina que nos unia à França por ocasião da Primeira Guerra Mundial. Bilac, príncipe dos poetas, torna-se operário da nação ao se engajar em campanhas cívicas pela instrução primária e, mais tarde, pelo serviço militar obrigatório e pela criação da Liga de Defesa Nacional.

Vale lembrar que, para além da diferença entre os dois autores relativa ao mundo luso, Olavo Bilac escreveu, junto com Manoel Bonfim, um dos mais interessantes livros na categoria do que no século XXI é chamado de paradidático. *Através do Brasil* (narrativa) traz na capa as explicações: "Livro de leitura para o curso médio das Escolas Primárias", e "Livro de uso autorizado pelo Ministério da Educação", o que esclarece sua recepção memorável e a garantia de ter 67 edições conhecidas até 1962. O livro, impresso em Paris em 1910, teve tiragem de quatro mil exemplares.

Através do Brasil combina ficção e história e apresenta uma "jornada educativa" na qual as personagens se formam à medida que se ligam à coletividade. O livro transmite um tipo de catecismo cívico capaz de constituir um novo sentimento nacional para todos aqueles que estão sendo alfabetizados pela escola. Assim pode ser considerado um exemplo muito bem-sucedido da literatura escolar nacional, um gênero que teve destaque nos primeiros anos da República.

Marisa Lajolo, consagrada pesquisadora de literatura infantil em geral e de Monteiro Lobato em particular, que assina a Introdução à reedição de *Através do Brasil*, pela Companhia das Letras, em 2000, esclarece-nos um pouco mais ao informar que o livro é uma espécie de versão brasileira de um *best-seller* escolar francês, *La tour de La France par deux garçons*, assim como de outro livro, *Cuore*, com a mesma função na Itália recém-unificada. E também nos lembra que, além de sua conhecida e reconhecida obra poética, Bilac foi também tradutor da obra de Wilhem Bush, intitulada no Brasil *Juca e Chico: história de dois meninos em sete travessuras*. Para Mariza Lajolo, *Através do Brasil* está inscrito em duas matrizes fortes: a do cânone da literatura infantil e didática e a do gênero da literatura de viagem, herdeira do primeiro documento oficial de nossa descoberta, a *Carta* de Caminha.

A PRIMEIRA GUERRA E O BRASIL

Manoel Bonfim e Olavo Bilac foram, segundo André Botelho,[15] artífices de uma nova modalidade de narrativa com *Através de Brasil* em 1910. Defendendo a educação como redenção do atraso, estão preocupados e ocupados com a reforma moral da sociedade, com a construção da nação e com a formação dos portadores sociais do projeto de modernização. Ao definir assim seu trabalho, acabam por definir uma identidade social dos intelectuais no Brasil.[16]

Afrânio Peixoto, em seu livro *Minha terra, minha gente*,[17] pode ser tomado também como exemplo da oposição à vertente exemplificada com o pensamento de Bomilcar. Procura o autor mostrar como herdamos de Portugal a civilização greco-romana e a moral cristã, estabelecendo uma linha de continuidade entre Grécia, Roma, Portugal e, finalmente, Brasil. Para Afrânio Peixoto, os feitos marítimos portugueses são a grande epopeia moderna. Os brasileiros, herdeiros desse patrimônio, devem louvar e enaltecer os feitos dos seus antepassados.

Ou seja, a partir dos anos 1910, tem lugar um grande debate sobre as perspectivas do país, e, nesse cenário, a herança portuguesa recebe uma nova avaliação. A revalorização da presença portuguesa nos tempos da colônia também abarca uma reavaliação da presença jesuíta na formação da sociedade brasileira.

Assim, é significativa uma nova tentativa de resgatar a imagem de Portugal no Brasil, e isto terá lugar especial por ocasião da exposição comemorativa do Centenário da Independência em 1922, embora nesse momento se comemore a separação entre a colônia e a matriz. Portugal envia extensa delegação para os festejos e nela tem destaque a presença dos aviadores Sacadura Cabral e Gago Coutinho, que fazem a primeira travessia aérea do Atlântico, como que atualizando a travessia de 1500. A delegação portuguesa é portadora de uma edição de *Os Lusíadas*, de 1670, a ser depositada no Real Gabinete Português de Leitura no Rio de Janeiro.

Entre os movimentos de aproximação com o mundo português que antecedem a comemoração do Centenário da Independência está o decreto que o presidente Epitácio Pessoa assina em 1920, revogando a expulsão da família real. O movimento de aproximação nem sempre tem sucesso, haja vista o episódio decorrente do decreto de Epitácio

Pessoa pela obrigatoriedade de naturalização dos pescadores portugueses que desejassem permanecer no Brasil. Esses pescadores, os poveiros, que dominavam a indústria pesqueira no Rio de Janeiro, recusam a naturalização, são repatriados e recebidos em Portugal como heróis.

O movimento modernista dos anos 1920, que pretendeu combater o passado, particularmente os cânones rígidos da métrica e da rima do parnasianismo na produção literária (comprometidos com a unidade linguística dos dois povos), vai, por outro lado, produzir a valorização do período colonial como berço da cultura brasileira.[18]

Será no Modernismo, em uma das matrizes do Modernismo paulista, que será construída uma poderosa versão questionadora da herança portuguesa. Trata-se de Paulo Prado, no seu livro *Retrato do Brasil*, de 1928. A sua frase famosa – *Numa terra radiosa vive um povo triste* – tem como efeito marcar uma ausência de sintonia entre a natureza brasileira e a estrutura espiritual de seus habitantes. O primeiro retrato do Brasil, a Carta de Caminha, expõe o esplendor da natureza, mas ela será alcançada pela "escuma turva das velhas civilizações". Será da aliança entre a sensualidade "infrene" e o desregramento e a dissolução moral dos conquistadores que surgirão tipos mais e menos adaptados, sendo os mamelucos paulistas os melhores exemplares. A tristeza brasileira advém da luxúria e da cobiça, pecados que marcaram a chegada e a vida do português na colônia.

Vale notar que uma das matrizes desse pensamento é a geração portuguesa de 1870 (Eça de Queirós, Oliveira Martins entre outros), que aponta para a decadência europeia em geral e portuguesa em especial. Para Oliveira Martins, por exemplo, no fim do século XVI "a região de S. Paulo apresentava os rudimentos de uma nação; ao passo que a Bahia e as dependências do Norte eram uma fazenda de Portugal na América".

O historiador português Joaquim Pedro de Oliveira Martins foi uma referência fundamental para os autores brasileiros que procederam a uma reavaliação crítica do legado português sobre a formação brasileira, já que "em nenhum outro escritor português do século XIX se poderá encontrar uma crítica tão feroz, sistemática e radical do seu país e da sua cultura".[19] Ao perseguir os valores modernos, científicos e revolucionários, Oliveira Martins, como a Geração de 1870, denuncia o estado de estagnação e atraso da cultura portuguesa. Sua concepção de história e seu método e estilo perseguem uma missão social a ser cumprida: a reforma moral da sociedade portuguesa; a criação, por meio da educação, de atores sociais capazes de realizar o projeto de redenção.

Ronald de Carvalho, em sua *Pequena história da literatura brasileira* (1919), recorre também a Oliveira Martins para sustentar seu argumento a respeito da inépcia da metrópole em sustentar sua colônia, sendo isto um fator decisivo para a emergência de um sentimento nacional no Brasil. Como nos diz André Botelho: "Ronald de Carvalho compartilhou amplamente – incorporando e transformando – tanto os pressupostos quanto os objetivos do programa historiográfico de Oliveira Martins: entendeu a história da sociedade brasileira como a história da formação da nação; entendeu que a ausência de uma base rácica homogênea não representava empecilho à formação da nação; entendeu a história da formação da nação como produto da vontade ou energia coletiva da qual alguns atores sociais seriam os legítimos portadores; narrou essa história deixando num segundo plano o encadeamento cronológico dos acontecimentos e lhe conferindo caráter dramático de modo a seduzir o leitor e, assim, cumprir a função que atribuía aos seus escritos."[20]

O campo aberto para uma releitura da ex-colônia, para o retorno de sentimentos nacionalistas e a organização de movimentos políticos de cunho nacionalista foi possível tendo em vista as transformações ocorridas a partir da Grande Guerra, que fazem romper um culto cego à Europa e vão dar origem a um sentimento de desilusão. Como diz Compagnon,[21] desmorona a imagem da "civilização europeia". Uma ideia inicialmente dominante era de que essa guerra representaria o enfrentamento entre a civilização francesa e a barbárie alemã. Esta vai ser substituída por outra, que fala do desmoronamento de toda a civilização europeia. Perdem a validade os modelos que até então guiavam a modernidade dos latino-americanos. O otimismo radical quanto ao progresso da humanidade e a fé sem limites nas virtudes civilizadoras do Velho Continente foram assim abruptamente inter-

A EXPERIÊNCIA NACIONAL

rompidos com a violência dos campos de batalha. Uma das matrizes dessas interpretações é a obra de Oswald Spengler, *A decadência do Ocidente*, que, em tradução espanhola de 1923, vai ser lida e mais tarde traduzida para o português. Inúmeros autores brasileiros a partir de então fazem referência a Spengler.

Alceu Amoroso Lima, em seu longo diálogo com o jornalista Medeiros Lima, registra como, de Paris, centro da Europa, viu "um mundo que chegava ao fim", fim do diletantismo, da disponibilidade. Era a agonia de uma época, o fim do século XIX. A Guerra correspondeu à irrupção da tragédia de uma civilização e marcou, de fato, o fim do século XIX e o início do XX. As elites latino-americanas que viviam ou viajavam à Europa naquele momento retornam com o "coração partido" diante do que viam em Paris. "Derrocada de uma civilização", "tempos sombrios" são expressões comumente usadas. Com o fim da guerra, com as feridas ainda abertas, o mundo enfrenta a epidemia da gripe espanhola, que ceifou cerca de 19 milhões de vidas. É como se uma tragédia ofuscasse a outra![22]

A arquitetura neocolonial

Diversos movimentos nacionalistas que marcariam o entreguerras no campo político e cultural tiveram vida efêmera mas foram importantes na constituição de um campo nacionalista que vai permitir compreender o sucesso do movimento integralista nos anos 1930.

Quero agora chamar atenção para a (re)descoberta das raízes brasileiras que tem lugar na esfera da arquitetura. No fim do século XIX, a arquitetura praticada no Brasil provinha de duas formações: a da Escola Nacional de Belas Artes e a da Escola Politécnica. O padrão da arquitetura se encontrava dividido entre a corrente dos acadêmicos, respeitadores da tradição greco-romana e medieval, e a corrente eclética, que se permitia reunir elementos de todos os estilos, como se fez presente na construção dos prédios da recém-aberta avenida Central.

Nos anos 1920, um movimento de renascimento da arquitetura colonial vai valorizar a inspiração tradicional luso-brasileira e se

A PRIMEIRA GUERRA E O BRASIL

contrapor ao academicismo e ao ecletismo até então dominantes. Defendendo o estudo das antigas formas de habitação, consideradas maravilhosas adaptações da tradição portuguesa ao clima e aos materiais dos trópicos, tal corrente, no Brasil e na América espanhola denominada como *neocolonial*, é intitulada de *casa portuguesa* em Portugal.

A chamada arquitetura neocolonial teve como figura de destaque o médico e historiador José Mariano Filho (1881-1946), para quem os edifícios públicos deveriam ter como inspiração a arquitetura tradicional luso-brasileira. O auge dessa tendência se deu em 1922, por ocasião da Exposição Internacional do Centenário da Independência, que teve vários pavilhões em estilo neocolonial.

Vale notar que em 1922, no Centenário da Independência e também na Semana de Arte Moderna, o que é apresentado como moderno em arquitetura tem a ver com o neocolonial.[23] Foi também nos anos 1920 que se deu a redescoberta das cidades coloniais, principalmente as de Minas Gerais, visitadas pelos modernistas paulistas em 1924.

A década de 1920, e principalmente a partir de 1922, é mesmo emblemática do novo clima cultural e político no Brasil, já que nesse período se dá a Primeira Revolução Tenentista, a criação do Centro Dom Vital, a fundação do Partido Comunista, além dos já mencionados Centenário da Independência e Semana de Arte Moderna. Em uma visão abrangente, tudo isso pode ser entendido como desdobramento da Primeira Guerra Mundial no Brasil.

Os cem anos da Independência do Brasil ensejaram a realização da Exposição Internacional do Centenário da Independência em 1922, que a imprensa da época considerou enorme e descreveu como um conjunto de "deslumbrantes monumentos arquitetônicos". A exposição foi inaugurada em 7 de setembro de 1922 e durou até abril de 1923. Para sua organização, a prefeitura do Distrito Federal procedeu ao desmonte do que restava do Morro do Castelo, acabando com o mais importante vestígio do Rio de Janeiro colonial e provocando intensa polêmica.

A porta da exposição, classificada como "monumental" pela imprensa da época, tinha 33 metros de altura e ficava na avenida Rio Branco. Na avenida das Nações se alinhavam os 15 pavilhões estrangeiros. Mais adiante ficava a praça onde se localizavam os palácios brasileiros que tiveram como estilo predominante o chamado neocolonial. Eram o Palácio das Pequenas Indústrias, de Nestor Figueiredo e C. San Juan, inspirado no convento de São Francisco em Salvador; o da Caça e Pesca, de Armando de Oliveira, inspirado em elementos da arquitetura rural nordestina, e o das Grandes Indústrias, de Archimedes Memória e Francisque Cuchet, de perfil neocolonial.

Na verdade, o Palácio das Grandes Indústrias resultou da restauração do conjunto arquitetônico situado na ponta do Calabouço, composto por prédios coloniais que receberam também acréscimos neocoloniais, e passou a integrar a Exposição Internacional do Centenário da Independência do Brasil. Esse edifício veio a abrigar o Museu Histórico Nacional.

Criado em 1922 pelo presidente Epitácio Pessoa, o museu teve por inspiração o historiador e folclorista Gustavo Barroso, defensor da criação de um museu da história nacional que celebrasse o Estado monárquico, o Exército e os feitos heroicos da elite responsável pela ordem e unidade do país. Deveria exibir os objetos que pertenceram a figuras de um panteão nacional, e essa coleção de objetos autênticos, segundo Barroso, seria capaz de ensinar aos visitantes a história do Brasil. Gustavo Barroso foi diretor do museu de 1922 até seu falecimento, em 1959.

Foi no Museu Histórico Nacional que em 1932 foi criado o primeiro curso destinado a treinar profissionais para o trabalho em museus. A Delegacia de Monumentos Nacionais, criada em 1934, também sob direção de Gustavo Barroso, atuou sobretudo na restauração de monumentos na cidade de Ouro Preto, considerada a principal relíquia do passado nacional a ser preservada. Ouro Preto, declarada monumento nacional em 1933, foi o foco da atenção e dos conflitos entre neocoloniais e modernos. Para além das questões do patrimônio e das diferenças entre correntes arquitetônicas, é preciso lembrar que, em meio ao processo de radicalização política que marcou a vida do país nos anos 1930, Gustavo Barroso teve papel importante na direção da Ação Integralista Brasileira.

Com a criação do Serviço do Patrimônio Histórico e Artístico Nacional (Sphan), em 1937, sob direção de Rodrigo Melo Franco de

A PRIMEIRA GUERRA E O BRASIL

Andrade, a Delegacia de Monumentos Nacionais e Gustavo Barroso, com sua "visão de antiquário", foram alijados da política de proteção do patrimônio nacional pelos modernistas que se instalaram no Sphan. Para os modernistas que tiveram a Semana de 1922 como seu evento fundador, o sertão e o sertanejo não podiam representar a cultura nacional. A literatura regionalista era considerada por eles um dos símbolos do atraso de nossas manifestações culturais. Contudo, esses modernistas também conferiram importância ao folclore e aos costumes de diferentes regiões. Para o grupo, tratava-se de construir uma nova e distinta concepção do regional. Mário de Andrade, sem dúvida uma das maiores figuras do movimento modernista, considerava o regional a mediação para se alcançar o nacional, o caminho para se construir a unidade cultural da nação. Com outros modernistas, Mário esteve atento a essa dimensão popular da cultura nacional. Em sua múltipla percepção da cultura brasileira, buscou, de um lado, retratar o caráter e a consciência nacional, criando o herói brasileiro "sem caráter", ou seja, ainda sem definição, representado pelo personagem principal de seu livro *Macunaíma*, publicado em 1928, e de outro, dedicou-se a pesquisar o folclore e sobretudo as tradições musicais, o que se expressou em sua obra *Ensaio sobre a música brasileira*, também de 1928. Outro bom exemplo no campo das realizações musicais modernistas foi Villa-Lobos, que trabalhou com o repertório folclórico do mundo sertanejo ou rural e igualmente com temáticas indígenas para compor cantos, cantigas, hinos e peças grandiosas e eruditas, entre as quais estão as famosas *Bachianas brasileiras*. Mas isso já é uma outra história...

Notas

1. Luís Cláudio Villafañe Santos, "As várias Américas: visões do século XIX". Franca, *Estudos de História*, vol.10, n.1, 2003, p.11-15.
2. Wilma Peres Costa, "Viajantes europeus e o escrever da nação brasileira". In: Marco A. Pamplona e Don H. Doyle. *Nacionalismo no Novo Mundo; a formação de Estados-Nação no século XIX*. Rio de Janeiro: Record, 2008, p.299-327.

A EXPERIÊNCIA NACIONAL

3. Livro publicado em 1982 no México e em 1988 no Brasil.
4. Sobre a construção de identidades na América Latina elaboradas a partir de temas recorrentes, como: latinidade, mestiço de filiação indigenista ou afro-americana, nacionalismo e anti-imperialismo, ver: Eduardo Devéz Valdés. "O pensamento nacionalista na América Latina e a reivindicação da identidade econômica (1920-1940)". Rio de Janeiro, *Estudos Históricos*, vol.10, n.20, 1997.
5. Marco Antonio Pamplona. "Una perspectiva 'arielista' entre los hombres públicos brasileños de fin de siglo: Estados Unidos en los escritos de Joaquim Nabuco e Oliveira Lima". In: *Estados Unidos desde América Latina: sociedad, política y cultura*. Cidade do México: CIDE/Colégio de México, 1995, p.183-196; Luís Cláudio Villafañe Santos. *O Brasil entre a América e a Europa; o Império e o interamericanismo*. São Paulo: Unesp, 2004.
6. Eduardo Devéz Valdés. "Modernização e identidade: as ideias na América Latina". Rio de Janeiro, *Estudos Históricos*, vol.5, n.9, 1992.
7. Carlos Lessa. "Rio, uma cidade portuguesa?". In: _____ . *Os Lusíadas na aventura do Rio moderno*. Rio de Janeiro: Record/Faperj, 2002.
8. Américo Freire. "A fabricação do prefeito da capital; estudo sobre a construção da imagem pública de Pereira Passos". *Revista Rio de Janeiro*, n.10, maio-ago 2003.
9. Jaime Bechimol. *Pereira Passos. Um Haussmann tropical*. Rio de Janeiro: Secretaria Municipal de Cultura, 1990. "Reforma Urbana e Revolta da Vacina na cidade do Rio de Janeiro". In: Jorge Ferreira e Lucília de Almeida Neves Delgado (orgs.). *O Brasil republicano. O tempo do liberalismo excludente*. Rio de Janeiro: Civilização Brasileira, 2003.
10. Eliane de Freitas Dutra. *Rebeldes literários da República*: história e identidade nacional no Almanaque Brasileiro Garnier (1903-1914). Belo Horizonte: Editora UFMG, 2005.
11. Jeffrey D. Needel. *Belle époque tropical*. São Paulo: Companhia das Letras, 1993.
12. Álvaro Bomilcar. *A política no Brasil ou o nacionalismo radical*, p.175, *apud* Lucia Lippi Oliveira, *A questão nacional na Primeira República*. São Paulo: Brasiliense/CNPq, 1990, p.134.
13. Idem, p.168.
14. Antônio Dimas. *Bilac, o jornalista*, 3 volumes. São Paulo: Edusp, 2006.

A PRIMEIRA GUERRA E O BRASIL

15. André Botelho. *Aprendizado do Brasil; a nação em busca dos seus portadores sociais.* Campinas: Unicamp, 2002.
16. Idem.
17. Afrânio Peixoto. *Minha terra, minha gente,* s.n., 1916.
18. A redescoberta do barroco – suas cidades, sua arte – servirá para se repensar uma visão negativa do passado cultural português no Brasil colonial. A recuperação da arquitetura colonial, iniciada pelo movimento chamado neocolonial, conta, em São Paulo, com a presença do engenheiro português Ricardo Severo. Ver Carlos Kessel, "Vanguarda efêmera: arquitetura neocolonial na Semana de Arte Moderna de 1922". Rio de Janeiro, *Estudos Históricos,* n.30, 2002, p.110-128.
19. Franchetti *apud* André Pereira Botelho, *Aprendizado do Brasil; a nação em busca dos seus portadores sociais.* Campinas: Unicamp, 2002, p.163.
20. André Pereira Botelho, *Aprendizado do Brasil; a nação em busca dos seus portadores sociais.* Campinas: Unicamp, 2002, p.168.
21. Olivier Compagnon. *O adeus à Europa; a América Latina e a Grande Guerra.* Rio de Janeiro: Rocco, 2014.
22. Nara Azevedo Brito. "La dansarina: a gripe espanhola e o quotidiano na cidade do Rio de Janeiro". Rio de Janeiro, *História, Ciência, Saúde – Manguinhos,* vol.4, n.1, mar./jun. 1997, p.11-30.
23. Carlos Kessel. "Vanguarda efêmera: arquitetura neocolonial na Semana de Arte Moderna de 1922". Rio de Janeiro, *Estudos Históricos,* n.30, 2002, p.110-128.

Referências bibliográficas

AFONSO, Carlos Alberto. "Ocidente subalterno". In: SANTOS, Boaventura de Souza; COHN, Amélia e CAMARGO, Aspásia (orgs.). *O diálogo dos 500 anos Brasil & Portugal; entre o passado e o futuro.* Rio de Janeiro: EMC, 2001, p.215-245.

BECHIMOL, Jaime. *Pereira Passos. Um Haussmann tropical.* Rio de Janeiro: Secretaria Municipal de Cultura, 1990.

_____. "Reforma Urbana e Revolta da Vacina na cidade do Rio de Janeiro." In: FERREIRA, Jorge e DELGADO, Lucília de Almeida Neves (orgs.). *O Brasil republicano. O tempo do liberalismo excludente.* Rio de Janeiro: Civilização Brasileira, 2003, p.233-286.

A EXPERIÊNCIA NACIONAL

BOTELHO, André Pereira. *Aprendizado do Brasil; a nação em busca dos seus portadores sociais.* Campinas: Unicamp, 2002.

_____. *O Brasil e os dias; Estado-Nação, modernismo e rotina intelectual.* Bauru/São Paulo: EDUSC, 2005.

BRITO, Nara Azevedo. "La dansarina: a gripe espanhola e o quotidiano na cidade do Rio de Janeiro". Rio de Janeiro: *História, Ciência, Saúde – Manguinhos*, vol.4, n.1, mar-jun 1997, p.11-30.

CARELLI, Mario. *Brasil-França; cinco séculos de sedução.* São Paulo: Papirus, 1994.

COMPAGNON, Olivier. *O adeus à Europa; a América Latina e a Grande Guerra.* Rio de Janeiro: Rocco, 2014.

COSTA, Wilma Peres. "Viajantes europeus e o escrever da nação brasileira". In: PAMPLONA, Marco A. e DOYLE, Don H. *Nacionalismo no Novo Mundo; a formação de Estados-Nação no século XIX.* Rio de Janeiro: Record, 2008, p.299-327.

DEVÉS VALDÉZ, Eduardo. *Del Ariel de Rodó a la Cepal.* Buenos Aires: Biblos, 2000.

_____. "O pensamento nacionalista na América Latina e a reivindicação da identidade econômica (1920-1940)". Rio de Janeiro: *Estudos Históricos*, vol.10, n.20, 1997, p.321-343.

_____. "Modernização e identidade: as ideias na América Latina". Rio de Janeiro: *Estudos Históricos*, v.5, n.9, 1992, p.75-83.

DIMAS, Antônio. *Bilac, o jornalista*, 3 volumes. São Paulo: Edusp, 2006.

DUTRA, Eliane de Freitas. *Rebeldes Literários da República*: história e identidade nacional no Almanaque Brasileiro Garnier (1903-1914). Belo Horizonte: Editora UFMG, 2005.

FREIRE, Américo. "A fabricação do prefeito da capital; estudo sobre a construção da imagem pública de Pereira Passos". *Revista Rio de Janeiro*, n.10, maio-ago. 2003, p.142-158.

KESSEL, Carlos. "Vanguarda efêmera: arquitetura neocolonial na Semana de Arte Moderna de 1922". Rio de Janeiro: *Estudos Históricos*, n.30, 2002, p.110-128.

LAJOLO, Marisa. "Introdução". In: _____(org.). *Através do Brasil.* São Paulo: Companhia das Letras, 2000, p.11-32.

Le GOFF, Jacques. *História e memória.* Campinas: Unicamp, 1990.

LESSA, Carlos. "Rio, uma cidade portuguesa?". In: _____. *Os Lusíadas na aventura do Rio moderno.* Rio de Janeiro: Record/Faperj, 2002, p.21-61.

NEEDELL, Jeffrey D. *Belle époque tropical*. São Paulo: Companhia das Letras, 1993.

OLIVEIRA, Lucia Lippi. *A questão nacional na Primeira República*. São Paulo: Brasiliense/CNPq, 1990.

_____. "Diálogos intermitentes: relações entre Brasil e América Latina". Porto Alegre: *Sociologias*, ano 7, n.14, jul/dez 2005, p.110-128.

_____. *Nós e eles; relações culturais entre brasileiros e imigrantes*. Rio de Janeiro: FGV, 2006.

PAMPLONA, Marco Antonio. "Una perspectiva 'arielista' entre los hombres públicos brasileños de fin de siglo: Estados Unidos en los escritos de Joaquim Nabuco e Oliveira Lima". In: *Estados Unidos desde América Latina: sociedad, política y cultura*. Cidade do México: CIDE/Colégio de México, 1995, p.183-196.

RAMOS, Maria Bernadete; SERPA, Élio; PAULO, Heloísa (orgs.). *O beijo através do Atlântico*. Chapecó, SC: Argos, 2001.

SANTOS, Afonso Carlos Marques dos. "Entre o mar e a montanha: herança colonial portuguesa projetada para o Rio atual". In: LESSA, Carlos. *Os Lusíadas na aventura do Rio moderno*. Rio de Janeiro: Record/Faperj, 2002, p.63-89.

SANTOS, Luís Cláudio Villafañe. "As várias Américas: visões do século XIX". Franca: *Estudos de História*, vol.10, n.1, 2003, p.11-28.

_____. *O Brasil entre a América e a Europa; o Império e o interamericanismo*. São Paulo: Unesp, 2004.

SILVA, Maria Manuela R. de Sousa. "Portugueses no Brasil: imaginário social e táticas cotidianas (1880-1895)." Rio de Janeiro: *Acervo: Revista do Arquivo Nacional*, vol.10, n.2, jul/dez 1997, p.109-118.

SPENGLER, Oswald. *A decadência do Ocidente*. Rio de Janeiro: Zahar, 1964.

SZESZ, Christiane Marques *et alii*. (orgs.). *Portugal – Brasil no século XX*. Bauru: EDUSC, 2003.

3. Estado, imigração e imaginação nacional nos Estados Unidos das primeiras décadas do século XX[1]

Flávio Limoncic

Apresentação

Uma mulher com roupas claras e esvoaçantes carrega um livro escolar na mão direita e fios de telégrafo na esquerda, enquanto lidera colonos, diligências, gado e linhas férreas em direção ao Oeste. Bisões e índios afastam-se para lhes dar passagem. É dessa forma que John Gast representa, em seu *American Progress*, de 1872, a realização do Destino Manifesto, combinação de conquista territorial e missão civilizatória. Desde então, o quadro tem sido reproduzido à exaustão em pôsteres e livros didáticos norte-americanos, incorporando-se à enorme quantidade de monumentos, memoriais, museus, sítios nacionais, imagens e representações da narrativa nacional dos Estados Unidos.[2]

Nas décadas seguintes, Frederick Jackson Turner e Theodore Roosevelt elaboraram suas teses a respeito da fronteira norte-americana, a primeira centrada no *yeoman* jeffersoniano, a segunda, no conquistador guerreiro e viril. Embora a representação de Gast seja política e intelectualmente mais próxima à de Turner, as três convergem na visão de que o lócus da experiência norte-americana é a pradaria: é na conquista do espaço aberto que o anglo-saxão deixa de ser europeu

A EXPERIÊNCIA NACIONAL

para se tornar norte-americano. Na narrativa de Roosevelt, "Conhecíamos o trabalho pesado e as adversidades, fome e sede; vimos homens morrerem mortes violentas enquanto trabalhavam entre o gado e os cavalos, ou enquanto lutavam ferozmente entre si; mas sentíamos o pulsar da vida dura em nossas veias e nossa era a glória do trabalho e a alegria da vida".[3]

Sugestivamente, no mesmo ano em que *American Progress* foi pintado, William Cody deixava para trás sua vida de batedor do Exército para se tornar a principal atração do *Buffalo Bill's Wild West*, espetáculo de natureza circense que tinha índios e caubóis como protagonistas e habitantes das cidades como público-alvo. Gast, Turner e Roosevelt, provavelmente não sem alguma dose de nostalgia romântica, produziram suas imagens e reflexões sobre a fronteira no momento mesmo em que o eixo dinâmico da vida norte-americana crescentemente se voltava para a cidade. Roosevelt, em particular, preocupava-se com os impactos da sedentarização sobre o caráter viril do homem da América, vindo a se tornar um dos principais defensores da expansão imperial norte-americana e, já como presidente, a associar seu nome ao *big stick* do Corolário à Doutrina Monroe. Caribe e América Central deveriam se tornar um grande Kentucky, abertos à conquista civilizatória por uma nova geração de homens com a estatura épica e máscula de um Daniel Boone.

A partir do fim da Guerra de Secessão, em 1865, os Estados Unidos conheceram, de fato, um processo de transformações econômicas, sociais, políticas e demográficas tão profundas, associadas à urbanização e à industrialização, que a narrativa nacional norte-americana, até então largamente centrada na figura do pioneiro e sua cabana de troncos, foi desafiada por outras narrativas. Entre tais transformações, as acarretadas pela grande imigração, entre 1880 e 1924, ocupam lugar central.

Os Estados Unidos nasceram como um país de imigrantes. A própria Declaração de Independência apontava, como uma das causas da separação entre os colonos e sua metrópole, os constrangimentos impostos pela Coroa britânica à imigração e à ocupação do território. No entanto, a partir de 1880, a dimensão do fluxo migratório da Europa e da Ásia para as Américas aumentou consideravelmente, em razão de novos constrangimentos vividos pelas populações de tais regiões – formação de Estados-Nação, tensões agrárias, revoluções, crescimento populacional, perseguições religiosas, conflitos étnicos –, assim como do surgimento e da generalização de meios de transporte, como as ferrovias e o navio a vapor. Na segunda metade do século XIX, as migrações internacionais haviam se transformado em um amplo negócio, envolvendo redes de atividades lícitas e ilícitas, tornando possível a transferência, em espaço de tempo relativamente curto, de dezenas de milhões de pessoas. Para os Estados Unidos transferiram-se no período cerca de 30 milhões de indivíduos, sobretudo católicos, ortodoxos e judeus do Sul e do Leste europeus, em contraste com a imigração de escandinavos, britânicos e alemães – mas também católicos irlandeses – de meados do século XIX. Em menor escala, chineses, japoneses e mexicanos – principalmente depois de 1910, início da Revolução – também migraram para a Califórnia, o Arizona e o Novo México. Não menos importante, tal fluxo imigratório dirigiu-se, sobretudo, para as grandes cidades industriais.

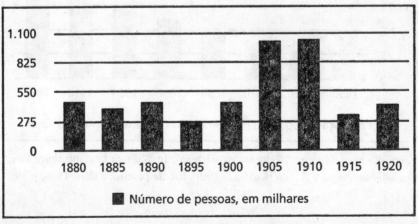

Gráfico 1 – Estados Unidos. Solicitações do estatuto de residente permanente, 1880-1920

Fonte: Estados Unidos. US Department of Homeland Security. *2008 yearbook of immigration statistics*. Washington: Office of Immigration Statistics, 2009, p.10.

Gráfico 2 – Estados Unidos. População norte-americana
nascida no estrangeiro, em percentual. 1850-1920

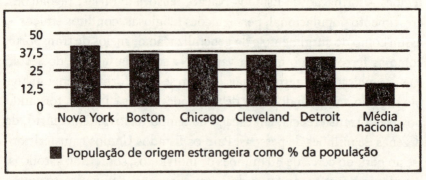

Fonte: The United States of America. Bureau of the Census. *Historical Census Statistics on the Foreign-Born Population of the United States: 1850-1990. Population Division Working Paper n.15*. Washington: US Bureau of the Census, fevereiro de 1999.

Gráfico 3 – Estados Unidos. População de origem estrangeira,
como percentual da população de algumas cidades, 1910

Fonte: Richard Abrams. "Reforma e incerteza". In William Leucthtenburg (org.). *O século inacabado. A América desde 1900*. Rio de Janeiro: Zahar, 1976, p.38.

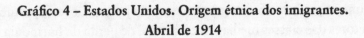

Gráfico 4 – Estados Unidos. Origem étnica dos imigrantes.
Abril de 1914

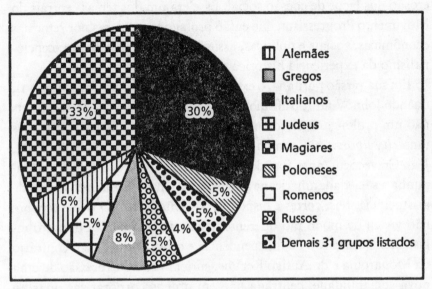

Fonte: Estados Unidos. Departamento de Estatísticas do Trabalho. "Immigration in 1915. Monthly Review of the US Bureau of Statistics". *Monthly Labor Review.* Washington, DC: US Printing Office, agosto de 1915, p.7.

Nas imediações de Hull House, *settlement house* de Jane Addams em Chicago, viviam "dez mil italianos: napolitanos, sicilianos e calabreses, um ou outro lombardo e venetiano. Ao sul da 12ª rua estão os alemães e as ruas laterais são tomadas por judeus poloneses e russos. Mais ao sul, essas colônias judaicas se encontram com uma colônia boêmia, tão grande que faz de Chicago a terceira maior cidade boêmia do mundo. Para o noroeste, os franco-canadenses, clânicos apesar de longa residência nos Estados Unidos, e, para o norte, irlandeses e americanos de primeira geração".[4]

Por conta de paisagens como Chicago, Franz Boas afirmava constituírem os Estados Unidos caso único de encontro de diferentes tradições religiosas e troncos etnolinguísticos, não apenas pelo ritmo e pela amplitude, mas também porque este se deu no espaço urbano, tornando mais visíveis e sensíveis as diferenças, as interações e os conflitos.[5]

A imigração contribuiu fortemente para a percepção, compartilhada por setores das classes médias tradicionais, de perda da harmonia e de erosão dos laços de coesão social. Esse era um dos temas centrais do Movimento Progressista, que então protagonizava lutas por reformas econômicas, sociais e políticas, assim como da tradição do excepcionalismo da experiência histórica dos Estados Unidos.[6]

Em sua versão puritana, o excepcionalismo remonta ao século XVII, quando John Winthrop afirmou ser a Colônia da Baía de Massachusetts não um prolongamento do experimento europeu nas Américas, mas uma *city upon a hill*, uma nova Jerusalém. Em fins do século XVIII, Jean Crevecoeur, antecipando temas de Alexis de Tocqueville, contrapunha a sociedade americana às europeias em razão da inexistência de aristocracia, reis, cortes e bispos, e, para finalizar: "O rico e o pobre não vivem de modo tão diferente, como na Europa."[7] Em outro registro, a Declaração de Independência e a Constituição, ao contrário da Monarquia e do Antigo Regime, surgiam como expressão de uma nova sociabilidade, centrada não em ordens corporativas, mas no indivíduo, e em uma nova gramática, contratualista, de relação entre governantes e governados. Em suma, segundo a tradição do excepcionalismo, os Estados Unidos seriam expressão de uma experiência histórica única – e, para alguns, superior –, nascida já plenamente moderna, em contraposição à Europa monárquica e ao despotismo asiático, ensejando, assim, as condições para o desenvolvimento de uma sociedade de livre mercado, aberta ao talento individual e ao governo democrático. Por tal razão, não tendo um *Ancien Regime* do qual se emancipar, sua história seria caracterizada pela elaboração e ampliação das instituições fundadoras da República, e não por conflitos e rupturas revolucionárias ao estilo europeu.[8]

Para os que partilhavam uma sensibilidade excepcionalista, algo externo à dinâmica e à natureza da própria República seria o responsável pela perda da coesão social e pelo recrudescimento dos conflitos sociais então vividos. Para alguns, como setores do populismo agrário da década de 1890, esse algo externo era representado pela grande indústria e pela grande finança, que questionavam os fundamentos agrários da República jeffersoniana. Para os outros, pelos imigrantes,

ESTADO, IMIGRAÇÃO E IMAGINAÇÃO NACIONAL NOS ESTADOS UNIDOS...

portadores de hábitos, línguas, crenças, lealdades políticas e tradições intelectuais estrangeiros.

Diante de tal cenário, diversos atores, individuais e coletivos, buscaram construir novas narrativas nacionais que levassem em conta o fenômeno da imigração e dos imigrantes, tanto para rejeitá-los quanto para incorporá-los.

Narrando a nação: nativismo, racialismo, *melting pot*, pluralismo cultural

Ainda em meados do século XIX, desafiados pela abolição da escravidão, pela Reconstrução e pela imigração de católicos irlandeses e alemães, segmentos nativistas da sociedade organizaram-se em associações vigilantistas, como a Ku Klux Klan (KKK), e partidos, como o dos *know-nothing*, em torno da afirmação de que a nação norte-americana se constituía como branca, anglo-saxã e protestante. Consequentemente, tais partidos e associações tinham no combate à imigração o elemento central de suas agendas políticas. Com a grande onda imigratória iniciada em 1880, novas organizações, como a Immigration Restriction League, de Boston, fundada em 1894, reforçavam tal visão e sua agenda, cientificamente legitimadas pela produção acadêmica de um importante conjunto de intelectuais, como Edward Alsworth Ross, Henry Cabot Lodge e Madison Grant, que associavam os processos imigratórios ao suicídio racial.[9]

Theodore Roosevelt, por seu lado, dialogava com a questão da imigração de forma mais positiva. Entendendo os próprios anglo-saxões como híbridos raciais, resultado da conquista teutônica sobre celtas e bretões, não se opunha à imigração em si, desde que limitada aos europeus.

Ao admitir que judeus, ortodoxos e católicos, eslavos, gregos e latinos pudessem fazer parte da nação norte-americana, Roosevelt introduzia em sua concepção de nação um elemento cívico, de experiência histórica compartilhada. Esse elemento, articulado à tradição do excepcionalismo, seria fundamental para aqueles que partilhavam da concepção de nação centrada nos valores universalizantes da Declaração de Independência e da Constituição. As ideias de que todos os homens nascem livres e iguais e têm direito à busca da felicidade, de que o governo é fruto do consentimento dos governados e de que o indivíduo é a matriz básica de organização da sociedade abriam a possibilidade para que todos os que compartilhassem de tais valores se tornassem norte-americanos. Horace Kallen, professor de filosofia da New School for Social Reserch e um dos mais importantes proponentes da ideia de nação cívica, chamava a atenção para o fato de que o próprio nome do país, Estados Unidos da América, vinculava-o, por um lado, a uma experiência histórica contratual – a vontade de união de 13 colônias –, e, por outro, desvinculava-o de qualquer filiação étnica particular, ao contrário da Alemanha, Rússia, Inglaterra, Dinamarca ou França.[10]

Dois intelectuais judeus, Israel Zangwill e o próprio Kallen, o primeiro de origem britânica, o segundo de origem alemã, deram importantes contribuições à noção de nação cívica. Zangwill popularizou a ideia de *melting pot*, concebendo a nação norte-americana como um cadinho de raças, onde as particularidades étnicas de cada grupo de imigrantes desapareceriam na medida em que estes, e principalmente seus filhos nascidos nos Estados Unidos, se assimilassem à sociedade e aos valores locais. O americanismo *melting pot* seria apropriado por importantes segmentos corporativos, como instrumento de disciplinarização de suas forças de trabalho. O caso mais conhecido foi o de Henry Ford, com o Dia de 5 Dólares. Mas o americanismo não se tornou monopólio de setores empresariais. Foi, também, apropriado por segmentos da classe trabalhadora. No que foi muitas vezes tido como evidência do conservadorismo desse grupo – suas sistemáticas referências ao legado da Revolução Americana, a ausência de palavras de ordem e organizações de matriz marxista –, seu americanismo constituiu um instrumento de identidade de classe, de construção de laços de solidariedade entre trabalhadores pertencentes a troncos etnolinguísticos e tradições religiosas diferentes e que, muitas vezes, na Europa, conheceram experiências de conflito e animosidade, assim como de transformação social, entendida a República como antitética ao sistema de assalariamento. Não por outra razão, Samuel Gompers,

ESTADO, IMIGRAÇÃO E IMAGINAÇÃO NACIONAL NOS ESTADOS UNIDOS...

presidente da American Federation of Labor (AFL), defendia a sindicalização como instrumento de americanização dos imigrantes.[11]

Kallen, em contrapartida, formulador da ideia de pluralismo cultural, afirmava que os diferentes grupos étnicos que viviam nos Estados Unidos não perderiam suas especificidades culturais, mas funcionariam como instrumentos de uma orquestra, que, mantendo suas particularidades sonoras, produziriam um amplo som harmônico. Mesmo entre americanos de confissão evangélica, a visão de que a experiência nacional americana era passível de ser compartilhada por imigrantes de outras origens étnicas e confissões religiosas estava presente em reformadores sociais como Jane Addams. Mas foi principalmente Grace Abbot que celebrou, do ponto de vista do americano de imigração antiga – ela nasceu no Nebraska, de família quacre –, a riqueza do mosaico cultural sugerido pelo pluralismo de Kallen.[12]

No entanto, esse pluralismo incluía apenas os imigrantes brancos, e Kallen nunca realizou uma análise sobre o impacto cultural dos negros na cultura norte-americana, embora tenha se comprometido a fazê-lo, em 1910.[13] A exclusão dos negros seguia quase um padrão de diversos grupos de imigrantes do Sul e do Leste europeus, como os gregos e italianos, mas também irlandeses, que, para ressaltar suas próprias dimensões caucasianas, buscavam se afastar dos negros, com os quais eram frequentemente comparados pelos nativistas. Ainda assim, entre todos os grupos de imigrantes da Europa, talvez tenham sido os judeus os que mais profundamente se aproximaram dos negros. Diversos jornais da imprensa judaica – tanto em ídiche quanto em inglês – afirmavam ser a situação dos negros uma mancha na bandeira norte-americana, ligando a experiência judaica de escravidão e perseguições à dos negros. Judeus estiveram presentes, de forma expressiva, na fundação da National Association for the Advancement of Colored People (NAACP), em 1909, e judeus enriquecidos, como Julius Rosenwald, ajudaram a financiar instituições da Harlem Renaissance. Sobretudo no campo da cultura, o encontro dos judeus com os negros, embora frequentemente tenso, produziu importantes obras de cinema e música, como *Jazz singer* e *Porgy and Bess*, e músicos e instrumentistas, como Irving Berlin, George e Ira Gerswhin e Benny Goodman.[14]

A EXPERIÊNCIA NACIONAL

A questão do lugar dos negros na nação norte-americana mobilizava também Theodore Roosevelt. Embora como governador de Nova York ele houvesse rejeitado uma lei que permitia a separação de crianças brancas e negras em diferentes escolas e, como presidente, tivesse enfrentado a KKK ao receber na Casa Branca o líder negro Booker T. Washington, Roosevelt concebia os Estados Unidos como um país de brancos. Na tomada de San Juan Hill, no comando da Nona e da Décima Cavalarias Negras, elogiou, a seu modo, os soldados negros, chamando-os de *smoked yankees*. Um ano depois, no entanto, ao escrever memórias da guerra, afirmou que os negros, embora excelentes soldados, demonstraram explícita dependência de oficiais brancos e que, deixados à própria sorte, vacilavam e fugiam. Como não pudessem ser expulsos e/ou exterminados, como os índios – embora admirasse a bravura destes, Roosevelt considerava-os incapazes de autocontrole, virtude fundamental para o exercício do governo democrático –, os negros constituíam um problema quase insolúvel. Na verdade, nesse momento essa questão já estava encaminhada no sentido da exclusão dos negros do mundo dos direitos e de sua negação como membros da nação. Muito embora a 14ª Emenda à Constituição tornasse os ex-escravos cidadãos dos Estados Unidos, o fato de a própria Constituição não definir uma cidadania nacional possibilitou a elaboração, pelos estados do Sul – onde então vivia a maioria dos negros norte-americanos –, do sistema Jim Crow de segregação racial e perda de direitos civis e políticos, constitucionalmente sancionado pela Suprema Corte no caso Plessy *versus* Ferguson, de 1896.[15] Portanto, em princípios do século XX, mesmo nas definições nacionais que enfatizavam os elementos cívicos não estavam ausentes elementos raciais.

American Progress encerra, ainda, outra dimensão do excepcionalismo norte-americano, também antecipada por Crevecoeur: "Somos um povo de agricultores, espalhados por um imenso território, (...) unidos pelos laços macios de um governo suave, respeitadores das leis, sem medo do seu poder, pois ele é justo. Somos, todos, animados pelo espírito industrioso, liberto e irrestrito, porque cada um trabalha para

ESTADO, IMIGRAÇÃO E IMAGINAÇÃO NACIONAL NOS ESTADOS UNIDOS...

si."[16] Se, para a tradição do excepcionalismo – tal qual para a liberal – o indivíduo é a matriz básica de organização da sociedade, o Estado e seus agentes estão ausentes em *American Progress*.

Os laços macios do governo não derivaram, no entanto, do amor do pioneiro anglo-saxão ao autogoverno. Na verdade, os laços do governo norte-americano nunca foram tão macios. Desde o processo de elaboração da Constituição, a tensão entre a tradição hamiltoniana, defensora de uma maior centralização do poder no nível da União e, no âmbito desta, no Executivo, e a jeffersoniana, que defendia uma maior parcela de poder aos estados, se fazia presente, com a balança pendendo para o lado do fortalecimento do poder da União ao longo dos séculos XIX e XX.

Estado e nação nos Estados Unidos

Ao contrário da Independência do Brasil, que resultou na manutenção da monarquia e na internalização da metrópole, a República norte-americana se tornou independente da metrópole inglesa fazendo a crítica das instituições estatais desta.[17] O desafio dos constitucionalistas de 1787 era o de, rejeitando o modelo centralizado dos Estados europeus, formular e legitimar uma organização estatal que, a um só tempo, evitasse a centralização extrema e eliminasse os riscos da desintegração política e territorial presentes nos artigos da Confederação. A engenharia institucional resultante, expressão de uma série de compromissos entre interesses distintos, estruturou-se em torno do federalismo, sem claras definições das atribuições dos entes federados, e da divisão do poder da União em três ramos: o Executivo – que não herdou, no momento da independência, extensas burocracias, ao estilo europeu –, o Legislativo e o Judiciário. Por outro lado, a tradição da *common law*, aliada à indefinição de jurisdições claras entre os Três Poderes, acabou por atribuir ao Judiciário um poder legiferante sem paralelo nas monarquias centralizadas do continente europeu. Em suma, a Constituição resultou em uma ampla gama de questões jurisdicionais sem respostas claras e em permanentes tensões federativas.

A guerra civil contribuiu, de forma importante, para a expansão das capacidades do Executivo da União. Mas, mesmo antes da guerra a

A EXPERIÊNCIA NACIONAL

União não esteve ausente do processo de conquista da fronteira, como sugere Gast. Foi Thomas Jefferson, embora tradicional defensor do direito dos estados, quem primeiro expandiu decisivamente as capacidades do Executivo federal ao comprar a Louisiana francesa em 1803 e lançar as bases da república agrária dos *yeomen*. E se *American Progress* representa a expansão para o Oeste como um processo civilizatório e incruento, no qual a barbárie abriu espaço para formas mais altas de organização da sociedade e da cultura, foi a cavalaria norte-americana, ao estilo de Theodore Roosevelt, que garantiu a vitória norte-americana sobre os índios, na década de 1820, e sobre os mexicanos, em 1846-1848. Não menos importante, foi graças ao legislador federal, ao aprovar o Homestead Act, em 1862, que o colono teve segurança jurídica e econômica para reunir sua família e seu gado, armar sua carroça, rumar para o Oeste e servir de modelo para Gast e Turner.

Se o território norte-americano não resultou apenas da decisão soberana e individual de colonos, tampouco a população do país resultou da entrada livre de imigrantes ou, suas narrativas nacionais, de elaborações desvinculadas da ação estatal. As grandes monarquias – depois repúblicas – europeias lidaram com o processo de construção de suas identidades nacionais herdando, com algumas exceções, populações que já habitavam territórios que, em dado momento, ficaram sob suas jurisdições. Tais processos foram, com frequência, bastante conflitivos, gerando profundos embates nacional-identitários, principalmente na Europa Central e do Leste. O Estado norte-americano, pelo contrário, teve maior participação na configuração da própria ocupação populacional do seu território, fosse pela redução dos índios, fosse pela segregação e perda de direitos civis e políticos dos negros, fosse, não menos importante, por suas políticas imigratórias e de naturalização.[18]

As políticas de imigração e naturalização, desde o nascimento da República, exprimiram as tensões e interações entre as concepções cívica e racial de nação. A partir da independência e ao longo de boa parte do século XIX, o imigrante, mesmo antes de naturalizar-se, usufruía de todos os direitos civis dos cidadãos norte-americanos e, uma vez

ESTADO, IMIGRAÇÃO E IMAGINAÇÃO NACIONAL NOS ESTADOS UNIDOS...

naturalizado – em processos relativamente simples, se comparados aos de países europeus –, também dos direitos políticos (excetuando-se o de concorrer à Presidência da República). No entanto, a evidenciar o elemento racial, o primeiro estatuto de naturalização, de 1790, afirmava que o requerente deveria ser uma pessoa livre e branca. Oitenta anos depois, uma nova lei afirmava que nenhum imigrante chinês poderia ser admitido como cidadão, princípio revogado somente em 1943, no contexto da aliança sino-americana da Segunda Guerra Mundial.

Em uma das questões jurisdicionais não completamente esclarecidas pelo texto, a Constituição atribuía à União a regulação da entrada de imigrantes, mas até 1875 o processo de admissão estava a cargo, basicamente, dos estados que tinham acesso ao mar. Nesse ano, no caso Henderson *versus* Prefeitura de Nova York, a Suprema Corte decidiu que os estados litorâneos não tinham jurisdição constitucional para regular a entrada de pessoas através de seus portos. A centralização da política imigratória no Poder Executivo da União foi importante elemento do processo de *state-building* norte-americano na virada do século XIX para o XX, que incluía a expansão das capacidades administrativas do Executivo federal sobre a atividade econômica. A Lei de Comércio Interestadual de 1887, que criava a Comissão de Comércio Interestadual para regular os transportes ferroviários, foi a primeira de uma série de estatutos que criava agências administrativas para regular atividades fabris e de serviços de uma economia crescentemente oligopolizada (a Lei Sherman Antitruste seria aprovada três anos depois), abrangendo um mercado de trabalho e de consumo nacional. A partir de então, a União assumiria, crescentemente, atribuições administrativas e regulatórias tidas até então como atribuições dos estados, gerando uma série de conflitos federativos que se prolongaria pelas décadas seguintes, culminando no New Deal dos anos 1930.

Isso não significa dizer que estados tenham perdido voz e atuação na questão da incorporação dos imigrantes e nas definições cívicas ou raciais da nação. Em nível local, após a guerra civil, a escola pública tornou-se instrumento e agente central do processo de americanização. Com variações, dependendo do estado, essa instituição vocalizaria valores cívicos (como no livro didático de William Holmes McGuffey,

A EXPERIÊNCIA NACIONAL

que vendeu mais de 120 milhões de exemplares entre 1870 e 1922) ou raciais. Em 1909, um importante educador, Ellwood Cubberley, afirmou que os imigrantes do Sul e Leste europeus eram analfabetos, dóceis, sem iniciativa, não possuíam as virtudes anglo-teutônicas de lei, ordem e governo, e sua chegada havia diluído tremendamente o estoque genético nacional, corrompendo também a vida cívica. Ainda assim, pensava ele, era preciso educá-los, implantando em seus filhos, na medida do possível, a concepção anglo-saxã do certo e do errado, da lei, da ordem e do governo popular.[19]

No nível da União, a legislação de naturalização e imigração assumiria uma feição cada vez mais racial e nativista, tendo por marco inicial a Lei de Exclusão dos Chineses, de 1882. Entre 1882 e 1924, quando a Lei Johnon-Reed praticamente vedou a entrada de novos imigrantes do Sul e do Leste europeus a partir de um sistema de cotas, o governo federal expandiu seu controle sobre a entrada de imigrantes, aplicando restrições que giravam, fundamentalmente, em torno de oito categorias: trabalhadores por contrato, asiáticos, criminosos, pessoas que não evidenciassem padrões morais aceitáveis (como polígamos), portadores de diversas doenças, pobres (que poderiam se tornar um encargo para a sociedade), radicais políticos (anarquistas e comunistas) e analfabetos. Em 1907, a entrada de japoneses foi abolida, através de tratado com o Japão. No mesmo ano, a United States Immigration Commission, também conhecida como Comissão Dillingham, realizou um amplo estudo sobre a imigração para os Estados Unidos, concluindo que os imigrantes do Leste Europeu eram menos instruídos e racialmente inferiores, recomendando, além da elaboração de testes de alfabetização, a introdução de restrições étnicas e de cotas para a imigração.

Seguindo as recomendações da Comissão, o Congresso aprovou em 1917 a deportação de indivíduos que cometessem atividades tidas como politicamente radicais ou atos imorais e criminosos em solo americano e, por cima do veto do presidente Wilson, a introdução de testes de alfabetização para a admissão de imigrantes. Projetos de leis de restrição à imigração baseadas em testes de alfabetização haviam sido rejeitados pelo Congresso em 1898, 1902 e 1906 e, quando aprovados, em 1913 e 1915, foram vetados pelos presidentes William Taft e Woodrow Wilson. Tais testes encontravam forte oposição dos interesses corporativos, dado que o fluxo imigratório proporcionava às grandes empresas suprimento de mão de obra de baixo custo e em abundância, no momento mesmo em que a indústria dos Estados Unidos implantava processos produtivos baseados na organização científica do trabalho, como o taylorismo e o fordismo, necessitando, portanto, de grandes contingentes operários. Em contrapartida, a Lei de 1917 contou com o decidido apoio da AFL. Samuel Gompers, ele próprio imigrante inglês de origem judaica, passou a defender a restrição ainda no fim do século XIX, como forma de resguardar os trabalhadores norte-americanos da concorrência tida como desleal do imigrante. Em sua convenção de 1909, a AFL aprovou resolução em que apoiava testes de alfabetização como o meio mais prático de restringir o influxo de trabalhadores, evitando, segundo ela, o rebaixamento do custo da força de trabalho, o padrão de vida do trabalhador americano e as próprias instituições americanas, ameaçadas pela contínua degradação financeira das classes trabalhadoras.[20]

A força das concepções raciais e do nativismo, sancionados pelo Estado, se fez sentir com mais intensidade na conjuntura da Grande Guerra. A entrada do país no conflito, em 1917, exigiu uma enorme mobilização industrial, da sociedade e do governo, sendo mesmo saudada, por diversos intelectuais progressistas, como a oportunidade para o Estado expandir suas capacidades regulatórias diante da necessidade de garantir a continuidade da produção bélica e do fluxo de matérias-primas. O Estado administrativo conheceu, então, importante impulso com a criação de inúmeras agências administrativas que reuniam funções executivas, legislativas e judiciárias, por delegação do Congresso, para regular diferentes áreas de atividade.

Ao mesmo tempo, o país não só conheceu o recrudescimento de movimentos nativistas, como o próprio governo Wilson contribuiu para o sentimento generalizado de desconfiança para com os imigrantes. Em um primeiro momento, a propaganda oficial de guerra, elaborada pelo Committee on Public Information (CPI), associou o americanismo à democracia, e a Alemanha, ao despotismo prussiano. A partir de

A EXPERIÊNCIA NACIONAL

1918, no entanto, o CPI começou a generalizar suas desconfianças a todos os grupos de imigrantes, tidos como mais leais aos seus países de origem do que aos Estados Unidos, incitando a delação e exaltando o "100% Americanismo". O CPI acusava de diversas atrocidades os alemães étnicos, em particular, encorajando o público a assistir filmes como *The Prussian Cur* e *The Beast of Berlin*. Em Boston, Beethoven chegou a ser banido das salas de concerto e mesmo o popular hambúrguer foi renomeado *liberty steak*.

Mas foi no âmbito legislativo que a cruzada nacionalista, nativista e anti-imigrantista conheceu ênfase. Além da Lei de 1917, o Congresso aprovou a 18ª Emenda à Constituição, proibindo a produção e distribuição de bebidas alcoólicas, antiga reivindicação de setores evangélicos e abstencionistas, que ganhou força na conjuntura do sentimento anti-imigrantista. Em 1917 e 1918, o Congresso aprovou, ainda, as Leis de Espionagem, Sabotagem e Sedição, dando ao governo o poder de silenciar ou aprisionar dissidentes. Tais leis não se limitavam a coibir ações que colocassem efetivamente em risco a segurança nacional de um país em guerra, mas criminalizavam quaisquer atos ou palavras considerados ofensivos à bandeira, à Constituição e aos militares. O International Workers of the World (IWW) e o Partido Socialista Americano, que haviam se oposto à entrada dos Estados Unidos no conflito, foram duramente punidos a partir da instituição das leis. Até 1918, o governo norte-americano prendeu cerca de 2 mil membros do IWW e Eugene Debs, líder do Partido Socialista, acabou por ser condenado a dez anos de prisão por ter feito, no verão de 1918, um discurso contrário à entrada dos Estados Unidos no conflito. Candidato à presidência dos Estados Unidos em 1920, Debs receberia cerca de um milhão de votos, mesmo estando na cadeia. E, como setores nativistas da sociedade achassem que o governo ainda fazia pouco no combate ao imigrante, organizaram a American Protective League, em 1917, com o apoio do então procurador-geral Thomas Gregory, que chegou a reunir cerca de 250 mil militantes.

O fim da Primeira Guerra não resultou num abrandamento do sentimento nativista, muito embora, em 1918 e 1919, tenha sido concedido aos filipinos que serviram às forças armadas o direito de solicitar a cidadania norte-americana. Em 1919, o chamado Red Scare, uma onda de greves que repercutiu nos Estados Unidos como desdobramento das jornadas revolucionárias russas, bávaras e húngaras, resultou em repressão estatal e na formação da American Legion, grupo vigilantista formado por veteranos da Grande Guerra dedicado à propagação do "100% Americanismo" e à identificação e coerção de grupos e indivíduos tidos como radicais.

Gráfico 5 – Estados Unidos. Número de greves, 1914-1919.

Fonte: Estados Unidos. Departamento do Trabalho. "Cost of strikes." *Monthly Labor Review*, set 1920, p.194.

O Medo Vermelho atingiu seu ponto mais alto no dia 1º de janeiro de 1920, quando agentes federais prenderam cerca de 6 mil pessoas em 33 cidades do país, sem acusação formal, sob a liderança do procurador-geral, o general A. Mitchell Palmer, episódio conhecido como Palmer Raids. Destes, 500, que não eram cidadãos americanos, foram deportados, entre os quais Emma Goldman.[21] Para muitos intelectuais progressistas que haviam apoiado a entrada dos Estados Unidos no conflito, as leis de 1917 e 1918 e os Palmer Raids produziram uma descrença no Estado como agente civilizatório. A Paris dos anos 1920 seria o destino de muitos deles.

Mas foi a Lei Johnson-Reed de 1924 que, definitivamente, fechou as portas à imigração para os Estados Unidos e acenou com a vitória do nativismo em aliança com o movimento sindical. Não à toa, o segundo comissário-geral de imigração, entre 1897 e 1902, foi Terence Powder, ex-líder dos Knights of Labor, a primeira organização de massa do movimento sindical norte-americano. Sua indicação, pelo presidente McKinley, abriu um extraordinário precedente: todos os demais presidentes republicanos, até Richard Nixon, apontaram líderes sindicais como comissários-gerais de imigração ou secretários do trabalho.

A importância da Lei de 1924, e sua dimensão propriamente racial, residia no fato de que ela não apenas limitava drasticamente o número total de imigrantes aceitos no país, como transferia a admissibilidade da entrada de indivíduos para grupos étnicos. Pela lei, imigrantes dos países do Norte e do Oeste da Europa recebiam cotas mais generosas de entrada, ao passo que os imigrantes de países do Sul e do Leste europeus recebiam cotas menores. Asiáticos, em geral, eram considerados "alienígenas inelegíveis para cidadania".

Ao pintar seu quadro em 1872, John Gast certamente não teria como antever todos esses desdobramentos. Tampouco Emma Lazarus, a judia de origem portuguesa cujos versos, gravados aos pés da Estátua da Liberdade, celebravam os Estados Unidos como a terra do acolhimento de todos os cansados e pobres do mundo, de todas as massas que ansiavam por liberdade. Muito embora importantes correntes da sociedade norte-americana definissem sua nação como organizada em torno de valores cívicos, ainda que muitas vezes temperados por elementos raciais, foi a concepção racial e nativista mais restritiva, com sanção estatal, que acabou por triunfar na conjuntura da Primeira Guerra Mundial.

Notas

1. Uma versão deste texto foi discutida no Seminário Internacional "A questão nacional e as tradições nacional-estatistas na América Latina e na África", realizado em setembro de 2012 na Universidade Federal Fluminense. O autor agradece os comentários de Marco Antônio Pamplona e dos demais participantes do seminário. Agradece, também, as observações de Cecília Azevedo.
2. Cf. Wilbur Zelinski. *Nation into State. The Shifting Symbolic Foundations of American Nationalism*. Chapel Hill e Londres: University

ESTADO, IMIGRAÇÃO E IMAGINAÇÃO NACIONAL NOS ESTADOS UNIDOS...

of North Carolina Press, 1988. O conceito de nação é um dos mais polissêmicos das humanidades. Aqui, ele será entendido a partir de Benedict Anderson. *Comunidades imaginadas. Reflexões sobre a origem e difusão dos nacionalismos.* São Paulo: Companhia das Letras, 2008.

3. Theodore Roosevelt. *An Autobiography.* Nova York: Da Capo Press, 1985, p.95; Frederick Jackson Turner. *The Frontier in American History.* Nova York: Holt, Rinehart and Winston, 1962; Theodore Roosevelt. *The Winning of the West.* Nova York, Londres: G.P. Putnam's Sons, 1900.

4. Jane Addams. "The Objective Value of a Social Settlement." In: Christopher Lasch (org.). *The Social Thought of Jane Addams.* Indianápolis, Nova York: The Bobbs-Merrill Company, 1965, p.45. O movimento de *settlement houses*, para as quais reformadores sociais de classe média se mudavam para viver junto com a classe trabalhadora e com imigrantes, oferecendo uma ampla série de serviços comunitários, como creches, clubes de leitura, oficinas profissionais e atividades artísticas, foi muito intenso nos Estados Unidos da virada do século XIX para o XX, sendo a mais conhecida a Hull House, de Jane Addams.

5. Franz Boas. "Race Problems in America". *Science,* vol.29, n. 752, 28 mai 1909, p.839 e seguintes; David Hollinger. "National Cultures and Communities of Descent". *Reviews in American History,* vol.26, n.1., mar 1998, p.312.

6. Para uma discussão sobre o Movimento Progressista, cf. Flávio Limoncic. "Liberalismo e contratação do trabalho nos Estados Unidos da Era Progressista". In: Francisco Carlos Palomanes Martinho e Flávio Limoncic (orgs.). *Os intelectuais do antiliberalismo. Projetos e políticas para outras modernidades.* Rio de Janeiro: Civilização Brasileira, 2010, p.501 e seguintes.

7. Cf. Jean Crevecoeur. *Letters from an American Farmer.* Nova York: Fox, Dufield & Co., 1904, p.49-50. A primeira edição é de 1782.

8. Cf. Seymour Martin Lipset. *American Exceptionalism. A Double-Edged Sword.* Nova York, Londres: W. W. Norton & Co., 1996. Para uma visão alternativa, cf. Dorothy Ross. *The Origins of American Social Science.* Cambridge: Cambridge University Press, 1992, p.23; Aziz Rana. *The Two Faces of American Freedom.* Cambridge e Londres: Harvard University Press, 2010, p.5 e seguintes.

9. Cf. John Higham. *Strangers in the Land. Patterns of American Nativism, 1860-1925.* Nova York: Atheneum, 1965. O livro de Higham

A EXPERIÊNCIA NACIONAL

logo se tornou um clássico da historiografia norte-americana e reflexão fundamental para os estudos sobre imigração, nativismo, nacionalismo e questão racial nos Estados Unidos.

10. Cf. Horace Kallen. *Culture and Democracy in The United States*. New Brunswick e Londres: Transaction Publishers, 1998, p.43. A primeira edição é de 1924.

11. Cf. Israel Zangwill. *The Melting Pot. A Drama in Four Acts*. Nova York: The MacMillan Company, 1919; Henry Ford. *The Ford Plan. A Human Document. Report on the Testimony of Henry Ford before the Federal Commission on Industrial Relations, January 22, 1915*. Nova York: John Anderson Co., 1915, p.2; Gary Gerstle. *Working--Class Americanism. The Politics of Labor in a Textile City, 1914--1960*. Cambridge: Cambridge University Press, 1989; Samuel Gompers. *Seventy Years of Life and Labor. An Autobiography*. Ithaca: IRL Press Cornell University, 1984, p.139.

12. Cf. Horace Kallen. "Democracy versus the Melting-Pot. A Study of American Nationality". *The Nation*, vol.100, n.2. 590, 18 de fevereiro de 1915, p.194; Daniel Greene. "A Chosen People in a Pluralist Nation: Horace Kallen and the Jewish-American Experience". *Religion and American Culture: a Journal of Interpretation*, vol.16, n.2 (Summer 2006), p.161-194; Jane Addams. "Democracy and Education"; Grace Abbot. *The Immigrant and the Community*. Nova York: The Century Company, 1917; Jonathan Hansen. "True Americanism. Progressive Era Intellectuals and the Problem of Liberal Nationalism". In: Michael Kazin e Joseph McCartin (orgs.). *Americanism. New Perspectives on the History of an Ideal*. Chapel Hill: The University of North Carolina Press, 2006, p.75.

13. Cf. Daniel Greene. *The Jewish Origins of Cultural Pluralism. The Menorah Association and American Diversity*. Bloomington e Indianápolis: Indiana University Press, 2011, p.228.

14. Cf. Matthew Frye Jacobson. *Whiteness of a Different Color. European Immigrants and the Alchemy of Race*. Cambridge e Londres: Harvard University Press, 2000; Hasia Diner. "Between Words and Deeds. Jews and Blacks in America, 1880-1935". In: Jack Salzman e Cornel West. *Strugles in the Promised Land. Toward a History of Black-Jewish Relations in the United States*. Nova York, Oxford: Oxford University Press, 1997, p.87; Thomas Cripps. *African Americans and Jews in Hollywood. Antagonistic Allies*. In: Jack Salzman e Cornel West,

ESTADO, IMIGRAÇÃO E IMAGINAÇÃO NACIONAL NOS ESTADOS UNIDOS...

ibidem, p.257; Michael Alexander. *Jazz Age Jews*. Princeton: Princeton University Press, 2001, p.131 e seguintes; Ann Douglas. *Terrible Honesty. Mongrel Manhattan in the 1920s*. Nova York: The Noonday Press, 1995, p.354 e seguintes.

15. Cf. Gary Gerstle. *American Crucible. Race and Nation in the Twentieth Century*. Princeton e Oxford: Princeton University Press, 2001, capítulo 1; Jonathan Hansen. "True Americanism. Progressive Era Intellectuals and the Problem of Liberal Nationalism". In: Michael Kazin e Joseph McCartin (orgs.). *Americanism. New Perspectives on the History of an Ideal*. Chapel Hill: The University of North Carolina Press, 2006, p.73 e seguintes. James Oakes. "Natural Rights, Citizenship Rights, States' Rights, and Black's Rights: Another Look at Lincoln and Race". In: Eric Foner (org.). *Our Lincoln. New Perspectives on Lincoln and his World*. Nova York, Londres: W. W. Norton & Co., 2008, p.109-134; Robert Dhal. *Es democrática la Constitución de los Estados Unidos?* Buenos Aires: Fondo de Cultura Económica de Argentina, 2003.

16. Jean Crevecoeur. *Letters from an American Farmer*. Nova York: Fox, Dufield & Co., 1904, p.50.

17. Cf. Maria Odila Silva Dias. "A interiorização da metrópole (1808 1853)". In: Carlos Guilherme Mota (org). *1822. Dimensões*. São Paulo: Perspectiva, 1986, p.160-184. A apresentação a seguir está baseada em Stephen Skowronek. *Building a New American State. The Expansion of National Administrative Capacities, 1877-1920*. Cambridge: Cambridge University Press, 1997; Kermit Hall. *The Magic Mirror. Law in American History*. Nova York, Oxford: Oxford University Press, 1989; Eric Foner. *The Story of American Freedom*. Nova York e Londres: W.W. Norton & Co., 1998, p.22; Melvyn Dubofsky. "The Federal Judiciary, Free Labor, and Equal Rights". In: Richard Schneirov; Shelton Stromquist e Nick Salvatore (orgs.). *The Pullman Strike and the Crisis of the 1890s*. Urbana e Chicago: University of Illinois Press, 1999.

18. Cf. Aristide Zolberg. *A Nation by Design. Immigration Policy in the Fashioning of America*. Nova York e Cambridge: Russel Sage Foundation e Harvard University Press, 2006.

19. Cf. David Tyack. "School for Citizens: the Politics of Civic Education from 1790 to 1990". In: Gary Gerstle. *American Crucible. Race and Nation in the Twentieth Century*. Princeton e Oxford: Princeton University Press, 2001, p.345.

A EXPERIÊNCIA NACIONAL

20. Cf. Samuel Gompers. *The AFL on Immigration*. Senado dos Estados Unidos, 3ª Sessão do 61° Congresso dos Estados Unidos. Documento 804; Samuel Gompers. *Seventy Years of Life and Labor. An Autobiography*. Ithaca: IRL Press Cornell University, 1984, p.162 e seguintes.
21. Cf. Cecília Azevedo. "Amando de olhos abertos: Emma Goldman e o dissenso político nos Estados Unidos". *Varia Historia*, vol.23, n.38, jul/dez 2007, p.350-367.

Referências bibliográficas

ABBOT, Grace. *The Immigrant and the Community*. Nova York: The Century Company, 1917.

ABRAMS, Richard. "Reforma e incerteza", *apud* LEUCTHTENBURG, William (org.). *O século inacabado. A América desde 1900*. Rio de Janeiro: Zahar, 1976.

ADDAMS, Jane. "The Objective Value of a Social Settlement". In: LASCH, Christopher (org.). *The Social Thought of Jane Addams*. Indianápolis, Nova York: The Bobbs-Merrill Company, 1965.

ADDAMS, Jane. "Democracy and Education". In: LASCH, Christopher (org.). *The Social Thought of Jane Addams*. Indianápolis, Nova York: The Bobbs-Merrill Company, 1965.

ANDERSON, Benedict. *Comunidades imaginadas. Reflexões sobre a origem e difusão dos nacionalismos*. São Paulo: Companhia das Letras, 2008.

AZEVEDO, Cecilia. "Amando de olhos abertos: Emma Goldman e o dissenso político nos Estados Unidos". *Varia Historia*, vol.23, n.38, jul/dez 2007, p.350-367.

BENDER, Thomas. *A Nation Among Nations. America's Place in World History*. Nova York: Hill and Wang, 2006.

BOAS, Franz. "Race Problems in America". *Science*, vol.29, n.752, 28 maio 1909.

CREVECOEUR, Jean. *Letters from an American Farmer*. Nova York: Fox, Dufield & Co.

DANIELS, Roger. *Guarding the Golden Gate. American Immigration Policy and Immigrants since 1882*. Nova York: Hill and Wang, 2004.

DHAL, Robert. *Es democrática la Constitución de los Estados Unidos?*. Buenos Aires: Fondo de Cultura Económica de Argentina, 2003.

DIAS, Maria Odila Silva. "A interiorização da metrópole (1808-1853)". In: MOTA, Carlos Guilherme (org.). *1822. Dimensões*. São Paulo: Perspectiva, 1986, p.160-184.

DUBOFSKY, Melvyn. "The Federal Judiciary, Free Labor, and Equal Rights". In: SCHNEIROV, Richard; STROMQUIST, Shelton e SALVATORE, Nick (orgs.). *The Pullman Strike and the Crisis of the 1890s*. Urbana e Chicago: University of Illinois Press, 1999.

FINK, Leon. *Progressive Intellectuals and the Dilemmas of Democratic Commitment*. Cambridge: Harvard University Press, 1997.

FONER, Eric. *Nada além da liberdade*. Rio de Janeiro: Paz e Terra, 1998.

_____. *The Story of American Freedom*. Nova York e Londres: W.W. Norton & Co., 1998.

FORD, Henry. *The Ford Plan. A Human Document. Report on the Testimony of Henry Ford before the Federal Commission on Industrial Relations*. Nova York: John Anderson Co., 22 jan 1915.

GERSTLE, Gary. *Working-Class Americanism. The Politics of Labor in a Textile City, 1914-1960*. Cambridge: Cambridge University Press, 1989.

_____. Gary. *American Crucible. Race and Nation in the Twentieth Century*. Princeton e Oxford: Princeton University Press, 2001.

GOMPERS, Samuel. *Seventy Years of Life and Labor. An Autobiography*. Ithaca: IRL Press Cornell University, 1984.

GREENE, Daniel. *The Jewish Origins of Cultural Pluralism. The Menorah Association and American Diversity*. Bloomington e Indianápolis: Indiana University Press, 2011.

HALL, Kermit. *The Magic Mirror. Law in American History*. Nova York, Oxford: Oxford University Press, 1989.

HANSEN, Jonathan. "True Americanism. Progressive Era Intellectuals and the Problem of Liberal Nationalism". In: KAZIN, Michael e McCARTIN, Joseph (orgs.). *Americanism. New Perspectives on the History of an Ideal*. Chapel Hill: The University of North Carolina Press, 2006.

HIGHAM, John. *Strangers in the Land. Patterns of American Nativism, 1860-1925*. Nova York: Atheneum, 1965.

HOLLINGER, David. "National Cultures and Communities of Descent". *Reviews in American History*, vol.26, n.1, mar 1998.

KALLEN, Horace. *Culture and Democracy in the United States*. New Brunswick e Londres: Transaction Publishers, 1998.

KALLEN, Horace. "Democracy *versus* the Melting-Pot. A Study of American Nationality". *The Nation*, vol.100, n. 2.590, 18 fev 1915.

LIMONCIC, Flávio. "Liberalismo e contratação do trabalho nos Estados Unidos". In: MARTINHO, Francisco Carlos Palomanes e LIMONCIC, Flávio (orgs.). *Os intelectuais do antiliberalismo. Projetos e políticas para outras modernidades*. Rio de Janeiro: Civilização Brasileira, 2010.

LIPSET, Seymour Martin. *American Exceptionalism. A Double-Edged Sword*. Nova York, Londres: W.W. Norton & Co., 1996.

OAKES, James. "Natural Rights, Citizenship Rights, States' Rights, and Black's Rights: Another Look at Lincoln and Race". In: FONER, Eric (org.). *Our Lincoln. New Perspectives on Lincoln and his World*. Nova York, Londres: W.W. Norton & Co., 2008, p.109-134.

OMER-SHERMAN, Ranen. "Emma Lazarus, Jewish American Poetics, and the Challenge of Modernity". *Legacy*, vol.19, n.2, 2002, p.170-191.

RANA, Aziz. *The Two Faces of American Freedom*. Cambridge e Londres: Harvard University Press, 2010.

ROOSEVELT, Theodore. *The Winning of the West*. Nova York, Londres: G.P. Putnam's Sons, 1900.

ROOSEVELT, Theodore. *An Autobiography*. Nova York: Da Capo Press, 1985.

ROSS, Dorothy. *The Origins of American Social Science*. Cambridge: Cambridge University Press, 1992.

SCHAMA, Simon. *O futuro da América*. São Paulo: Companhia das Letras, 2008.

SKOWRONEK, Stephen. *Building a New American State. The Expansion of National Administrative Capacities, 1877-1920*. Cambridge: Cambridge University Press, 1997.

TURNER, Frederick Jackson. *The Frontier in American History*. Nova York: Holt, Rinehart and Winston, 1962.

UEDA, Reed. "Historical Patterns of Immigrant Status and Incorporation in the United States". In: GERSTLE, Gary e MOLLENKOPF, John (orgs.). *E Pluribus Unum? Contemporary and Historical Perspectives on Immigrant Political Incorporation*. Nova York: Russel Sage Foundation, 2001.

ZANGWILL, Israel. *The Melting Pot. A Drama in Four Acts*. Nova York: The McMillan Company, 1919.

ZOLBERG, Aristide. *A Nation by Design. Immigration Policy in the Fashioning of America*. Nova York e Cambridge: Russel Sage Foundation e Harvard University Press, 2006.

ESTADO, IMIGRAÇÃO E IMAGINAÇÃO NACIONAL NOS ESTADOS UNIDOS...

Fontes

ESTADOS UNIDOS. DEPARTAMENTO DO TRABALHO. "Cost of Strikes". *Monthly Labor Review*, set 1920.

ESTADOS UNIDOS. US DEPARTMENT OF HOMELAND SECURITY. *2008 Yearbook of Immigration Statistics*. Washington: Office of Immigration Statistics, 2009.

ESTADOS UNIDOS. BUREAU OF THE CENSUS. *Historical Census Statistics on the Foreign-Born Population of the United States: 1850-1990. Population Division Working Paper n.15*. Washington: US Bureau of the Census, fevereiro de 1999.

ESTADOS UNIDOS. DEPARTAMENTO DE ESTATÍSTICAS DO TRABALHO. "Immigration in 1915. Monthly Review of the US Bureau of Statistics". *Monthly Labor Review*. Washington, DC: US Printing Office, ago 1915.

GOMPERS, Samuel. *The A.F of L. on Immigration*. Senado dos Estados Unidos, 3ª Sessão do 61º Congresso dos Estados Unidos. Documento 804.

4. Portugal e as questões do nacionalismo e da cultura autoritária

Francisco Carlos Palomanes Martinho

Introdução

É sabido, como disse o historiador norte-americano Arno Mayer,[1] que o desenvolvimento da modernidade liberal durante a segunda metade do século XIX, na Europa que se industrializava, não impediu a permanência de valores de uma tradição que, em tese, estava em declínio. Dessa forma, a república parlamentar, a sociedade de mercado e a indústria conviveram com o poder aristocrático, a corporação e o pequeno universo agrário. Passado e futuro mesclavam-se sem saber ao certo quem estava se sobrepondo a quem. Se, para alguns países, a Primeira Guerra Mundial foi um divisor de águas, no sentido de uma ruptura mais profunda com o passado, o mesmo não se pode dizer de outros, onde a força da tradição resistiu mais firmemente, por exemplo, à fragmentação dos impérios ocorrida naqueles anos de 1914-1918. Esse, por certo, é o caso português, cuja ditadura (1926-1974) se ancorava em um eficiente discurso que remetia, a todo instante, a um mítico passado. As imagens de uma grandeza pretérita, vinculada à Idade Média e aos descobrimentos dos séculos XV e XVI, mantiveram-se de forma duradoura, servindo como representações fundamentais da identidade nacional portuguesa.[2] A eficiência desse discurso deveu-se em parte a um processo de alteração dos currículos escolares com vistas à consolidação de uma história de Portugal em parte antagônica àquela predominante no período liberal.[3] Ao mesmo tempo, tratava-se de um regime que se autointitulava *Estado Novo*, com uma reinstitucionalização que ia além de uma mera cópia de sua história pretérita. Essa relação entre tradição e modernidade, que ganhou contornos mais nítidos durante o Estado Novo, teve suas origens durante a Primeira República (1910--1926), quando a oposição entre liberalismo e conservadorismo cindia o país em projetos irreconciliáveis. No encontro de passado e futuro, é possível afirmar que a realização da modernidade portuguesa constituída no salazarismo se deu sob o peso e as marcas da nostalgia. Em outras palavras, o projeto de futuro tinha, como fonte inspiradora, um tempo passado, quando Portugal havia sido moderno.[4]

O Antigo Regime como horizonte utópico

Segundo o historiador António Manuel Hespanha, no século XVIII, o individualismo propôs uma imagem de sociedade centrada no homem, sendo que seus objetivos nada mais eram que a "soma dos fins de seus membros e a utilidade geral confundia-se com a que resultava da soma das utilidades de cada indivíduo". Na contracorrente, o pensamento social medieval concebia o primado do corpo, ao qual estaria integrado, de forma submissa, o indivíduo. Ressalta também o autor o papel que a religião desempenhou junto ao pensamento político medieval ancorado na ideia de *cosmos*, orientando todos os homens para um objetivo único, identificado com o criador.[5] E foi exatamente essa tradição católica e coletivista a mola mestra que impulsionou o nacionalismo antiliberal português. Na medida, portanto, em que o modelo político implementado em Portugal após a queda da Primeira República opunha-se ao individualismo liberal, o Portugal sebastianista e o Portugal restaurador transformavam-se nos pilares básicos de referência para a (re)construção da nação portuguesa.[6]

Para os opositores da Revolução Liberal de 1910,[7] que depôs a monarquia, aquele movimento representou o abandono de todas as

PORTUGAL E AS QUESTÕES DO NACIONALISMO E DA CULTURA AUTORITÁRIA

grandes tradições que fundamentaram a formação da nacionalidade portuguesa. Tratava-se, portanto, da traição a uma linhagem constituída desde a formação do Estado Nacional, a começar pela figura inconteste de d. Nuno Álvares Pereira, passando por d. Sebastião, pelo Infante d. Henrique, d. João II, e que, no século XIX, tinha como referência mais importante a figura de d. Miguel, o monarca absolutista derrotado por d. Pedro. Referimo-nos a personagens que, em graus variados, deram tons religiosos e míticos ao processo de dilatação da fé e do império.[8] Assim é que esses mesmos opositores do liberalismo triunfante de 1910 contribuíram, decisivamente, para os sucessivos fracassos da primeira experiência republicana portuguesa. Para eles, era de um compromisso com Portugal, com sua história, com suas referências e suas tradições.

Duas observações importantes: em primeiro lugar, é digno de nota que os republicanos em muito contribuíram igualmente para o fracasso do regime inaugurado em 1910. A incompreensão, principalmente a respeito de um "Portugal profundo", ainda extremamente conservador e católico, impôs uma política sectária, sobretudo no campo religioso, que rapidamente provocou sequelas e fortaleceu dissidências dentro do próprio republicanismo;[9] em segundo lugar, é igualmente fato que os republicanos foram, desde antes de 1910, arquitetos de valores identitários incorporados à exaustão pelo conservadorismo português. Acima de tudo na evocação das personagens históricas e na defesa intransigente do Ultramar.[10] De certa forma, alguns dos valores defendidos pelos liberais foram aprofundados e reelaborados pelo salazarismo.[11]

A consolidação do regime do Estado Novo, após o fracasso republicano, impôs a construção de uma memória portuguesa que ajudou na difícil unidade de uma ditadura que começou militar e terminou civil. Portugal havia sido grande e moderno quando atravessou os mares e, em nome da inabalável fé católica, descobriu e conquistou novas terras. Ao mesmo tempo, era o lugar do "pequeno mundo", do camponês da pequena aldeia e da pequena propriedade. Não por acaso Oliveira Salazar,[12] futuro presidente do Conselho de Ministros do Estado Novo, já em 1916, quando fez provas para o cargo de assistente da Universidade de Coimbra, criticou o latifúndio alentejano do "dono ausente" e enalteceu a terra "fecundada pelo capital e o trabalho".[13] Assim, era tarefa dos portugueses conservar, fosse no "além-mar", fosse no seu próprio território, o seu mundo acanhado, católico e camponês. Sua missão, portanto, era ser grande para continuar a ser pequeno. Não se tratava de negar a modernidade em si, mas de pensar em uma modernidade propriamente portuguesa. Esse era o momento, então, de reinventar, de construir uma nova memória para a história de Portugal. A necessidade dessa nova memória era evidenciada pela presença de valores exógenos à tradição portuguesa. Nomeadamente, os valores laicos do Iluminismo nas suas mais variadas vertentes (liberalismo, jacobinismo, socialismo, comunismo...). Estes deveriam sucumbir em nome de um valor propriamente nacional. A vocação portuguesa para a modernidade deveria ser, então, construída a partir de valores predominantemente endógenos. E, portanto, procurada e justificada em sua própria história.

Os memorandos, cartas, pedidos e despachos encerrados com os dizeres "A Bem da Nação!", durante o período do Estado Novo, representavam o compromisso com uma concepção de tradição portuguesa. Tradição esta fundada na ordem e na obediência, no Estado forte e na família. No pequeno mundo camponês e na vocação ultramarina. O antigo regime, realizador da vocação portuguesa, tornava-se o horizonte utópico do Estado Novo. Ser moderno era, portanto, voltar no tempo.

Sidónio Pais – a referência mobilizadora

Como dissemos, a ditadura corporativa sob a liderança de Salazar foi uma alternativa a uma República em permanente desgaste. As sucessivas crises do republicanismo liberal português punham em questão a sua capacidade de implementar um projeto político de maior vulto. Nesse quadro, diversos opositores se articularam no sentido de enfrentar o sistema liberal representativo e apresentar à sociedade portuguesa uma nova alternativa. Na maioria dos casos, a oposição se realizava sob um perfil marcadamente autoritário, embora não houvesse unidade quanto a alguns pontos importantes, como, por exemplo, a natureza do novo regime a ser constituído. O primeiro coroamento de tal processo se deu

PORTUGAL E AS QUESTÕES DO NACIONALISMO E DA CULTURA AUTORITÁRIA

pelo golpe liderado por Sidónio Pais,[14] em 1917. Segundo Ernesto Castro Leal, o que se convencionou chamar de sidonismo inaugurou um modelo de representação corporativa que seria, depois, seguido pelos diversos opositores da República.[15] Entretanto, um ano depois de sua tomada do poder, Sidónio Pais morreria assassinado na estação de trens do Rossio. Sua breve passagem pela Presidência da República, porém, permitiu a criação de referências que serviram como balizadores da militância antiliberal. Para a jovem República, por sua vez, a estabilidade sonhada não viria com a morte do ditador. Ao contrário, aprofundava-se a instabilidade. É interessante analisarmos aqui essa perspectiva de unidade antirrepublicana estabelecida pelo sidonismo. Em larga medida, ela se deu à revelia da vontade do ditador. Sidónio Pais, como muitos de seus contemporâneos, bebeu das águas do positivismo, do cientificismo e aproximou-se das ideias avançadas da República e da Maçonaria, demonstrando, inclusive, simpatia pela perspectiva radical e socializante dos republicanos franceses, de Émile Zola em diante.[16] Ao mesmo tempo, o fato de ter servido ao governo da República em Berlim, durante o II Reich, não o tornava necessariamente pró-germânico, conforme pretende certa literatura a respeito do sidonismo.[17] Em correspondência datada de maio de 1914 e dirigida a Manuel de Brito Camacho, seu amigo e ministro do Fomento nos primeiros anos de República, Sidónio afirmava a necessidade de revigoramento da aliança anglo-lusitana. Entre os argumentos apresentados estava a necessidade de proteção das colônias portuguesas. É verdade que Sidónio não poupou esforços no sentido de evitar o rompimento das relações diplomáticas com a Alemanha e a inevitável entrada na guerra. Mas o fez não por germanofilia e sim por temer os destinos da República ao envolver-se em um conflito fora do teatro africano, em Portugal, para onde havia mandado tropas já desde o início do conflito.[18] Desse modo, Sidónio Pais transforma-se em um personagem da história de Portugal lembrado à direita e à esquerda em sentidos opostos. No primeiro caso, transformou-se no antirrepublicano e conservador que na verdade nunca foi ou nunca pretendeu ser. No segundo caso, foi o germanófilo quase fascista igualmente sem o ter sido e, pior, antes mesmo da fundação do fascismo.

A EXPERIÊNCIA NACIONAL

Uma característica marcante desse movimento de oposição à "nova República Velha", ou seja, à República Liberal novamente em cena após a morte de Sidónio Pais, foi exatamente a tentativa de manter viva a memória do ditador assassinado. O sidonismo serviu, assim, como um núcleo de referência para a oposição antiliberal. Os projetos de construção de partidos políticos conservadores demonstravam, apesar de sua frágil representatividade, a articulação permanente dos grupos antiliberais.[19] Nesse sentido, é bom reforçar a ideia de que o sidonismo foi uma ideologia vitoriosa a partir de uma construção de memória. Na prática, teve muitas dificuldades de se constituir como regime. O rascunho do regime da *República Nova*, como Sidónio Pais intitulou seu breve consulado, não passou de um projeto sem qualquer solução constitucional. Para um país que entrara no conflito em março de 1916 e que enviara seu primeiro contingente apenas no ano seguinte, o golpe sidonista não passou de um compasso de espera. Pouco mais de um mês após o armistício, conforme já referido, o ditador foi assassinado. O que seria de Portugal nos tratados de paz com Sidónio Pais à frente pertence exclusivamente à esfera da especulação. O fato é que a ditadura sempre foi um regime incompleto: havia eleições, mas não uma nova Constituição; existiam câmaras, mas estas não deliberavam. Essa incompletude, aliada ao fato de que o entusiasmo dos primeiros meses quanto à representação corporativa foi se arrefecendo, fez com que o governo perdesse rapidamente as suas credenciais. Contribuiu para o crescente desgaste da ditadura Sidónio Pais o aumento de greves ao longo de todo o ano de 1918, que o regime não conseguiu estancar. A crescente crise e as agitações políticas e militares de outubro e novembro de 1918 fizeram com que muitos autores, como o republicano Raul Rego e o historiador José Medeiros Ferreira, vissem naqueles meses a morte antecipada do sidonismo.[20] O que procuro mostrar aqui é exatamente o contrário: a morte trágica de Sidónio Pais foi determinante para o fortalecimento e a continuidade do sidonismo até a queda do regime republicano em 1926.

Contribui também para o aprofundamento da crise republicana o desfecho do conflito mundial, tanto em nível mais amplo, da nova configuração adquirida pelas sociedades contemporâneas a partir de

PORTUGAL E AS QUESTÕES DO NACIONALISMO E DA CULTURA AUTORITÁRIA

1918, quanto em nível interno, no que diz respeito à situação portuguesa pós-guerra. Quanto ao primeiro aspecto, do novo quadro mundial, a Europa assistiu a um primeiro momento de lenta decadência e perda de importância diante dos Estados Unidos, detentor, a partir daquele momento, da hegemonia no mundo capitalista. Os modelos autoritários que se ampliam nos anos 1920 foram, em parte, reações à vitória do americanismo. Como diz Castro Leal, consolida-se uma *ideia de renascimento* vinculada a movimentos políticos detentores de projetos de tipo *autoritário*. Movimentos de força contra os regimes democráticos e liberais.[21] Por projeto autoritário entende-se a oposição ao sistema de representação partidária e parlamentar e à ausência de um chefe dotado de poderes acima das instituições.

Mas, para além das condições internacionais favoráveis à vitória de movimentos autoritário-nacionalistas em quase toda a Europa, havia uma série de fatores de ordem interna que induziram Portugal a uma gradativa adesão a movimentos e projetos políticos antiliberais. O primeiro desses fatores, de caráter mais longo, é a própria tradição portuguesa. Na história do Estado português, marcante foi o seu papel, ao lado da Espanha, na construção de um extenso mundo colonial que se realizou em nome dos interesses do Estado Nacional. Portugal e Espanha tinham, como sabemos, características muito próximas, tanto na natureza de seu Estado Absolutista Católico, como também nos projetos do Ultramar. A manutenção de um Estado forte e interventor significava a permanência dos interesses tradicionais do Antigo Regime: a terra, a autoridade suprema do monarca e, sobretudo, a pouca importância atribuída às possibilidades de organização em caráter individual.

O segundo problema, de cunho também endógeno, embora conjuntural, merece referência. Trata-se do mal-estar provocado na sociedade portuguesa do pós-Primeira Guerra. Portugal vivia, de fato, uma situação no mínimo paradoxal. Apesar de, em virtude de suas alianças históricas com a Inglaterra, o país ter participado do conflito ao lado dos vencedores, nenhuma vantagem material foi concedida aos portugueses.[22] Desse modo, Portugal encontrava-se na constrangedora situação de país vencedor que saíra perdendo na guerra e, em virtude dos resultados do conflito, sem condições de pedir reparações por sua participação. Era natural, portanto, que o sentimento antiliberal aflorasse nesse período de frustrações e mal-estar coletivo. Em Portugal, a participação na Grande Guerra foi de tal modo frustrante que terminou por criar mais constrangimento que propriamente comoção. O governo republicano, como disse Sílvia Correia, era incapaz de impor seus planos comemorativos, de modo que alguns dos monumentos projetados para fortalecer a memória coletiva da guerra, por exemplo, tiveram que esperar até as décadas de 1930 e mesmo de 1940 para serem concluídos.[23]

Por fim, a não menos importante questão militar. Sidónio Pais era um militar, mesmo que reformado e dedicado à época às atividades docentes e à política, e Portugal se encontrava em guerra durante praticamente toda a sua gestão. Ainda assim, foram exatamente o armistício e a morte do ditador que fizeram com que aumentassem significativamente as intervenções militares desordenadas, de facções independentes e sem nenhum sentido institucional.[24] Enquanto as Forças Armadas se dividiam em diversas correntes, se fragmentavam e tentavam golpes de forma isolada e desconexa, os civis se organizavam. Exemplos conectados dessa divisão militar foram a Contrarrevolução da Monarquia do Norte, ocorrida na cidade do Porto em 19 de fevereiro, logo a seguir ao Levantamento Republicano do Regimento de Santarám, sufocado no dia 16 também de fevereiro de 1919. Apesar dessas ações fragmentadas e mais ou menos frágeis, é digno de nota que o golpe sidonista e a guerra tenham politizado as forças armadas portuguesas de tal modo que a intervenção militar na vida política na segunda fase da República foi uma constante.[25] Como disse Manuel Villaverde Cabral: "Se a questão da participação de Portugal na guerra foi de extrema importância para os partidos e outras forças políticas, ela foi absolutamente decisiva no que respeita à evolução das forças armadas e ao seu crescente papel na vida política do país."[26]

Uma alternativa portuguesa

Tão importante quanto as tentativas de organização de espaços políticos e quarteladas militares foi a própria evolução do pensamento conservador português durante a década de 1920. Nesse campo, várias

PORTUGAL E AS QUESTÕES DO NACIONALISMO E DA CULTURA AUTORITÁRIA

correntes autoritárias se apresentaram como alternativa política à crise portuguesa. Do fascismo ao nacionalismo conservador católico, tendeu a prevalecer, entre as correntes autoritárias em Portugal, a ideia de uma saída "tipicamente portuguesa". Diversos modelos corporativos, como o fascismo, surgidos na Europa em consequência da falência liberal, foram entendidos como importantes referências, e não como modelos a serem copiados. Portugal haveria de ter sua feição própria, uma vez que o nacionalismo, para ser genuíno, não poderia copiar um modelo que lhe fosse externo.

A partir de 1922, Portugal, assim como diversos outros países da Europa, assistiu à descoberta do fascismo italiano. Francisco Rolão Preto,[27] o mais destacado líder fascista em Portugal, entretanto, era pessimista quanto à possibilidade de se organizar um movimento idêntico àquele liderado por Benito Mussolini. Prevaleciam, como quer a ideologia nacionalista, as necessidades de compreensão da realidade específica de Portugal. Mas desde a Marcha sobre Roma, em 1922, a direita portuguesa mantinha seus olhos voltados com entusiasmo e otimismo para o fascismo italiano. Rolão Preto, enaltecendo o caráter legitimamente subversivo e fora da lei desse movimento, afirmava seu perfil de novidade e revolucionarismo.[28]

Mas não era apenas aos declaradamente fascistas que o movimento liderado por Mussolini encantava. António Ferro,[29] jornalista e futuro responsável pela política de propaganda do Estado Novo, em suas famosas viagens com o objetivo de entrevistar líderes autoritários durante os anos 1920, também se sentiu fortemente atraído pela ideologia mussoliniana. Em 1923, ano II da era Mussolini, Ferro entrevistou pela primeira vez o Duce. Além desta, houve outras duas entrevistas, respectivamente em 1926 e em 1934. Para Ferro, Mussolini apresentava projetos definidos: "expressão original italiana, restituição das tradições perdidas, governo de ditadura, hierarquia, esvaziamento do Parlamento, corporativismo, latinidade". Em todas as entrevistas, a intenção de Ferro era apontar para a necessidade de um líder com as mesmas características que as de Mussolini: chefe severo, lacônico e autoritário, com perfil dominador e firme.[30] Entretanto, Ferro estava convicto de que tais características, formais, não eram suficientes, posto que faltavam aquelas que diziam respeito à alma portuguesa. Segundo Ferro, apesar de incontestáveis qualidades, Mussolini era por demais falante, de expressões exageradas. Além disso, o caráter de mobilização das camadas baixas, apregoado pelo fascismo, causava estranheza. A alma portuguesa se encarnaria em Salazar. Segundo suas próprias palavras: "Aqui não há uma ditadura, uma situação: há um ditador de si próprio, o grande chefe moral de uma nação! E agora que já o ouvimos, vamos cada qual para a nossa vida... Não façamos barulho... Deixemo-lo trabalhar."[31]

Três características foram marcadamente importantes, tanto na concepção de António Ferro, um dos principais ideólogos do salazarismo, quanto na de Rolão Preto. A primeira delas era o fascínio pela autoridade do chefe de Estado, que se manifestava tanto na atração por Mussolini, quanto nas reverências às personagens míticas da história portuguesa anteriormente citadas. Restava, aqui, a necessidade de se encontrar um verdadeiro líder nacionalista para Portugal. O declínio da República liberal possibilitou a lenta ascensão de Oliveira Salazar ao poder, *o líder tipicamente português*, no dizer de Ferro.[32]

A segunda era a busca da tradição e do passado legitimador. Nesse caso, o elemento que aglutinava e justificava a ação política era uma história particular. O ódio ao liberalismo e ao bolchevismo se explicava, assim, pela herança de ambos diante do Iluminismo e seus valores universalistas. Durante toda a construção da ideologia salazarista, ver-se-á a o resgate da "verdadeira" história de Portugal. História essa que nada tem a ver com a tradição liberal.

A terceira era a defesa da violência, desde que para fins "positivos". A subversão da ordem liberal seria, nessa concepção, a última das violências. A partir daí, o tempo dos conflitos e da luta determinaria em favor do *interesse nacional*, o único a dar coesão a todos.

A Igreja Católica e a nação como fé

No entanto, a mais importante contribuição no sentido de uma institucionalização do novo regime veio do conservadorismo católico. Se a oposição dos católicos ao liberalismo republicano era forte, dada

PORTUGAL E AS QUESTÕES DO NACIONALISMO E DA CULTURA AUTORITÁRIA

a profunda laicização da República,[33] a formação de um pensamento católico deve-se ao surgimento e à propagação de um pensamento social organizado a partir da própria hierarquia da Igreja. No final do século XIX, a *Encíclica Rerum Novarum* surgia como a primeira intervenção da Igreja nas questões de ordem social e do trabalho. O documento papal propunha um modelo de organização social que se apresentava como uma alternativa tanto à tradição liberal quanto à tradição socialista. As duas, propagadoras do conflito. Uma, ao defender os interesses particulares da classe proprietária. Outra, ao defender os interesses do proletariado. Ambas perigosamente e rigorosamente racionalistas. O caminho a ser adotado seria o do resgate dos valores medievais; da organização por ofícios, em caráter familiar. De proteção e de autoridade ao mesmo tempo. O ponto final dessa ordem seria o Estado, dotado de poderes para intervir em nome do "bem comum".

A encíclica *Rerum Novarum* teve, por razões evidentes, uma forte repercussão em Portugal. Sua influência ultrapassou a data de publicação, permanecendo como forte referência para o pensamento católico ao longo das primeiras décadas do século XX. É forçoso lembrar que, até 1910, Portugal era ainda monarquia com fortes ligações com o Vaticano. Monarquia que, por exemplo, durante boa parte do século XIX, mantinha o sistema eleitoral ancorado na figura do *chefe de família*, e cuja documentação comprobatória era a certidão de casamento.[34] Assim, razões não faltavam para que, durante as décadas de 1910 e 1920, a Igreja Católica em Portugal se batesse contra dois adversários, o liberalismo e a República, embora a última com menor ênfase, devido à presença de conservadores católicos favoráveis ao republicanismo.

Aos valores universalistas do liberalismo, o pensamento católico português produziu, a seu modo, um nacionalismo católico reagente tanto ao internacionalismo imperialista quanto ao internacionalismo proletário. Porém, conforme aponta Braga da Cruz, os católicos portugueses não tiveram grande representatividade do ponto de vista organizativo, limitando-se ao "âmbito eminentemente doutrinal".[35] Em se tratando de um movimento de elites políticas que visavam a alternativas sobretudo a partir de cima, a mobilização social era, é bem

A EXPERIÊNCIA NACIONAL

possível, o lado menos importante da questão. Mais importante talvez
tenha sido a consolidação de um corpo doutrinal católico que se definia
como opositor do liberalismo. Em consequência de seu caráter elitista,
uma das principais bases de sustentação do catolicismo português foi
o meio acadêmico, em particular no ensino universitário. Sem dúvida,
universidades como as de Coimbra e do Porto constituíram-se em
centros divulgadores do pensamento católico, com revistas, jornais e
também uma forte intervenção política.

Ponto de convergência entre vários segmentos de oposição à República, a Cruzada Nacional D. Nuno Álvares Pereira, fundada em 1918,
exatamente o ano do término da guerra e do assassinato de Sidónio
Pais, merece referência particular. Essa organização cívico-religiosa
se insere tanto na história política quanto na história das religiões.
Nuno Álvares Pereira, beatificado em 1918, foi uma das grandes referências míticas na construção da nacionalidade portuguesa. A escolha
de seu nome como patrono da Cruzada não foi casual. Esta tornou-
-se, por um lado, uma espécie de liga patriótica de elites. Por outro,
obteve desde o seu nascedouro a função simbólica de, difundindo o
papel ético-militar de Nuno Álvares Pereira, ritualizar a relação de
seus membros com o Estado. Os diversos símbolos do catolicismo
reverenciados pela Cruzada, assim como seu arcabouço doutrinal,
serviram como referências inspiradoras do Estado Novo português.
Referências, assim, dotadas de matriz evidentemente religiosa e de um
caráter profundamente nostálgico.[36]

Além das universidades e da Cruzada, vale destacar as intervenções
no movimento operário, através, das APOs (Associações Protectoras dos
Operários) e dos CCOs (Círculos Católicos de Operários). Entretanto, essas duas entidades demonstram tensões importantes no movimento social
católico. As primeiras nunca ultrapassaram o universo do mutualismo e
do assistencialismo.[37] Os Círculos Católicos, ao contrário, além de terem
conseguido uma implantação nacional maior que as APOs, constituíam
um movimento *de* católicos operários e não *para* católicos operários.
Evidencia-se aqui o embrião de um importante veio do sindicalismo
português, que foi o sindicalismo católico.[38] As preocupações sociais dos
católicos conviveram sempre com a repulsa à democracia e ao liberalismo.

Conclusão

O episódio da Primeira Guerra Mundial foi determinante para a queda da Primeira República e a posterior ascensão do Estado Novo português. Ao lado da questão militar que se abria, com o enorme fracasso da participação do Exército em Flandres, destacou-se o golpe protagonizado por Sidónio Pais. Os dois episódios, o envolvimento no conflito e a ditadura, serviram de forma decisiva para a politização das forças armadas, que tomaram para si o discurso da moralização da ordem contra a anarquia dos "políticos". Os diversos pronunciamentos a seguir à morte de Sidónio Pais até a vitória de 28 de maio de 1926 o comprovam. Também as forças civis foram, aos poucos, se reorganizando em um sentido crescentemente antiliberal. As diversas matrizes conservadoras, republicanas ou monarquistas demonstravam um isolamento crescente do modelo jacobino de república. A capacidade dos republicanos de sustentar o regime em nome de um projeto de longo prazo definhava de forma acelerada. Entre as forças civis, de fato muito heterogêneas, destaque para a Igreja Católica e sua capacidade tanto de formar quadros intelectuais quanto de, em cada paróquia do "Portugal profundo", interferir na vida e na consciência dos homens.

Nem todos aqueles que se opunham aos republicanos, claro está, eram sidonistas. Muitos, inclusive, fizeram oposição ao ditador. Mas sua morte trágica e o retorno de um regime falido serviram como luva para todos. Assim sua figura se tornou referência e motivo de reverência. Faltava a unidade que veio apenas em 1926. Unidade do Exército e das forças civis *contra* a República. A seguir se veria o que fazer. De qualquer modo, o elemento a unificar os conspiradores, para além da já referida memória do ditador, era uma ideia mítica de nação. De uma nação como corpo, como *cosmos*, conforme disse anteriormente. E essa ideia estava dada e personificada em Sidónio Pais. Derrotado na política imediata, o sidonismo manteve-se como referência mais ou menos sincera, mais ou menos oportunista, daqueles que o evocavam. Não importa aqui, a meu ver, os graus de oportunismo ou de sinceridade. O que importou para Portugal e os portugueses foi a sua eficiência. Sobre esta não se discute.

A EXPERIÊNCIA NACIONAL

Notas

1. Arno Mayer. *A força da tradição: a persistência do Antigo Regime – Europa (1848-1914)*. São Paulo: Companhia das Letras, 1987.
2. Iniciada como ditadura militar a partir do golpe de estado de 28 de maio de 1926, viveu seus primeiros anos em constantes crises. A ocupação do ministério das Finanças por António Oliveira Salazar possibilitou a transição para uma ditadura civil e corporativa que perdurou, ainda que com fases distintas, até a Revolução dos Cravos em 1974. Sobre a periodicidade do autoritarismo português, ver: Manuel Braga da Cruz. *O partido e o estado no Salazarismo*. Lisboa: Presença, 1988, p.38-47. Sobre a questão da identidade nacional, ver: Nuno G. Monteiro; António Costa Pinto. "A identidade nacional portuguesa". In: António Costa Pinto (org.). *Portugal contemporâneo*. Lisboa: D. Quixote, 2005, p.51-65.
3. Nuno G. Monteiro; António Costa Pinto. "A identidade nacional portuguesa". In: António Costa Pinto (org.). *Portugal contemporâneo*. Lisboa: D. Quixote, 2005, p.60-62.
4. Procuro aprofundar esse tema em: Francisco Carlos Palomanes Martinho. *A bem da nação: o sindicalismo português entre a tradição e a modernidade (1933-1947)*. Rio de Janeiro: Civilização Brasileira, 2002.
5. António Manuel Hespanha. *As vésperas do Leviathan:* Instituições e poder político em Portugal – séc. XVII. Coimbra: Almedina, 1994, p.298-299.
6. D. Sebastião, jovem rei de Portugal, morreu em 1578 na batalha de Alcácer-Quibir. Como não deixou herdeiros, ascendeu ao trono seu tio, o cardeal d. Henrique, que veio a falecer dois anos depois. A crise sucessória deixou abertas as portas para a união ibérica. Felipe II, da Espanha, foi aclamado, pelas cortes de Tomar, rei de Portugal em 1581 sob o nome de Felipe I. A crescente insatisfação com a administração espanhola, principalmente a partir do reinado de Felipe IV, em 1621, quando adotou uma política de maior integração dos territórios ibéricos, fez crescer o mito de que d. Sebastião, cujo corpo não havia sido encontrado, retornaria para reconquistar a independência portuguesa. O sebastianismo correspondeu, portanto, à ideia mítica de salvação nacional. A restauração, ou seja, a separação de Portugal da Espanha se deu, por fim, em 1640, com a ascensão de d. João, duque

PORTUGAL E AS QUESTÕES DO NACIONALISMO E DA CULTURA AUTORITÁRIA

de Bragança, após uma conspiração de nobres e letrados contra a presença dos representantes da Espanha em Lisboa. Sobre D. Sebastião e o sebastianismo, ver: Jacqueline Hermann. *No Reino do Desejado: a construção do sebastianismo em Portugal – sécs. XVI-XVII*. São Paulo: Companhia das Letras, 1998.

7. Movimento político liderado por Afonso Costa, um dos mais representativos expoentes do republicanismo português, a Revolução de 1910 contou com a participação de amplos segmentos de oposição à monarquia, incluindo não só liberais, como socialistas e maçônicos. A Constituição Republicana de 1911 foi, sem dúvida, uma das mais progressistas da história de Portugal, representando mesmo uma tentativa de ruptura com um passado que representava, para os articulistas do movimento, o atraso. Cf. Filipe Ribeiro de Meneses. *Afonso Costa*. Lisboa: Texto, 2010.

8. Nuno G. Monteiro; António Costa Pinto. "A identidade nacional portuguesa." In: António Costa Pinto (org.). *Portugal Contemporâneo*. Lisboa: D. Quixote, 2005, p.60.

9. Rui Ramos. "A República antes da guerra (1910-1916) & A República durante e depois da guerra (1917-1926)." In: Rui Ramos (org.); Bernardo Vasconcelos de Sousa; Nuno G. Monteiro. *História de Portugal*. Lisboa: A Esfera dos Livros, 2009 (p.577-603 e 605-625).

10. Nuno G. Monteiro; António Costa Pinto. "A identidade nacional portuguesa". In: António Costa Pinto (org.). *Portugal contemporâneo*. Lisboa: D. Quixote, 2005, p.58: Aniceto Afonso. "Portugal e a guerra nas colónias". In: Fernando Rosas; Maria Fernanda Rollo (orgs.). *História da Primeira República portuguesa*. Lisboa: Tinta da China, 2009, p.287-299.

11. Nuno G. Monteiro; António Costa Pinto. "A identidade nacional portuguesa". In: António Costa Pinto (org.). *Portugal contemporâneo*. Lisboa: D. Quixote, 2005, p.61.

12. António Oliveira Salazar (1889-1970), professor de economia da Universidade de Coimbra (1916-1928), ministro das Finanças (1928-1932), chefe de governo (1932-1968), foi o principal ideólogo do Estado Novo, a mais longa ditadura da Europa Ocidental no século XX (1933-1974). De formação católica, estudou no seminário do Viseu antes de ingressar na Universidade de Coimbra, como estudante, em 1910. Convicto da falência dos regimes de representação democrática, Salazar sempre

A EXPERIÊNCIA NACIONAL

defendeu, para Portugal, uma alternativa corporativa, ditatorial, nacionalista e colonialista, que entendia como expressão mais profunda da identidade nacional portuguesa. Filipe Ribeiro de Meneses. *Salazar: uma biografia política*. Lisboa: D. Quixote, 2010.

13. António Oliveira Salazar. *A questão cerealífera*. Provas apresentadas para o ingresso como assistente na Universidade de Coimbra. Coimbra, 1916, p.8.

14. Major de Artilharia e professor de cálculo integral e diferencial da Universidade de Coimbra, Sidónio Pais (1872-1918) sempre esteve em oposição ao liberalismo e à democracia parlamentar em Portugal. Responsável pelo golpe de estado de 1917, governou Portugal sob um regime de ditadura militar por um ano, até que, em dezembro de 1918, um militante da maçonaria o assassinou com um tiro na estação de comboios do Rossio. Cf. Maria Alice Samara. "Sidonismo e restauração da República. Uma 'encruzilhada de paixões contraditórias'." In: Fernando Rosas; Maria Fernanda Rollo (orgs.). *História da Primeira República portuguesa*. Lisboa: Tinta da China, 2010, p.371-395.

15. Ernesto Castro Leal. *António Ferro: espaço político e imaginário social (1918-1932)*. Lisboa: Cosmos, 1994, p.97.

16. Armando B. Malheiro da Silva. "Uma experiência presidencialista em Portugal (1917-1918)". In: Christiane Marques Szesz; Maria Manuela Tavares Ribeiro; Sandra Maria Lubisco Brancato; Renato Lopes Leite; Artur César Isaia (orgs.). *Portugal-Brasil no século XX. Sociedade, cultura e ideologia*. Bauru/SP: Edusc, 2003, p.55.

17. Manuel Vilaverde Cabral. "A Grande Guerra e o sidonismo (esboço interpretativo)". In: Pedro Lains; Nuno Estevão Ferreira (orgs.). *Portugal em análise. Antologia*. Lisboa: Imprensa de Ciências Sociais, 2007, p.75-95.

18. Armando B. Malheiro da Silva. "Uma experiência presidencialista em Portugal (1917-1918)". p.66.

19. Ernesto Castro Leal. *António Ferro: espaço político e imaginário social (1918-1932)*. Lisboa: Cosmos, 1994, p.97-98.

20. Raul Rego. *História da república: do sidonismo ao 28 de Maio*, vol. IV. Lisboa: Círculo de Leitores, 1978, p.56; José Medeiros Ferreira. *O comportamento político dos militares: Forças Armadas e regimes políticos em Portugal no séc. XX*. Lisboa: Editorial Estampa, 1992, p.75.

21. Idem, p.157.

PORTUGAL E AS QUESTÕES DO NACIONALISMO E DA CULTURA AUTORITÁRIA

22. Hipólito de la Torre Gómez. *Do "perigo espanhol" à amizade insular:* Portugal-Espanha (1919-1930). Lisboa: Estampa, 1985, p.27.

23. Sílvia Correia. "A memória da guerra". In: Fernando Rosas; Maria Fernanda Rollo (orgs.). *História da Primeira República portuguesa.* Lisboa: Tinta da China, 2009, p.361.

24. José Medeiros Ferreira. *O comportamento político dos militares:* Forças Armadas e regimes políticos em Portugal no séc. XX. Lisboa: Editorial Estampa, 1992, p.74-75.

25. Idem, p.80.

26. Manuel Villaverde Cabral. "A Grande Guerra e o sidonismo (esboço interpretativo)". In: Pedro Lains; Nuno Estevão Ferreira (orgs.). *Portugal em análise. Antologia.* Lisboa: Imprensa de Ciências Sociais, 2007, p.80.

27. António Costa Pinto. "Francisco Rolão Preto (1896-1977)". In: Francisco Carlos Teixeira Silva; Sabrina Evangelista Medeiros; Alexander Martins Vianna (orgs.). *Dicionário crítico do pensamento da direita: ideias, instituições e personagens.* Rio de Janeiro: Mauad/Faperj, 2000, p.378-379.

28. António Costa Pinto. *Os camisas azuis:* ideologia, elites e movimentos fascistas em Portugal, 1914-1945. Lisboa: Estampa, 1994, p.49-51.

29. António Joaquim Tavares Ferro (1895-1956). Um dos nomes mais importantes da política cultural do Estado Novo, tendo sido diretor do Secretariado de Propaganda Nacional (SPN). Jornalista por vocação, jamais concluiu o curso de Direito, iniciado em 1913. Era também poeta e ensaísta. Antes do Estado Novo, Ferro já era um dos mais importantes personagens das letras portuguesas. Modernista, ativo e brilhante intelectual, defendia um Estado intervencionista protetor das artes. Adversário da democracia, destacou-se como propagador do pensamento antiliberal nos anos 1920. Antes, já havia se entusiasmado com o breve período do sidonismo em Portugal. Apesar da frustração com o assassinato de Sidónio Pais, Ferro nunca deixou arrefecer o seu entusiasmo pelo autoritarismo. Assim, na década de 1920, entrevistou diversos expoentes do autoritarismo e antiliberalismo europeu: Gabrielle D'Annunzio, Primo de Rivera, Mustafa Kemal, Benito Mussolini e outros. Em 1932 publica, no jornal *Diário de Notícias*, uma longa entrevista com Salazar, editada logo a seguir em livro e utilizada como fonte de propaganda do regime. No SPN, constituiu-se no principal elaborador da política de propaganda do Estado Novo. Ernesto Castro

Leal. *António Ferro: espaço político e imaginário social (1918-1932)*. Lisboa: Cosmos, 1994.

30. Idem, p.55.
31. António Ferro. *Entrevistas a Salazar*. Lisboa: Parceria A. M. Pereira, 2007, p.112.
32. Francisco Carlos Palomanes Martinho. "O modernismo ibérico de António Ferro". In: *[Syn]tesis*. Rio de Janeiro: Cadernos do Centro de Ciências Sociais Uerj/CCS, vol.II, n.2, 1998, p.16.
33. Vítor Neto. "A questão religiosa: Estado, Igreja e conflituosidade sociorreligiosa". In: Fernando Rosas; Maria Fernanda Rollo (orgs.). *História da Primeira República portuguesa*. Lisboa: Tinta da China, 2010, p.129-148.
34. Manuel Braga da Cruz. *Monárquicos e republicanos no Estado Novo*. Lisboa: Dom Quixote, 1986, p.183-213.
35. Manuel Braga da Cruz. "As origens da democracia cristã em Portugal e o salazarismo (I)". In: *Análise social*. Revista do Gabinete de Investigações Sociais da Universidade de Lisboa, v: XIV, 1978/2°, p.267-269.
36. Ernesto Castro Leal. *Nação e nacionalismos*: a cruzada nacional D. Nuno Álvares Pereira e as origens do Estado Novo (1918-1938). Lisboa: Cosmos, 1999, p.323-335.
37. Manuel Braga da Cruz. "As origens da democracia cristã em Portugal e o salazarismo (II)". In: *Análise social*. Revista do Gabinete de Investigação Social da Universidade de Lisboa, v: XIV, n.55, 1978/3°, p.525-531.
38. Maria Inácia Rezola. *O sindicalismo católico no Estado Novo, 1931-1948*. Lisboa: Estampa, 1999.

Referências bibliográficas

CABRAL, Manuel Vilaverde. "A Grande Guerra e o sidonismo (esboço interpretativo)". In: LAINS, Pedro; FERREIRA, Nuno Estevão (orgs.). *Portugal em análise. Antologia*. Lisboa: Imprensa de Ciências Sociais, 2007, p.75-95.

CORREIA, Sílvia. "A memória da guerra". In: ROSAS, Fernando; ROLLO, Maria Fernanda (orgs.). *História da Primeira República portuguesa*. Lisboa: Tinta da China, 2009, p.349-370.

CRUZ, Manuel Braga da. *O partido e o Estado no salazarismo*. Lisboa: Presença, 1988.

_____. *Monárquicos e republicanos no Estado Novo*. Lisboa: Dom Quixote, 1986.

_____. "As origens da democracia cristã em Portugal e o salazarismo (I)". *Análise social*. Revista do Gabinete de Investigações Sociais da Universidade de Lisboa, v: XIV, 1978/2°, p.265-278.

_____. "As origens da democracia cristã em Portugal e o salazarismo (II)". *Análise social*. Revista do Gabinete de Investigação Social da Universidade de Lisboa, v: XIV, n.55, 1978/3°, p.525-607.

FERREIRA, José Medeiros. *O comportamento político dos militares: Forças Armadas e regimes políticos em Portugal no séc. XX*. Lisboa: Editorial Estampa, 1992.

FERRO, António. *Entrevistas a Salazar*. Lisboa: Parceria A. M. Pereira, 2007.

GÓMEZ, Hipólito de la Torre. *Do "perigo espanhol" à amizade insular. Portugal-Espanha (1919-1930)*. Lisboa: Estampa, 1985.

HERMANN, Jacqueline. *No Reino do Desejado: a construção do sebastianismo em Portugal – sécs. XVI-XVII*. São Paulo: Companhia das Letras, 1998.

HESPANHA, António Manuel. *As vésperas do Leviathan: Instituições e poder político em Portugal – séc. XVII*. Coimbra: Almedina, 1994.

LEAL, Ernesto Castro. *Nação e nacionalismos: a Cruzada Nacional D. Nuno Álvares Pereira e as origens do Estado Novo (1918-1938)*. Lisboa: Cosmos, 1999.

_____. *António Ferro: espaço político e imaginário social (1918-1932)*. Lisboa: Cosmos, 1994.

MARTINHO, Francisco Carlos Palomanes. *A bem da nação: o sindicalismo português entre a tradição e a modernidade (1933-1947)*. Rio de Janeiro: Civilização Brasileira, 2002.

_____. "Um tempo histórico português sob enfoque brasileiro: bases para a compreensão dos antecedentes do Estado Novo". *Brasil e Portugal: 500 anos de enlaces e desenlaces. Convergência Lusíada*, 17, número especial. Rio de Janeiro: Real Gabinete Português de Leitura, 2000, p.139-150.

_____. "O modernismo ibérico de António Ferro." *[Syn]tesis*. Cadernos do Centro de Ciências Sociais. vol.II, n° 2, Rio de Janeiro: Uerj/CCS, 1998, p.11/17.

MAYER, Arno. *A força da tradição: a persistência do Antigo Regime – Europa (1848-1914)*. SP, Companhia das Letras, 1987.

MENESES, Filipe Ribeiro de. *Afonso Costa*. Lisboa: Texto Editora, 2010.

_____. *Salazar: uma biografia política*. Lisboa: D. Quixote, 2010.

MONTEIRO, Nuno G.; PINTO, António Costa. "A identidade nacional portuguesa." In: PINTO, António Costa (org.). *Portugal contemporâneo*. Lisboa: D. Quixote, 2005, p.51-65.

NETO, Vítor. "A questão religiosa: Estado, Igreja e conflituosidade sociorreligiosa". In: ROSAS, Fernando; ROLLO, Maria Fernanda (orgs.). *História da Primeira República portuguesa*. Lisboa: Tinta da China, 2010, p.129-148.

PINTO, António Costa. *Os camisas azuis: ideologia, elites e movimentos fascistas em Portugal, 1914-1945*. Lisboa: Estampa, 1994.

_____. PRETO, Francisco Rolão (1896-1977). In: SILVA, Francisco Carlos Teixeira; MEDEIROS, Sabrina Evangelista; VIANNA, Alexander Martins (orgs.). *Dicionário crítico do pensamento da direita: ideias, instituições e personagens*. Rio de Janeiro: Mauad/Faperj, 2000, p.378-379.

REGO, Raul. *História da república: do sidonismo ao 28 de Maio*, vol.IV. Lisboa: Círculo de Leitores, 1978.

REZOLA, Maria Inácia. *O sindicalismo católico no Estado Novo, 1931-1948*. Lisboa: Estampa, 1999.

SALAZAR, António Oliveira. *A questão cerealífera*. Provas apresentadas para o ingresso como assistente na Universidade de Coimbra. Coimbra, 1916.

SAMARA, Maria Alice. "Sidonismo e restauração da república: uma 'encruzilhada de paixões contraditórias'". In: ROSAS, Fernando; ROLLO, Maria Fernanda (orgs.). *História da Primeira República portuguesa*. Lisboa: Tinta da China, 2010, p.371-395.

SILVA, Armando B. Malheiro. "Uma experiência presidencialista em Portugal (1917-1918)". In: SZESZ, Christiane Marques; RIBEIRO, Maria Manuela Tavares; BRANCATO, Sandra Maria Lubisco; LEITE, Renato Lopes; ISAIA, Artur César (orgs.). *Portugal-Brasil no século XX: sociedade, cultura e ideologia*. Bauru/SP: Edusc, 2003, p.49-86.

SOARES, Mário. "Constituição". In: SERRÃO, Joel (org.). *Dicionário de história de Portugal e do Brasil*, vol.3. Porto: Iniciativas Editoriais, s/d, C-D, p.672-682.

5. Guerra e nação: imagens do inimigo e mobilização patriótica na Guerra da Espanha

Francisco Sevillano Calero (Tradução de Ana Luiza Libânio)

Os acontecimentos do golpe de Estado dos dias 17 e 18 de julho de 1936, que seccionou o corpo de oficiais do Exército espanhol, quebraram o Estado de direito sem tomar o poder na República. O fracasso da rebelião militar provocou uma situação de guerra tal que a ocupação da capital, Madri, continuou a ser o principal objetivo dos rebeldes. A longa guerra civil e a mobilização militar que ocorreram na Espanha moldaram a própria imagem e reforçaram a autoconsciência identitária de republicanos e "nacionais", de maneira indissoluvelmente ligada à construção imaginária do inimigo sob a forma de estereótipos.[1]

A imagem do antifascismo na República em guerra

Em defesa da ordem jurídica, a guerra gerou um amálgama de culturas políticas precedentes, de linguagem, de símbolos, de gestos, como havia acontecido na disputa eleitoral anterior à Frente Popular. A complexa realidade sociopolítica dos partidos e das organizações que se mantiveram leais ao governo republicano permaneceu enredada em uma comum e geral identificação antifascista, contra o inimigo agressor do "povo" armado, em defesa de sua independência. O apelo

A EXPERIÊNCIA NACIONAL

à unidade peneirou as diferenças políticas na República em guerra e moldou uma representação comum.[2]

Depois dos acontecimentos que sucederam ao golpe de Estado do verão de 1936, o "povo" parecia ser o único protagonista coletivo da resistência dos espanhóis que lutavam pela pátria, como na Guerra Peninsular, em 1808.[3] Depois de ser impedido e de se transformar em órgão da União Republicana com o título de *Diario Republicano de Izquierdas*, o jornal madrilenho *ABC* intitulou seu primeiro artigo "Segunda Guerra de Independência", em 25 de julho de 1936. Nesse artigo afirmava-se: A Espanha está diante de sua segunda guerra pela independência. Mais triste, mais amarga que a de 1808, porque naquele tempo lutava-se contra estrangeiros, hoje, por uma odiosa traição, o povo vai enfrentar homens nascidos na Espanha, mas que renunciam a qualquer ligação com a nobre ideologia de pátria, com o desejo de nos transformar em uma colônia do mais repugnante fascismo negro.[4] Na resistência contra a traição que provocou uma guerra civil, o povo, soldado reserva da regeneração nacional, mais uma vez se destacava vitorioso:

> Hoje é possível comprovar, mais uma vez, a asserção de Ganivet: A grande obra da Espanha é a obra do povo. E é o povo que, hoje, quiçá de maneira jamais vista nos anais da história, reduz à impotência todo o poder de um Exército com ordens para destruir a legalidade e para aviltar a civilização política espanhola.
>
> Muito foi feito por nosso povo desde 14 de abril, mas a epopeia de hoje é tão grandiosa que as conquistas da outra luta pela independência não conseguem sequer apagar esse epicismo.

A imagem do povo na imprensa republicana foi marcada por traços que o Regeneracionismo do fim do século desenhou para reforçar suas convicções. No artigo "Horas críticas y magníficas", do mesmo jornal, no número do dia seguinte, 26 de julho, comentava-se:

> Ao fracasso da política militar da República, sem dúvida por excessiva generosidade, junta-se o fracasso do ceticismo político tradicional que se inicia já com o organizador da abominável restauração de Cánovas, o mais odioso e o mais inteligente dos que construíram a trama das

ficções, corrompendo a consciência nacional da Espanha, na qual não acreditava, e fomentando a concupiscência e o egoísmo baixo, moldando uma burguesia mesquinha, hipócrita, rigorosamente positivista e cética. Avidamente cética, como seus apoiadores políticos. Nem a geração de 98, com muito mais espírito crítico que criador, nem os isolados renascimentos espanhóis, mais individualistas que generosos, nem o acelerado e vertiginoso turbilhão histórico do presente conseguiram alterar a aliança interna desse amálgama social burguês que progrediu somente em seus defeitos: reforço de sua soberba, de sua intransigência, de seu egoísmo feroz tão profundo quanto limitado e pouco inteligente, com um mau gosto inóspito progressivo desde a plena barbárie, fomentada por sua imprensa, por seu teatro e por seus líderes políticos. Já era incompatível com o povo e com os tempos modernos. Essa incompatibilidade extremamente irredutível não foi apagada, ainda que acreditassem em outra coisa, uma rápida vitória que veio para aumentar nossos tristes infortúnios históricos.[5]

Em última análise, essa polarização social mudava o povo de ente coletivo imbuído de altas virtudes para proletariado, ressurreição da raça espanhola:

Felizmente, para nosso país, para nossa raça e para o tranquilo e glorioso destino da Espanha no mundo, um povo pujante, heroico, essencialmente nobre e com grande sensibilidade forçosamente contida, organizando-se, aumentando sua consciência e esclarecendo-se, com grande e contínuo esforço, em luta contra penúrias econômicas e com o habitual ceticismo de muitos líderes políticos que recorrem à funesta herança cética.

Mas, sem necessidade de sermos mais espertos para isto, para nós e para muitos espanhóis, não nos surpreendeu nem um pouco a atitude de nosso glorioso povo, que havia demonstrado na rica e fértil Astúria o quanto era amplo seu heroísmo, sua nobreza inata e de abnegado valor. Não há contra eles um excesso, nem mesmo um ato em que não resplandecesse honestidade e disposição.

Os meliantes profissionais que aproveitam o rio revolto não podem ser responsabilidade do povo, que enquanto observa a desordem é castigado.

E esse povo, esse viril e poderoso proletariado, onde está a ressurreição de nossa raça, abre com seus grandes feitos heroicos um largo caminho para o futuro da Espanha.

A podridão moral da direita espanhola, reduzida a uma casta militar e a uma oligarquia financeira dona de terras e de negócios, afogava em seus elementares impulsos reacionários pela defesa do privilégio qualquer ideal, como denunciou o dramaturgo Jacinto Grau no artigo "La caducidad en la lucha", publicado em 29 de julho no jornal madrilenho *ABC*:

> Todo o conteúdo moral direitista e fascista, no qual uma ideologia contorcida se apoia na sinistra tentativa reacionária que está ensanguentando nosso solo hispânico; toda a podre e deteriorada ideologia prática, paupérrima, decrépita e muito intransigente, que serve de ensino para nossa política direitista, não é nem um pouco diferente do programa político de Calomarde ou de Narváez. Não falo de convicções, porque nossas ativas direitas de combate (militares fossilizados, economistas, donos de terras, empresários desonestos) desconhecem qualquer função espiritual, por modesta que seja. Todas essas direitas partirão da vida e terão transitado por ela sem saber o que é um ideal, nem emoção além da puramente animal, dos impulsos elementares, arroubos de vingança, desejo de gozo puramente físico e grosseiro, baixo instinto de conservação e um afã por privilégio vitalício que ignora todo sentimento de justiça e todo esforço de compreensão.[6]

A forte afeição e submissão das direitas espanholas ao poder clerical, cegas na defesa de seus privilégios de classe, era o que as distinguia dos outros fascismos europeus, segundo o mesmo autor:

> Nos outros fascismos europeus há, mais ou menos preparadas para seduzir a opinião, algumas tantas ideias de grandes bárbaros com prestígio intelectual apoiadas na exacerbação de sentimentos patrióticos e nacionalistas, nascidas do estado agonizante de um mundo ameaçado por uma guerra apocalíptica que põe em risco o melhor de uma grande civilização histórica, com momentos pretéritos de um brilho ofuscante, como o século de Péricles. Mas essas direitas governantes, em alguns

poucos países expoentes da profunda e trágica crise capitalista, não obedecem a qualquer igreja, nem a um determinado credo. Mas nossas direitas espanholas, as ativas, as que aparecem sem máscara e querem o poder, não são mais que uma defesa vaticanista e jesuíta sem outro desejo que não o de continuar a usufruir da riqueza que detinham, limitando-a até a esterilidade, estrita a todo ideal que não seja o de seu contexto defendido à força, indiferente a todo sentimento alheio a sua própria conveniência imediata, ainda que dominem com cínico descaramento da inconsciência as palavras Pátria, Espanha e Cristo Rei.

O fascismo espanhol não era disfarçado e, no poder, seria

colônia servil da Igreja, instrumento cego de todas as mais baixas vinganças, por mais cruéis e horríveis que fossem, da exploração do trabalho humano, semelhante ao que as várias empresas exportadoras de borracha fizeram com os negros da República dos Camarões, esquecendo-se completamente disso que se chama "sentimento cristão", sem o mais elementar direito à dignidade humana que eles acreditam estar vinculada a uma casta de posses, opressora e feroz, ou seja, eles mesmos em sua classe.

Contra semelhante inimigo de classe na luta antifascista, a representação do povo patriótico armado foi central por ser recorrente na propaganda republicana; estreitamente ligada ao imaginário da Guerra da Independência, a continuidade da luta era exaltada pelo jornalista Augusto Vivero – na ocasião, diretor do jornal republicano *ABC* – no artigo "Batalha tradicional y castiza", publicado em 30 de julho:

Na realidade, o de agora não é acontecimento desatrelado da tradição. Porque segue à luta iniciada contra o liberalismo ao ser votada a lei constitutiva de 1812. Os "negros, servis, apostólicos" de outrora, agora se chamam fascistas. A superfície de seus pensamentos parece nova, porque encobre com material importado o velho núcleo absolutista da igreja espanhola, estrangeirizada desde que uma estrangeira, a mulher do colonizador de Toledo, impôs à Espanha o missal romano. Mas no fundo, não é diferente. Por isso é possível agora notar que apenas existem discrepâncias na conduta de ex-generais facciosos de hoje e os clérigos valentões que diziam a D. Carlos: "Nós, brutos, colocaremos Vossa Majestade em Madri." A tradição não foi quebrada. O absolutismo clerical, fanático, ignorante segue inalterado. Desde Fernando VII ao Biênio Negro. E foi ele que, na ocasião, avançou como uma fera contra as liberdades da Espanha.[7]

Um povo se constituía, derramando seu sangue, comunidade essencial e decisiva na república, regime do povo. Tal identificação, explicitamente formulada no artigo primeiro da Constituição de 1931 – que declarava que a Espanha era uma república democrática de trabalhadores de todas as classes que se organizavam em regime de liberdade e de justiça –, foi destacada pelo jornalista Benito Artigas Arpón, que havia sido deputado da Frente Popular por Unión Republicana na Sória, no artigo "El mal ejemplo consecuencia del bueno", publicado no *ABC* em 4 de agosto de 1936. Em sua opinião, aquele foi o momento – patriótico, realmente constituinte – em que a República estava ganhando, tornando o 14 de abril nada mais que uma data:

> Esses dias são de angústia, de emoções atropeladas, de sobressaltos patrióticos, de inúmeros sacrifícios vividos diante do destino pelos jovens e pelos adultos espanhóis, oferecendo-se sorridentes no holocausto de um ideal de liberdade, denominador comum de todos os combatentes leais: força do Estado e das milícias cidadãs. No imenso forno aceso pela loucura criminosa de uns chefes e oficiais que queriam fazer da mão armada da pátria um exército pretoriano, está fundindo o regime político espanhol que, por amalgamar-se com o sangue do povo, tornar-se-á inexorável e definitivamente o regime do povo. Alcançada com esforço heroico, feita a solda no fogo da alma nacional, a República que nasce dessa épica contenda será indestrutível.[8]

Selava-se, com o sangue derramado no auge da luta entre o absolutismo e a liberdade, a aliança entre o povo e a República. Segundo o artigo "Nuestra Espanha, soldado de la libertad", publicado no mesmo jornal do dia 8 de agosto, estava acontecendo: "Um duelo de morte entre certa concepção absolutista, que sucumbe asfixiada pela afinidade dos povos livres, e o espírito de progresso, que tem a Espanha republicana como um de seus melhores redutos europeus."[9] Porque a causa republicana espanhola era comum aos interesses da civilização política e aos interesses próprios de outros países democráticos:

> A consciência universal entendeu muito bem que isso não é um simples episódio interno de uma nação. Percebe-se claramente que aqui interesses comuns ao patrimônio universal de civilizações políticas são disputados. Que o golpe faccioso desferido contra a vontade de nosso povo é algo de grande repercussão nos outros países democráticos. Na luta do fascismo contra o espírito dos tempos, a Espanha é um combatente que se busca destruir para manter abertas outras rotas para o ataque à liberdade. E isso o mundo adverte. E por isso, Espanha, soldado da liberdade e da ordem democrática, tenha com você o todo poderoso estímulo da adesão mundial.

Não era verdade que o comunismo foi proclamado revolucionariamente na Espanha e que, em oposição a ele, para devolver à República suas formas constitucionais, o Exército havia se sublevado com quase todo o povo espanhol, o que o artigo "La traición ha sido ya desenmascarada", publicado no dia seguinte, no *ABC*, denunciou:

> Hoje o mundo sabe que não houve revolução comunista na Espanha, mas sim, fascista. Sabe-se que os únicos inimigos da ordem, da propriedade e do respeito à vida humana são os que nas zonas de sua rebeldia vivem no país com o rigor da mão armada, possuem pelotões de fuzilamento em ação contínua e se sustentam na força de horripilantes métodos de ferocidade. Quando muito, ainda se vê roubar o tesouro das catedrais, fundi-lo e reduzi-lo a ouro e a prata para vendê-los fora da Espanha.[10]

Em sua última coluna, intitulada "La neutralidad solo existe de Estado a Estado", publicada em 11 de agosto como diretor da edição republicana do jornal *ABC*, Augusto Vivero afirmou que não havia neutralidade diplomática internacional:

> Partamos de uma realidade notória. O que acontece em nossa pátria reveste, à luz do direito, uma característica própria e infalsificável. Não é contenda, dentro de um sistema de leis comum, entre dois núcleos

A EXPERIÊNCIA NACIONAL

assistidos por argumentos jurídicos, morais e nacionais de idênticos valores. Não. É, por um lado, a obra licitamente pacificadora do governo, que assiste à nação em massa contra grupos independentes de bandidos, a carne do código penal. E, por outro lado, um conjunto de quadrilhas facínoras, desconexas – militares, clérigos, seminaristas e "luises"* – que se nutrem de pilhagem e procuram reduzir, com crueldade sanguinária, a irredutível hostilidade com que o povo os isola, onde quer que estejam.

Em suma, um Estado, uma nação, um sistema de leis diante de malfeitores que se voltam contra o Estado, a nação, as leis.

Sendo assim, foi justo que chanceleres criassem um critério de neutralidade para medir com direitos análogos o justo e o infame, o legal e o punível, o próprio e o exclusivo do Estado e o crime de quem milita contra o horror, contra o dever, contra a pátria e contra o regime? O direito internacional opõe-se completamente a isso.[11]

Porque, continuava argumentando no artigo, nunca houve menção à neutralidade relacionada aos "inimigos interiores", criminosos contra um governo legítimo.

A traição, o latrocínio, a hipocrisia, a covardia, o terror eram próprios de inimigos semelhantes, um grupo de generais reacionários que, segundo denunciava o manifesto do Comité Central del Partido Comunista, publicado em sua imprensa central *Mundo Obrero*, em 18 de agosto desse ano de 1936, aliou-se

> às forças representativas do passado vinculadas a um "senhoritismo"** degenerado e insolente, encarnado na gentinha fascista que pelas mãos de um clérigo valentão, fanático e criminoso, representante da tradição sangrenta da Inquisição, arrasa os povos por onde passa, cometendo crimes hediondos, somente possíveis de conceber em imaginações perversas ou na total falta do sentido de humano.

---

* O plural do nome Luís é usado para se referir aos reis da França: Luís XIV, Luís XV, Luís XVI. (*N. da T.*)

** No original, "señoritismo", que significa atitude de senhorio inferior, ou seja, um "senhor" presunçoso, autoritário e dominador. (*N. da T.*)

GUERRA E NAÇÃO: IMAGENS DO INIMIGO E MOBILIZAÇÃO PATRIÓTICA...

Sobre os interesses contrapostos e as diferenças políticas e sindicais na República em guerra, a ideia de unidade diante da agressão dos inimigos deu origem ao lema desse manifesto: "Contra os promotores da guerra, união nacional dos que anseiam por uma Espanha grande em sua cultura, uma Espanha livre, uma Espanha de paz, de trabalho e de bem-estar!"[12] Inimigos traidores que resistiam somente porque queriam o sofrimento do povo, cuja heroicidade era expressa nas milícias, e porque esperavam dos compromissos feitos com potências estrangeiras uma intervenção que transformasse a Espanha em colônia fascista que lutaria contra os países democráticos, em primeiro lugar, a Rússia socialista. Por isso, a luta havia tomado caráter de guerra nacional em defesa do povo traído:

> De nada há de lhes servir a resistência: no início, a luta poderia ter somente caráter de uma luta da democracia e do fascismo, entre o reacionarismo e o progresso, entre o passado e o porvir; quebrou essas estruturas para transformar-se em uma guerra santa, em uma guerra nacional, em uma guerra de defesa de um povo que se sente traído, ferido em seus mais caros sentimentos; que vê destruídos e vendidos para o estrangeiro sua pátria, seu lar, o lugar onde descansam seus idosos em perigo de serem desgarrados. A independência da Espanha está em perigo!

O pedido de que ainda se formasse uma ligação mais estreita entre a Frente Popular e os trabalhadores, devendo-se organizar a guerra com a perspectiva de uma luta longa, foi ressaltado a partir das reações a esse manifesto no artigo "La unión en la guerra nacional", no jornal *Mundo Obrero*, de 20 de agosto:

> A Espanha inteira, sem distinções ideológicas nem diferenças parti-dárias, a verdadeira Espanha, a que se agrupa em grande parte nos partidos da Frente Popular e nas grandes massas trabalhadoras que colaboram com eles, vibrou em uníssono com as palavras do Partido Comunista. A magnífica expressão de unidade espanhola, de unidade no conceito geral da guerra e nas medidas para obter sem demora a vitória final, é precisamente o que estava expresso no documento de

A EXPERIÊNCIA NACIONAL

nosso Comitê Central e o que constitui a força invencível do povo espanhol. Essa unidade que arrastou impetuosamente centenas de milhares de espanhóis jovens, adultos e anciões para as frentes de combate foi o fator determinante dos triunfos alcançados até hoje e é agora a garantia da vitória final.[13]

Durante a ofensiva militar contra Madri, a capital se transformou na encarnação do povo invencível, como foi ressaltado no manifesto dos partidos da Frente Popular, assinado pela comissão executiva do Partido Socialista Obrero Español, pelo Comité Central del Partido Comunista de España, pelo Comité Nacional de Izquierda Republicana e pelo Comité Nacional de Unión Republicana, divulgado em 23 de setembro de 1936:

> Já se consumou a mais monstruosa traição: os fascistas venderam a Espanha. Com as armas adquiridas pela traição querem agora apoderar-se de nosso país. Estão avidamente de olho em Madri, na grande cidade que deu os mais duros e certeiros golpes. Todos seus elementos de combate, os canhões dados pelo fascismo estrangeiro, os mercenários recrutados no baixo mundo do crime e do roubo, os marroquinos, os grupos de fascistas e de requetés,* toda a imunda massa de traição e barbárie está concentrada hoje contra Madri. Mas Madri, o povo invencível que os venceu nos quartéis e os dizimou em Guadarrama, é inexpugnável. Não passarão!, gritamos no primeiro dia. Não passarão, nunca!, gritamos hoje. Ninguém em Madri treme diante dos aviões estrangeiros! Mais forte que os aviões é o coração de um povo que defende sua liberdade e o pão de seus filhos! Ninguém recuará diante dos canhões adquiridos pela traição! Jamais esses canhões poderão atingir o peito de nossos combatentes! Ninguém se assustará com os gritos selvagens desses mercenários, que gritam desaforadamente para ocultar seu próprio pânico! Os fuzileiros madrilenhos sufocarão esses gritos na própria garganta dos selvagens que os proferirem! Não passarão, nunca! Jamais nossas mulheres serão

---

* Eram assim chamados os soldados carlistas, em 1833, e, posteriormente, no início do século XX, a milícia de Navarra que lutou na Guerra Civil Espanhola ao lado dos nacionalistas. (*N. da T.*)

GUERRA E NAÇÃO: IMAGENS DO INIMIGO E MOBILIZAÇÃO PATRIÓTICA...

violentadas pelos mouros, nem nossos homens serão passados na espada! Madri sempre os vencerá! *Madri deve ser e será a tumba do fascismo!* Quanto mais esforço fizer o inimigo, quanto mais força for usada contra Madri, quanto maior for seu empenho em nos atacar, mais rápido os levaremos à morte![14]

Somente a unidade contra o inimigo comum poderia ganhar a guerra, como continuava a expressar neste manifesto:

> Todos juntos agora, mais unidos que nunca, mais próximos em nossa união para sufocar os facciosos. A luta está intensa. O momento é grave. Anarquistas, socialistas, comunistas, republicanos, todos os antifascistas, devemos formar uma frente forte contra o inimigo. Marchemos todos juntos, sem vacilo, nem dúvidas. No campo antifascista, não temos inimigos. O inimigo comum, o inimigo de todos, está à frente das juntas facciosas; contra eles devemos ir todos ferrenhamente unidos. Devemos bloquear a passagem deles. Devemos repetir a palavra de ordem do primeiro dia.

A obrigação da realização era, no entanto, definitiva, pois deveria ganhar a guerra.[15]

Na comemoração do 1º de maio, o PCE lançou uma convocação aos trabalhadores e aos soldados antifascistas da Espanha, da Catalunha e do País Basco, afirmando que do lema "Não passarão!" entravam naquele ano de 1937 para o período de realização prática da palavra de ordem "Passaremos!", ganhando a guerra. Uma jornada após a outra – dizia a convocação –, os marcos de um novo tipo de República democrática e parlamentar se estabeleciam, destruindo na raiz o fundamento material do reacionarismo, criando uma Espanha sem proprietários de terras, sem comerciantes ingleses, sem grandes capitalistas, sem castas militares, destruindo todas as formas semifeudais de dominação e criando novos modos de vida do povo espanhol na prosperidade, no progresso e na paz. Para isso, fazia falta, mais que nunca, a unidade entre socialistas, comunistas, anarquistas, republicanos e antifascistas, sobretudo, diante da fusão dos partidos Socialista

A EXPERIÊNCIA NACIONAL

e Comunista em um Gran Partido Único del Proletariado, o mesmo que das centrais sindicais UGT e CNT.[16]

A unidade da ação sindical fez com que esses sindicatos chegassem ao acordo de que aquele 1º de maio não seria celebrado com manifestações reivindicativas, nem desfiles, mas sim mantendo cada trabalhador em seu posto de trabalho enquanto os soldados combatiam na frente. Devido a essa data, o jornal *Solidaridad Obrera* publicou o artigo "Incorporación del símbolo a la realidad", no qual se destacava que esse 1º de maio alcançava uma importância maior do que tinha anteriormente, já que a liberação que a data representava, naquele momento, havia entrado para a história: "O que parecia sonho, projetado sempre distante no tempo, teve por fim sua realização. Fomos libertados de uma classe parasitária e opressiva."[17] Outro artigo, do jornal *Claridad*, órgão da UGT, declarava também que o objetivo desse dia era o trabalho e a unidade para alcançar a vitória com rapidez.[18]

A imagem do "vermelho"

As consequências adversas do fracasso do golpe de Estado fizeram com que o caráter legal do "Estado Novo" espanhol fosse legitimado na própria guerra: como *bellum iustum*, existindo uma suposta causa justa para a rebelião militar conduzida pelo dom e pela graça do carisma de seu líder, defendida com o sangue dos mártires e dos "caídos"; como "guerra total", uma vez prolongada, que deveria acabar com a destruição total do inimigo, tido politicamente como absoluto, desvalorizado moralmente até ser desumanizado.

Precisamente, a inversão do sentido da guerra – e o ocultamento do término da guerra civil – converteu o inimigo em inimigo absoluto, sobretudo, depois do fracasso das operações militares contra Madri.[19] O inimigo foi concebido não somente como contrário, mas também como externo, ainda que espanhol, conforme fez a propaganda da facção insurgente a partir de um modelo de estranhamento do "vermelho".[20] O inimigo era, acima de tudo, por seu caráter estrangeiro, como o bolchevismo e o judaísmo, segundo argumentou um obstinado discurso anticomunista que se destacou. Isso foi exposto no artigo "Una definición del bolchevismo", publicado em 10 de janeiro de 1937, no *La Gaceta Regional* de Salamanca – cidade que era sede do quartel general do "Caudillo". O bolchevismo, definido como "uma ditadura dos inferiores", caracterizava-se pela mentira, pois: "Apodera-se do poder por meio de mentiras e o mantém por meio da força."[21] A propaganda e a agitação dos povos por meio de mentiras e hipocrisias desfiguravam sua natureza. Como disse o próprio Lenin, a mentira era a arma mais valiosa da luta bolchevista; da mesma forma, os judeus eram mestres em mentira. Por isso, não era estranha a confraternização entre judaísmo e bolchevismo: "O bolchevismo judeu conduz a mentira com precisão e maestria. Aproveita-se do fato de que na mente de um homem de boa-fé não cabe poder mentir tão descaradamente e cinicamente, tornando-o desprevenido e incapaz de oferecer resistência." Diante da propagação de mentiras e da corrupção, corrompia os povos e se inseria na situação política dos Estados: "A ameaça mais grave para um Estado é a de tolerar um partido político que recebe ordens do estrangeiro. A experiência ensinou que os países onde existe o Partido Comunista estão sob as ordens de Stalin."

A alienação da própria pátria por conivência e servilismo à interferência estrangeira é trabalhada no artigo "La fusta del Komitern", publicado no mesmo jornal salamanquino, em 14 de janeiro daquele ano, nos seguintes termos:

> Cada vez que citam a Espanha ou que se denominam espanhóis, os simoníacos, os traidores da colônia russa instalada na dor de nossa adorável Península, nosso ser, por inteiro, estremece indignado diante da profanação dessas palavras. A palavra espanhol, ofensiva, reluzente, aguda, nobre como um punhal vingativo, deveria espetá-los, destroçar sua língua, de maledicentes e perjuros. E a voz sacrossanta de nossa mãe Espanha não pode amparar sob seu nome antigo e claro a fábrica bolchevique do Kremlin, nem os comparsas da Internacional Comunista. Há vocábulos augustos que se contaminam e se desgastam quando utilizados para coisas e pessoas impuras, miasmas da putrefação universal.

A EXPERIÊNCIA NACIONAL

Não há mais espanhóis que nós e as vítimas dos russos; nem existe mais Espanha dentro da horda domada pelo chicote do Komintern. Quando recobrarmos as terras irredentas, outra vez palpitarão de gozo ao sentirem-se reconquistadas, livres e senhoras de seu destino, de sua história, que é a história da Espanha.[22]

A traição implica a própria alienação, um estado de perda de liberdade e de separação da tradição e do devir da Espanha, isto resulta na operação de afastamento. Um Estado que converte em escravos da Internacional Comunista seus subordinados da "ex-Espanha":

Entretanto, haverão de sofrer a afronta da escravidão, do jugo estrangeiro, da total servidão. Não acertaria as contas com maior rigor, nem imporia seus mandatos com mais intransigência o negreiro censurado diante de sua plantação de escravos, como fiscaliza e ordena o Presidium del C. E. de la Internacional Comunista, controlando amiúde a conduta dos subordinados da ex-Espanha.

A inserção da Internacional Comunista prolongava a luta da Frente Popular contra a verdadeira Espanha, além de estender as rivalidades internas "para que os espanhóis extraviados não somente lutem contra os espanhóis autênticos, mas também para que se matem". A comparação anterior com a exploração escravista dava espaço, no fim do artigo, para denunciar o ultrajante domínio colonial:

O *Presidium* da Internacional Comunista prolonga e endurece a guerra, arrastando novos rebanhos de senegaleses e soldados de outros países até o abate soviético. No entanto, há deficientes mentais ou malvados que confiam e creem na plena soberania ou independência das comunas russas de Bilbao, Santander, Málaga, Barcelona ou Valência. De nossa parte, não perdemos tempo em convencer sobre sua estupidez, porque sua maldade está vencida. Tão somente afirmaremos que se qualquer nação europeia tratasse os hotentotes como Moscou lida e obriga seus súditos da ex-Espanha russa, certamente os hotentotes se ruborizariam.

GUERRA E NAÇÃO: IMAGENS DO INIMIGO E MOBILIZAÇÃO PATRIÓTICA...

Dessa forma, o prolongamento da guerra civil exacerbou o discurso patriótico, particularmente seu tom anticomunista; discurso que foi institucionalizado conforme o paulatino estabelecimento do calendário de celebrações da *Espanha nacional*.[23] A definição desse calendário começou com a exclusão de uma série de festas celebradas pelo bando adversário. Na introdução explicativa do decreto de 12 de abril de 1937 sobre festividades, assinalava-se:

> O calendário oficial do novo Estado espanhol terá destacadas as comemorações que sintetizem os distintos marcos da época do ressurgimento do patriotismo; mas sem incorrer agora em uma fragmentada declaração, dessas que de forma harmônica constituem os expoentes da gestão, não é possível deixar com subsistência, até a indicação das festividades nacionais, aquelas que precisam de conteúdo próprio, que se revestem de um marcado caráter marxista ou se fixaram para midiatizar páginas da nossa história, que lentamente tentavam apagar da autêntica consciência do nosso povo.

Consequentemente, a partir de considerações trabalhistas, computou-se como apropriados os dias 11 de fevereiro – comemoração da Proclamação da Primeira República, em 1873 –, 14 de abril – aniversário da Proclamação da Segunda República, em 1931 – e 1º de maio – Dia dos Trabalhadores. Da mesma forma, estabeleceu-se que o tempo entre o 17 de junho de 1936 e a mesma data no ano seguinte denominar-se-ia *Primer Año Triunfal*, sendo o *Dos de Mayo* uma *Fiesta Nacional*. Por último, assinalou-se que, depois de ter ouvido os informes das Secretarias de Guerra e de Relações Exteriores, a presidência da Junta Técnica do Estado formularia o projeto de calendário oficial em que estariam indicadas as festividades do *Triunfo*, da *Amistad de los Pueblos Hermanos* e do *Trabajo Nacional*.

Na ocasião em que se completaria o primeiro ano de "levantamento nacional", em um momento crucial da guerra, o escritor Ernesto Giménez Caballero, membro do Secretariado Político do partido único, *Falange Española* e *Tradicionalista y de las Jons*, propôs criar uma festa nacional nova e própria, a do dia 18 de julho.[24] Por meio do decreto

A EXPERIÊNCIA NACIONAL

de 15 de julho de 1937, declarou-se festa nacional a "data em que a Espanha foi unânime na defesa de sua fé, contra a tirania comunista e contra a oculta divisão de terras", determinando a inclusão da denominação de *Segundo Año Triunfal* em todas as comunicações e escritos oficialmente datados entre 18 de julho de 1937 e a mesma data no ano seguinte. Devido a essa celebração, o jornal ABC de Sevilha fez uma publicação extraordinária, dedicando toda a arrecadação de sua venda a reconstituir o encouraçado *España*, afundado em 30 de abril daquele ano. Entre as múltiplas colunas do jornal, a intitulada "Primer día del segundo año triunfal" destacava o significado dessa data no começo do ciclo de comemorações da Espanha nacional:

> Hoje já conseguimos esse triunfo e podemos arriscar uma profecia feliz: no ano que hoje começa, a partir deste julho, que é o janeiro no calendário dos heróis, centenas de milhares de soldados voltarão triunfantes ao trabalho e ao amor da vida civil e de paz. Serão os "reconstrutores" a compor a Pátria decomposta sobre os escombros que reconquistaram com seu valor. O mais duro, o mais áspero enfrentamento de peito aberto ao inimigo fortalecido e cruel é agora história e recordação. E se o ano que acaba foi de dor e heroísmos, o que começa será o da alegria na vitória.[25]

A definição das datas desse calendário oficial também resultou na personificação de certo sentido do nacional na pessoa do general Francisco Franco.[26] Precisamente, essa publicação extraordinária do ABC, cuja abertura era uma entrevista com o "Generalíssimo" – realizada por Juan Ignacio Luca de Tena –, incluía outro artigo apologético à figura do *Caudillo*, escrito por Giménez Caballero, intitulado "Franco, héroe cristiano". Nesse artigo, Giménez Caballero empregava as palavras que frei Luis de León escreveu depois de sua prisão, para afirmar que o mal que acometia a Espanha era a inveja; o remédio: não invejar, nem ser invejado por alguém. Essa sentença distinguia "amigo" de "inimigo", para citar Giménez Caballero:

Já dizia Santo Tomás a São Gregório que o ódio nascia da inveja. (*De invidia oritur odium*) E do ódio o que nasce? Nasce a Revolução. Por isso a Espanha – desarmonizada há muitos anos pela inveja e pelo ódio – era a terra propícia para a Revolução. Porque, ademais, coincidia essa revolução espanhola do ódio e da inveja com a hora mundial da inveja e do ódio: a hora do Oriente bolchevique, a hora dos seres ressentidos, envilecidos, inferiores, subumanos. *A hora asiática!*

Hora amarela, portanto, amarela, invejosa. Porque ao fim e ao cabo, qual é o segredo eterno do Oriente, sem sua eterna inveja por tudo o que seja ariano, nobre, bonito, inteligente, ativo, criador?

Por isso, o bolchevismo é o credo da massa, a ânsia por um nivelamento absoluto, "sem eminências", "sem alturas", "sem hierarquias". O ideal político dos invejosos do mundo.

Du mérite éclatant, cette sombre rivale – chamou a inveja um poeta francês. Ou, como definiu Hoffman: "A inveja é a sombra da Glória." Assim, na Espanha, há muitos anos, ninguém podia sobressair, distinguir-se, glorificar-se. Alguém – uma massa obscura de serpentes e escorpiões nas reuniões em cassinos, cafés, redações e quartéis – logo lhe puxaria o tapete até rebaixá-lo a reserva, até humilhá-lo, até escurecer e tornar sombra sua glória. E estranhamos que a revolução tenha surgido na Espanha? Se estava dentro! Impregnada de escorpiões e víboras.

A desumanização do inimigo – por ser estranho, ter sentimentos envilecidos e mal-intencionados, e por sua ínfima degradação animal – contrastava com o que o Caudillo representava: a excepcional qualidade heroica de não ser nem invejado nem invejoso, o que o preservava contra toda malícia:

Porque essa qualidade é uma qualidade que todos, todos os espanhóis conhecem hoje no General Franco!: Que ninguém o inveje, nem ele inveje ninguém. Há três séculos – pode-se afirmar categoricamente! – ninguém teve essa qualidade na Espanha. Pois desde reis, tais como os últimos Áustrias, apesar de estarem tão acima, foram mordidos pela sátira, pelo papel anônimo, pelo sorriso maligno.

Se o fascismo representa hoje algo no mundo é, sem dúvida, essa capacidade de eliminar todo sorriso maligno, toda sátira e toda queixa

A EXPERIÊNCIA NACIONAL

comum de seus soldados. Qual italiano inveja seu *Duce*? Qual alemão inveja seu *Führer*? *Mussolini ha sempre raggione* – disse toda a Itália cheia de fé. E também Hitler sempre teve razão para a Alemanha.

E no mundo que nasce – o mundo anticomunista – voltava-se a se restaurar aquela sabedoria aristotélica que aconselha distanciar o que manda dos que obedecem; exagerar na distância porque a inveja somente se alimenta "entre pessoas de condições parecidas ou pouco distantes".

Giménez Caballero concluía que o triunfo da Espanha era certo porque o Caudillo inaugurava "uma nova espécie humana em nossa terra; é o herói cristão sonhado por frei Luis: o homem que não é invejado nem é invejoso!".

A sobreposição da comemoração da Espanha nacional com as festividades religiosas aprofundou-se na consagração da guerra, como ocorreu com a festa de *Santiago Apóstol*. Se Franco era o herói cristão esperado durante séculos na Espanha, aquele era um movimento santiaguista, reproduzindo a secular militarização do mito jacobeu. O escritor Federico García Sanchiz solicitou que o "Generalíssimo" fizesse a tradicional *Ofrenda al Apóstol* naquele ano de Jubileu, reforçando também a necessidade de que a cruz de Santiago figurasse no escudo nacional. Em seu artigo "El santiaguismo de la guerra", publicado na já citada edição extraordinária do jornal *ABC*, García Sanchiz escreveu que chegou, junto com a rebelião, o momento em que a reconquista havia de se reproduzir, voltando ao santiaguismo com inusitado brio:

> Ninguém, no entanto, parece ter se dado conta disso; se diria que essa é uma guerra exclusivamente mariana. O Pilar, a Macarena, a Virgem das Angústias, a de Sonsoles, a de Alcázar, a do Santuario de la Cabeza, consagram os principais episódios. Talvez devido à singular piedade, sendo inúmeras as profanações de Cristo, recorremos à Mãe, em quem está o inefável segredo de todo consolo. Ave Maria.

Era necessário descobrir e reforçar o santiaguismo, pois essa corrente podia estabelecer o padrão para o futuro, já que representava a cultura ocidental que estavam defendendo; induzia a difundir e

GUERRA E NAÇÃO: IMAGENS DO INIMIGO E MOBILIZAÇÃO PATRIÓTICA...

impor o cristianismo, razão e glória do império; abonava um especial modo hispânico de guerrear, indomável com o humano e submisso a Deus; e ensinava devoção *a la* Espanha, ou seja, em tom heroico e nacional.

Esse caráter religioso que foi dominando a guerra, como uma "Cruzada nacional", fez com que, pelo decreto de 21 de julho de 1937, o apóstolo Santiago fosse reconhecido como patrono da Espanha. A introdução dessa determinação assinalava: "No ressurgimento de nossas tradições é importante a que, estabelecida pelos antigos reinos, somente foi esquecida nos momentos de grosseiro materialismo." Assim, o dia 25 de julho foi declarado dia de festa nacional, data em que se faria o tributo *Ofrenda al Apóstol*. O discurso que o general Dávila fez em nome do chefe de Estado durante a *Ofrenda* ao patrono dos espanhóis foi contra as forças revolucionárias secretas amparadas no laicismo e na maçonaria judaizante, na recuperação da unidade e na tradição moldada pelos princípios católicos com apoio jacobeu:

> Os princípios católicos e eternos fizeram cobrar de nosso espírito novos valores na luta pela verdade, e no calor e sob a tutela do apoio deles, nossos reis e capitães moldaram a unidade espanhola.
>
> Corpo Santo do Apóstolo, milagrosamente resgatado em forma, que fostes, desde seu descobrimento, farol de nosso credo e meta de peregrinos; Santo que evocado nos mais graves momentos de nossa história bélica oferecestes novos alentos aos combatentes: "Filho do trono, senhor das batalhas, patrono dos cavaleiros, semeador de nossa fé, mantenedor de nosso espírito", receba a homenagem oferecida por um povo que luta bravamente para seguir o caminho que lhe traçastes e que defende sua personalidade e sua posição no mundo.
>
> Quando as tradicionais religiões foram interrompidas e os fortes laços da fé afrouxaram ou enfraqueceram até fazer com que valores espirituais caíssem para dar espaço a um materialismo destruidor, aquela Espanha, heroica e imortal, que assombrou o mundo, tornava--se vítima de um positivismo grosseiro, que a envilecia. A unidade espanhola, com tanto custo moldada, quebrou-se e despedaçou-se diante do conjuro de forças revolucionárias secretas que usavam como escudo um laicismo ateu e a maçonaria judaizante.

A EXPERIÊNCIA NACIONAL

Mas a fé não poderia faltar ao querido povo do Apóstolo e na Galícia e em Aragão, lugares de suas pregações; na Castilha e Andaluzia, como na maioria das províncias espanholas, surgiu o grito da fé e do patriotismo e em sua defesa formaram-se legiões e regimentos e falanges de soldados que, carregando no peito seu glorioso ensinamento, refazem a Espanha e te proclamam patrono e guia.

E a história se renova com suas gloriosas tradições; o milagre é consumado nos momentos de inquietude, proporcionando o necessário a quem luta; em cada ação ou batalha a mão divina se manifesta até conseguir que aquelas pequenas unidades guerreiras, com escassez de material e carentes de efetivos, se convertam no mais poderoso exército de nossa pátria.

O significado patriótico e religioso da "Cruzada nacional" foi personificado na figura do general Franco, celebrando efusivamente o primeiro aniversário de sua proclamação como chefe de Estado e generalíssimo dos exércitos nacionais, assumindo o máximo poder "pela graça de Deus e verdadeira vontade da Espanha", segundo a introdução da ordem da presidência da Junta Técnica del Estado, em 28 de setembro de 1937. E continuava afirmando que a Espanha nacional ansiava prestar nessa memorável data uma homenagem de apoio e gratidão por seus excepcionais dotes militares e políticos, posto que:

> Por sua insuperável direção na campanha como generalíssimo, consequência de seu patriotismo, sua competência, seu valor como soldado e seu espírito de sacrifício, nosso glorioso e invencível Exército, encorajado pelo povo que dá tudo pela salvação do país, incessantemente conquista vitórias que fazem o mundo inteiro se admirar e com ritmo acelerado reconquista o solo pátrio, liberando-o do marxismo destruidor. Enquanto a administração pública, apesar das imperiosas exigências da guerra, destaca-se por sua austeridade e acertada orientação, resultando em um modelo de sábia política para o bem comum, através das excepcionais habilidades de governante do chefe de Estado.

A ordem estabeleceu a anual *Fiesta Nacional del Caudillo*, em 1º de outubro. Isso foi resultado da petição enviada ao presidente da Junta

Técnica del Estado, general Gómez Jordana, por todas as organizações provincianas e a maioria das FET locais e as Jons para que, na ocasião do primeiro aniversário, fosse estabelecido que essa festa nacional deveria ocorrer anualmente em 1º de outubro. Essa iniciativa foi considerada um acerto, em publicação do *La Gaceta Regional*, no mesmo dia 28 de setembro, pois Franco representava a unidade dentro do princípio de hierarquia:

> Franco é o artífice desse momento intenso que vivemos, repleto de realidades. Franco nos restituiu a fé em nosso esforço, salvou-nos da ruína irreparável quando estávamos à beira do abismo, devolveu-nos o sentido da norma e o pão, e reabriu para nós as portas do Império Espanhol, que vários séculos de renúncias, de desvios, de deformações de nosso destino histórico pareciam ter-nos fechado para sempre.
>
> No entanto, porque Franco representa esse elo comum entre império e grandeza, porque é o fio da esperança coletiva, porque encarna o autêntico e veemente afã da unificação em uma mesma tarefa e em um mesmo esforço, Franco é a unidade da hierarquia, na obediência, no fervor e na esperança.
>
> A ele se voltam os olhos que sonham em reencontrar a eterna Espanha dos transcendentais destinos missionários e civilizadores.
>
> Franco nos devolveu a fé em nosso esforço e a certeza traída entre vitórias e a realidade de que a Espanha começa a reencontrar-se na plenitude de seu espírito fecundo e de seu afã de ser e de criar.[27]

Nesse número do jornal salamanquino, foi publicada uma coluna intitulada "Caudillos", com foco na resistência que os regimes democráticos manifestavam contra os regimes autoritários por se tratarem de ditaduras. Na realidade, afirmava-se, esses povos desfrutavam uma liberdade incomparavelmente maior que a dos países democráticos e não consideravam seus chefes ditadores autocráticos, mas sim caudilhos, representantes da vontade popular:

> As massas, em sua intuição política, compreendem que a pretendida soberania individual é um engano que favorece unicamente os aventureiros políticos, e preferem confiar em caudilhos que sabem manter

A EXPERIÊNCIA NACIONAL

o controle das pretensões dos grupos e das oligarquias, representando e realizando o destino da comunidade nacional.[28]

Uma nova publicação no mesmo jornal do dia seguinte, 29 de setembro, insistia no princípio hierárquico que representava o poder do general Franco. Mas, sobretudo, reiterava as excepcionais circunstâncias do ato de sua proclamação, surgindo o domínio carismático de Franco por um natural impulso de superioridade:

As circunstâncias do ato que verdadeiramente ungiu o general Franco com a representação e autoridade sobre a Espanha foram tão especiais que essa ação constitucional, do ponto de vista jurídico, teve todas as características de uma realidade biológica. Franco, Caudilho da Espanha, surgiu naturalmente, por seu próprio impulso de superioridade, comprovada pela força de uma autoridade histórica, que não necessitou de outro mecanismo que não a conjuntura realmente excepcional para revelar-se.

Assim surgiram os grandes hierarcas do mundo antigo, antes que o mundo moderno estabelecesse procedimentos que somente na vida normal fazem sentido. Os escudos dos guerreiros clássicos significavam, ao serem levantados sobre todas as cabeças, a exaltação do extraordinário homem que mandava, porque sabia e devia mandar. *Omni populo assentiente*. Todos, de fato, reconhecendo pelo próprio discurso, ou por intuição, a unidade de seu destino e a necessidade de uma hierarquia, saudavam espontaneamente e ardentemente o escolhido, sobre o campo da vitória.

Pois bem, sobre os escudos dos triunfos alcançados e ainda por alcançar, há um ano o general Franco foi elevado. O novo Estado nascia junto com ele e devido à base da consciência nacional e o auge do poder, é fácil reconstruir a grande pirâmide em que os povos bem constituídos se cristalizam. Hierarquia é a palavra que serve de chave para que todas as forças, todas as classes, todos os elementos da sociedade se reduzam à unidade, conseguindo uma fecunda harmonia mediante a devida graduação de órgãos e funções. E não cabe distinguir entre sociedade civil e militar, além de outras razões, porque a Espanha, nessa ocasião, era toda um povo armado, e segue procedendo ao ditado de exigência vital: ser ou não ser.

A alternativa para resolver favoravelmente – e já está – necessitava de um poder supremo que, absorvendo todos os poderes do Estado, realiza-se com unidade de critério e conceito e até mesmo na execução, hierarquizando órgãos e funções de cima para baixo, mas recebendo de baixo para cima o impulso vital e estimulante da consciência nacional.[29]

Mas também as publicações da imprensa na Espanha nacional durante aquelas datas ao mesmo tempo destacaram a irrepreensível conduta moral do Caudillo, antítese da moral da República e seus políticos, como publicou o jornal sevilhano *ABC*, também em 29 de setembro:

> Eis aqui outro aspecto do desígnio providencial que nos conduz na Cruzada. Franco irradia uma luz penetrante e muito viva que ilumina os caminhos de conduta. Vivemos momentos em que a conduta é tudo. A conduta de hoje e a do passado. Há uma santa intolerância que devemos cultivar e acariciar, porque ela nos dará o triunfo magnífico e permanente: o de afastar de nós, como se fosse um animal nocivo, o homem de alma torcida, cheio de egoísmo, ambicioso e falso.
>
> A Espanha, nesses últimos anos, pegou a doença das condutas desonestas nos postos de comando da nação e do Estado. Havia uma instintiva repulsa da massa honrada e trabalhadora do país contra os políticos profissionais que mudavam suas ideias e suas diretrizes morais conforme fosse conveniente para seu crescimento pessoal. A moral de Franco é a antítese da moral da República e de seus homens. É uma linha reta, inflexível, que nunca se quebra...
>
> Nessa Espanha imperial, Franco, como os grandes estadistas dos regimes autoritários da Europa, impõe, com seu exemplo, essa moral inflexível que já não se afasta dos espanhóis.[30]

No calendário de comemorações que foram acontecendo como principais expressões simbólicas da cultura de guerra que se formava na Espanha nacional, a exaltação patriótica se expressou como um nacionalismo cultural, ou seja, espiritual e enraizado no catolicismo, um sentido de nação moldado na tradição imperial, como foi motivo de celebração do dia 12 de outubro, *Fiesta de la Raza*. Naquela data de 1937 – escreveu L. Moure Mariño no artigo "España, brazo de Dios", publicado no *La Gaceta Regional* – o povo espanhol, a raça hispânica, combatia para salvar a civilização ocidental e cristã pela terceira vez (depois da reconquista medieval e do triunfo de Lepanto), cumprindo os inescrutáveis desígnios da providência. Os espanhóis – possuidores de uma noção espiritual de raça, de limites inapreensíveis, precisando somente ter alma – foram o primeiro povo que decidiu esmagar o materialismo russo, ateu e selvagem; a Espanha voltava a ser o braço de Deus, o povo que "sempre, sempre atuou como sentinela dos direitos de Deus sobre a Terra". A distinção entre *amigos* e *inimigos* negava a existência de duas Espanhas em luta, concluindo Moure Mariño no artigo citado:

> Temos que gritar que não há duas Espanhas, como se diz por aí; que não é verdade que haja uma Espanha azul e uma Espanha vermelha. Não. Há uma Espanha somente, uma e indivisível. Há a Espanha de todos os séculos que, obediente a seu ritmo histórico, outra vez está salvando o mundo. O pedaço de terra que ainda geme nas garras da horda é solo invadido, irredento, manchado pelo sangue de todos os crimes. Por pouco tempo, por sorte. O Caudillo da Espanha, Francisco Franco, novo Cid da raça, logo se encarregará de resgatá-lo. E essa Espanha, onde já amanhece, como diz o hino de poesia e guerra da Falange, voltará a voar até a eterna altura de seu império do espírito, que é o império da hispanidade.[31]

Em edição que teve como tema a celebração do 12 de outubro, o jornal sevilhano *ABC* também recusava a ideia de que é possível admitir a dupla identidade do nacional naquela guerra:

> Não são duas Espanhas em luta, mas sim Espanha e anti-Espanha. Somente há uma Espanha, imortal e única. A de Sagunto e a de Numância. A que em Covadonga e em Lepanto, ao salvar a civilização cristã, salvou a Europa, e a que, agora também, unida e fervorosa, depois de Caudillo Franco, se opõe vitoriosa às rudes investidas das hordas sem Deus e sem pátria.[32]

Como afirmado no *Heraldo de Aragón*, de Zaragoza, somente a partir da Espanha nacional era possível apresentar-se ao mundo a alegoria da união da pátria e fé que era a imagem da Virgen del Pilar e, junto a ela, a figura do generalíssimo Franco, Caudillo de España, porque

> o pilar é pátria e fé, há um tempo, já que o pedestal da Virgem simboliza o silhar que marcou na Espanha a civilização cristã pregada por Santiago com estrofes do Evangelho. E hoje, sobretudo hoje, a *Virgen del Pilar* é, na Espanha nacional, o trono imaculado da pátria, com sua fé e com sua bandeira.[33]

No dia seguinte, 13 de outubro, José Pemartín publicava a coluna intitulada "Gesta Dei per Franco" no jornal *ABC*, imitando a narração que Guibert de Nogent fez da primeira Cruzada cristã. Em seu artigo, Pemartín escreveu que a "cruzada espanhola" estava destinada a realizar o exemplar fascismo mediante seu amálgama com a tradição católica. Como escreveu, o mundo civilizado moderno estava submerso em uma tremenda crise, pois, desde a Reforma e o Renascimento, a Europa transviou sua trama religiosa e vital no emaranhado de fios sem textura do racionalismo e seus derivados: "Hipertrofia monstruosa do material, atrofia do espiritual." O movimento fascista resgatava os valores perdidos no Ocidente, como providencialmente ocorria na Espanha, comentou Pemartín:

> Contra esse tremendo fracasso, contra esse derrubamento do Ocidente é lançado ao mundo o magnífico movimento fascista que *crê* na verdadeira civilização; que retoma os valores éticos e religiosos, que em um mundo epicurista e egoísta ensina o dever e o sacrifício; que se identifica, na Itália, com os grandes valores tradicionais que formaram, em 15 séculos, a civilização europeia: o catolicismo, a monarquia, a família, o valor militar, o sentimento de honra, o menosprezo de valores materiais, a subordinação do econômico e do político... Na Alemanha, mais distante de Roma desde o Renascimento, busca-se o sólido fundamento do vigoroso renascer na forte tradição racial, feudal e militar da velha Germânia. Fundamento vital que necessariamente complementar-se-á, inevitavelmente, mais cedo ou mais tarde, com

A EXPERIÊNCIA NACIONAL

apoio religioso cristão. Porque apesar das discrepâncias superficiais, o que a Alemanha hoje defende implicitamente contra o bolchevismo nas marcas orientais da Europa são os dez gloriosos séculos do *Sacro Império Romano-Germânico*, formado, por um lado, com a raça ariana e com feudalismo, mas, por outro, com cristandade e romanidade. Não pode faltar esse segundo pilar na gótica catedral germânica.

Quanto à Espanha, está providencialmente convocada para um fascismo mais perfeito que outro qualquer. Porque o nacionalismo espanhol, nutrido pelas doutrinas de Trento, no ideológico, e com a tradição navarra viva, integrada no único partido, no político, é o mais católico, o mais universal, o mais tradicional, o mais vital e espiritual de todos.

Se outras nações fascistas, por suas posições políticas internacionais – Império Abissínio, Tratado de Versalhes, Colônias etc. – terão que atender mais o exterior, a *circunstância*, a Espanha está convocada a levar a cabo *os princípios exemplares do fascismo*. Outra vez, assim é seu nobre destino.

Com a Espanha na linha de frente sob o comando de seu Caudillo, aquela era a última grande cruzada do cristianismo em defesa de Deus e da civilização: "Gesta Dei per Franco." A gestão de Deus, pelo braço de Franco.[34]

A celebração do primeiro aniversário da unificação da força política na figura do Caudillo pôs fim ao ciclo festivo anual da Espanha nacional. Segundo a introdução do decreto de 16 de abril de 1938, a necessidade de que a data em que foi decidida a unificação figurasse no calendário oficial da nação obedecia à ideia de que a ocasião era "uma das mais destacadas, porque da unidade dos homens derivou a unidade das classes e a unidade das terras que logo nos devolveram a Espanha unida, grande e livre". Consequentemente, o dia 19 de abril foi declarado festa nacional, aniversário da unificação e da integração de forças políticas no partido nacional FET e das Jons. Essa disposição completava a demanda no *Fuero del Trabajo*, decretado em 9 de março daquele ano, acerca das festividades. No ponto três, segunda norma, estabeleceu-se que as leis obrigariam a respeitar as festividades religiosas que as tradições impunham, as civis declaradas

GUERRA E NAÇÃO: IMAGENS DO INIMIGO E MOBILIZAÇÃO PATRIÓTICA...

como tal, e a assistência às cerimônias que as hierarquias do movimento ordenassem. Além disso, o ponto seguinte declarava 18 de julho festa nacional, data do início do *Glorioso Alzamiento Nacional*, sendo considerada também como *Fiesta de Exaltación del Trabajo*, da Espanha nacional-sindicalista.

Conclusão: Imagens invertidas de uma guerra

Como em toda mobilização na luta, o prolongamento da Guerra Civil na Espanha fez exaltar o próprio espírito como antítese do inimigo, a propaganda incutindo um sentimento de identidade comum. Esse discurso foi elaborado em defesa de uma e outra causa, sobre uma mesma estrutura retórica, ou seja, de acordo com sintaxes iguais de oposição binária entre o mal e o bem: "o outro" como traidor e submetido aos anseios coloniais de potências estrangeiras, em uma guerra nacional, de independência, que também era em defesa da civilização europeia contra a barbárie. Não obstante esses traços comuns de suas próprias construções estereotipadas contrapostas ao inimigo, tanto da república em guerra como da Espanha nacional, a semântica das palavras e a pragmática da linguagem na propaganda e na contrapropaganda foram diferentes.

A imprensa republicana propagou uma identidade comum antifascista, o povo patriótico armado contra o "inimigo interior", criminoso devido à sua traição à ordem legal, sua agressão às regras do direito. Se a representação do povo permaneceu arraigada no imaginário da Guerra da Independência, foi reelaborada a partir da retórica regeneracionista do povo como maciço da raça, depositário das essências pátrias diante de oligarcas e burgueses: o povo como ente coletivo foi personificado em sujeito social, proletário, diante do inimigo de classe que havia subvertido o Estado de direito, democrático e a liberdade. Agora, a guerra na Espanha, a defesa da ordem legal com sangue heroicamente derramado pelas milícias, faz da república o regime do povo. E o prolongamento da luta obrigava à organização da frente e da retaguarda, à unidade e disciplina, ainda mais próxima, da Frente Popular e das massas trabalhadoras com o governo legítimo. Um discurso que alcançou seu ponto crítico na comemoração do 1º de maio de 1937. Sobretudo, esse distinto uso semântico adquiriu seu significado pleno mediante uma diferente construção da temporalidade como ato de fala sob certas condições: a própria guerra, entendida como acontecimento extraordinário na relação com o passado, o presente e o futuro. Através de uma particular pragmática do tempo assinalava-se até um "presente futuro" de forte marca escatológica e utópica realizada em uma nova república democrática.[35]

A propaganda insurgente inverteu o significado do termo "inimigo", não apenas como contrário, mas também como externo, ainda que espanhol, por sua própria natureza marxista. No discurso exacerbado do nacionalismo, a imagem do "vermelho" foi vinculada a formas mais marcantes e personalizadas da legitimidade carismática pela exaltação e pelo culto à figura do Caudillo, destacando o papel da força sagrada na liderança militar e na encarnação da pátria no herói providencial e redentor, assim como com as formas próprias da legitimidade tradicional, acentuada marca católica através de uma visão gloriosa e imperial do passado da história da Espanha. Portanto, essas imagens ficaram articuladas em uma clara sequência de eterno regresso a esse passado mítico dentro da teologia política da cultura de guerra do "Estado Novo" franquista.[36]

Notas

1. A distinção entre "amigo" e "inimigo" como critério independente – pode-se dizer categoria básica –, que não deriva de nenhum outro, foi criada por Carl Schmitt. Veja "El concepto de lo político" (1927, 1933), *Estudios políticos*, tradução de Francisco Javier Conde. Madri: Cultura Espanhola, 1941, p.111. Para C. Schmitt, é preciso entender que "o inimigo é, existencialmente, em sentido particularmente intenso, o outro diferente, um estrangeiro com o qual cabem, em casos extremos, conflitos existenciais" (p.112). A importância da guerra como um poderoso fator que molda a comunidade étnica e o caráter nacional foi

destacado por A. D. Smith, em "War and Ethnicity: the Role of Warfare in the Formation, Self-Images and Cohesion of Ethnic Communities". *Ethnic and Racial Studies*, vol.4, n.4, outubro de 1981, p.375-397. A atenção dada à força unificadora e à mobilização do nacionalismo na Guerra Civil Espanhola pode ser vista em X. M. Núñez Seixas. *¡Fuera el invasor! Nacionalismo y movilización bélica durante la guerra civil española (1936-1939)*. Madri: Marcial Pons Ediciones de Historia, 2006.

2. O caráter antifascista na política europeia desde a década de 1920 e a importância da Guerra Civil Espanhola na formação dessa ideia podem ser vistos na obra coletiva editada por A. de Bernardi e P. Ferrari. *Antifascismo e identità europea*. Roma: Carocci, 2004, coletânea das apresentações no congresso internacional *L'antifascismo nella costruzione dell'identità europea*, organizado pelo Istituto Nacionales per la Storia del Movimiento di Liberazione in Italia, de Milão, que aconteceu nessa cidade, em 2002. É também importante citar a interpretação proposta por F. de Felice. "Antifascismo e resistenze". *Studi Storici*, n.36 (1995), p.597-638.

3. Sobre o lugar desse acontecimento no imaginário coletivo, veja J. Álvarez Junco. "La invención de la Guerra de la Independencia" [A invenção da Guerra da Independência]. *Claves de Razón Práctica*, n.67 (1996), p.10-19.

4. "Segunda Guerra de Independencia". *ABC*, Madri, 25 jul 1936.

5. "Horas críticas y magníficas". *ABC*, Madri, 26 jul 1936.

6. J. Grau. "La caducidad en la lucha". *ABC*, Madri, 29 jul 1936.

7. A. Vivero. "Batalla tradicional y castiza". *ABC*, Madri, 30 jul 1936.

8. B. Artigas Arpón. "El mal ejemplo consecuencia del bueno". *ABC*, Madri, 4 ago 1936.

9. "Nuestra España, soldado de la libertad". *ABC*, Madri, 8 ago 1936.

10. "La traición ha sido ya desenmascarada". *ABC*, Madri, 9 jul 1936.

11. A. Vivero, "La neutralidad solo existe de Estado a Estado", *ABC*, Madri, 11 jul 1936.

12. "¡Contra los promotores de la guerra, unión nacional de los que anhelan una España grande por su cultura, una España libre, una España de paz, de trabajo y de bienestar!". *Mundo Obrero*, Madri, 18 jul 1936.

13. "La unión en la guerra nacional". *Mundo Obrero*, Madri, 20 jul 1936.

14. *ABC*, Madri, 23 set 1936.

15. Veja mais sobre esse discurso nacionalista do PCE durante a guerra, em X. M. Núñez Seixas; J. M. Faraldo. "The First Great Patriotic War". *Nationalities Papers*, vol.34, n.4, jul 2009, p.401-424.

A EXPERIÊNCIA NACIONAL

16. "¡Ganaremos la guerra!". *Mundo Obrero*, Madri, 29 abr 1937.
17. "Incorporación del símbolo a la realidad". *Solidaridad Obrera*, Barcelona, 1º maio 1937.
18. *Claridad*, Madri, 1º maio 1937.
19. Sobre essa concepção, veja C. Schmitt. *Teoría del partisano: acotación al concepto de lo político.* Madri: Instituto de Estudios Políticos, 1966, p.127 (edição original em alemão, 1963). Esse deslocamento implicava a destruição moral do inimigo, sua absoluta desvalorização humana: era necessário declarar a parte contrária, em sua totalidade, como criminosa e desumana, como um desvalor absoluto até a destruição de toda vida que não merece viver (p.128-129).
20. Veja mais detalhes em F. Sevillano. *Rojos. La representación del enemigo en la guerra civil.* Madri: Alianza Editorial, 2007. Vale também citar J. Domínguez Arribas. *El enemigo judeo-masónico en la propaganda franquista (1936-1945).* Madri: Marcial Pons Ediciones de Historia, 2009.
21. "Una definición del bolchevismo". *La Gaceta Regional*, Salamanca, 10 jan 1937.
22. "La fusta del Komitern". *La Gaceta Regional*, Salamanca, 14 jan 1937.
23. Veja Z. Box Varela. *España, año cero: la construcción simbólica del franquismo.* Madri: Alianza Editorial, 2010.
24. Assim fez-se referência em *Memorias de un dictador.* Barcelona: Planeta, 1979, p.105.
25. *ABC*, Sevilha, publicação extraordinária, 18 jul 1937.
26. Sobre a construção da imagem de Franco, veja F. Sevillano. *Franco, "Caudillo" por la gracia de Dios, 1936-1947.* Madri: Alianza Editorial, 2010; e L. Zenobi. *La construcción del mito de Franco.* Madri: Cátedra, 2011.
27. *La Gaceta Regional*, Salamanca, 28 set 1937.
28. C. A. García. "Caudillos". *La Gaceta Regional*, Salamanca, 28 set 1937.
29. "Franco, Jefe del Estado y Generalísimo. Porvenir venturoso de España, regirá su destino de Imperio". *La Gaceta Regional*, Salamanca, 29 set 1937.
30. *ABC*, Sevilha, 29 set 1937.
31. *La Gaceta Regional*, Salamanca, 12 nov 1937.
32. "Hispanidad". *ABC*, Sevilha, 12 nov 1937.
33. *Heraldo de Aragón*, Zaragoza, 12 out 1937.

34. J. Pemartín. "Gesta Dei per Franco". *ABC*, Sevilha, 13 out 1937.
35. Essas diferenças realçam a análise uniforme e geral da estrutura triádica da retórica nacionalista ao justapor imagens idealizadas do passado e do futuro da nação com o declive do presente, conforme fizeram Matthew Levinger; Paula F. Lyttle. "Myth and Mobilization: the Triadic Structure of Nationalist Rhetoric". *Nations and Nationalism*, vol.7, n.2, 2001, p.174-194. Se isso ocorre em muitos casos, em outros tantos observa-se melhor uma temporalidade do presente até um futuro utópico, enquanto em outros percebe-se uma inversão do presente até um passado mítico. Trata-se, mais que uma estrutura triádica, de um nobre direcionamento da temporalidade histórica na narrativa da nação imaginada: linear e progressiva, de caráter utópico, ou conforme o círculo do eterno retorno, apresentando, ambas as temporalidades, um forte caráter escatológico, como mostra o caso das imagens invertidas da Guerra da Espanha.
36. Sobre a noção da cultura de guerra em relação à Primeira Guerra Mundial na França, veja os apontamentos de S. Audoin-Rouzeau; A. Becker, "Vers une histoire culturelle de la Première Guerre Mondiale". *Vingtième siècle. Revue d'histoire*, n.41, jan.-mar 1994, p.5-7. E, dos mesmos autores, "Violence et consentement: la 'culture de guerre' du premier conflit mundial". In: Rioux, J.-P.; Sirinelli, J.-F. (orgs.), *Pour une histoire culturelle*. Paris: Seuil, 1997, p.251-271. A teologia política pode ser definida como a utilização de conceitos político-teológicos em um espaço político para legitimar o princípio de soberania da decisão de restabelecer a unidade política de uma comunidade, tarefa do herói providencial. Sobre essa noção, veja o texto de Carl Schmitt, originalmente publicado em alemão, em 1922, e cuja segunda edição foi publicada em 1934, traduzida para o espanhol por Francisco Javier Conde, na obra *Estudios políticos*, p.33-108.

Referências bibliográficas

ÁLVAREZ JUNCO, José. "La invención de la guerra de la Independencia". *Claves de Razón Práctica*, n.67, 1996, p.10-19.

AUDOIN-ROUZEAU, Stéphane; BECKER, Annette. "Vers une histoire culturelle de la Première Guerre mondiale". *Vingtième siècle. Revue d'histoire*, n.41, jan.-mar. 1994, p.5-7.

_____. "Violence et consentement: la 'culture de guerre' du premier conflit mondial". In: RIOUX, Jean-Pierre; SIRINELLI, Jean-François. *Pour une histoire culturelle*. Paris: Seuil, 1997, p.251-271.

BOX VARELA, Zira. *España, año cero: la construcción simbólica del franquismo*. Madri: Alianza Editorial, 2010.

DE BERNARDI, Alberto; FERRARI, Paolo (orgs.). *Antifascismo e identità europea*. Roma: Carocci, 2004.

DE FELICE, Franco. "Antifascismo e resistenze". *Studi storici*, n.36, 1995, p.597-638.

DOMÍNGUEZ ARRIBAS, Javier. *El enemigo judeo-masónico en la propaganda franquista (1936-1945)*. Madri: Marcial Pons Ediciones de Historia, 2009.

LEVINGER, Matthew; LYTTLE, Paula F. "Myth and Mobilization: the Triadic Structure of Nationalist Rhetoric". *Nations and Nationalism*, vol.7, n.2, 2001, p.174-194.

NÚÑEZ SEIXAS, Xosé Manoel. *¡Fuera el invasor! Nacionalismo y movilización bélica durante la guerra civil española (1936-1939)*. Madri: Marcial Pons Ediciones de Historia, 2006.

NÚÑEZ SEIXAS, Xosé Manoel; FARALDO, José M. "The First Great Patriotic War: Spanish Communists and Nationalism, 1936-1939". *Nationalities Papers*, vol.34, n.4, jul. 2009, p.401-424.

SCHMITT, Carl. "El concepto de lo político" [1927[1], 1933[3]]. In: *Estudios políticos*, tradução de Francisco Javier Conde. Madri: Cultura Española, 1941.

_____. *Teoría del partisano. Acotación al concepto de lo político*. Madri: Instituto de Estudios Políticos, 1966 (edição original em alemão de 1963).

SEVILLANO, Francisco. *Rojos. La representación del enemigo en la guerra civil*. Madri: Alianza Editorial, 2007.

_____. *Franco, "Caudillo" por la gracia de Dios, 1936-1947*. Madri: Alianza Editorial, 2010.

SMITH, A. D. "War and Ethnicity: the Role of Warfare in the Formation, Self-Images and Cohesion of Ethnic Communities". *Ethnic and Racial Studies*, vol.4, n.4, out 1981, p.375-397.

ZENOBI, Laura. *La construcción del mito de Franco*. Madri: Cátedra, 2011.

6. O Estado-Nação e a questão nacional no Canadá

Michel Bock (Tradução de Clóvis Marques)

A historiografia costuma apresentar a Primeira Guerra Mundial como uma virada decisiva na evolução política e constitucional do Canadá, o momento em que o país deixou para trás sua condição de simples colônia britânica para finalmente juntar-se ao grande concerto dos Estados-Nação no cenário mundial. Depois da guerra, ao que se diz, um novo consenso se estabeleceu nos meios políticos e intelectuais, que exigiam que o pacto colonial vinculando o país ao Império Britânico fosse transformado e mesmo rompido, para levar em conta a maturidade nacional e internacional adquirida, pelo sangue, nos campos de batalha europeus. A transformação do estatuto do país no cenário mundial de fato se inseria na grande tendência internacional que nesse mesmo momento presidia ao desmantelamento dos grandes conjuntos supranacionais, impondo o Estado-Nação como modelo privilegiado de organização política. Mas os historiadores estão no direito de questionar a que pode corresponder a ideia de Estado-Nação num país como o Canadá, abrigando no seu seio (pelo menos) duas coletividades nacionais distintas, francófona e anglófona, cada uma com sua historicidade própria.

Desde a década de 1920, os historiadores e outros produtores de relatos nacionais praticamente conseguiram transformar a Grande Guerra num elemento central da memória coletiva do Canadá, em particular

A EXPERIÊNCIA NACIONAL

no Canadá inglês, onde esse aspecto do processo de *nation-building*, devemos reconhecer, teve sucesso particularmente retumbante. A guerra não só teria contribuído para a redefinição das relações entre o Canadá e o Império Britânico, como teria gerado uma consciência nacional autônoma e comum, assim justificando o advento de um Estado-Nação autenticamente canadense. Ainda no século XXI, a lembrança da Grande Guerra continua alimentando o imaginário nacional de uma parte da população canadense, em particular nos meios anglófonos, mais uma vez, indo de encontro ao paradigma da Nova História Social, que desde a década de 1970 provocou um questionamento às vezes radical dos mitos gerados, segundo seus praticantes, pelos historiadores políticos e militares das primeiras décadas do século XX.[1] Ainda em 2006, um jovem historiador anglo-canadense escrevia que o Canadá, apesar de ter sido formado em 1867 (ano da entrada em vigor do Ato da América do Norte Britânica, lei britânica de fundação da Confederação Canadense), fora forjado durante a Grande Guerra, ao custo de imensos sacrifícios.[2]

A transformação do estatuto internacional do Canadá após a guerra é um fato que dificilmente pode ser negado. Mas já é mais arriscado postular que o fenômeno deu origem a um Estado-Nação canadense no sentido forte da expressão, se entendermos por ela uma comunidade política compartilhando uma consciência nacional e histórica comum. O maior desafio para a consecução plena e integral do Estado-Nação canadense proveio incontestavelmente dos meios intelectuais e políticos do Canadá francês. Já no século XIX, antes mesmo da criação do Canadá em sua forma contemporânea, esses grupos tinham conseguido construir uma referência nacional autônoma que os autorizaria mais tarde a rejeitar, ainda que em graus diferentes, o discurso unificador e não raro homogeneizante do Estado-Nação canadense. Nos casos mais radicais, essa rejeição haveria de se traduzir eventualmente na vontade de provocar a implosão do Canadá e o advento de um Estado-Nação francófono independente.

A história da questão nacional no Canadá é a história de uma perpétua tensão entre forças centrípetas e centrífugas, que assumiu diversas formas ao longo da história, representando um desafio consi-

O ESTADO-NAÇÃO E A QUESTÃO NACIONAL NO CANADÁ

derável à imposição de uma narrativa nacional comum no tempo e no espaço. Nas páginas que se seguem, tentaremos dar conta dessa tensão, caracterizá-la e acompanhar sua evolução no século XIX e no século XX, passando, naturalmente, pelo momento determinante representado pela Primeira Guerra Mundial. Nossa abordagem terá cinco etapas essencialmente cronológicas. Nas duas primeiras partes, descreveremos os fatores que contribuíram para a formação das consciências nacionais franco-canadense e anglo-canadense e os primeiros confrontos que protagonizaram. Em seguida, estudaremos as diversas tentativas de refundação simbólica e nacional que marcam a história do país, da década de 1920 à década de 1960, concluindo com uma análise da crise constitucional que, ao influxo do movimento independentista de Quebec, expôs mais claramente que nunca, depois de 1969, os limites do Estado-Nação canadense.

Um país, duas consciências nacionais: a fundação do Canadá contemporâneo

Em 1867, quando o Parlamento britânico criou a Confederação, o novo país, o Canadá, tinha um longo passado de tensões linguísticas, culturais e religiosas. Logo após a conquista da Nova França pela Grã-Bretanha em 1763, os ingleses tomaram inicialmente uma série de medidas para limitar os direitos e privilégios dos "canadenses", vale dizer, dos descendentes dos primeiros colonos franceses, vindo em seguida a aumentá-los para preservar sua lealdade, ante o alcance que o eventual movimento revolucionário americano ameaçava adquirir.[3] Depois da Guerra de Independência Americana, na década de 1780, milhares de legalistas deixaram os Estados Unidos recém-fundados para se estabelecer na "América do Norte Britânica", onde lhes eram oferecidas condições socioeconômicas vantajosas. Os novos colonos dirigiram-se para a Nova Escócia (que foi dividida em dois, dando origem à colônia de Nova Brunswick em 1784) e a província de Quebec, ainda então habitada por uma maioria de (franco-) canadenses. Esse afluxo de imigrantes legalistas acarretou, em 1791, a separação de Quebec em duas colônias distintas, o Alto Canadá, anglo--protestante, e o Baixo Canadá, majoritariamente franco-católico, cada uma delas dotada de sua própria Assembleia Legislativa.[4] Em 1837-1838, estouraram nos dois Canadás – mas de maneira paralela e não coordenada – rebeliões armadas lideradas por reformistas, que, nos casos mais radicais, reivindicavam o rompimento do vínculo colonial. No Baixo Canadá, em particular, onde os confrontos foram muito mais numerosos e substanciais, a ideologia política do partido patriota inspirava-se em grande medida no republicanismo dos Estados Unidos e no grande princípio da americanidade, segundo o qual o Novo Mundo devia emancipar-se da decadência, da corrupção e do colonialismo europeus e reiniciar a contagem histórica do zero, por assim dizer.[5] O fracasso das rebeliões levou, em 1840, ao Ato de União, pelo qual a Grã-Bretanha fundiu os dois Canadás, com o objetivo de deixar os franco- canadenses em minoria e provocar, a longo prazo, sua assimilação. Na virada da década de 1850, as autoridades britânicas, tendo abandonado suas políticas mercantilistas em troca do livre comércio, concederam responsabilidade ministerial a suas colônias norte-americanas, cuja importância econômica diminuíra consideravelmente ao longo dos anos. Essa medida fez com que as colônias perdessem uma parte importante do mercado britânico, levando-as, em consequência, a negociar (sob a égide da Grã-Bretanha) um tratado de reciprocidade (1854-1866) com os Estados Unidos, por onde puderam escoar boa parte de suas matérias-primas. Em compensação, a obtenção da responsabilidade ministerial permitia-lhes governar sozinhas suas questões internas, sem que fossem capazes de exercer controle semelhante sobre sua política externa, que continuava a cargo do império. Mas as colônias britânicas nem por isso tinham deixado de dar um passo de gigante no caminho da autonomia política.

No plano intelectual e literário, o período da União (1841-1867) foi rico em progressos e criação, particularmente no Canadá francês. Logo após as rebeliões, o governo imperial incumbira o novo governador--geral da América do Norte Britânica, lorde Durham, de investigar as causas do movimento insurrecional. Numa frase que passaria à posteridade, o aristocrata inglês declarou que os franco-canadenses eram

O ESTADO-NAÇÃO E A QUESTÃO NACIONAL NO CANADÁ

"um povo sem história e sem literatura" que só teria futuro se aceitasse integrar-se à "raça" inglesa, que já submetera o continente norte-americano ao seu domínio. A postura assimilacionista de Durham e do governo britânico teve, sob vários aspectos, o efeito contrário. A partir das décadas de 1840-1850, os meios intelectuais forjaram uma tradição histórica e um imaginário nacional autenticamente franco-canadenses – para seguirmos aqui ao mesmo tempo Eric Hobsbawm e Benedict Anderson.[6] O novo projeto nacional, em grande medida estruturado pela Igreja Católica ultramontana, que então se tornou particularmente influente, rompia com o republicanismo dos patriotas da década de 1830, no sentido de que não repousava mais na rejeição do passado, mas, pelo contrário, no seu culto. A nação franco-canadense era definida como uma comunidade de língua, cultura, memória e fé, e não mais como uma página virgem, livre das máculas da história. A consciência nacional dos franco-canadenses distinguia-se precisamente por sua experiência histórica particular, uma experiência que remontava à fundação da Nova França nos séculos XVI e XVII, e que havia gerado uma comunidade de destino.

A autonomização relativamente rápida da "consciência" nacional do Canadá francês explica-se tanto por seu isolamento intelectual, político e econômico em relação à metrópole francesa – cabendo lembrar que a cessão da Nova França à Grã-Bretanha ocorrera oitenta anos antes –, quanto pela ameaça que pairava sobre sua existência em virtude do projeto assimilador das autoridades coloniais inglesas. Nessa nova representação da identidade nacional, a Conquista britânica de 1763 é que fazia figura de mito fundador: a jovem nação franco-canadense sobrevivera ao trauma da mudança de regime e continuava caminhando para a realização de sua missão providencial, a missão de disseminar a fé católica na América. No Canadá inglês, um processo de autonomização nacional também ocorria, mas de forma muito mais gradual. Ainda muito identificada com a referência nacional britânica, a *intelligentsia* anglo-canadense só viria a formular o embrião de uma consciência nacional distinta cerca de vinte anos depois, nas décadas de 1860-1870. Sem romper com a ideologia imperialista que continuava a pairar sobre a colônia, a memória coletiva do Canadá inglês

A EXPERIÊNCIA NACIONAL

acabou elevando a chegada dos legalistas, no fim do século anterior, à condição de mito fundador.[7] A lógica por trás dessa escolha era de grande sutileza, pois tal construção fornecia ao Canadá inglês não só um caminho no qual podia distinguir-se da sociedade americana, como também uma oportunidade de celebrar a superioridade da civilização britânica de que se considerava depositário na América. Também permitia uma interpretação ao mesmo tempo nacionalista e imperialista da Guerra de 1812, em que o Exército britânico e a milícia canadense tinham conseguido rechaçar as tentativas de invasão dos Estados Unidos. Logo após a Guerra de Secessão americana (1861-1865), a necessidade de valorizar o contexto imperial no qual se inseria a memória "nacional" do Canadá inglês parecia maior que nunca, no exato momento em que se temia que a república americana, recém-consolidada de novo, se voltasse novamente contra as colônias britânicas à guisa de represálias, dessa vez, contra o apoio sub-reptício que a Grã-Bretanha dera aos Confederados do Sul. Em suma, a particularidade anglo-canadense consistia em ostentar as virtudes imperiais diante do caos e da mediocridade do republicanismo americano. Ao mesmo tempo canadense e britânica, a consciência nacional do Canadá inglês movia-se na ambiguidade, mas ainda assim conseguiu manter um certo equilíbrio entre os elementos de ruptura e continuidade que se exerciam sobre sua formação.

Às vésperas da Confederação de 1867, então, já existiam dois processos de construção nacional no território que logo viria a tornar-se o Canadá contemporâneo. Embora nos dois casos a intenção primordial fosse semelhante, tentando-se rechaçar as ameaças de absorção cultural e política que formidáveis adversários faziam pairar sobre sua existência nacional, fosse o Império Britânico no caso dos franco-canadenses ou a República americana no dos anglo-canadenses, temos de reconhecer o paralelismo de seus esforços, que dificilmente convergiriam. Na realidade, as duas sociedades se haviam tornado amplamente autônomas uma em relação à outra, nos planos intelectual e, sob vários aspectos, institucional. Na década de 1860, era já impossível deixar de constatar, de ambas as partes, o fracasso da União de 1841, que não fora capaz de apressar a assimilação dos franco-canadenses e cuja

O ESTADO-NAÇÃO E A QUESTÃO NACIONAL NO CANADÁ

Assembleia Legislativa por isso mesmo estava desde então paralisada. Por outro lado, ante a manifesta vontade da Grã-Bretanha de se retirar da defesa de suas colônias na América do Norte, no exato momento em que os Estados Unidos, imediatamente depois da Guerra de Secessão, lançavam sobre tais territórios um olhar cheio de cobiça, entendeu-se que era mais que hora de virar a página e voltar a fundir as estruturas políticas coloniais, para fortalecê-las. O resultado das negociações empreendidas pela classe política colonial e britânica foi a adoção, por Westminster, do Ato da América do Norte Britânica (AANB), pelo qual foi criado a 1º de julho de 1867 um novo Estado federal, o Domínio do Canadá. A Confederação Canadense, como também foi chamada, abarcava inicialmente quatro províncias – Quebec, Ontário, Nova Escócia e Nova Brunswick –, derivando as duas primeiras da separação da União de 1841. A divisão de competências legislativas prevista pelo AANB concedia às províncias plenos poderes, praticamente, em matéria cultural e escolar, decisão tomada antes de mais nada para defender os franco-católicos de Quebec, o único lugar onde eram majoritários, das pretensões assimiladoras dos anglo-protestantes, que, ao longo dos anos, se haviam tornado majoritários no território. A única limitação substancial situava-se no nível religioso, pois o AANB também protegia os direitos escolares das minorias confessionais, vale dizer, dos protestantes de Quebec e dos católicos das outras províncias. No que dizia respeito à língua de instrução, contudo, a nova Constituição se distinguia pelo silêncio, o que muito em breve teria consequências legislativas e políticas tão imprevistas quanto determinantes para o futuro político da Confederação.

A Constituição canadense seria resultado de um pacto entre províncias soberanas em seus próprios campos de competência ou fruto de um pacto entre dois povos fundadores, duas "nações" iguais em seus direitos e privilégios de um extremo ao outro do país? Essa questão viria a estruturar a maior parte do debate político canadense no fim do século XIX e durante todo o século XX.[8] A oportunidade de deslindá-la não demoraria, pois as ambições expansionistas transcontinentais do Domínio forneceram aos imperialistas anglo-canadenses e aos nacionalistas franco-canadenses recorrentes ocasiões de confronto. A aquisição, em 1870, dos imensos territórios da Companhia da Baía de Hudson pelo Estado federal, que assim estendia suas fronteiras até o Pacífico, praticamente, foi pretexto para os primeiros confrontos.[9] Já em 1869 os topógrafos federais percorriam a região do rio Vermelho, a oeste de Ontário, apesar de haver no local há várias décadas uma colônia de mestiços resultante do encontro, no século anterior, entre antigos praticantes franco-canadenses do tráfico de peles (os "viajantes") e mulheres autóctones. Sob o comando de seu chefe, Louis Riel, os mestiços se insurgiram contra os colonizadores anglo-canadenses, chegando a executar um deles, Thomas Scott. Não foi preciso mais para que a imprensa de Ontário e de Quebec protestasse veementemente. Enquanto uns clamavam contra o assassinato, outros julgavam ver nos mestiços uma autêntica comunidade franco-canadense vítima da intolerância da maioria anglo-protestante. Riel fugiu, mas não antes que o governo federal aceitasse extrair uma nova província, Manitoba, dos Territórios do Noroeste, província oficialmente bilíngue por sua Constituição, que, além do mais, previa o estabelecimento de dois sistemas escolares paralelos, um católico, outro não confessional. A chegada maciça de colonos anglo-ontarianos, contudo, levou muitos mestiços a buscar refúgio em outros lugares, na região Noroeste, perto do rio Saskatchewan. Quinze anos depois, a mesma situação se reproduziu, com a diferença de que Riel, tendo voltado do exílio, foi capturado, acusado de traição, considerado culpado e, em 1885, enforcado. Houve novos protestos na imprensa de Quebec, indignada por sua vez com o assassinato e acusando a opinião pública ontariana, que considerava ter obtido justiça e além do mais vingado a morte de Scott. "Riel, nosso irmão, está morto", proclamou solenemente o primeiro-ministro de Quebec, Honoré Mercier, que muito contribuiu para o "despertar" nacionalista que o Canadá francês estava a ponto de vivenciar.

No momento em que transcorriam as rebeliões do rio Vermelho e do Noroeste, não foi grande o interesse pela originalidade da cultura e da identidade mestiças. Se em Quebec tendia-se a considerar os mestiços simplesmente como franco-canadenses, a opinião pública ontariana não hesitava em se referir ao grupo como "bárbaros" semicivilizados e destituídos da legitimidade necessária para conter as ambições expansionistas do governo canadense. Mas nem por isso deixa de ser verdade que uma das muitas questões desse debate era o lugar que os franco-canadenses seriam chamados a ocupar no Oeste canadense, questão que também afetava, em consequência, a própria natureza da Confederação. Segundo a opinião dominante no Canadá inglês, o Domínio era um país britânico, membro de pleno direito do império, que em 1867 tolerara a existência de um enclave franco-católico no seu seio, Quebec, mas sua influência devia ser estritamente limitada. Em sentido inverso, nos meios franco-canadenses, resultado de um pacto entre dois parceiros iguais, cada um tinha o direito do fundador, o direito de fixar domicílio em qualquer parte do país sem precisar sacrificar sua existência nacional e religiosa. O debate não estava próximo de uma conclusão, muito pelo contrário.

1867-1918: Na escola como na guerra...

Desde meados do século XIX e, por motivos ainda maiores, logo depois da Confederação, Quebec sofreu uma autêntica sangria demográfica em virtude do superpovoamento de seus campos e do subdesenvolvimento do seu setor secundário. Se a maioria desses emigrantes foi atraída pela indústria têxtil da Nova Inglaterra, sempre ávida de trabalhadores não qualificados, ainda assim vários milhares de pessoas se dirigiram para Ontário e o Oeste canadense, onde formaram importantes minorias. Em muitos desses casos, a Igreja franco-canadense os acompanhava de perto, quando não ia à sua frente, fornecendo-lhes um contexto institucional que muitas vezes lhes permitia preservar sua identidade cultural e religiosa, contexto institucional em cujo centro estava a paróquia, é verdade, mas também a escola. Essa migração ocorreu no exato momento em que a função social da escola começara a passar por uma transformação substancial. Se historicamente seu papel consistia em consolidar as comunidades em nível local, de acordo com a tradição britânica nessa matéria, o Estado viria contudo a multiplicar suas intervenções na esfera da instrução, com o objetivo de uniformizar a experiência escolar e cultural, e mesmo religiosa, dos alunos, integrando-os numa coletividade mais ampla que transcendia as clivagens locais e nacionais: em outras palavras, uma coletividade "nacional" necessariamente anglo-canadense.[10] No Canadá francês, a escola foi investida nesse mesmo momento de uma missão de integração nacional semelhante, não sob a égide do Estado, todavia, mas da Igreja, que assim se dotava de um papel de estruturação societária quase estatal, cuja influência podia facilmente atravessar as fronteiras provinciais e ser exercida ao sabor dos deslocamentos da população franco-canadense.[11] As muitas crises do ensino escolar que movimentaram a vida política e intelectual do Canadá depois da Confederação só têm sentido se forem situadas no contexto de um confronto mais amplo entre dois projetos nacionais semelhantes, um visando à hegemonia, outro combatendo a aculturação.[12]

No Canadá inglês, as primeiras tentativas desse processo de uniformização manifestaram-se em 1871, quando o governo de Nova Brunswick optou pelo estabelecimento de um sistema escolar não confessional (e necessariamente de língua inglesa), que se pretendia financiar pela cobrança de uma taxa escolar a todos os residentes da província, inclusive os acadianos, que reivindicavam de preferência a criação de estruturas católicas (e de língua francesa) paralelas. Estouraram revoltas que acarretaram a morte de um homem, levando as autoridades provinciais a moderar sua posição, permitindo o ensino do catecismo e do francês depois das horas regulares de aula. Vinte anos depois, em 1890, um episódio semelhante ocorreu em Manitoba, onde foi abolido o sistema escolar católico – o único no qual era tolerado o uso da língua francesa –, assim como o estatuto oficial que o francês tinha na Assembleia provincial. Em ambos os casos, tratava-se de evidente desrespeito à Constituição da província, que tinha sido negociada com os mestiços pelo governo federal em 1870. Dessa vez, Quebec envolveu-se vigorosamente na luta escolar, a ponto de transformá-la na principal questão das eleições federais de 1896. A crise foi solucionada momentaneamente com um compromisso semelhante ao de Nova Brunswick, embora o governo de Manitoba tenha voltado à sua posição inicial alguns anos depois. Em 1905, por fim, quando as autoridades federais recusaram-se a cuidar do estabelecimento de um sistema escolar franco-católico nas novas províncias de Alberta e Saskatchewan, os meios nacionalistas do Canadá francês se galvanizaram novamente – mais uma vez, porém, em vão.[13]

A última das grandes crises escolares pós-confederais foi desencadeada em Ontário, a província mais populosa e economicamente mais poderosa do Canadá. Dessa vez, estava em causa diretamente a língua de ensino, e não a religião. Em 1912, o governo de Ontário adotou o famoso "Regulamento XVII", proibindo o uso de toda língua que não fosse o inglês nas escolas elementares da província. Os "franco-ontarianos", contando com o apoio dos compatriotas de Quebec e tendo criado, ao longo das décadas, uma importante rede de escolas de língua francesa (em grande medida católicas), reagiram vigorosamente, desencadeando imediatamente uma ampla campanha de desobediência civil.[14] Mas os desafios que precisavam enfrentar eram enormes, pois os adversários da escola francesa não eram recrutados apenas nos muitos meios "orangistas" da província,[15] mas também na minoria irlando-católica, que desejava anglicizar o sistema escolar católico para torná-lo menos "estrangeiro" e, por isso mesmo, mais aceitável aos olhos da maioria anglo-protestante. O confronto entre os dois ramos etnolinguísticos da Igreja canadense adquiriu tais proporções que Roma foi obrigada a intervir em duas oportunidades para tentar restabelecer a concórdia entre os fiéis. Mas o papa, que queria antes de mais nada deixar a escola católica livre da ingerência estatal, pronunciou-se claramente em favor do partido irlandês.

A crise do Regulamento XVII permitiu perceber que os vínculos entre as questões linguística e religiosa tinham começado a se distender, vindo aquela eventualmente a ocupar quase sozinha o epicentro do grande debate canadense. Na virada do século XX, contudo, uma outra questão tornou-se central: a participação do Canadá nas campanhas militares do império. Se a consciência nacional do Canadá inglês estava em vias de autonomização, o fato é que continuava estreitamente ligada, cabe reiterar, à ideologia imperialista. Esta por sua vez foi alimentada pelo militarismo crescente da Grã-Bretanha em certas partes do mundo, particularmente na África do Sul. A Guerra dos Bôeres (1899-1902), opondo o império aos africâners do Transvaal e do Estado livre de

A EXPERIÊNCIA NACIONAL

Orange, provocou novo confronto entre imperialistas anglo-canadenses e nacionalistas franco-canadenses, confronto importante em si mesmo, mas que também pode ser considerado, sob certos aspectos, uma espécie de ensaio geral da Primeira Guerra Mundial. A questão que dividiu o país estava ligada à ambiguidade que cercava o estatuto internacional do Canadá: no plano militar, qual era a responsabilidade do Canadá em relação à Grã-Bretanha? Desde o fim da década de 1840 e sobretudo da Confederação de 1867, o país conquistara plena e total autonomia no que dizia respeito a suas questões internas, mas sua política externa ainda era determinada em princípio pelo Parlamento de Westminster, situação que os nacionalistas franco-canadenses, liderados pelo inquieto deputado Henri Bourassa, e algumas raras vozes anglo-canadenses consideravam não só absurda, mas acima de tudo injusta em relação a um país que já não podia ser considerado mera colônia. No campo imperialista, em compensação, foram atacados sem contemplação os que ousavam questionar o dever nacional do país em relação à mãe-pátria britânica. No total, o Canadá enviou 8 mil soldados à África do Sul, contribuindo com $3 milhões de dólares canadenses para o esforço de guerra. Mas o fosso entre os dois partidos estava destinado a se aprofundar.

Em 1914, quando a Grã-Bretanha declarou guerra à Alemanha, *de facto* arrastando consigo o Canadá, os ânimos já se haviam esquentado consideravelmente. A guerra contribuiu para envenenar as relações entre imperialistas anglo-canadenses e nacionalistas franco--canadenses, podendo-se dizer que chegaram nesse momento a seu nível mais baixo. De ambas as partes, se percebia muito bem que a questão do conflito superava amplamente a da Guerra dos Bôeres, de tal maneira que em 1914 ninguém se opôs à entrada do Canadá no conflito. Foi, no entanto, a espinhosa questão do serviço militar obrigatório, imposto pelo governo canadense em 1917, que incendiou os ânimos. Para os nacionalistas, já era demais: a conscrição militar para a defesa do território canadense era perfeitamente justificável, mas sob pretexto algum tinha cabimento que o sacrifício do país na Europa fosse descomedido em relação à sua real capacidade. Henri Bourassa e seus partidários denunciaram a intenção do governo federal de impor a conscrição aos franco-canadenses, exigindo que o país aproveitasse a oportunidade para estabelecer uma política autonomista diante do Império Britânico. De qualquer maneira, ironizou Bourassa, já havia suficientes "boches" e "prussianos" a combater em Ontário, onde continuava vigorando o odioso Regulamento XVII, proibindo, mais uma vez, o emprego do francês nas escolas da província. Com que direito se ousava exigir que os franco-canadenses servissem de bucha de canhão para o Império Britânico, quando seus direitos nacionais mais fundamentais eram pisoteados no país?

Nos meios imperialistas, os detratores da conscrição foram acusados, como se poderia esperar, de covardia e traição. Em Quebec, revoltas anticonscricionistas acarretaram a morte de quatro pessoas, depois que o Parlamento canadense, escorado em sua maioria anglo--canadense, conseguiu aprovar a Lei do Serviço Militar Obrigatório. A decisão dos representantes federais levou inclusive a Assembleia Legislativa de Quebec a debater, dias depois, a possibilidade de que a província se retirasse da Confederação canadense, sem que chegasse a ser adotada moção nesse sentido. A guerra, a conscrição e o Regulamento XVII nem por isso tinham deixado de infligir feridas profundas, sequelas deixadas pelo confronto entre duas concepções amplamente irreconciliáveis da comunidade política canadense.

1918-1945: nacionalismo, autonomismo e continentalismo

A Grande Guerra levou o Canadá a se submeter a sacrifícios até então desconhecidos no país. Dos cerca de 425 mil soldados que atravessaram o Atlântico, 60 mil perderam a vida e mais de 170 mil voltaram feridos, números que parecem ainda mais elevados se levarmos em conta que a população do país em 1911 era de apenas 7,2 milhões de habitantes. Sob vários aspectos, o Canadá saiu transformado do conflito. Por um lado, no plano econômico, a guerra provocara uma aceleração sem precedente do setor industrial do país, que desbancava pela primeira vez o setor primário. Por outro, as proezas das forças militares canadenses – em particular nas célebres batalhas de Ypres e Vimy – atiçaram o sentimento de orgulho nacional da população,

A EXPERIÊNCIA NACIONAL

levando-a a tomar consciência de que talvez tivesse passado a uma outra etapa do seu desenvolvimento histórico. O sangue derramado pelos canadenses nos campos de batalha europeus não servia de garantia, segundo o consenso que se formava então, de sua capacidade de forjar sua própria personalidade internacional? No momento em que os grandes impérios transnacionais pareciam a ponto de desmoronar, não teria o Canadá atingido um grau de maturidade suficientemente alto para autorizá-lo a assumir um lugar entre as nações do mundo?[16]

No Canadá francês, a resposta há muito tempo não deixava margem a dúvidas: o Domínio, como tantas vezes havia reiterado Henri Bourassa, entre outros, devia assumir sua total e plena autonomia, não devendo mais sentir-se obrigado pela política externa da Grã--Bretanha. No Canadá inglês é que a experiência da guerra mais acentuadamente mudara a reflexão sobre o lugar do país no mundo. Agora, até os imperialistas tinham dificuldade de considerar o Domínio como simples vassalo do Império Britânico. Nos meios políticos e intelectuais anglófonos, praticamente todo mundo reconhecia que finalmente chegara o momento de elevar o estatuto internacional do país para melhor refletir a maturidade econômica, política e até militar conquistada. Já em 1919 o Canadá tomou a via da autonomia internacional, ao assinar por conta própria o Tratado de Versalhes e se tornar membro de pleno direito da Sociedade das Nações (SN) e da Organização Internacional do Trabalho (OIT). Dados esses primeiros passos, restava determinar a forma precisa a ser assumida pela desejada reformulação das relações canadense-britânicas. Nessa questão, todavia, é que tropeçou o consenso anglo-canadense, dividido por duas correntes opostas. Por um lado, os imperialistas de ontem propuseram que o império fosse transformado em Federação Imperial, em cujo interior todas as colônias (brancas, é claro) poderiam determinar coletivamente, assim como a própria Grã-Bretanha, uma política externa comum, ao mesmo tempo concedendo ao Canadá um papel de liderança como "filho mais velho" do império.[17] Na arena política, o Partido Conservador foi o campeão dessa ideia, que, no entanto, não obteve a aprovação da população, esgotada pela guerra e os incalculáveis sacrifícios por ela impostos. Na eleição federal de

1921, os eleitores preferiram levar ao poder os liberais de Mackenzie King, que não preconizavam a criação de uma nova estrutura imperial potencialmente limitadora, mas uma desvinculação gradual do império e a adoção de uma postura fortemente isolacionista em matéria internacional. O autonomismo de King também se traduzia em maior aceitação da posição continental do Canadá, que se aproximava irrevogavelmente dos Estados Unidos nos planos político, econômico e cultural. Desde a guerra, os investimentos americanos na economia canadense tinham superado os da Grã-Bretanha, assim acentuando a tendência esboçada logo depois da Confederação. Em 1923, o governo King negociou diretamente com os americanos um tratado sobre o linguado gigante, cuja importância, altamente simbólica, decorria sobretudo do fato de que se tratava do primeiro acordo internacional assinado pelo Canadá sem a intervenção da Grã-Bretanha. Dois anos depois, o Canadá iria ainda mais longe, abrindo uma legação em Washington, medida que praticamente corresponde ao nascimento do corpo diplomático canadense.

A crescente autonomia do Canadá em relação ao Império Britânico corresponde, portanto, a uma importante mudança de órbita, que acabaria por levá-lo a se integrar gradualmente à zona de influência americana. Em 1931, a própria Grã-Bretanha constatou a inevitabilidade do fenômeno, adotando o Estatuto de Westminster, que concedia a todos os seus domínios (vale dizer, suas colônias "brancas" autogeridas) a capacidade de determinar sua própria política externa. Além disso, o Parlamento britânico criou uma coroa britânica distinta para cada um deles, que, no entanto, continuaria a repousar na cabeça do soberano britânico. Por fim, os domínios seriam reunidos na nova Commonwealth of Nations, associação livre simbolicamente dirigida, mais uma vez, pela monarquia inglesa. O Canadá agora era plenamente independente, com a ressalva, contudo, de um detalhe: para emendar sua Constituição, ainda precisava recorrer à Grã-Bretanha, não tendo o governo federal e as províncias conseguido se entender sobre uma fórmula de emenda constitucional adequada... Meio século ainda se passaria, como veremos, até que esse vestígio do imperialismo britânico no Canadá, o último, ou quase, viesse a desaparecer.

A EXPERIÊNCIA NACIONAL

No plano cultural, no Canadá inglês, a distância tomada em relação ao Império Britânico logo depois da Grande Guerra correspondia ao mesmo tempo a um movimento artístico de grande alcance, reivindicando para o país uma identidade cultural autenticamente canadense, em total ruptura com a tradição britânica e europeia. O movimento reunia certo número de escritores, mas seus porta-vozes mais eloquentes eram sem dúvida os pintores paisagistas que formaram o famoso Grupo dos Sete, coletivo mundialmente conhecido que investia contra o que considerava um conformismo da elite artística canadense, que, em sua opinião, não conseguia se apropriar da beleza selvagem que constituía a originalidade e mesmo a essência do Canadá. O Grupo dos Sete contribuiu muito para estimular o sentimento nacionalista dos meios culturais e intelectuais anglófonos do país, simultaneamente projetando no exterior uma imagem do Canadá como sociedade "nova" e radicalmente diferente das nações europeias.

Tanto no plano artístico quanto nos planos político e constitucional, assim, a década de 1920 representa um momento de virada no qual finalmente se considerava possível no Canadá inglês pensar a identidade canadense à margem da referência imperial britânica. Naturalmente, o fenômeno não podia deixar de ter consequências para as relações entre as duas grandes coletividades linguísticas e culturais do país. Numa certa elite intelectual e política anglófona, na qual era forte a preocupação com os danos infligidos à unidade nacional pela guerra, a conscrição e as disputas linguísticas, tentou-se restabelecer a calma reivindicando a revogação do Regulamento XVII, que ainda proibia a utilização da língua francesa nas escolas de Ontário. Em 1922, foi fundada em Toronto, com essa finalidade, a Unity League, organismo influente, cujos membros consideravam imperativo conceder à minoria franco-canadense de Ontário os mesmos direitos linguísticos e escolares de que dispunha a minoria anglo-quebequense – e que nunca tinham sido ameaçados por nada nem ninguém, como o grupo fez questão de lembrar. A fundação da Unity League assinalou o início de uma substancial mudança na opinião pública do Canadá inglês em relação à questão do bilinguismo. Como Quebec e Ontário se haviam aproximado consideravelmente, do ponto de vista político,

O ESTADO-NAÇÃO E A QUESTÃO NACIONAL NO CANADÁ

no pós-guerra, este aceitou em 1927 pôr fim à crise escolar, permitindo novamente a existência de escolas francesas em seu território.

A trégua aparentemente viera para ficar. Nos anos seguintes, com efeito, nenhuma crise importante perturbou a relativa calma que se estabelecera entre os dois povos fundadores do país. O que, no entanto, não impediu que os meios intelectuais do Canadá francês produzissem reflexões audaciosas e às vezes polêmicas sobre o futuro constitucional da Confederação. Sob a égide do padre-historiador Lionel Groulx, que no entreguerras tornara-se o principal pensador do movimento nacionalista franco-canadense, alguns pensadores nacionalistas começaram a contemplar a hipótese de ruptura do vínculo confederal, que, em sua opinião, devia desmoronar por influência das províncias do Oeste, descontentes com as políticas mercantilistas que as vinculavam ao Canadá central (vale dizer, Quebec e Ontário, mais industrializados). Era portanto necessário, segundo esses intelectuais reunidos na revista *L'Action Française* – publicada em Montreal –, contemplar a criação de um Estado francês independente sobre as eventuais ruínas da Confederação canadense. O "separatismo" (bem tímido, devemos reconhecer) dos groulxistas provocou indignação não só de certos jornalistas e polemistas do Canadá inglês, como também de Henri Bourassa, que condenou sem rodeios o que considerava nacionalismo radical, a seus olhos contrário à doutrina católica. Na década de 1930, certos elementos da juventude nacionalista do Canadá francês que tinham se deixado seduzir pelas ideias da direita radical europeia, do maurrassismo ao fascismo, iriam ainda mais longe, considerando a independência de Quebec e o estabelecimento de um regime autoritário a solução para a desordem política, econômica e cultural gerada pela crise econômica. Foi necessário que seu mestre, o abade Groulx, interviesse para reconduzi-los ao caminho da ortodoxia católica e nacionalista, mas a Caixa de Pandora representada pela questão do separatismo franco-canadense fora aberta. Seria agora no mínimo difícil voltar a fechá-la...

Nos anos anteriores à Segunda Guerra Mundial, o Canadá passou por uma substancial transformação política, constitucional e intelectual. Em setembro de 1939, a declaração de guerra contra a

A EXPERIÊNCIA NACIONAL

Alemanha nazista, a primeira de sua história, seguiu-se de perto à da Grã-Bretanha. O Canadá entrou na refrega como nação independente, sendo o principal aliado dos britânicos durante alguns meses, no período entre a queda da França em junho de 1940 e a entrada dos Estados Unidos na guerra, em dezembro de 1941. No total, mais de um milhão de homens e mulheres participaram das forças armadas canadenses, número astronômico se levarmos em conta que a população total do país não passava de 11 milhões de pessoas. O papel determinante desempenhado pelo Canadá em várias operações militares cruciais, entre elas a campanha da Itália (1943) e o desembarque na Normandia (1944), além das perdas sofridas nos campos de batalha (42 mil mortos), fortaleceram a consciência nacional do Canadá inglês, apesar do ressurgimento da velha ideologia imperialista em certos meios. Além disso, a guerra contribuiu para aumentar a distância do país em relação à Grã-Bretanha, por um lado, e, por outro, para acelerar o processo de integração econômica e militar canadense-americano. A Segunda Guerra Mundial mostrou que o Canadá era irrevogavelmente uma nação norte-americana, que seu destino devia ser buscado no continente.

Era inevitável, mais uma vez, que a guerra tivesse consequências nas relações franco-inglesas no país. Nesse terreno, a trégua anunciada na década de 1920 foi momentaneamente rompida. Não que o movimento nacionalista se opusesse à participação do Canadá na guerra como tal. Foi antes a questão do serviço militar obrigatório que provocou mais uma vez uma crise política importante. Obcecado com os danos infligidos por essa política à unidade nacional durante a guerra de 1914-1918, o primeiro-ministro Mackenzie King comprometeu-se formalmente em 1939 a não tornar obrigatória a conscrição militar. Mas as exortações ao *total war effort* ouvidas com insistência cada vez maior no Canadá inglês, inclusive no seu próprio gabinete de guerra, levaram King a promover um plebiscito para pedir à população canadense que o liberasse de sua promessa de 1939. Os nacionalistas franco-canadenses, que temiam o ressurgimento a qualquer momento do detestado fantasma do imperialismo britânico, imediatamente se insurgiram. Como ousava o governo canadense pedir a todos os

O ESTADO-NAÇÃO E A QUESTÃO NACIONAL NO CANADÁ

canadenses que o liberassem de um compromisso assumido apenas com os franco-canadenses? O jogo parecia-lhes nitidamente marcado.

Em escala nacional, o primeiro-ministro King ganhou sua aposta com 64% dos votos expressos no plebiscito de 1942. No Canadá francês, contudo, sua política conscricionista foi rejeitada sem rodeios: mais de 70% dos quebequenses opuseram-se, índice que, segundo certas estimativas, chegaria a 85% se fosse considerado apenas o voto francófono. Como em 1917, as duas grandes comunidades nacionais do Canadá revelavam-se incapazes de se entender quanto ao papel a ser desempenhado pelo país nos campos de batalha europeus. Mas a oposição franco-canadense à conscrição não deve ser interpretada como um apoio mais ou menos tácito às forças do Eixo, longe disso. O sentido que lhe deve ser conferido será encontrado, isto sim, na longa história das relações entre franco-canadenses e anglo-canadenses no próprio país. Mais uma vez, o confronto que os opôs na questão da participação do Canadá no esforço de guerra traduzia a existência no próprio país de duas consciências nacionais distintas e duas maneiras muito diferentes de conceber a comunidade política canadense. A fratura nacional, que se conseguira momentaneamente fechar, fora reaberta.

1945-1969: A era das rupturas

O quarto de século que se segue ao fim das hostilidades caracteriza-se, na frente externa, pela integração irrevogável do país à zona de influência americana, e, na interna, por uma sucessão de iniciativas visando a refundar a "ordem simbólica"[18] canadense. No contexto da Guerra Fria, o Partido Liberal, ainda no poder em Ottawa, adotou uma abordagem dita funcionalista em matéria de relações exteriores, com o objetivo de elevar o país à condição de líder das potências médias, abordagem que não raro também teve como consequência legitimar a política externa americana na nova ordem mundial. O Canadá atendeu fielmente ao chamado quando chegou a hora de criar as grandes organizações de cooperação internacional do pós-guerra (ONU, Gatt etc.), participou ativamente da Otan desde a sua fundação e levou a integração militar canadense-americana mais longe que nunca, criando com os Estados Unidos o Norad, uma aliança militar bipartite que previa a criação de um comando único para as forças aéreas da América do Norte em caso de agressão soviética. Entre 1950 e 1953, 7 mil militares canadenses participaram da Guerra da Coreia ao lado dos americanos. No ano seguinte, o Canadá aceitou representar o bloco ocidental na Comissão Internacional de Controle (CIC) encarregada de acompanhar a reunificação do Vietnã, ao mesmo tempo estabelecendo como objetivo conter a ameaça comunista que constantemente aumentava na região.[19] Em 1956, na crise do Canal de Suez, o Canadá inovou, propondo a formação de uma "força multinacional de conciliação" para separar os beligerantes britânicos, franceses e israelenses dos adversários egípcios. A iniciativa, ratificada pelas Nações Unidas, originou os famosos "bonés azuis" e valeu ao ministro de Relações Exteriores do Canadá – e futuro primeiro-ministro –, Lester Pearson, o Prêmio Nobel da paz.

Se a Segunda Guerra Mundial obrigara o Canadá a sair do isolacionismo no qual Mackenzie King tentara mantê-lo, o pós-guerra provou que a classe política federal de fato pretendia seguir a mesma trilha e participar ativamente das questões internacionais. No cenário mundial, o prestígio do Canadá elevou-se a patamares inéditos, em particular logo depois da crise de Suez, mas, internamente, o governo federal teve de enfrentar a crítica acerca dos anglófonos, herdeiros dos imperialistas de ontem, que não suportavam que o país tivesse dado as costas tão alegremente à Grã-Bretanha para se aconchegar desavergonhadamente com os Estados Unidos. A integração econômica continental que tivera prosseguimento depois da guerra, ao sabor da intensificação das trocas comerciais canadense-americanas e do desenvolvimento de infraestruturas econômicas comuns aos dois países, mereceu momentaneamente a reprovação dos eleitores canadenses. Em 1957, eles levaram ao poder os conservadores de John Diefenbaker, que, devemos reconhecer, empreendeu valorosos esforços para tentar libertar o Canadá da crescente influência política, econômica e cultural dos Estados Unidos. O novo primeiro-ministro empenhou-se, por exemplo, em forjar alianças comerciais com os países-membros da

Commonwealth, para atenuar a forte atração do mercado americano; rejeitou a presença de armas nucleares em solo canadense; opôs-se categoricamente ao pedido do presidente americano John F. Kennedy de pôr em alerta as forças militares do Norad durante a crise dos mísseis em Cuba. A obstinação de Diefenbaker era notável, mas em vão. Seu governo representou apenas um parêntese logo fechado pelos liberais, quando voltaram ao poder em 1963. A construção de uma economia verdadeiramente continental prosseguiu incansavelmente, com a entrada em vigor, em 1965, do Pacto do Automóvel, criando uma zona de livre comércio canadense-americana na indústria automobilística. Visivelmente, o Canadá tinha optado pelos Estados Unidos.[20]

Essa aproximação econômica permitira ao setor secundário do Canadá fazer enormes progressos no período do pós-guerra, projetando o país entre as grandes potências industriais do mundo. O crescimento também gerou considerável necessidade de mão de obra, parcialmente atendida pela imigração internacional. Se essa imigração permanecia em grande medida europeia, era cada vez menos britânica, assim acentuando uma tendência esboçada no fim do século anterior. A gradual diversificação etnocultural do país contribuiu para a inexorável diminuição da referência britânica, facilitando em consequência a "canadização", por assim dizer, da identidade canadense. Depois da guerra, a classe política federal criou importantes instituições para preservar a soberania cultural do país e favorecer o desenvolvimento das artes, das ciências e das letras (Conselho das Artes, Biblioteca Nacional etc.).[21] Adotou também uma série de medidas para reforçar política e simbolicamente a vontade de transformar o Canadá num Estado-Nação de pleno direito: criação em 1947 de uma verdadeira cidadania canadense, fazendo com que os naturais do país não fossem mais considerados simples súditos britânicos; abolição, dois anos depois, dos recursos ao Conselho Privado de Londres, decisão que transformava a Corte Suprema do Canadá, criada em 1875, no tribunal de útima instância do país; criação em 1965 de uma bandeira autenticamente canadense – a atual bandeira da folha única – para substituir o Red Ensign, cujo simbolismo fortemente britânico não parecia mais convir à evolução cultural e política do Canadá. Houve quem, como

A EXPERIÊNCIA NACIONAL

o filósofo George Grant, lamentasse[22] a crescente americanização cultural do país, acompanhando o declínio e mesmo o sepultamento da referência britânica, mas para a geração do *baby boom*, que chegava à idade adulta no fim da década de 1960, a rejeição do tradicionalismo britânico não representava problema algum.[23]

O Canadá inglês era uma sociedade em profunda mutação. De que maneira o fenômeno poderia influenciar suas relações com o Canadá francês? O abandono praticamente definitivo do tradicionalismo britânico e o evidente desejo de forjar uma identidade canadense nova e original acaso poderiam torná-lo mais aberto à tese dos dois povos fundadores, que os nacionalistas franco-canadenses tentavam fazê-lo aceitar havia um século? Em sentido inverso, de que maneira os meios nacionalistas do Canadá francês, que por sinal havia muito reivindicavam a independência do Canadá da Grã-Bretanha, se posicionariam em relação às mutações intelectuais, políticas e culturais experimentadas por seus compatriotas de língua inglesa? As transformações do pós-guerra provocariam uma aproximação entre as duas grandes coletividades nacionais do país?

Em Quebec, as décadas de 1950 e 1960 foram um período de atividade intelectual de grande intensidade. Se o nacionalismo católico e tradicionalista estava longe de ter desaparecido, não podemos deixar de constatar que estava claramente em declínio, vendo-se obrigado a compartilhar o campo ideológico com novos atores. O crescimento econômico excepcional do pós-guerra gerara um questionamento sem precedentes quanto ao lugar reservado aos franco-canadenses nas estruturas políticas e econômicas do país, questionamento que levou os meios intelectuais à mesma constatação: do ponto de vista socioeconômico, os franco-canadenses, majoritários em Quebec, estavam num estado crônico e injustificável de inferioridade econômica em relação à minoria de língua inglesa. Quanto às causas do problema, contudo, não havia consenso. Para uns, reunidos em torno da revista personalista *Cité libre*, o fenômeno podia ser atribuído à influência maléfica dos que chamavam com desdém de "clérico-nacionalistas", e que desde sempre mantinham os franco-canadenses distantes da modernidade, do progresso e da razão, ao mesmo tempo cultivando a

O ESTADO-NAÇÃO E A QUESTÃO NACIONAL NO CANADÁ

desconfiança do Canadá inglês e do governo federal.[24] Cabe notar que, depois da guerra, o Estado canadense se havia convertido amplamente às virtudes do keynesianismo e do Estado previdenciário, ao contrário do governo provincial de Maurice Duplessis, que continuava entregue a um antiestatismo cada vez mais anacrônico. Um dos principais promotores do movimento *citélibriste* era um jovem intelectual, Pierre Elliott Trudeau, que, no fim da década de 1960, seria chamado a exercer as mais altas funções políticas no Canadá. Diante dos *citélibristes* posicionava-se, todavia, o movimento neonacionalista, atribuindo a inferioridade econômica dos franco-canadenses não ao tradicionalismo e à ideologia retrógrada da Igreja, mas às consequências catastróficas da Conquista britânica da Nova França em 1760. A Conquista havia "decapitado" a sociedade franco-canadense, expulsado sua burguesia e, por isso mesmo, prejudicado seu desenvolvimento considerado normal. Desde então, a minoria britânica e depois anglo-canadense de Quebec exercera uma influência econômica e política descomedida em relação a seu real peso demográfico. Tendo sido historicamente incapazes de acumular suficiente capital para favorecer sua emancipação econômica coletiva, os franco-canadenses não tinham outra escolha senão tirar proveito dos recursos políticos e econômicos que lhes eram oferecidos pelo Estado quebequense, o único que podiam de fato esperar controlar. Entre os *citélibristes*, que viam a salvação dos franco-canadenses em Ottawa, e os neonacionalistas, que a buscavam em Quebec, havia um abismo.[25]

A ideologia neonacionalista trazia em si o germe do movimento independentista quebequense, que viria a eclodir na década de 1960. Esse período, conhecido como da Revolução Tranquila, corresponde a uma ampla transferência, para o Estado quebequense, das responsabilidades de estruturação social que historicamente cabiam à Igreja franco-canadense. A construção do Estado previdenciário quebequense – que também se tornou um ator econômico de primeiro plano – foi acompanhada, em consequência, de um vasto movimento de secularização, pretendendo romper, às vezes brutalmente, com o passado religioso da nação franco-canadense, e, pela própria retirada da Igreja do espaço público, deixou à sombra as minorias franco-católicas dispersas nas outras províncias. O movimento nacionalista, que desde o século XIX convivia bem com o tradicionalismo religioso, passou decisivamente para a esquerda, em aliança alternadamente com o socialismo e com a ideologia da descolonização, que nesse momento fazia tremer nas bases os grandes impérios coloniais europeus.[26] No fundo, perguntava-se: Quebec não seria uma sociedade que fora como tantas outras submetida ao jugo do imperialismo? Os franco-canadenses não formariam uma "classe étnica" duplamente alienada, nos planos social e nacional? Acaso não deveriam inspirar-se nos muitos exemplos de liberação coletiva oferecidos pelos países saídos da descolonização, em particular a Argélia e, num outro nível, Cuba? Os militantes nacionalistas mais radicais não hesitaram em responder afirmativamente a todas essas perguntas. No início da década de 1960, um pequeno grupo, passando da palavra ao ato, formou a Frente de Libertação de Quebec (FLQ), cuja ação terrorista culminou, no outono de 1970, com o sequestro simultâneo de um diplomata britânico e de um ministro provincial, que perdeu a vida.

Apesar dos gestos espetaculares que conseguiu promover, a FLQ permaneceu sempre um grupelho altamente marginal. O movimento independentista dotou-se de estruturas muito mais moderadas, tanto no plano das ideias quanto no dos meios. A mais importante era, sem dúvida, o Partido Quebequense (PQ), formação social-democrata fundada em 1968 que preconizava a soberania política de Quebec, acompanhada de uma associação econômica com o restante do Canadá, projeto simplesmente batizado de soberania-associação. Sobretudo, o PQ, que pretendia chegar ao poder de maneira democrática e não violenta, propunha que o Canadá conquistasse a soberania por referendo. A fundação do PQ teve como efeito a legitimação da opção independentista, que a partir de então avançaria consideravelmente junto à opinião pública. Até então franco-canadense, a referência nacional tornara-se quebequense, mutação ao mesmo tempo semântica e institucional vivenciada pelas minorias franco-canadenses como uma exclusão e mesmo um traumatismo.[27] O futuro da nação quebequense acaso dependeria da "refundação" do Canadá, ou melhor, do advento de um Estado nacional autenticamente quebequense, que por sinal parecia em plena construção?

O ESTADO-NAÇÃO E A QUESTÃO NACIONAL NO CANADÁ

1969-1995: refundações simbólicas e crise constitucional

O movimento "separatista", "independentista" ou "soberanista", em função das diferentes denominações usadas para designá-lo, provocou vigorosa resposta da parte do Canadá inglês, que não podia manter-se impassível ante o alcance do fenômeno. Numa primeira etapa, essa resposta assumiu a forma de um movimento de abertura sem precedentes da parte dos governos provinciais em relação às minorias franco-canadenses, como se houvesse uma intenção de mostrar a Quebec que o fato francês podia perfeitamente existir e prosperar na Confederação, sem que fosse necessário desmantelá-lo. As medidas adotadas não abordavam diretamente o debate sobre a inferioridade econômica dos franco-canadenses, mas permitiram que as minorias fizessem consideráveis progressos institucionais, em particular nos terrenos nevrálgicos da instrução pública e da cultura. Em 1969, a Nouveau-Brunswick, onde um terço da população era francófono, proclamou-se oficialmente bilíngue, gesto cujo alcance simbólico não poderia ser subestimado no contexto político canadense do fim da década. A ameaça representada pela independência de Quebec, aos olhos do Canadá inglês, com toda evidência servira para catalisar esse movimento de abertura, que, no entanto, teria sido impossível sem a evolução intelectual vivenciada pelos meios políticos anglófonos desde a década de 1920.

Em nível federal, as iniciativas também foram substanciais. Já em 1963, o Parlamento instaurou uma vasta comissão real de inquérito, uma das mais importantes de sua história, sobre o bilinguismo e o biculturalismo no país. Pelos termos do seu mandato, a Comissão Laurendeau-Dunton, nomes de seus dois presidentes, André Laurendeau e Davidson Dunton, devia "recomendar medidas a serem tomadas para que a Confederação canadense se desenvolva segundo o princípio de igualdade entre os dois povos que a fundaram". A frase era carregada de sentido, pois raramente a dualidade nacional do Canadá fora reconhecida tão explicitamente num texto oficial gerado pelo legislador. Manifestamente, a classe política federal levara muito a sério a possibilidade de que Quebec deixasse a Confederação.

A EXPERIÊNCIA NACIONAL

Os membros da comissão, que percorreram o país de ponta a ponta recolhendo depoimentos e relatos, concluíram que o país atravessava, "sem ter sempre consciência disso, a maior crise de sua história", uma crise cujo centro se encontrava em Quebec, mas se estendia às minorias de língua francesa das outras províncias. A desigualdade da relação de força em que evoluíam as duas grandes comunidades nacionais do país foi objeto de profunda reflexão, recomendando os membros da comissão muitas medidas para consolidar e promover a dualidade societária do Canadá. A mais importante era, sem dúvida, a adoção pelo Estado federal de uma política oficial de bilinguismo.

Em 1969, o governo central, chefiado havia alguns meses por Pierre Elliott Trudeau, o mesmo que por vinte anos atacara o nacionalismo franco-canadense, acabou concordando, e promulgou a lei sobre as línguas oficiais. Em decorrência das novas políticas linguísticas canadenses, milhões de dólares foram destinados àquelas que o vocabulário federal passava então a designar como minorias "de língua oficial". Num primeiro momento, as comunidades franco-canadenses de fora de Quebec receberam favoravelmente o enquadramento institucional governamental, tanto mais que a ascensão do movimento independentista provocara nesses núcleos a mais profunda consternação. O compromisso assumido pelos governos federal e provinciais parecia destinado a evitar o destino que alguns lhe reservavam no movimento independentista quebequense, pouco inclinado a cuidar dessas comunidades. A inviabilidade das minorias francófonas dispersas no Canadá – sujeitas, devemos reconhecer, a um crescente índice de assimilação linguística – não seria uma prova concludente da necessidade de que o movimento nacionalista se dedicasse inteiramente à criação de um Estado-Nação quebequense, única maneira de garantir a perenidade do fato francês na América? Do ponto de vista federal, em compensação, a sobrevivência linguística e cultural das minorias não serviria para minar as próprias bases da argumentação independentista, ao mesmo tempo justificando o papel diretor que o governo Trudeau procurava assumir na promoção da francofonia canadense? Em outras palavras, para defender o fato francês, seria o caso de tornar o Canadá bilíngue ou "afrancesar" Quebec? Os francófonos fora de Quebec, sem pretendê-lo nem tê-lo provocado, de repente eram transformados numa importante questão política e mesmo constitucional, questão que parecia pôr em jogo o próprio futuro da Confederação canadense.

As minorias francófonas, que inicialmente tinham festejado a adoção das políticas linguísticas federais, rapidamente se desiludiram quando, em 1972, o governo Trudeau acrescentou à lei sobre as línguas oficiais uma política de multiculturalismo que parecia a própria negação das recomendações da Comissão Laurendeau-Dunton. Os francófonos de fora de Quebec finalmente entenderam que o vasto projeto de refundação simbólica do Canadá empreendido pela classe política federal era posto em prática em detrimento do princípio de dualidade nacional que orientara as ações do movimento nacionalista franco--canadense desde o século anterior. A ideologia trudeauísta repousava sobre duas ideias fundamentais que as minorias francesas, assim como Quebec, consideravam contrárias a seus interesses "nacionais". Por um lado, tal corrente transformava o bilinguismo num valor em si mesmo, patrimônio de todos os cidadãos canadenses, que podiam reivindicá-lo individualmente, sem distinção nem consideração de sua filiação a uma ou outra das duas grandes comunidades linguísticas e culturais que formavam o país. A proliferação nas décadas de 1970 e 1980 de escolas de imersão francesa destinadas aos alunos de língua inglesa foi uma eloquente demonstração do culto do bilinguismo que se havia estabelecido em certos meios.[28] Por outro lado, a política de multiculturalismo do governo Trudeau parecia destinada a reduzir a coletividade franco-canadense a um elemento entre muitos outros do grande mosaico etnocultural do Canadá, por isso mesmo privando-a de seu caráter nacional ou societário próprio. Na ótica trudeauísta, o Canadá francês (ou Quebec) não dispunha dos meios necessários para se alçar à condição de sociedade, vale dizer, era impotente para gerir e integrar em seu seio a diversidade étnica e cultural, uma diversidade que, justamente, não tinha, como grupo étnico. A "etnia" franco-canadense era simplesmente chamada a integrar, como as demais, a sociedade canadense e a se apropriar de seu imaginário, que viria a ser refundado.

No discurso federal que a chegada de Trudeau ao poder tinha contribuído para endurecer, após o movimento de abertura inicial

A EXPERIÊNCIA NACIONAL

da década de 1960, o bilinguismo e o multiculturalismo canadenses visavam apenas a apagar o Canadá francês e Quebec da consciência e da memória nacionais. A dualidade canadense não era nacional nem mesmo cultural, mas simplesmente linguística. Reduzida a um instrumento de comunicação, a língua francesa não extraía mais a legitimidade da existência no país de uma comunidade de cultura e memória dotadas de uma consciência nacional distinta, e sim do bilinguismo, que, em compensação, se tornava algo que dizia respeito a todos os canadenses. Naturalmente, as minorias franco-canadenses não podiam aceitar semelhante concepção da língua e da identidade canadense. Entre os nacionalistas quebequenses, que trabalhavam pelo advento de um Estado-Nação de pleno direito, a rejeição foi ainda mais categórica. A representação, em grande medida étnica, segundo a qual se organizava a classe política federal de Quebec simplesmente não combinava com o lugar de primeiro plano ocupado pela questão da integração linguística das minorias etnoculturais no debate político quebequense desde o fim da década de 1960. O interesse relativamente novo por essa questão decorria da conjugação de dois fatores: primeiro, a "quebequização" da antiga referência nacional franco-canadense, que assim passava a centrar-se no território e no Estado quebequenses, depois de se articular durante muito tempo em torno da Igreja católica; depois, a queda da taxa de natalidade dos franco-canadenses de Quebec (ou dos quebequenses francófonos, como passaram a ser chamados), que punha em risco a capacidade da sociedade quebequense de se reproduzir como coletividade francófona distinta e autônoma. Nos meios nacionalistas, o "afrancesamento" dos imigrantes e seus descendentes, que tendiam mais a se integrar à sociedade anglo-canadense, mesmo em Quebec, era uma questão urgente. Eles não só exigiam que o francês fosse declarado língua oficial da província – o que ocorreu em 1974 –, como reivindicavam que a escola francesa se tornasse a escolha natural de todas as famílias de Quebec. Em 1977, um ano depois de eleito, o governo provincial do Partido Quebequense promulgou a famosa e controvertida Lei 101, que reservava o direito à escola inglesa exclusivamente à minoria anglófona da província. Necessidade nacional para uns, a Lei 101 foi veementemente contestada

O ESTADO-NAÇÃO E A QUESTÃO NACIONAL NO CANADÁ

por outros, que preferiram enxergar em sua instituição um atentado à democracia e ao princípio sagrado da liberdade individual. Além disso, ao pretenderem transformar o francês na língua de trabalho e comunicação habitual de Quebec, os formuladores da lei sustentavam que o futuro da língua francesa não dependia do bilinguismo, mas do afrancesamento do espaço público quebequense.

Por mais importante que fosse, a Carta da Língua Francesa, como também foi chamada a Lei 101, era apenas uma etapa no caminho da afirmação nacional de Quebec, pois a peça-chave do programa político do governo pequista de René Lévesque era a realização de um referendo sobre a soberania-associação. Em maio de 1980, após uma campanha de cinco semanas na qual os primeiros-ministros Lévesque e Trudeau disputaram arduamente a preferência da opinião pública, os quebequenses foram às urnas e, pela primeira vez em sua história, manifestaram-se diretamente sobre a questão constitucional. No fim das contas, cerca de 60% dos votantes rejeitaram a opção soberanista. A derrota sofrida pela causa nacionalista teve como consequência, contudo, o início de um importante processo de reforma constitucional, como prometera Trudeau na campanha do referendo. O governo pequista de René Lévesque não teve escolha senão assumir a derrota, mas ainda assim tentaria tirar alguma vantagem e obter para Quebec medidas específicas de garantia da proteção de seu caráter nacional próprio. Também nessa frente os soberanistas pareciam fadados ao fracasso. A reforma constitucional de 1982 foi aprovada por todas as províncias do país, exceto Quebec, cujo isolamento chegava ao auge. Não só Trudeau conseguiu o "repatriamento" da Constituição canadense (deixado em suspenso desde o Estatuto de Westminster de 1931, cabe lembrar), como foi capaz de integrar à lei uma Carta de Direitos e Liberdades que consagrava o primado dos direitos individuais, inclusive em matéria linguística, em detrimento dos direitos coletivos e nacionais reivindicados por Quebec e seus aliados entre as minorias francófonas. O governo Lévesque apostara tudo e parecia ter perdido tudo...

A reforma constitucional, uma das mais substanciais da história do país, fora feita, portanto, sem o aval de uma de suas províncias fundadoras, a segunda em importância em termos de população e poder econômico. Em Quebec, o sentimento de humilhação e indignação era palpável. Também no Canadá inglês elevaram-se vozes para manifestar mal-estar diante da rejeição sofrida por Quebec, que se considerava que deveria voltar a integrar o guarda-chuva constitucional "com honra e dignidade". Foi dessa missão que se incumbiu a partir de 1984 o novo primeiro-ministro conservador do Canadá, Brian Mulroney, cuja maioria eleitoral expulsara os liberais do poder após um reinado quase ininterrupto de 21 anos. Ao lado dos liberais provinciais (e federalistas) de Robert Bourassa, eleitos no ano seguinte em Quebec, Mulroney arquitetou um novo projeto de reforma constitucional, o Acordo do lago Meech, que teria conferido novos poderes à única província majoritariamente francófona do Canadá, ao mesmo tempo definindo-a, simbolicamente, como uma "sociedade distinta" no interior do país. O ex-primeiro-ministro Trudeau, incapaz de se conter e vendo no projeto de Mulroney uma afronta a seu próprio legado político, retirou-se espetacularmente. Os arquitetos do Acordo do lago Meech, lamentava Trudeau, ao aceitarem curvar-se diante das exigências dos nacionalistas quebequenses, estavam querendo criar duas categorias de cidadãos no país, eventualidade que considerava contrária à lógica individualista subjacente à Carta dos Direitos e Liberdades canadense.

O acordo constitucional que foi extinto em 1990, depois que algumas províncias se recusaram a aprová-lo. A proposta também tivera de enfrentar virulenta oposição da população autóctone do país, que se havia dotado desde a década de 1960 de sofisticadas estruturas de reivindicação e se julgava relegada nos diversos projetos de reforma constitucional que desde então se haviam sucedido. Os conservadores federais de Mulroney e os liberais provinciais de Bourassa voltaram à carga dois anos depois com um novo acordo, o Acordo de Charlottetown, que retomava certos elementos do Acordo do lago Meech, entre os quais o reconhecimento de Quebec como "sociedade distinta", ao mesmo tempo conferindo novos poderes políticos às "primeiras nações", vale dizer, às comunidades autóctones. Submetido ao veredito da população num referendo, o Acordo de Charlottetown foi rejeitado por 55% dos

O ESTADO-NAÇÃO E A QUESTÃO NACIONAL NO CANADÁ

eleitores, inclusive em Quebec, onde os meios nacionalistas o consideravam nitidamente insuficiente em relação às aspirações nacionais do povo quebequense. O duplo fracasso de Meech e Charlottetown forneceu nova munição ao Partido Quebequense, que voltou ao poder em 1994 e logo tratou de promover, no ano seguinte, um segundo referendo sobre a soberania-associação, para tentar aproveitar o entusiasmo nacionalista que parecia varrer Quebec. Mais uma vez, o "não" levou a melhor, mas, dessa vez, *in extremis*, com 50,58% dos votos. Era uma derrota amarga para os soberanistas, uma derrota que, assim como a de 1980, revelou a existência de uma fratura nacional não só no Canadá, como também no interior do próprio Quebec.

Conclusão

O referendo de 1995 assinalou o fim da crise constitucional canadense. A Constituição de 1982 está em vigor há mais de trinta anos, sem que Quebec jamais a tenha ratificado – o que não o impede de fazer cumpri-la – e sem que essa anomalia pareça suficientemente flagrante para que a classe política tente remediá-la. Nos últimos vinte anos, o movimento soberanista procedeu, por sinal, a um exame de consciência doloroso e sempre inconcluso, em particular no que diz respeito à espinhosa questão da gestão da diversidade etnocultural de Quebec. Ao contrário do multiculturalismo canadense, que, de acordo com certos intelectuais soberanistas, levaria a uma guetificação etnocultural e não permitiria pensar o viver-junto além do simples reconhecimento do fracionamento das identidades, veio a ser proposto nos últimos anos o conceito de interculturalismo, como forma de levar em conta o pluralismo cultural em Quebec.[29] De acordo com seus promotores, o modelo intercultural tentaria, mais que o multiculturalismo canadense, manter o equilíbrio entre os interesses culturais da maioria etnolinguística e os das minorias, cujo encontro no espaço público faria parte da elaboração de uma cultura nacional comum, ainda que em constante evolução. Mas o interculturalismo foi fortemente criticado por outros intelectuais mais preocupados com a problemática da memória na modernidade, em particular nas "pequenas sociedades". Segundo esse grupo, a "intenção nacional" de Quebec, ou seja, sua vontade de se estruturar e se conceber como uma sociedade autônoma, não se sustenta sem a vontade de prolongar no tempo uma experiência histórica particular e original no contexto da América do Norte. Entre o multiculturalismo e o patriotismo constitucional, para citar Habermas, do projeto canadense, e o interculturalismo de uma parte do movimento soberanista quebequense, a memória, para uma pequena sociedade como Quebec, representaria, portanto, o único anteparo contra sua integração à América anglo-saxônica.[30]

O esfacelamento do movimento soberanista e a incerteza de que parece tomado ante a questão da herança franco-canadense de Quebec talvez não sejam estranhos às dificuldades experimentadas na mobilização dos eleitores há cerca de vinte anos. No Canadá inglês, o modelo multicultural tampouco esteve isento de críticas. Se em vários meios se considera que o multiculturalismo transformou o Canadá em modelo de virtude, e mesmo num "ideal moral",[31] em outros, essa corrente é atacada sem contemplação. Com efeito, certos intelectuais não hesitam em deplorar o que lhes parece ser a destruição da consciência histórica e nacional do Canadá inglês ao influxo de uma certa esquerda multiculturalista que apresenta a fragmentação e o conflito como principais características da experiência histórica do país. É difícil, advertem, basear uma identidade nacional na partilha de uma história comum se o passado contém apenas desigualdades e injustiças.[32]

Não nos cabe aventurar-nos além na análise desses debates contemporâneos. O objetivo deste artigo, não obstante seus muitos limites, era simplesmente mostrar que a história da questão nacional no Canadá sempre foi a história de uma tensão entre forças centrífugas e centrípetas, historicamente decorrentes de fatores ao mesmo tempo externos e internos. A independência do Canadá deu-se sem ruptura espetacular nem revolução, embora a Primeira Guerra Mundial tenha constituído um momento determinante nessa lenta evolução. Em consequência, a consciência nacional do Canadá inglês ficou durante muito tempo ligada à referência britânica, que gradualmente se debilitou, por etapas, do século XIX até a década de 1960. À medida que o Canadá se distan-

O ESTADO-NAÇÃO E A QUESTÃO NACIONAL NO CANADÁ

ciava da Grã-Bretanha, contudo, aproximava-se no mesmo movimento dos Estados Unidos, que exerceram sobre o país poderosa influência econômica, política e cultural. Teria o Canadá trocado uma forma de colonialismo por outra, mais sutil? Internamente, parece claro, porém, que o maior obstáculo para a formação de um Estado-Nação canadense, no sentido forte da expressão, decorreu historicamente de seu caráter essencialmente binacional, vale dizer, da coexistência num mesmo país de duas coletividades linguísticas e culturais distintas, cada uma delas dotada de uma historicidade particular e de uma consciência nacional própria. A tensão que sempre existiu entre a vontade de reconhecer formalmente a realidade binacional do país e a de apagá-la, para melhor consolidar o Estado-Nação canadense, tensão criadora, segundo alguns,[33] representa indubitavelmente um dos elementos mais estruturantes – e fascinantes – da experiência histórica do Canadá.

Notas

1. Tim Cook. *Clio's Warriors: Canadian Historians and the Writing of the World Wars*. Vancouver: UBC Press, 2006, p.353.
2. Idem, p.253.
3. Cabe notar que a antiga Acádia Francesa fora cedida à Grã-Bretanha em 1713 e rebatizada de Nova Escócia.
4. O Alto Canadá viria a tornar-se Ontário no momento da Confederação, e o Baixo Canadá foi renomeado Quebec.
5. Louis-Georges Harvey. *Le Printemps de l'Amérique Française. Américanité, anticolonialisme et républicanisme dans le discours politique québécois, 1805-1837*. Montreal: Éditions du Boréal, 2005, p.296; Gérard Bouchard. *Genèse des nations et cultures du Nouveau Monde. Essai d'histoire comparée*. Montreal: Éditions du Boréal, 2001, p.504; Allan Greer. "1837-38: Rebellion Reconsidered", *Canadian Historical Review*, vol.76, n.1, 1995, p.1-18.
6. Eric Hobsbawm; Terence Ranger (orgs.). *The Invention of Tradition*. Cambridge: Cambridge University Press, 1983, p.320; Benedict Anderson: *L'Imaginaire national: Réflexions sur l'origine et l'essor du nationalisme*. Paris: Éditions la Découverte, 1996, p.212.

A EXPERIÊNCIA NACIONAL

7. Michel Ducharme. "Se souvenir de demain: réflexions sur l'édification des mémoires collectives au Canada-Uni". *Mens. Revue d'histoire intellectuelle de l'Amérique française*, vol.7, n.1, outono de 2006, p.9-46.

8. Arthur I. Silver. *The French Canadian Idea of Confederation, 1864-1900*. Toronto: University of Toronto Press, 1982, p.257.

9. As colônias da Colúmbia Britânica e da Ilha do Príncipe Eduardo foram integradas à Confederação como províncias em 1871 e 1873, respectivamente, fazendo do Canadá um Estado verdadeiramente continental. A última colônia britânica a se tornar província canadense foi Terra Nova, que seria integrada muito depois, em 1949.

10. Bruce Curtis. *Building the Educational State: Canada West, 1836-1871*. Londres: Althouse Press, 1988, p.450.

11. Fernand Dumont. *Genèse de la société québécoise*. Montreal: Éditions du Boréal, 1993, p.393.

12. Joseph Yvon Thériault. "De l'école de la nation aux écoles communautaires ou de l'école d'en haut à l'école d'en bas". In: *Faire société. Société civile et espaces francophones*. Sudbury: Prise de parole, 2007, p.191-209.

13. Sobre as crises escolares pós-confederais, ver Marcel Martel; Martin Pâquet. *Langue et politique au Canada et au Quebec. Une synthèse historique*. Montreal: Boréal, 2010, p.340.

14. Michel Bock. *Quand la nation débordait les frontières: les minorités françaises dans la pensée de Lionel Groulx*. Montreal: Éditions Hurtubise HMH, 2004, p.454.

15. A Ordem de Orange é uma fraternidade protestante fundada na Irlanda no fim do século XIX. Declaradamente anticatólicos, os orangistas estabeleceram-se no Canadá em 1830, contribuindo muito para o desenvolvimento do movimento imperialista no país nas décadas seguintes.

16. John Herd Thompson; Allen Seager. *Canada, 1929-1939: Decades of Discord*. Toronto: McClelland and Stewart, 1985, p.438.

17. Carl Berger. *The Sense of Power: Studies in the Ideas of Canadian Imperialism, 1867-1914*. Toronto: University of Toronto Press, 1970, p.277.

18. Marcel Martel; Martin Pâquet. *Langue et politique au Canada et au Quebec: Une synthèse historique*. Montreal: Boréal, 2010, p.340.

19. O bloco do Leste e os países não alinhados foram representados na CIC pela Polônia e pela Índia, respectivamente.

O ESTADO-NAÇÃO E A QUESTÃO NACIONAL NO CANADÁ

20. Na década de 1970, a classe política de fato tentaria mais uma vez autonomizar a política externa e comercial do Canadá, mas se revelava difícil inverter a tendência. A entrada em vigor do Acordo de Livre Comércio Canadense-Americano em 1989 e do Acordo de Livre Comércio Norte-Americano (Alena), ao qual se integrou o México cinco anos depois, dá testemunho eloquente disso.

21. O Estado federal já criara em 1936 uma rádio pública pancanadense, a Société Radio-Canada, que incorporou uma televisão em 1952.

22. George Grant. *Lament for a Nation: The Defeat of Canadian Nationalism*. Toronto: McClelland and Stewart, 1965, p.97.

23. José Igartua. *The Other Quiet Revolution: National Identities in English Canada, 1945-71*. Vancouver: UBC Press, 2006, p.277.

24. E.-Martin Meunier; Jean-Philippe Warren. *Sortir de la "Grande Noirceur": l'horizon personnaliste de la Révolution tranquille*. Sillery: Éditions du Septentrion, p.209.

25. A cidade de Quebec é a capital provincial de Quebec.

26. Xavier Gélinas. *La Droite intellectuelle québécoise et la Révolution tranquille*. Quebec: Presses de l'Université Laval, 2007, p.486; Sean Mills. *The Empire Within: Postcolonial Thought and Political Activism in Sixties Montreal*. Montreal e Kingston: McGill-Queen's University Press, 2010, p.303.

27. Marcel Martel. *Le Deuil d'un pays imaginé. Rêves, luttes et déroute du Canada français*. Ottawa: Presses de l'Université d'Ottawa, 1997, p.203.

28. Matthew Hayday. *Bilingual Today, United Tomorrow: Official Languages in Education and Canadian Identity*. Montreal e Kingston: McGill-Queen's University Press, 2005, p.256.

29. Gérard Bouchard. *L'Interculturalisme: Un point de vue québécois*. Montreal: Éditions du Boréal, 2012, p.286.

30. Joseph Yvon Thériault. *Critique de l'américanité: Mémoire et démocratie au Quebec*. Montreal: Quebec Amérique, 2005, p.386.

31. François Charbonneau. "Le Meilleur pays au monde: le Canada comme idéal moral". *Argument*, vol.7, n.1, outono-inverno 2004, p.39-58.

32. J. L. Granatstein. *Who Killed Canadian History?*. Toronto: Harper Collins, 1998, p.150.

33. Jocelyn Létourneau. *Passer à l'avenir: Histoire, mémoire et identité dans le Quebec d'aujourd'hui*. Montreal: Boréal, 2000, p.194.

Referências bibliográficas

ANDERSON, Benedict. *L'Imaginaire national. Réflexions sur l'origine et l'essor du nationalisme*. Paris: Éditions la Découverte, 1996, 212p.

BERGER, Carl. *The Sense of Power: Studies in the Ideas of Canadian Imperialism, 1867-1914*. Toronto: University of Toronto Press, 1970, p.277.

BOCK, Michel. *Quand la nation débordait les frontières. Les Minorités françaises dans la pensée de Lionel Groulx*. Montreal: Éditions Hurtubise HMH, 2004, p.454.

BOUCHARD, Gérard. *Genèse des nations et cultures du Nouveau Monde: Essai d'histoire comparée*. Montreal: Éditions du Boréal, 2001, p.504.

_____. *L'Interculturalisme: un point de vue québécois*. Montreal: Éditions du Boréal, 2012, p.286.

CHARBONNEAU, François. "Le Meilleur pays au monde: Le Canada comme idéal moral". *Argument*, vol.7, n.1, outono-inverno 2004, p.39-58.

COOK, Tim. *Clio's Warriors: Canadian Historians and the Writing of the World Wars*. Vancouver: UBC Press, 2006, p.353.

CURTIS, Bruce. *Building the Educational State: Canada West, 1836-1871*. Londres: Althouse Press, 1988, p.450.

DUCHARME, Michel. "Se Souvenir de demain: Réflexions sur l'édification des mémoires collectives au Canada-Uni". *Mens. Revue d'histoire intellectuelle de l'Amérique française*, vol.7, n.1, outono 2006, p.9-46.

DUMONT, Fernand. *Genèse de la société québécoise*. Montreal: Éditions du Boréal, 1993, p.393.

GÉLINAS, Xavier. *La Droite intellectuelle québécoise et la Révolution tranquille*. Quebec: Presses de l'Université Laval, 2007, p.486.

GRANATSTEIN, J.L. *Who Killed Canadian History?*. Toronto: Harper Collins, 1998, p.150.

GRANT, George. *Lament for a Nation: The Defeat of Canadian Nationalism*. Toronto: McClelland and Stewart, 1965, p.97.

HAYDAY, Matthew. *Bilingual Today, United Tomorrow: Official Languages in Education and Canadian Identity*. Montreal e Kingston: McGill-Queen's University Press, 2005, p.256.

HOBSBAWM, Eric; RANGER, Terence (orgs.). *The Invention of Tradition*. Cambridge: Cambridge University Press, 1983, p.320.

IGARTUA, José. *The Other Quiet Revolution: National Identities in English Canada, 1945-71*. Vancouver: UBC Press, 2006, p.277.

LÉTOURNEAU, Jocelyn. *Passer à l'avenir. Histoire, mémoire et identité dans le Québec d'aujourd'hui.* Montreal: Boréal, 2000, p.194.

MARTEL, Marcel. *Le Deuil d'un pays imaginé. Rêves, luttes et déroute du Canada français.* Ottawa: Presses de l'Université d'Ottawa, 1997, p.203.

_____. PÂQUET, Martin. *Langue et politique au Canada et au Quebec: Une Synthèse historique.* Montreal: Boréal, 2010, p.340.

MEUNIER, E.-Martin; WARREN, Jean-Philippe. "Sortir de la Grande Noirceur". In: *L'Horizon personnaliste de la Révolution tranquille.* Sillery: Éditions du Septentrion, p.209.

MILLS, Sean. *The Empire Within: Postcolonial Thought and Political Activism in Sixties Montreal.* Montreal e Kingston: McGill-Queen's University Press, 2010, p.303.

SILVER, Arthur I. *The French Canadian Idea of Confederation, 1864-1900.* Toronto: University of Toronto Press, 1982, p.257.

THÉRIAULT, Joseph Yvon. "De l'École de la nation aux écoles communautaires ou de l'école d'en haut à l'école d'en bas". In: *Faire société. Société civile et espaces francophones.* Sudbury: Prise de parole, 2007, p.191-209.

THÉRIAULT, Joseph Yvon. *Critique de l'américanité. Mémoire et démocratie au Québec.* Montreal: Québec Amérique, 2005, p.386.

THOMPSON, John Herd; SEAGER, Allen. *Canada, 1929-1939: Decades of Discord.* Toronto: McClelland and Stewart, 1985, p.438.

7. Nação e nacionalismo na Grécia a partir da Primeira Guerra Mundial

Eugénia Palieraki (Tradução de Clóvis Marques)[1]

"A luta continua, a nova aurora dourada do helenismo[2] está chegando, chegou a hora de os traidores da pátria sentirem medo", martelava Nikos Mihaloliakos, líder do partido neonazista Aurora Dourada, depois das eleições do dia 6 de maio de 2012, nas quais o partido obteve 7% dos votos. É verdade que a crise econômica que se abate sobre a Grécia desde 2009 e seu efeito corrosivo na credibilidade da classe política explicam em parte esse sucesso eleitoral inédito, que também pode ser entendido como uma manifestação local de um fenômeno continental: o crescimento da extrema direita (inclusive neonazista) em vários países europeus. Mas o grau de aceitação do discurso do Aurora Dourada pela população grega não pode ser compreendido se não levarmos em conta tanto a influência de mitos nacionais solidamente enraizados no imaginário coletivo quanto o apelo a um nacionalismo comum cultivado pelos discursos políticos, os programas escolares e os meios de comunicação ao longo do século XX.

Ideologia de contornos flutuantes, o nacionalismo serviu ao mesmo tempo como fonte de legitimidade política e meio para apagar as divergências internas e mesmo sufocar as vozes dissonantes. Durante os dois séculos de existência do Estado-Nação grego, suas elites conseguiram com inegável êxito desenvolver um forte sentimento nacional

A EXPERIÊNCIA NACIONAL

entre seus administrados e impor a primazia da identidade nacional sobre outras identidades sociais. Para isso, brandiram alternadamente a ameaça externa ou interna, e mesmo uma combinação das duas, ou incitaram essa "grande nação" a cumprir sua missão histórica. O nacionalismo atual, ao qual aderem vários partidos políticos, muito além da extrema direita, inspira-se ao mesmo tempo no legado do século XIX e nas mutações sofridas pela ideologia nacional após a Primeira Guerra Mundial.

Os helenos: uma nação sem fronteiras?

A força mobilizadora e de legitimação do discurso nacionalista é uma constante da história contemporânea da Grécia. Está intimamente ligada à invenção de uma mitologia nacional, cuja construção se esboçou no século XIX. Desse modo, para apreender o conteúdo do nacionalismo grego nos séculos XX e XXI, assim como as mutações sofridas depois do primeiro conflito mundial, convém voltar às primeiras etapas da construção nacional. Com efeito, certos elementos fundadores da mitologia nacional, que persistem até o século XXI, já se manifestam na criação do Estado-Nação grego no século XIX.

A referência ao passado clássico – e, *a fortiori*, à sociedade ateniense do século V antes da nossa era – é um componente fundador do nacionalismo grego. Para começar, a evocação da Grécia clássica surge como peça-chave do empreendimento de legitimação internacional do novo Estado fundado em 1830, depois de nove anos de guerra contra o Império Otomano. A Grécia assina, portanto, em Londres sua certidão oficial de nascimento, caracterizando-se como um Estado moderno ao qual são atribuídos territórios situados ao sul dos Bálcãs (Cíclades, Peloponeso e Grécia continental até a Tessália) até então sob jurisdição otomana. A invenção de uma continuidade entre a Atenas de Péricles e o Estado-Nação grego de 1830 permite romper com o passado otomano e os *millets* (comunidades) do império, definidos em função de critérios religiosos. Além disso, o Renascimento e depois o Iluminismo ligam intimamente a Grécia antiga à Europa e à sua civilização, de tal maneira que os revolucionários gregos não têm qualquer dificuldade de reivindicar uma filiação europeia.[3] Por outro lado, a referência à Grécia clássica permite a esses primeiros nacionalistas atestar a existência de uma só e única nação desde a Antiguidade até o século XIX. Esta teria resistido, assim, à conquista e à opressão, resistência que lhe conferiria um direito territorial sobre o mapa político da Europa do Congresso de Viena e da Restauração, *a priori* hostil aos movimentos secessionistas.

Mas é evidente o fosso entre o ideal clássico e a realidade grega dos anos 1820-1830. Essa defasagem é observada pelos filelenos em suas viagens à Grécia para apoiar a luta pela independência e depois pelo novo Estado. Para preencher esse fosso entre passado e presente, as elites intelectuais gregas multiplicam os signos nacionais explicitamente ligados à Grécia clássica. Assim, o novo Estado é chamado Hellas, Atenas é escolhida como capital e uma língua artificial é inventada a partir de uma língua culta que toma emprestados termos do grego antigo. Essa *katharevousa*, ou "língua pura", é declarada língua oficial e utilizada nos jornais, na escola e pela administração. É verdade que o emprego da katharevousa foi abandonado em meados da década de 1970, pouco depois da queda da ditadura dos coronéis, mas a reivindicação do passado clássico nem por isso é menos vívida na época em que este livro é escrito. Uma simples consulta aos manuais escolares de História ou aos símbolos que aparecem nas embalagens de produtos gregos – sejam destinados ao consumo interno ou à exportação – é suficiente para evidenciar a impregnação do mito da Grécia clássica na Grécia atual.

A primeira definição da identidade nacional grega é, assim, cultural e decididamente voltada para o Ocidente. Entretanto, em meados do século XIX, uma reviravolta veio enriquecer consideravelmente essa personalidade. A definição cultural de identidade nacional é conservada, mas o legado já agora remete também ao Oriente. Os intelectuais nacionalistas dos anos 1860-1870 – Spiridon Zambelios e Constantin Paparrigopoulos, autor da *História da nação helênica* – retomam a herança oriental, bizantina e ortodoxa. Paparrigopoulos opõe-se ao etnonacionalismo do historiador alemão Fallmayer, que considera que a continuidade biológica entre os gregos antigos e os

A EXPERIÊNCIA NACIONAL

gregos contemporâneos foi integralmente rompida após a instalação de populações eslavas no século VII no território. Mas Paparrigopoulos está menos preocupado em refutar a suposta ruptura biológica do que em afirmar um outro tipo de permanência da nação grega: esta encontra-se no âmbito cultural. Nessa perspectiva, o grego de nascença não existe; alguém se torna grego por adesão à língua e à civilização helênicas. Essa concepção de uma continuidade histórica da nação grega exposta por Paparrigopoulos continua atual. A reivindicação da herança clássica e helenística, assim como do legado ortodoxo e bizantino, é reafirmada no século XXI nos manuais escolares e nos discursos dos intelectuais e políticos nacionalistas.

Acontece que, em meados do século XIX, essa pretensa continuidade histórica da nação helênica não serviria apenas para forjar uma identidade com a qual seria possível identificar-se os cidadãos de um Estado recente e fraco. Essa narrativa nacional, que opta por uma definição ampla e de contornos vagos da nação, persegue um segundo objetivo político: justificar a política irredentista do Estado.[4] A criação do Estado-Nação grego em 1830 decorreu de negociações entre o Império Otomano e as grandes potências (França, Inglaterra e Rússia). O reconhecimento internacional da independência é uma vitória ambígua para os revoltosos gregos, em nome dos quais são conduzidas negociações das quais são excluídos. Com efeito, a nova Grécia recebe os territórios que os filelenos ocidentais, impregnados de educação clássica, consideram terras helênicas. Assim, Esparta e Atenas, além das Cíclades, são entregues ao novo Estado. Acontece que essas grandes cidades antigas são povoadas no século XIX apenas por alguns milhares de pastores. Em compensação, os territórios e cidades situados mais ao Norte, nos quais vivem dois terços da popu‿ lação grecófona e ortodoxa (Tessália, Epiro, Macedônia e, *a fortiori*, Tessalônica, Esmirna e, naturalmente, Constantinopla), permanecem no Império Otomano.[5]

As elites políticas gregas mantêm uma definição aberta da nacionalidade, à qual não é vinculada exclusivamente a população que vive nos territórios do novo Estado-Nação, mas também as populações que adotam a língua e a civilização helênica além das fronteiras decorrentes

NAÇÃO E NACIONALISMO NA GRÉCIA A PARTIR DA PRIMEIRA GUERRA MUNDIAL

da convenção de 1830. Assim, essas elites justificam uma política de anexação de novos territórios, entre o meado do século XIX e 1922, com o declarado objetivo de "liberar os irmãos irredentos". Ioannis Kolettis é o primeiro político a preconizar o irredentismo. Num discurso perante a Assembleia Nacional em 1844, ele rejeita a distinção constitucional entre indígenas e alógenos, propondo que a nacionalidade grega seja atribuída a todos os helenos, independentemente do local de residência. Enquanto o historiador Paparrigopoulos postula a unidade da nação grega no tempo, Kolettis afirma sua unidade no espaço. Essa dupla definição da identidade grega obtém ampla ressonância popular. Assim, enquanto a criação e a legitimação do Estado grego baseiam-se nas ideias do Iluminismo, a incorporação das massas à comunidade nacional é operada a partir da ideologia romântica e irredentista, conhecida na Grécia pelo nome de *Grande Ideia*.

O século XIX grego situa-se ao mesmo tempo sob o signo da afirmação de uma filiação ao Ocidente e do irredentismo nas terras do Oriente, contra o Império Otomano. Os anos 1850-1920, assim, são marcados pela tentativa de ampliar as fronteiras nacionais para incluir o helenismo do Império Otomano, de modo que a entidade política (Estado) possa coincidir com um conjunto social culturalmente definido (os helenos). Os limites geográficos desse ambicioso projeto são vagos, mas as elites nacionalistas – assim como a maioria dos cidadãos gregos – os situam, em geral, nas antigas fronteiras do Império Bizantino, e mesmo do Império Helenístico de Alexandre, o Grande. Por outro lado, a definição não étnica da nacionalidade grega (pode tornar-se grego aquele que desejar aderir à civilização helênica) permite ao Estado reivindicar a anexação de territórios nos quais a mistura étnica seja regra.

Mas esse vínculo que se torna indissolúvel entre o nacionalismo e o irredentismo gera, tanto no século XIX quanto no século XX, um problema central, do qual depende o processo de construção nacional. O reino grego[6] fundado em 1830 é um Estado de território claramente delimitado e homogêneo do ponto de vista étnico. A maioria da população participou dos combates independentistas, opôs-se às autoridades otomanas e adere ao projeto nacional grego.

A EXPERIÊNCIA NACIONAL

De tal maneira que o desafio a ser enfrentado no início do século XIX pelas elites políticas dos novos Estados-Nação – criar uma comunidade nacional homogênea e evitar que as heterogeneidades sociais, étnicas e raciais venham a desagregá-las – parece de solução particularmente simples no caso grego. Entretanto, se o irredentismo alimenta o fervor nacionalista das massas populares do novo Estado, também ameaça sua homogeneidade e sua coesão interna. A extensão do território nacional – cuja superfície é duplicada entre 1881 e 1922 – coloca a questão da integração de seus habitantes. Esse problema é agravado no fim do século XIX pelo surgimento de um fenômeno novo: a ascensão de outros nacionalismos balcânicos.

Às vésperas da Primeira Guerra Mundial: a Grécia ante a afirmação dos nacionalismos balcânicos

A Grande Ideia é um *leitmotiv* político durante toda a segunda metade do século XIX. Entre os anos de 1860 e 1897, as ampliações do território nacional são feitas antes por doações sucessivas que recompensam a docilidade do pequeno reino às potências europeias do que por conquistas militares. Assim é que as Ilhas Jônicas são cedidas pela Inglaterra ao Estado grego em 1864, e a Tessália, em 1881, em agradecimento por sua neutralidade durante a Guerra Russo-Turca de 1877-1878.

Até a Primeira Guerra Mundial, o irredentismo grego manifesta-se principalmente nos territórios situados ao norte da Península Balcânica, procurando anexar Macedônia, Epiro e Trácia. Na ausência de uma força militar à altura de suas ambições, o Estado grego desenvolve diferentes maneiras de levar a cabo sua política irredentista. Na década de 1840, por exemplo, estabelece regras para a atribuição da nacionalidade grega a populações residentes além das fronteiras nacionais. Essa regulamentação distingue a diáspora grega do Ocidente, à qual a nacionalidade é facilmente concedida, dos *omogeneis* (os súditos ortodoxos do Império Otomano). No caso destes, a concessão da nacionalidade está sujeita à sua participação nas guerras contra o Império Otomano, seja fazendo parte do Exército regular grego ou participando das revoltas populares. Essa medida revela-se muito eficaz, como evidenciam as numerosas revoltas dos ortodoxos da Tessália, da Macedônia e da Trácia (1839-1840, 1856, 1868, 1878), que assim participam do projeto irredentista grego. A partir dos anos 1860-1870, contudo, essa estratégia é comprometida pelo surgimento dos nacionalismos balcânicos concorrentes.

Até o fim do século XIX, com efeito, o projeto irredentista não se limita aos súditos grecófonos do Império Otomano, englobando todos os seus súditos ortodoxos. De tal maneira que, além de "liberar os irmãos irredentos", o Estado grego assume a missão de civilizar e ocidentalizar os "povos bárbaros" dos Bálcãs, desde que sejam de religião ortodoxa. A ocidentalização dos povos balcânicos é então identificada à sua helenização e à transmissão dos valores nacionalistas gregos. Até a Guerra Civil Macedônia de 1903-1906,[7] a helenização das populações eslavas, valaques e albonófonas dos Bálcãs foi promovida por iniciativas educativas e culturais. Nesse sentido, o papel da Universidade de Atenas – primeiro estabelecimento de ensino superior dos Bálcãs e do Oriente Médio, fundado em 1830 – é determinante. Uma vez diplomados, os estudantes provenientes do Império Otomano voltam a suas regiões de origem, onde ensinam nas escolas grecófonas. Transformam-se assim em promotores da política cultural e do dogma nacionalista do reino grego.

Em sua ofensiva de política cultural, além dos formandos da Universidade de Atenas, o Estado grego conta, a partir do fim do século XIX, com um novo e inesperado aliado: o patriarcado de Constantinopla. Apesar de grecófonos, os patriarcas constantinopolitanos opõem-se inicialmente com firmeza à Igreja autocéfala grega – criada unilateralmente em 1833, sem o aval do patriarcado –, assim como ao projeto nacional do Estado grego. Até a década de 1860, com efeito, o patriarcado sonhava com uma comunidade ortodoxa multiétnica e plurilinguística unificada sob seu exclusivo poder, aspiração que só pôde concretizar-se no contexto do Império Otomano, sob a proteção da Sublime Porta.[8] Desse modo, os patriarcas gregos de Constantinopla preconizam que os fiéis obedeçam à autoridade otomana. Mas a

A EXPERIÊNCIA NACIONAL

criação unilateral das Igrejas autocéfalas romena (em 1865) e búlgara (em 1870) contém consideravelmente a ambição do patriarcado constantinopolitano, que, realista, promove uma aproximação com Atenas. É assim que, a partir de 1870, as escolas e paróquias do patriarcado se tornam poderosos vetores da ideologia nacionalista do reino grego no Império Otomano. A aproximação entre o patriarcado e o Estado grego é facilitada pela virada romântica do nacionalismo grego (da qual Paparrigopoulos é a figura de proa). Com efeito, o nacionalismo grego de meados do século XIX, com sua reivindicação da herança bizantina e ortodoxa (ao contrário do nacionalismo do Iluminismo, que enfatizava a Antiguidade e a laicidade), milita pela fusão da identidade nacional grega com a identidade religiosa ortodoxa. Esse traço fundamental do nacionalismo grego sobrevive às turbulências históricas do século XX, persistindo até a época em que este livro é escrito.

Até a década de 1890, as ampliações territoriais pareciam inelutáveis, e a extensão das adesões das populações ortodoxas dos Bálcãs a seu projeto nacional, garantida. Mas o otimismo grego foi seriamente abalado depois da guerra turco-grega de 1897. Esse primeiro conflito declarado entre os dois Estados desde a independência termina numa amarga derrota para o campo helênico. A guerra de 1897, seguida da bancarrota da Grécia e da tutela europeia sobre suas finanças públicas, obriga a pensar nos limites e nas fraquezas do projeto irredentista. As elites políticas gregas conscientizam-se dolorosamente de que seu projeto nacional irredentista enfrenta já agora a concorrência dos outros nacionalismos balcânicos (sérvio, romeno, albanês, macedônio e, *a fortiori*, búlgaro, novo grande inimigo da Grécia até o fim da Segunda Guerra Mundial).

A afirmação dos nacionalismos eslavos é ao mesmo tempo produto da difusão da ideologia nacional no conjunto da Europa, da *Tanzimat* promovida pela Sublime Porta e da reviravolta da política russa nos Bálcãs. Entre 1839 e 1876, o Império Otomano promove um conjunto de reformas conhecido pelo nome de *Tanzimat*, visando a uma profunda reestruturação para remediar sua crise interna. Essa política traduz-se em estímulos à afirmação das identidades étnicas do império, à exceção da helênica, para fazer frente à expansão do nacionalismo grego. Paralelamente, a partir de meados do século XIX, o Império Russo, até então sólido esteio da causa grega, redefine sua política regional em favor dos nacionalismos eslavos, que lhe parecem aliados muito mais dignos de confiança que o reino grego, dilacerado entre sua fidelidade à Rússia ortodoxa e sua obediência às grandes potências ocidentais (Reino Unido, França ou Alemanha). Estas, por sinal, não ficam para trás, alimentando os nacionalismos balcânicos e reconhecendo-os pelos tratados de San Stefano e Berlim.

A partir do fim do século XIX, a Macedônia torna-se cenário principal do confronto entre os nacionalismos balcânicos. A composição étnica e religiosa, assim como suas características sociais favorecem a explosão desse "barril de pólvora" regional. As grandes cidades são dominadas pelas populações grecófonas, mas abarcam também fortes minorias religiosas (como judeus de Tessalônica ou populações muçulmanas). O campo, dominado pelas populações eslavas ou turcófonas, é impregnado por diferentes nacionalismos. O exarcado,[9] por exemplo, promove o nacionalismo búlgaro, ao passo que grupos revolucionários armados, como o Orima, se fazem porta-vozes do nacionalismo macedônio. Ao contrário do nacionalismo grego, cujos principais recursos são educativos e culturais – com a exaltação de uma continuidade histórica entre Alexandre, o Grande e os habitantes da Macedônia –, os novos nacionalismos insistem em políticas sociais. Estas são muito bem recebidas pelas populações camponesas pobres da região. O que explica que, para a surpresa dos nacionalistas gregos, uma parte da população macedônia se recuse a apoiar a causa grega na Guerra Greco-Turca, preferindo o independentismo diante do Império Otomano e do Estado grego simultaneamente.

As tensões étnicas tornam-se cada vez mais fortes. Numa primeira fase, ficam limitadas à luta pelo controle da educação e das paróquias, mas rapidamente encontram tradução militar. Os conflitos étnicos na Macedônia levam à Guerra Civil Macedônia de 1903-1906, que tem duas consequências primordiais para o nacionalismo grego. Por um lado, afirma um sentimento de profunda hostilidade em relação aos nacionalismos macedônio[10] e búlgaro e que se mostra mais virulento que o sentimento antiturco, convencendo os setores nacionalistas da

A EXPERIÊNCIA NACIONAL

existência de uma real ameaça nas fronteiras do Norte. Os nacionalismos eslavos provocam um medo e uma hostilidade que ressurgem na Segunda Guerra Mundial, na Guerra Civil de 1946-1949 e na década de 1990, quando a Grécia se opõe ao reconhecimento da República da Macedônia pela União Europeia. Por outro lado, a concorrência dos nacionalismos eslavos redefine os objetivos do irredentismo grego, que não procura mais liberar as populações ortodoxas, "civilizando-as", mas emancipar populações gregas irredentas que aderem abertamente ao projeto nacionalista do Estado grego. O ecumenismo ortodoxo é definitivamente abandonado, em troca de um racionalismo muito mais etnicizado, que exclui as minorias étnicas do projeto nacional grego.

A derrota da Grécia em 1897 e a tutela de suas finanças por parte das potências europeias também têm como efeito o radical questionamento das elites políticas. O descrédito das famílias políticas tradicionais acarreta o surgimento de uma nova geração de líderes – entre os quais se destaca Eleftherios Venizelos – que radicaliza o discurso nacionalista e leva o projeto irredentista do Estado grego a suas últimas consequências. A Grande Ideia é mais atual que nunca às vésperas das Guerras Balcânicas e da Primeira Guerra Mundial.

Guerras Balcânicas, Primeira Guerra Mundial e Grande Catástrofe: apogeu e fim da utopia irredentista

O primeiro conflito mundial encaixa-se na Grécia numa sucessão de conflitos regionais, dos quais não pode ser dissociado. Por um lado, as Guerras Balcânicas evidenciam a militarização das tensões étnicas nos Bálcãs, anunciada pela Guerra Civil Macedônia. Por outro, a expedição militar grega na Ásia Menor, a derrota militar e a Grande Catástrofe de 1922 têm como consequência a partida definitiva das populações gregas da região e a troca de populações entre a Grécia e a Turquia em função de critérios religiosos.

A série de conflitos armados regionais, entre os quais se desenrola a Primeira Guerra Mundial, constitui um episódio decisivo da história regional, que fixa as fronteiras dos Estados-Nação. No caso da Grécia, o traçado das fronteiras nacionais é definitivo,[11] e a maior parte das reivindicações territoriais helênicas vem a ser atendida. O irredentismo, que garantira a coesão nacional no século XIX como elemento estruturante da maioria das correntes políticas, não se justifica mais. Desse modo, a ideologia nacionalista – até então identificada com o irredentismo – precisa ser redefinida. A caducidade dessa causa obriga o país a buscar um projeto político em condições de garantir a coesão e a unidade nacionais. Esse projeto é tanto mais necessário na medida em que a população que passou a viver no território grego nunca foi tão heterogênea, seja por critérios sociais, seja por questões étnicas. Em torno da definição do novo projeto de nação capaz de impedir a desagregação da comunidade e a dissolução do vínculo nacional é que se perfilam os conflitos políticos e ideológicos do século XX grego.

Após as duas Guerras Balcânicas – de 1912 e 1913 –, a Grécia anexa Epiro do Sul e a metade Sul do território macedônio. Entre os países envolvidos no conflito, só a Bulgária é forçada a moderar suas ambições territoriais. Sófia anexa apenas um quarto do território macedônio do Norte, embora a região tenha uma importante população que adere ao projeto nacional búlgaro. Essa incontestável vitória militar e política da Grécia tem três consequências principais. Primeiro, impõe o Exército regular como ator incontornável da integração nacional. Até o início do século XX, o Estado grego mostra-se reticente em relação ao desenvolvimento de um Exército profissional. Privilegiava assim a utilização de tropas irregulares de *listès* (bandidos), que perseguiam as populações otomanas das regiões fronteiriças e proporcionavam apoio militar aos irredentos ortodoxos do império que se revoltavam contra as autoridades otomanas. As forças irregulares ofereciam a vantagem de não estar oficialmente sujeitas às ordens do governo, ao mesmo tempo que perseguiam seus objetivos políticos. Assim, permitiam ao reino grego dar prosseguimento de fato à sua política irredentista, sem por isso trair seus compromissos com as grandes potências, que o impediam de atacar militarmente o Império Otomano. Acontece que as tropas irregulares, muito eficazes até o fim do século XIX, se revelam insuficientes num campo de batalha propriamente dito. Sua ineficácia fica evidente na Guerra Greco-Turca de 1897, e,

A EXPERIÊNCIA NACIONAL

depois, na Guerra Civil Macedônia de 1903-1906.[12] Esses problemas levam o governo grego de Theotokis a dar nova atenção ao Exército regular e profissional, que é modernizado. As vitórias do Exército grego nas Guerras Balcânicas e na Primeira Guerra Mundial impõem-no como defensor privilegiado do projeto nacionalista grego. O Exército manteria esse papel até depois da invasão turca de Chipre em 1974.

Por outro lado, as guerras balcânicas provocam nos dirigentes gregos um sentimento de urgência no sentido de levar a cabo as anexações territoriais. Enfrentando a concorrência dos outros nacionalismos balcânicos, mas também a ascensão do nacionalismo turco (encarnado pela Revolução dos Jovens Turcos, de 1909), a Grécia encara a guerra de 1914-1918 como sua última oportunidade de ampliar o território nacional.

A Primeira Guerra Mundial prolonga a expansão territorial do Estado grego. O Tratado de Sèvres concede à Grécia em 1920 a região da Trácia. A Jônia, região da Ásia Menor que compreende a cidade de Esmirna (Izmir), também é posta sob administração grega. O território controlado então pelo Estado grego chega à sua superfície máxima e confirma o papel do Exército na realização do sonho irredentista e dos objetivos da ideologia nacionalista.

Mas o sonho se revela frágil e excessivamente ambicioso. O Tratado de Sèvres, assinado pelas autoridades otomanas, não é reconhecido pelos jovens turcos de Kemal Atatürk. Também, os habitantes das regiões recém-conquistadas recebem o Exército grego de uma maneira que não pressagia uma administração fácil. Com efeito, o entusiasmo da população grega em relação às tropas gregas só tem equivalente na hostilidade da população turca. Acontece que essa população é mais numerosa, sendo alvo de abusos e massacres cometidos pelo Exército grego, o que aumenta ainda mais seu ressentimento. Em vez de tentar apaziguar a situação, o Exército – comandado pelo rei Constantino I a partir de 1920 – empreende novas conquistas, que culminam na ocupação de Ancara. A empreitada termina em fragorosa derrota militar, tendo como consequência massacres de populações gregas, que são expulsas do litoral da Ásia Menor e do interior da Turquia. Em setembro de 1922, o Exército turco toma Esmirna – grande centro grecófono do litoral mediterrâneo da Ásia –, do que decorrem massacres e incêndios nos bairros cristãos da cidade. O incêndio de Esmirna transforma-se no símbolo da tragédia nacional e num trauma que quase cem anos depois ainda ronda a memória coletiva grega.

Assinado em 1923, o Tratado de Lausanne ratifica o traçado de fronteiras decorrente das batalhas da Guerra Greco-Turca de 1919-1922. A Grécia obtém a Trácia ocidental, mas cede a Trácia oriental e a Ásia Menor. Um novo princípio do direito internacional *ad hoc* supostamente remediaria as tensões étnicas da região. Trata-se da troca de populações – que no século XXI poderíamos chamar de limpeza étnica – em função de critérios religiosos. As populações muçulmanas da Grécia, à exceção das que habitam a Trácia ocidental, cerca de 380 mil pessoas, são forçadas a deixar o território grego, enquanto as populações grecófonas e ortodoxas da Turquia (à exceção das que habitam Constantinopla[13] e as ilhas de Imbros e Tenedos), pouco mais de um milhão de pessoas, são obrigadas a deixar sua terra natal e se instalar na Grécia. Cabe ainda acrescentar os 150 mil refugiados que vão para a Ásia Menor antes de setembro de 1922. A troca de populações também afeta os eslavos do norte da Grécia, que vão para a Bulgária, e os gregos da Bulgária e da URSS, que voltam à Grécia, querendo ou não.

O Tratado de Lausanne de 1923, consumação dos conflitos regionais e mundiais do período anterior, fixa o traçado das fronteiras nacionais e impõe a solução da homogeneização étnica forçada dos Estados balcânicos. Depois de um século de conflitos e tensões étnicas, o tratado parece concluir o processo de construção nacional na região, mas suas soluções são apenas aparentes e momentâneas. As tensões étnicas persistem, por um lado, e, por outro, a radical solução da troca de populações gera um trauma que constantemente alimenta os nacionalismos balcânicos.

Além disso, as mutações geradas nesse período-chave impõem aos Estados balcânicos novos desafios, sob cujo signo se desenrola o século XX. Em primeiro lugar, o Estado grego precisa integrar seus novos territórios. Em apenas quarenta anos – de 1881 a 1923 –, o território nacional e a população grega praticamente duplicaram. A

A EXPERIÊNCIA NACIONAL

anexação, em 1881, da Tessália e de Arta – regiões dominadas pela grande propriedade fundiária, ao contrário do Peloponeso e de Ática, onde a pequena propriedade é a regra – coloca a questão da reforma agrária. Pela primeira vez, as elites políticas são obrigadas a definir os contornos do modelo econômico e social adotado. Os refugiados que chegam da Turquia a partir de 1922 são acampados em favelas miseráveis na periferia dos principais centros urbanos, ilustrando de maneira flagrante as desigualdades da sociedade da nova nação. O lugar central ocupado pela questão social na história do século XX grego é, contudo, obliterado e adiado com a preciosa ajuda da ideologia nacionalista.

O problema da heterogeneidade étnica também se apresenta com a anexação da Macedônia, de Epiro e da Trácia, pois esses territórios, separados do Império Otomano, constituem um mosaico de etnias. Em Epiro e na Macedônia, as populações eslavas e turcas têm terras agrícolas. Em Tessalônica, a vida econômica da cidade depende dos judeus. Não sem razão, essas populações alimentam constante hostilidade à política assimilacionista do Estado grego. Em 1923, a troca de populações pretende cortar esse nó górdio. Mas restam as minorias eslavas e muçulmanas da Macedônia e da Trácia, que Atenas tenta constantemente integrar à comunidade nacional, com resultados apenas relativos. Essa integração nacional a marcha forçada traduz-se ora em campanhas de assimilação cultural e linguística, nas quais a escola desempenha um papel estratégico, ora em medidas de violenta retaliação aos reticentes.

Ao quebra-cabeça étnico junta-se a profunda hostilidade das elites políticas de Atenas aos gregos dos novos territórios e aos refugiados provenientes da Ásia Menor, cuja "pureza de sangue" grega é regularmente questionada.[14] A hostilidade dos gregos do reino aos recém-chegados não deixa de estar vinculada ao estado desastroso das finanças públicas e a uma crescente concorrência num mercado de trabalho relativamente restrito. A chegada maciça de populações gregas da Ásia Menor, em condições de extrema pobreza, compromete a imagem idealizada de um helenismo irredento virtuoso e florescente, peça-chave do mito irredentista.

Por fim, as elites políticas devem enfrentar um desafio ideológico. A Grande Ideia e o rei constituem os dois pilares integradores da nação grega, ao mesmo tempo garantia da coesão nacional e fonte de legitimidade do poder político e do Estado. Ora, esses dois elementos são seriamente abalados a partir de 1923. A Grande Catástrofe obriga ao luto do irredentismo; elites políticas e cidadãos abandonam o sonho de uma grande Grécia e enfrentam, a partir de agora, os problemas internos que ameaçam a unidade do país. Trata-se de encontrar uma ideologia em condições de garantir a coesão nacional, no lugar do irredentismo. Esse papel é quase sempre atribuído ao anticomunismo, o que não deixa de entravar o processo de democratização do sistema político esboçado no início do século XX. Ao excluir uma parte da população em virtude de suas convicções ideológicas, as elites políticas gregas sacrificam a democracia no altar da unidade da nação.

Por outro lado, a partir da Primeira Guerra Mundial, o rei vê contestada a sua legitimidade política e a sua função de elemento agregador da comunidade nacional. Com efeito, na Grécia o conflito mundial é acompanhado de uma guerra civil larvar entre os partidários de Elefterios Venizelos e os do rei Constantino I, conflito interno conhecido como Divisão Nacional. Venizelos é um personagem central do período, uma das figuras mais controvertidas da história grega contemporânea. Tendo liderado a luta de Creta pela independência e a união com a Grécia (*Enosis*), é nomeado primeiro-ministro do país entre 1910 e 1920 e, mais tarde, entre 1928 e 1932. Irredentista irredutível, Venizelos se impõe no cenário político grego no fim da década de 1900. Sua enorme popularidade se explica sobretudo porque o líder oferecia uma tradução política para o fervor nacionalista que se apoderou da população grega após a debacle de 1897. Para a maioria dos gregos, ele encarna o ideal irredentista e a ideologia nacionalista. Homem de ação, impõe-se no cenário grego como um homem novo, que contrasta com o governo e o Parlamento, considerados passivos e elitistas, e os partidos políticos tradicionais, aos quais se atribui a culpa pelo declínio nacional. Graças ao seu domínio da arte da oratória e ao apoio da imprensa, Venizelos apresenta-se como o agente da regeneração nacional.

A EXPERIÊNCIA NACIONAL

No início da Primeira Guerra Mundial, Venizelos pode vangloriar--se da anexação de Epiro e da Macedônia. Próximo da Entente, ele preconiza a entrada na guerra contra as potências da Tríplice Aliança. Mas o rei Constantino I, que sobe ao trono em 1913, é germanófilo e defende firmemente a neutralidade da Grécia no conflito mundial. A polarização se acentua entre os dois campos, logo irreconciliáveis, pois cada um considera a lealdade internacional do adversário como pura e simples traição à pátria. A Divisão Nacional chega ao paroxismo em 1916-1917, com a criação de dois governos: o rei Constantino toma a frente de um governo em Atenas, enquanto o de Venizelos tem sede em Tessalônica. Venizelos finalmente se impõe em 1917, e a Grécia entra em guerra ao lado da Entente um ano antes do fim do conflito mundial, o que lhe permite anexar a Trácia e a Jônia. Apesar desse sucesso, Venizelos perde as eleições de 1920 para o campo realista. Retornaria por breve período ao poder, entre 1928 e 1932, para afinal acabar a vida no exílio.

A Divisão Nacional não se resume a um conflito entre duas perso. nalidades ou dois chefes de Estado de lealdades internacionais opostas. Constantino I e Venizelos encarnam dois projetos distintos de construção nacional, que, no entanto, partilham os mesmos fundamentos. Ambos reivindicam a herança irredentista do século XIX. Até 1923, os dois projetos também visam a resolver os problemas decorrentes das sucessivas anexações ocorridas entre 1881 e 1923, que puseram Atenas à frente de territórios de forte heterogeneidade étnica e social, ameaçando a coesão da Grécia. Da mesma forma, a partir de 1923, tanto Constantino quanto Venizelos procuram preencher o vazio ideológico deixado pelo irredentismo e optam pela unidade nacional, à custa da democratização da sociedade e do sistema político. Mas as soluções propostas por cada campo divergem profundamente.

Venizelos representa os gregos dos novos territórios (Tessália, Macedônia, Epiro e Trácia), além dos refugiados da Ásia Menor chegados em 1923. Já o rei Constantino é o porta-voz dos gregos do reino anterior às conquistas de 1881. Estes alimentam profunda hostilidade em relação aos gregos dos novos territórios, de tal maneira que a antiga divisão entre habitantes gregos do reino e helenismo

NAÇÃO E NACIONALISMO NA GRÉCIA A PARTIR DA PRIMEIRA GUERRA MUNDIAL

irredento se transforma em conflito entre gregos autóctones e gregos alógenos. O rei também conta com o apoio das minorias religiosas e linguísticas do norte da Grécia. Estas, populações camponesas eslavófonas, turcófonas ou judias, autóctones da Macedônia e da Trácia, veem os recém-chegados apoiados por Venizelos como uma ameaça. Apoiam o rei como principal inimigo de Venizelos. No norte da Grécia, assim, a população divide-se entre minorias religiosas ou linguísticas autóctones, em geral identificadas com os realistas, e os gregos refugiados, que formam tropas de fervorosos venizelistas. O venizelismo atua em duas direções complementares e opostas, na medida em que é ao mesmo tempo uma força de integração e de marginalização. Com efeito, essa corrente permite aos refugiados gregos integrar-se à comunidade nacional, mas simultaneamente marginaliza deliberadamente as minorias do norte da Grécia. Através do seu projeto de modernização da educação, Venizelos exclui todas as identidades religiosas ou linguísticas que não sejam a grega. A ampliação da rede escolar dá prosseguimento ao projeto de homogeneização cultural e ao aprofundamento da consciência nacional, de tal maneira que as minorias são alijadas da comunidade nacional. A radical reforma agrária promovida por Venizelos também tem duplo efeito social, de inclusão das populações refugiadas e exclusão das minorias. De fato, a reforma dá aos refugiados gregos do norte da Grécia acesso à terra, mas exclui a maioria dos camponeses da região que são eslavófonos e turcófonos. Sempre na ótica de fomentar a unidade nacional, Venizelos promove também a sindicalização operária nos centros urbanos, aplicando uma política social para os trabalhadores. O objetivo é duplo: em Tessalônica, trata-se de entrar em concorrência com a Federação Judaica, que controla o meio sindical; e, no restante da Grécia, ele obtém o apoio dos trabalhadores à sua política nacionalista e irredentista. O projeto integracionista de Venizelos visa, enfim, à instauração do regime republicano e à abolição da monarquia.

A concepção venizelista da nação grega, modernizadora e voltada para o Ocidente, implica a exclusão das forças políticas, sociais e étnicas opostas a seu projeto. Os realistas, as minorias étnicas e religiosas e as organizações sociais ou políticas contestadoras são classificados na mesma categoria de inimigos da nação. Em outras palavras, toda identidade política ou cultural divergente é entendida como uma ameaça à nação grega. O ideal político de Venizelos busca essencialmente o unanimismo. O campo realista nem por isso é adepto de uma definição mais tolerante e inclusiva da comunidade nacional. Os realistas, contudo, distinguem-se nitidamente dos venizelistas pela busca de referências no passado, e não no futuro. Seu ideal é o pequeno reino grego do início do século XIX, etnicamente homogêneo, pacificado e unido sob a bandeira do ideal romântico do irredentismo, que os realistas gregos tentam desesperadamente reavivar.

O século XX grego poderia resumir-se assim: a idealização da homogeneidade da nação grega do século XIX leva a classe política – liberal ou realista – a negar, ocultar ou suprimir violentamente as diferenças – entendidas como ameaças à nação –, em vez de administrá-las e compor com elas.

A persistência das tensões étnicas nos Bálcãs

Depois de 1923, o nacionalismo, até então associado ao irredentismo, volta-se para dentro do país e para a defesa das conquistas já alcançadas. O sentimento nacional mistura-se agora ao conceito de inimigo. A imagem de uma nação cercada por todos os lados toma o lugar da imagem de nação adolescente cheia de energia vital, confiante em seu crescimento e sua expansão. Depois de 1923, o nacionalismo é alimentado pelos sentimentos de medo e ameaça, reforçados pela lembrança das Guerras Balcânicas e da Primeira Guerra Mundial, conflitos que opuseram violentamente a Grécia aos vizinhos do norte, assim como pelo trauma da Grande Catástrofe e a violenta expulsão das populações gregas pelo Exército turco. Mas as ameaças externas têm sua correspondência interna. Trata-se das minorias linguísticas ou religiosas que vivem no norte da Grécia (muçulmanos da Trácia, judeus e eslavófonos da Macedônia), consideradas aliadas dos países vizinhos e vetores de suas ambições territoriais. O nacionalismo é constantemente alimentado pelos poderes estabelecidos, que frequentemente fundamentam sua

NAÇÃO E NACIONALISMO NA GRÉCIA A PARTIR DA PRIMEIRA GUERRA MUNDIAL

legitimidade política e sufocam as contestações internas brandindo a ameaça – real ou imaginária – existente nas fronteiras.

Assim, as tensões fronteiriças que regularmente opuseram a Grécia à Turquia no século XX traduzem-se internamente na marginalização sistemática das populações muçulmanas da Trácia, que haviam escapado à troca de populações em 1923. À parte políticas assimilacionistas de resultados muito limitados, os muçulmanos da Grécia quase cem anos depois ainda sofrem discriminações sociais e são excluídos das políticas de desenvolvimento econômico local, enquanto sua representação política é institucionalmente entravada. Essa marginalização é justificada e legitimada pelas suspeitas que pesam sobre eles, não raro considerados agentes de expansionismo turco, que tem ambições quanto à Trácia ocidental.

Até o fim da Segunda Guerra Mundial, contudo, mais que os turcos, os búlgaros surgiram como principal inimigo da nação grega. Essa desconfiança é explicada pelos problemas enfrentados pela Bulgária depois dos diferentes conflitos. Sófia, com efeito, ficara insatisfeita com a partilha da Macedônia após a Primeira Guerra Mundial, em proveito da Grécia e da Sérvia. Além disso, fora obrigada a ceder a Trácia à Grécia em 1923. Acontece que os búlgaros não abrem mão de suas ambições regionais, que batem de frente com o projeto territorial grego. Na Segunda Guerra Mundial, a Bulgária aliou-se às forças do Eixo que ocuparam a Grécia, o que lhe permitiu atacar o norte da Grécia e ocupar a parte oriental da Macedônia e a Trácia ocidental. A ocupação búlgara contou, numa primeira etapa, senão com a aceitação, pelo menos com a tolerância de uma parte da população, mas veio depois a ser maciçamente rejeitada. Após a guerra, as tensões entre os dois países se acalmam, na medida em que parecem ignorar-se inteiramente, com total rompimento de relações. A fronteira greco-búlgara torna-se hermética, com circulação mínima e estreitamente vigiada pelos exércitos dos dois países. Essa situação perdura até a década de 1990 e a queda do regime comunista, que acarreta um aumento da circulação e das relações comerciais entre os dois países.

Ora, a principal fonte de tensões entre 1920 e 1945 decorre menos da ameaça de que as regiões do norte da Grécia fossem ocupadas pelos

A EXPERIÊNCIA NACIONAL

búlgaros do que da ressonância do discurso nacionalista destes na população eslavófona da Macedônia. Real ou suposta, a adesão dessa população ao nacionalismo búlgaro gera o temor de uma secessão. Cabe aqui um breve lembrete histórico. O nacionalismo macedônio surge no fim do século XIX, imediatamente apoiado pela Bulgária. Divide-se então em duas tendências, uma preconizando a independência da Macedônia e sua transformação em Estado-Nação, ao passo que a outra milita pela anexação do território à Bulgária. Durante as Guerras Balcânicas e a Primeira Guerra Mundial, as duas tendências abstraem suas divergências e se aliam à Bulgária. Entre 1920 e 1924, a região é sacudida por violentas revoltas pró-búlgaras. A troca de populações em 1923 reduz a força do movimento independentista macedônio, sem jamais conseguir eliminá-lo totalmente.

O nacionalismo macedônio é a obsessão de todos os governos gregos do entreguerras, alvo tanto das políticas assimilacionistas quanto da repressão. A política educativa de Venizelos, por exemplo, procura inculcar a consciência nacional, impor o grego como língua única na região e fazer frente às reivindicações nacionalistas das populações eslavófonas. Essa política assimilacionista tem sucesso na integração de uma parte da população eslavófona. O general Ioannis Metaxas, instaurando a 4 de agosto de 1936 um governo ditatorial que se prolonga até 1941, inclui a questão macedônia entre suas prioridades e opta por uma abordagem repressiva. Os abusos do Exército contra as populações eslavófonas levam-nas a buscar o exílio, a proibição do uso da língua macedônia nos espaços públicos é acompanhada de sanções que vão da simples multa ao encarceramento. Teoricamente, o macedônio também é proibido no espaço privado. Essas medidas de repressão alienam a população eslavófona, que se pronuncia em favor dos búlgaros no início da Ocupação. Mas, rapidamente, a simpatia pelo ocupante búlgaro se dissipa, com a dureza da Ocupação.

São, todavia, outras circunstâncias que transformam os macedônios nos principais inimigos do Estado grego. A independência da Macedônia é promovida já a partir da década de 1920 pelo Komintern, que milita pela formação de uma federação comunista balcânica na qual a Macedônia seria um dos Estados federados. O Partido Comunista

Grego (KKE) adere – é verdade que sem entusiasmo – à linha do Komintern, tornando-se assim o único partido grego a manifestar certa simpatia em relação aos nacionalistas macedônios.

Partido fortemente minoritário antes de 1940, o KKE torna-se uma das principais forças políticas gregas depois da Segunda Guerra Mundial. Seu papel na resistência à Ocupação alemã confere-lhe grande popularidade. Além disso, a questão social ocupa o lugar central do programa comunista, que assim se posiciona num terreno abandonado pela classe política liberal e conservadora. Desse modo, ao fim da guerra, o KKE encontra-se numa posição muito vantajosa. Em outubro de 1944, no entanto, quando as tropas alemãs se retiram, Churchill interpõe-se à eventualidade de uma tomada do poder pelos comunistas gregos, com uma intervenção militar britânica no Pireu. Depois de quatro meses de confrontos e apesar de muitas vitórias militares do EAM-Elas,[15] os comunistas – por instigação de Stálin – assinam os acordos de Varkiza em fevereiro de 1945, aceitam o cessar-fogo e entregam as armas. O governo de direita empreende então feroz repressão contra os membros do KKE (assassinatos cometidos por grupos paramilitares de extrema direita, encarceramentos em massa, execuções etc.). É o início da Guerra Civil Grega de 1946-1949, que termina com a derrota militar do KKE.

Rapidamente acuado, o DSE (Exército Democrático da Grécia)[16] refugia-se no norte da Grécia. Nessa região, o NOF (Naroden Oslobo-ditelen Front), organização independentista macedônia de orientação socialista, torna-se um aliado primordial para o KKE, representando em 1948 dois terços dos combatentes do DSE comunista. No fim da guerra civil, vencida pelo governo de direita e pelo general Papagos à frente do exército, os macedônios são duramente atingidos pela repressão. Para os que estão no poder, eles são duplamente perigosos e culpados, comunistas que recusam a grecidade. Aldeias são incendiadas, propriedades, confiscadas, e as expulsões forçadas tornam-se moeda corrente. A partir de 1948, populações inteiras de aldeias eslavófonas partem para a Iugoslávia. Mais uma vez, a questão das minorias étnicas é resolvida pela repressão e por expulsões do território nacional.

A aliança entre o NOF e o DSE permite ao governo de direita e ao Exército forjar uma nova figura do inimigo interno a serviço de países estrangeiros. Sob a Ocupação, os comunistas veem sua popularidade aumentar graças à sua imagem de defensores dos interesses nacionais da Grécia. A aliança com o NOF – que milita pela independência da Macedônia – compromete essa imagem. Já a partir de 1946 e até a queda da ditadura em 1974, os comunistas são equiparados aos *comitadjis* búlgaros do início do século. A guerra civil é apresentada como um guerra entre duas nações (a Grécia contra uma nação eslava aliada aos comunistas). Para melhor atacar e desacreditar o inimigo político, ele é transformado em inimigo da nação.

No fim da guerra civil, a Grécia está isolada na região. As relações diplomáticas e comerciais são rompidas com todos os países balcânicos, que, depois da Segunda Guerra Mundial, se juntam ao bloco socialista, por livre e espontânea vontade ou pela força. Os governos gregos do pós-guerra voltam-se decididamente para o Ocidente. Nos Bálcãs, os países eslavos de regime comunista encarnam a partir de então nacionalismos concorrentes que põem em risco a integridade do território grego, mas representam também uma alternativa política que exerce perigosa atração sobre uma parte das camadas populares e médias gregas.

O isolamento regional da Grécia chega ao fim na década de 1990, mas o restabelecimento de relações com os vizinhos do norte não deixa de provocar muitos temores. A guerra na Iugoslávia, o surgimento da República da Macedônia, a instabilidade na Albânia e as constantes tensões com a Turquia constituem elementos que marcam a década de 1990, reanimando os fantasmas do passado. No discurso nacionalista oficial, ressurge a ameaça nas fronteiras. Em 1996, a retórica belicosa leva a Grécia e a Turquia à beira da declaração de guerra pela soberania de Ímia, uma ilhota desabitada do Dodecaneso, situada nas proximidades do litoral turco.

A partir da década de 1990, a maciça chegada de imigrantes que transitam pelas fronteiras do Norte e do Leste também contribui para a reativação do sentimento de que há uma ameaça nas fronteiras. Esse fenômeno inédito para a Grécia, tradicionalmente uma terra de emigração, é amplamente instrumentalizado pelo poder instituído e, *a fortiori*, pela direita. Desde o início da crise econômica em 2009, os imigrantes têm estado entre os principais alvos do partido neonazista Aurora Dourada, que propôs a colocação de minas antipessoais na fronteira da Grécia com a Turquia, com o objetivo de reduzir a imigração clandestina.

Mas o ressurgimento mais veemente de um sentimento nacional misturado ao ódio ao nacionalismo eslavo ocorre em torno da questão macedônia. Em 1991, após o esfacelamento da Iugoslávia, a República da Macedônia proclama sua independência. A Grécia reage, condenando a denominação escolhida pela nova República, considerada uma usurpação do nome do reino de Alexandre, o Grande. "Falsos" macedônios teriam se apropriado da história nacional grega, batizando seu país de República da Macedônia. Em toda a Grécia, e particularmente no norte, grandes mobilizações populares reagem a essa afronta da nova república balcânica. A História e sobretudo a Arqueologia são postas a serviço da cruzada nacionalista, consideradas capazes de provar a helenidade da Macedônia. O túmulo real de Filipe, pai de Alexandre, descoberto em escavações realizadas pelo professor Manolis Andronikos em Verghina, na década de 1970, torna-se um novo lugar sagrado da memória nacional. O solo macedônio – símbolo até então desconhecido – transforma-se, na década de 1990, em novo emblema nacional, decorando objetos os mais diversos, dos monumentos e bandeiras nacionais até sacos plásticos de supermercados, carteiras de habilitação de motoristas e passagens de ônibus. Esse novo elã resgata o nacionalismo do século XIX e sua busca obsessiva de uma continuidade histórica ligando a nação grega da Antiguidade aos nossos dias, mas também o fervor nacionalista antieslavo e anticomunista que marcou o período de 1920-1974. Trata-se do testemunho de uma constante do nacionalismo grego do século XX: o caráter central da figura do inimigo, externo e interno. Esse nacionalismo tem como objetivo construir uma comunidade nacional homogênea que exclua radicalmente as diferenças – culturais, linguísticas, religiosas ou políticas. As elites políticas e o Exército têm constante interesse nisso, na medida em que sua manutenção lhes permite apresentar-se como garantias da unidade nacional.

A EXPERIÊNCIA NACIONAL

Inimigos externos, inimigos internos: nacionalismo, cidadania e a questão social

O dogma da unidade nacional, formulado pela primeira vez logo depois da independência, tornou-se mais preciso imediatamente depois da Primeira Guerra Mundial. A unidade nacional é, antes de mais nada, histórica. A afirmação da existência de uma só e mesma nação grega através dos séculos, de Homero ao presente, passando por Bizâncio, permite descartar as incertezas de identidade próprias de uma nação em construção. A unidade nacional é também geográfica. As fronteiras e os territórios anexados à Grécia devem ser protegidos, evitando-se cisões e neutralizando-se qualquer ameaça. A unidade nacional tem, por fim, uma dimensão social e cultural. A homogeneidade cultural deve ser alcançada pela difusão da cultura e da língua gregas e, se necessário, imposta pela força. Além disso, nenhuma atenção é dada aos conflitos sociais, enquanto as organizações que lembram a existência das desigualdades sociais e convocam a lutar contra a sua permanência são desde logo excluídas do sistema político, consideradas uma ameaça à unidade nacional. Se até 1923 a Grande Ideia assegurou a unidade da nação grega unanimemente voltada para o empreendimento de realização do sonho irredentista, ela veio a ser suplantada, depois da Grande Catástrofe, pela luta contra os inimigos externos e sobretudo internos. A partir da década de 1930, e, *a fortiori*, logo depois da Segunda Guerra Mundial, o principal e mesmo o único "inimigo interno" passou a ser o Partido Comunista Grego.

Venizelos é o primeiro dirigente do Estado grego a promulgar uma legislação ao mesmo tempo social e anticomunista. Ele promove a integração das camadas populares na comunidade nacional por meio da popularização do discurso nacionalista, mas também favorecendo o sindicalismo e as políticas sociais que visam a melhorar as condições de vida das camadas mais desfavorecidas. Entretanto, seu principal objetivo não é reconhecer as profundas desigualdades sociais e encontrar soluções duradouras. Trata-se muito mais de associar as camadas populares a seu projeto irredentista, posto em prática nos Bálcãs e na Ásia Menor. Quando o irredentismo é abandonado, Venizelos tenta

NAÇÃO E NACIONALISMO NA GRÉCIA A PARTIR DA PRIMEIRA GUERRA MUNDIAL

construir uma comunidade nacional unânime e homogênea, da qual os conflitos e clivagens sociais são banidos. Decepcionado com a posição pacifista do movimento operário ao estourar a Primeira Guerra Mundial, preocupado com o crescimento dos conflitos sociais e a fundação do Partido Comunista Grego, Venizelos promulga sem hesitar o *Idionymon*. Esse conjunto de leis, de mal disfarçado anticomunismo, estabelece que será considerado inimigo da nação todo aquele que ameaçar o *statu quo* pela força ou atentar contra a integridade do território nacional.

O general Ioannis Metaxas, primeiro-ministro grego entre 1936 e 1941 – que assume poderes ditatoriais ao ser eleito –, aplica reformas sociais ambiciosas (entre outras, a criação das caixas nacionais de segurança social). Essas reformas têm objetivos semelhantes aos de Venizelos. Trata-se de conquistar a adesão das camadas populares com algumas medidas sociais que, sobretudo, não questionem as estruturas sociais e os fortíssimos desequilíbrios na repartição das riquezas nacionais. E por sinal sua política reformista é acompanhada de uma campanha de terror e repressão, da qual o KKE é a principal vítima, embora ainda seja um partido marginal. O anticomunismo já está solidamente enraizado nas Forças Armadas gregas, das quais provém Metaxas, e é reforçado depois da Segunda Guerra Mundial.

Com efeito, a partir de 1945 e da eclosão da guerra civil, o Estado grego enfrenta pela primeira vez um partido comunista forte e enraizado em vastos setores sociais, graças ao papel preponderante que desempenhou na Resistência. Ao contrário do que ocorrera com Venizelos e Metaxas, a reação é quase exclusivamente repressiva. A ideologia nacionalista é mobilizada para legitimar e justificar a repressão. O KKE, seus membros e simpatizantes são apresentados como um "inimigo" da nação, um corpo estranho que se imiscuiu no organismo social. Nada mais lógico, então, que extraí-lo, excluindo-o primeiro socialmente, e depois também politicamente.

Para lutar contra o "inimigo nacional", o Estado recorreu ao único setor que não poderia incorrer na suspeita de simpatias comunistas, a saber, os antigos colaboracionistas. Ultranacionalistas e anticomunistas viscerais, os antigos colaboradores do ocupante alemão forneceram contingentes ao Exército, à polícia e aos organismos de segurança. Engajaram-se com entusiasmo numa repressão de grande alcance contra o KKE e todo indivíduo suspeito de simpatias comunistas. A extrema direita permanece no comando do Exército e das forças de segurança até nossos dias – não tendo sido realizado nenhum expurgo interno sério, nem mesmo depois da transição democrática –, o que certamente explica a ressonância, atualmente encontrada em suas fileiras, do discurso anticomunista e ultranacionalista do partido neonazista Aurora Dourada.

Entre 1946 e 1949, o Exército toma para si a tarefa de vencer militarmente o KKE e seu braço militar, o DSE. A partir de 1948, as forças de segurança assumem uma nova missão: a exclusão social e profissional dos militantes comunistas ou "comunizantes". É então promulgada a Lei de Exceção 516, inventando, entre outras coisas, um novo documento oficial, o certificado de opiniões sociais (ou certificado de civismo), fornecido pela Polícia e atestando que seu titular não pertence ao KKE. Esse certificado tornou-se obrigatório para assumir cargos de natureza pública ou semipública, matricular-se na universidade e receber bolsas de estudos, passaporte ou carteira de habilitação de motorista. O certificado de civismo, que permaneceu em vigor até 1974, conferia às forças de segurança do Estado amplos direitos de ingerência na vida política e na sociedade gregas.

Além de sofrer a exclusão social e profissional, os militantes comunistas foram proibidos de exercer direitos políticos em nome do interesse nacional.[17] Essa exclusão política dos comunistas ilustra perfeitamente como a questão nacional se mistura à da cidadania.

O sufrágio universal masculino é introduzido na Grécia em 1843, mas uma cláusula da Constituição permite excluir do direito de voto os indivíduos ou grupos considerados "inimigos da nação". Assim, a primeira Constituição do Estado grego estipula que a nação, e não o povo, é a fonte do poder. A fórmula é retomada em todas as Constituições posteriores, que se abstêm de se referir à noção de "povo". Os primeiros a estabelecer uma distinção entre povo e nação são, paradoxalmente, os constitucionalistas do regime de Metaxas. Mas essa distinção não é estabelecida com uma preocupação de democratização

NAÇÃO E NACIONALISMO NA GRÉCIA A PARTIR DA PRIMEIRA GUERRA MUNDIAL

do sistema político. Segundo esse grupo, o povo pode equivocar-se e ser manipulado, de tal maneira que a vontade expressa nas urnas se revele contrária aos interesses da nação. Ora, os interesses da nação têm primazia sobre as opiniões e os desejos do povo. O poder decisório cabe àquele ou àqueles que estejam em condições de encarnar a vontade nacional (e não a vontade popular).

O início da Segunda Guerra Mundial deixou a Constituição de Metaxas apenas no esboço. Mas sua lógica íntima – muito semelhante à do *Idionymon* de Venizelos – sobreviveu, voltando à superfície durante a Guerra Civil de 1946-1949. O governo de direita promoveu então uma revisão constitucional que não aboliu o princípio liberal da soberania popular, mas foram introduzidas muitas leis de exceção que suprimiram os direitos civis dos indivíduos cujas opiniões políticas fossem consideradas contrárias aos interesses da nação. Esse corpo de leis de exceção, conhecido pelo nome de "paraconstituição", em vigor até a queda dos coronéis em 1974, estabelecia a mesma distinção entre povo e nação. Essas leis que atravessam o século sob formas ligeiramente diferentes têm em comum o deslocamento da questão social e da contestação política para o terreno nacional. A contestação é sistematicamente considerada antinacional, sendo os opositores excluídos da comunidade nacional. Pois embora a nacionalidade não lhes seja retirada, eles são impedidos de exercer sua cidadania.

A ditadura dos coronéis (1967-1974) leva essa lógica a seu extremo. Os militares que tomam o poder no golpe de Estado de 1º de abril de 1967 aderem à versão mais reacionária do nacionalismo grego, amplamente difundida nas fileiras do Exército. Investem-se da missão que as elites políticas já atribuem à sua instituição desde as Guerras Balcânicas e a Primeira Guerra Mundial: o Exército como garantia da coesão da nação grega. Ora, segundo os coronéis, a nação define-se pelo conservadorismo político e moral, sob o signo exclusivamente da Igreja Ortodoxa. O objetivo é proteger a nação de quaisquer clivagens ideológicas, sociais e políticas. Assim, todas as oposições políticas à ditadura – de esquerda, de centro, de direita ou mesmo monárquica (a monarquia é abolida pelos coronéis em 1973) – são reunidas na mesma categoria de "antinacionais". O contexto legal da repressão política – por sinal acompanhada, tal como nas décadas de 1920 e 1930, de generosas concessões financeiras às classes médias e, em menor medida, populares – efetua-se por meio da integração da paraconstituição à Constituição. Entretanto, a ilimitada extensão da categoria dos antinacionais, entre os quais são incluídos notáveis nacionalistas, a leva a perder o sentido. A distinção entre povo e nação finalmente é suprimida depois de 1974.

O nacionalismo dos coronéis é socialmente conservador e politicamente reacionário. Com efeito, esse grupo retoma o nacionalismo do fim do século XIX e do início do século XX, cultivado pelo campo realista a partir do fim da Primeira Guerra Mundial. Isso explica o fato de os coronelistas porem novamente na ordem do dia um projeto nacional que parecia ter sido definitivamente abandonado depois de 1923: o irredentismo.

O ressurgimento do irredentismo:
a ditadura dos coronéis e a questão cipriota

O Chipre é o canto do cisne do irredentismo grego e o último avatar do confronto militar aberto entre a Grécia e a Turquia. As relações entre os dois países, contudo, já haviam melhorado nitidamente entre 1922 e 1974. Depois de 1922, efetivamente, Mustafá Kemal Atatürk e Eleftherios Venizelos mostram-se decididos a restabelecer relações entre os dois Estados que dirigem. A Grécia abre mão de todas as suas reivindicações sobre o território turco em um tratado assinado em 1930. Pouco depois, em 1934, a Grécia e a Turquia, às quais se juntam o reino da Iugoslávia e a Romênia, firmam o Pacto Balcânico, que prevê assistência mútua. Em 1941, a Turquia é o primeiro país a enviar ajuda humanitária à Grécia, que passa sob a Ocupação por uma das piores fomes de sua história. No início da Guerra Fria, os dois países estabelecem relações mais estreitas ainda diante inimigo comum representado pelo bloco socialista. Mas Ancara leva adiante uma política de diminuição da presença econômica grega no país e Atenas continua a se mostrar muito hostil em relação às populações turcófonas

NAÇÃO E NACIONALISMO NA GRÉCIA A PARTIR DA PRIMEIRA GUERRA MUNDIAL

e muçulmanas da Trácia ocidental. Nesse contexto de coexistência pacífica, a crise cipriota reativa a hostilidade entre os dois países, voltando a despertar na Grécia os demônios da Grande Catástrofe.

O Chipre faz parte do Império Otomano até 1878, ano em que o Exército britânico ocupa a ilha, que, no entanto, continua formalmente sob soberania turca. Os turcófonos representam então menos de 20% da população, e a maioria grega deseja a união com a Grécia (*Enosis*). Essa vontade também é encontrada em Creta, que nesse mesmo momento se revolta contra as autoridades otomanas e obtém sua anexação à Grécia em 1913. Os cipriotas votam maciçamente em favor de uma mesma solução em 1895, mas as autoridades britânicas ignoram essa vontade popular e conferem ao Chipre o estatuto oficial de colônia em 1914. No período 1914-1960, o Chipre é um território em conflito. A população grega resiste às autoridades britânicas, por um lado, e, por outro, os cipriotas gregos se opõem aos cipriotas turcos. Em 1960, finalmente é declarada a independência da ilha. Mas o estatuto adotado concede direitos consideráveis à minoria turca, o que atiça a hostilidade da maioria grega.

Quando os coronéis tomam o poder, a questão cipriota assume um lugar cada vez maior no debate grego. Mas assume um caráter central quando o poder da junta começa a ser abertamente contestado. De fato, os militares que começam a perder poder encaram o Chipre como uma causa nacional suscetível de legitimar seu governo. Com razão, pois a união com a ilha é uma reivindicação que remonta ao fim do século XIX e resgata para a população um imaginário irredentista anterior a 1923. Para levar a efeito essa operação, os coronéis fomentam um golpe de Estado no Chipre, com o objetivo de instaurar em Nicósia um poder próximo da junta grega. A ideia é que o novo poder, sob sua influência, atue no sentido da anexação sem maiores dificuldades. Além disso, o golpe de Estado derrubaria o presidente progressista cipriota – o bispo Makarios – suspeito de inclinações socialistas, o que só pode satisfazer a junta militar grega, extremamente anticomunista. Mas o golpe fracassa, oferecendo à Turquia um formidável pretexto para intervir militarmente na ilha. O Chipre é invadido pelas tropas turcas. A população grega da metade norte da ilha é violentamente

A EXPERIÊNCIA NACIONAL

evacuada e suas propriedades são confiscadas, o que não deixa de lembrar a partida dos gregos da Ásia Menor. Operações de limpeza étnica são conduzidas no Norte e no Sul da ilha, o que leva à partilha do Chipre. Vítima dessa operação desastrosa, a ditadura grega desmorona e a junta dos coronéis é totalmente desacreditada. A invasão turca do Chipre reativa a hostilidade entre os dois países, envenenando suas relações até a época em que este livro é escrito.

Assim é que a Grécia reencontra a democracia em meio a uma crise internacional. Desde então, as relações tensas com a Turquia são uma constante da vida política do país, representando o cenário contra o qual se desenvolveram as novas formas de nacionalismo nos anos seguintes. Nas décadas de 1980 e 1990, o partido de direita Nova Democracia e o Pasok[18] não hesitaram em recorrer à ameaça turca para alimentar o ardor nacionalista popular. Isso permitiu a esses dois partidos tradicionais, grandes beneficiários da transição democrática, ocupar a quase totalidade do cenário político. Desse modo, as vozes discordantes que questionaram os termos da transição foram sufocadas. A partir de 2009, contudo, as fraquezas do regime democrático grego revelam-se em toda a sua extensão em virtude da crise econômica.

Conclusão

O fator fundamental para a compreensão do século XX grego é o nacionalismo, legado do século XIX. A continuidade histórica da nação, da Antiguidade até nossa época, e a ideologia romântica do irredentismo constituem as peças-chave dessa herança. O irredentismo – que ressurge com toda força na questão cipriota – marca de maneira duradoura as relações da Grécia com seus vizinhos. Conflituosas, hostis e marcadas pela desconfiança recíproca, as relações da Grécia com os outros países dos Bálcãs e a Turquia não permitiram o surgimento de uma narrativa nacional que levasse em conta seu passado comum e suas afinidades culturais. Nesse sentido, a Macedônia é um caso emblemático. A indefinição das fronteiras no século XIX e os diferentes conflitos armados do período (Guerras Balcânicas, Primeira Guerra

NAÇÃO E NACIONALISMO NA GRÉCIA A PARTIR DA PRIMEIRA GUERRA MUNDIAL

Mundial e Guerra Greco-Turca de 1919-1922) forjaram a figura do inimigo externo no imaginário coletivo, com a ideia de uma nação constantemente ameaçada pelos vizinhos, aos quais vieram juntar-se na década de 1990 os imigrantes clandestinos. Esse imaginário provocou um nacionalismo defensivo que, longe de se contentar em manter a hostilidade nas fronteiras, também investiu contra o inimigo interno. Em consequência, a questão social foi sistematicamente ocultada, e as organizações políticas e sindicais que dela trataram – em primeiro lugar as comunistas – foram constantemente desacreditadas ou reprimidas. Os conhecimentos históricos transmitidos pelos manuais escolares e retomados pelos grandes meios de comunicação asseguram a perpetuação de uma consciência nacional forjada sobre mitos. Essa consciência nacional descarta setores inteiros da história grega, pois questionariam a narrativa perfeita, exaltada e autocelebratória da "grande nação". O vigor do nacionalismo e mesmo do ultranacionalismo na Grécia atual é uma manifestação entre outras dessa rejeição de uma história mais complexa e enraizada na região.

Notas

1. Maître de Conférences, Universidade de Cergy-Pontoise.
2. Helenismo é um termo polissêmico. Designa ao mesmo tempo a população do Estado grego, o conjunto dos gregos no mundo (os irredentos da Albânia, da Bulgária, da Macedônia, de Chipre e de Constantinopla e a diáspora grega) e a cultura ou civilização grega. Sobre o sentido e a evolução histórica do termo, ver Michel Bruneau, "Hellénisme, Helle-nismos: nation sans territoire ou idéologie?", *Géocarrefour*, vol.77, nº 4, 2002, pp. 319-328.
3. Como frisa Blaise Wilfert-Portal, "os Estados-Nação existem porque se reconhecem uns aos outros, o que significa, do ponto de vista sócio-histórico, que as elites que governam esses Estados só extraem de fato vantagens dessa condição a partir do momento em que desfrutam do reconhecimento das outras elites nacionais. Esse reconhecimento é que lhes permite participar do grande jogo do poder regional ou mundial, testar sua potência e estabelecer as alianças internacionais que as

A EXPERIÊNCIA NACIONAL

distinguem dos outros grupos sociais no espaço nacional. A sócio-história do nacional tende, assim, para uma história transnacional da internacionalização das elites, articulando os processos de invenção do Estado-Nação e de nacionalização do espaço público com os que estão ligados ao nascimento do campo do poder internacional". Wilfert-Portal, Blaise, "Nation et nationalisme", em C. Delacroix, F. Dosse, P. Garcia, N. Offenstadt, Historiographies II. Concepts et débats, Paris: Ed. Gallimard, 2010, p.1.100.

4. O irredentismo (do italiano irredentismo, de irredento, não libertado; não liberado; Itália irredenta, Itália não libertada) tem sua origem na Itália. Trata-se de uma doutrina política que reivindica a anexação do conjunto dos territórios de língua italiana, ou como tais supostos. Por extensão, o termo é usado para designar uma doutrina nacionalista que defende a anexação a determinado Estado de certos territórios que a seus olhos devem "legitimamente" ser incorporados, em particular quando sua população é considerada histórica, étnica ou linguisticamente aparentada com Estado em questão.

5. No fim do século XIX, Atenas, a capital do reino grego, tinha 30 mil habitantes, ao passo que Constantinopla tinha 160 mil.

6. As potências ocidentais reconhecem o novo Estado com a condição de que ele seja um regime monárquico dirigido por uma dinastia europeia. Essa condição provoca violentas reações entre os nacionalistas gregos, mas as grandes potências impõem seu ponto de vista, com o reinado da Casa de Wittelsbach – família soberana da Alemanha ocidental –, posteriormente substituída pela Casa dinamarquesa de Oldemburgo. Essas duas dinastias são originárias do norte da Europa, não dominam a língua grega e, sobretudo, não adotam a confissão grega ortodoxa, o que gera uma constante resistência dos gregos.

7. Tensões étnicas na região da Macedônia e da Trácia são registradas já a partir do fim do século XIX. Entre 1903 e 1906, foram responsáveis por uma guerra aberta entre populações grecófonas ortodoxas, turcófonas muçulmanas e eslavas ortodoxas, conhecida pelo nome de Luta Macedônia ou Guerra Civil Macedônia. As organizações eslavas eram divididas entre os independentistas macedônios – entre elas a Organização Revolucionária Interna Macedônio-Andrinopolitana (Orima) – e os nacionalistas búlgaros. Mas, apesar de suas divergências, os eslavos muitas vezes eram levados a se aliar pontualmente. Nesse período, os

grecófonos da região – apoiados por organizações paramilitares de nacionalistas gregos – frequentemente colaboraram com as autoridades otomanas para enfrentar o inimigo comum, o nacionalismo eslavo. Essa dimensão do conflito foi ocultada pela historiografia grega, à exceção de alguns trabalhos recentes.

8. O termo refere-se ao cerco do governo do sultão do Império Otomano.

9. Nome da Igreja búlgara, que se tornou autocéfala em 1870. A autocefalia dessa Igreja, associada à sua defesa do nacionalismo búlgaro, provoca o rompimento de relações entre a Exarquia e o Patriarcado de Constantinopla. Este só viria a reconhecer a Exarquia depois da Segunda Guerra Mundial e da instauração de um regime comunista na Bulgária.

10. Esses dois nacionalismos coexistem e se conjugam até o fim da Segunda Guerra Mundial. O nacionalismo macedônio surge – assim como o búlgaro – no fim do século XIX. Mais fraco, muitas vezes ele é forçado a encontrar aliados. Assim, os nacionalistas macedônios abrem mão de suas reivindicações independentistas e colaboram com os búlgaros durante as Guerras Balcânicas e a Primeira Guerra Mundial. Ao fim da Segunda Guerra Mundial, são em parte integrados à Iugoslávia (à exceção de uma minoria que reside na parte grega da Macedônia).

11. O único acréscimo territorial posterior ao Tratado de Lausanne de 1923 é o Dodecanésio, cedido pela Itália à Grécia após a Segunda Guerra Mundial (1947).

12. A morte precoce no campo de batalha do bandido Pavlos Mélas, desde então transformado em herói nacional, é uma perfeita ilustração disso.

13. O atual nome de Istambul só foi adotado oficialmente pelo Estado turco em 1930.

14. Em fontes da época, especialmente a imprensa, os gregos das regiões situadas ao norte da Tessália muitas vezes são estigmatizados como *tourkosporoi* (filhos bastardos de turcos).

15. A EAM (Frente de Libertação Nacional) e o Elas (Exército Grego de Libertação) são respectivamente a frente política e a frente militar do KKE, tendo sido criados durante a Segunda Guerra Mundial.

16. Nome da frente militar do KKE depois da Liberação.

17. Em 1962, 13 anos depois do fim da guerra civil, ainda havia 1.359 presos políticos comunistas e 296 exilados. O KKE é ilegal e se viu obrigado a agir na clandestinidade até 1974.

18. Movimento Socialista Pan-Helênico, o partido social-democrata grego.

Referências bibliográficas

APOSTOLAKOU, Lito. "'Greek' Workers or Communist 'Others': the Contending Identities of Organized Labour in Greece, c. 1914-1936". *Journal of Contemporary History*, vol.32, n.3, jul. 1997, p.409-424.

BRUNEAU, Michel. "Hellénisme, Hellenismos: Nation sans territoire ou idéologie?". *Géocarrefour*, vol.77, n.4, 2002, p.319-328.

CLOSE, David. *Ellada, 1945-2004*. Atenas: Ed. Thyrathen, 2005, p.475.

COUROUCLI, Maria. "Genos, Ethnos. Nation et Etat-nation". In: DEHOUVE, D.; JAMOUS, R. (orgs.). *Identités, Nations, Globalisation, Colloque Franco-Mexicain nov. 2000, Ateliers*, n.26, 2003, p.287-299.

COUROUCLI, Maria. "Le Nationalisme de l'Etat en Grèce". In: DIECKHOFF, A.; KASTORIANO, R. (orgs.). *Nationalismes et mutation en Méditerranée Orientale*. Paris: Ed. CNRS, 2002, p.41-59.

GANIAGE, Jean. "Terrorisme et guerre civile en Macédoine (1895-1903)". *Guerres mondiales et conflits contemporains*, vol.1, n.201, 2001, p.55-81.

GEORGELIN, Hervé. "Réunir tous les 'Grecs' dans un Etat-nation, une 'grande idée' catastrophique". *Romantisme*, vol.1, n.131, 2006, p.29-38.

GEORGIADOU, Vassiliki. "Greek Orthodoxy and the Politics of Nationalism". *International Journal of Politics, Culture, and Society*, vol.9, n.2, inverno de 1995, p.295-315.

GIORDANO, Christian. "Ruralité et nation en Europe centrale et orientale". Etudes rurales, n.163-164, 2002/3, p.45-65.

GOSSIAUX, Jean-François. *Pouvoirs Ethniques dans les Balkans*. Paris: PUF, 2002, p.217.

GOURGOURIS, Stathis. *Ethnos-Oneiro. Diafotismos kai thesmisi tis sigxronis Elladas*. Atenas: Ed. Kritiki, 2007, p.396.

HERSANT, Jeanne. "Contourner les normes européennes... grâce aux instruments européens. L'Impératif de sécurité nationale ou les résistances à l'intégration européenne de la Grèce". *Revue internationale de politique comparée*, vol.15, n.4, 2008, p.639-652.

LIAKOS, Antonis; LAFERRIÈRE, Christine. "L'Historiographie grecque moderne (1974-2000). L'Ère de la tradition, de la dictature à la démocratie". *Rue Descartes*, vol.1, n.51, 2006, p.92-113.

MANTIGNY, Vincent. "Penser le nationalisme ordinaire". *Raisons politiques*, n.37, vol.1, 2010, p.5-15.

MAZOWER, Mark. "The Messiah and the Bourgeoisie: Venizelos and Politics in Greece, 1909-1912". *The Historical Journal*, vol.35, n.4, dez. 1992, p.885-904.

MEYNAUD, Jean. *Les Forces politiques en Grèce*. Montréal: Jean Meynaud, 1965, p.530.

PECKHAM, Shannan. *National Histories, Natural States: Nationalism and the Politics of Place in Greece*. Londres; Nova York: Ed. Tauris, 2001, p.224.

ROSSOS, Andrew. "Incompatible Allies: Greek Communism and Macedonian Nationalism in the Civil War in Greece, 1943-1949". *The Journal of Modern History*, vol.69, n.1, mar. 1997, p.42-76.

SIVIGNON, Michel. "La Grèce devant l'adhésion de la Turquie". *Hérodote*, vol.3, n.118, 2005, p.82-106.

TSAOUSIS, Dimitris (org.). *Ellinismos kai ellinikotita. Ideologikoi kai biomatikoi axones tis neoellinikis koinonias*. Atenas: Ed. Estia, 2001 (1983), p.256.

TUNCAY, Mete; ZURCHER, Eric J. (orgs.). *Socialism and Nationalism in the Ottoman Empire, 1876-1923*. Amsterdã: I. B. Tauris; British Academic Presse; International Institute of Social History, 1994, 222p.

VEREMIS, Thanos (org.). *Ethniki tautotita kai ethnikismos sti Neoteri Ellada*. Atenas: Ed. Fondation Culturelle de la Banque Nationale, 2003, p.338.

VOGLI, Elpida. *"Ellines to genos". I Ithagenia kai i tautotita sto ethniko kratos ton Ellinon (1821-1844)*. Héraklion: Presses Universitaires de Crète, 2007, 402p.

WILFERT-PORTAL, Blaise. "Nation et nationalisme". In: DELACROIX, C.; DOSSE, F.; GARCIA, P.; OFFENSTADT, N. (orgs.). *Historiographies II. Concepts et débats*. Paris: Gallimard, 2010, p.1.090-1.102.

8. A queda da Áustria-Hungria e suas consequências no nacionalismo na Hungria

Ágnes Judit Szilágyi (Tradução de Ana Luiza Libânio)

O magnata de imprensa e político inglês Harold Sidney Harmsworth (1868-1940), conhecido como Lord Rothermere, publicou um artigo controverso, em 21 de junho de 1927, com o título "Hungary's Place in the Sun. Safety for Central Europe". O escrito foi lançado em Londres, no *Daily Mail*, um diário com tiragem de cerca de 2 milhões de exemplares, e apresentou a questão da segurança europeia no contexto do Tratado de Paz de Trianon e em especial das providências relativas à Hungria.[1] A sua ideia principal fixou-se já nas primeiras linhas do artigo:

> O Leste Europeu está tomado por Alsácia. Ao tirar as províncias-gêmeas assim nomeadas do domínio francês, o Tratado de Frankfurt, de 1871, tornou inevitável outra guerra europeia. O mesmo erro foi cometido em maior escala com a assinatura dos tratados de paz que dividiram o antigo Império Austro-Húngaro. Estes criaram minorias raciais insatisfeitas em meia dúzia de regiões da Europa Central, qualquer uma das quais poderia ser o ponto de partida de outro conflito.
>
> Dos três tratados que reorganizaram o mapa da Europa Central, o último e mais imprudente foi o de Trianon, que a Hungria foi convocada a assinar em 4 de junho de 1920. Em vez de simplificar

A EXPERIÊNCIA NACIONAL

a rede de nacionalidades existente, este a emaranhou ainda mais. O descontentamento que isso gerou é tão profundo que qualquer viajante imparcial que passe por aquela parte do continente vê claramente a necessidade de reparar os erros cometidos.[2]

O nacionalismo e a ideia do Estado-Nação em relação à história da Hungria no século XX-XXI são determinados pelos traumas da Primeira Guerra Mundial e do tratado de paz que deu fim definitivo à guerra para a Hungria, assinado em Versalhes, no palácio de Grand Trianon, em 4 de junho de 1920.[3] Os preceitos do tratado foram inaceitáveis para a esmagadora maioria da sociedade húngara, e determinavam a atuação e as decisões da elite política, fosse na política interna, fosse na externa. Como escreve Pál Pritz, historiador húngaro, citando as palavras de um diplomata contemporâneo:

> O golpe sobre os húngaros é dificilmente mensurável. Mesmo um historiador familiarizado com o assunto pensa ser uma tarefa árdua compreender corretamente suas implicações e recontar a história. György Barcza, um diplomata erudito e bem-informado, estava em Copenhague no momento da assinatura do tratado de paz. Em suas memórias, comentou: "Minha consciência e meu senso político me disseram que húngaro algum jamais deveria assinar aquele tratado de paz."[4]

Os fatos históricos são bem conhecidos. Segundo o Compromisso Austro-Húngaro de 1867, o Império dos Habsburgos – embora reunisse entre dez e vinte povos e nações diferentes – consistia em dois Estados, estabelecido pelo dualismo do Império da Áustria e do Reino da Hungria. Ambos tinham Parlamento, governo e administração próprios, mas nem um nem outro dispunham de todos os atributos da soberania estatal. A estrutura do dualismo construiu e reconheceu somente duas nações privilegiadas, formadoras do Estado: a alemã--austríaca e a húngara; e esta construção política reconheceu mais duas nações autônomas: a croata e a polonesa. Depois da Primeira Guerra Mundial, conservar a Dupla Monarquia não parecia ser uma alternativa atraente para os outros povos do império.[5]

A QUEDA DA ÁUSTRIA-HUNGRIA E SUAS CONSEQUÊNCIAS NO NACIONALISMO...

A população da Europa Sudeste e Central, do ponto de vista das línguas, culturas e religiões, é muito heterogênea. (É relevante que no Império dos Habsburgos os alemães formavam o maior grupo linguístico, mas em média representavam apenas 22% da população, e o segundo maior grupo, dos húngaros, somava 14,5%.) Nessa região, depois das quedas dos reinos medievais (as monarquias boêmia, polonesa e húngara) formaram-se impérios multiétnicos, que não visavam (no caso do Império Otomano) a um processo de homogeneização ou não eram capazes de realizá-la (os impérios dos Habsburgos e dos Romanov). Assim não formaram comunidades culturais e políticas integradas nos seus territórios. Portanto, nessa parte da Europa[6] o nacionalismo realizava-se com base na língua e na cultura, e não levava em conta a cidadania. As forças cada vez maiores desses diferentes nacionalismos culturais prejudicavam continuadamente, desde o início do século XIX, a construção dos impérios multiétnicos. Outro fator complicador decorria do fato de que os limites de línguas e culturas eram indefinidos ou não coincidiam com as fronteiras históricas dos Estados. Na Europa Central, "os povos se misturavam não só no interior dos Estados mas também nas províncias, regiões e aldeias multinacionais, nas quais era difícil definir a identidade nacional dos indivíduos, no mínimo em decorrência do grande número de casamentos mistos".[7] Assim todas as nações renascidas na região no século XIX tornavam-se inimigas ardentes dos seus vizinhos, e em um ambiente histérico perderam o equilíbrio político.[8]

Além da heterogeneidade étnica da Europa Central e Oriental, havia um outro fator que também influenciava continuadamente as relações desequilibradas da região: o conceito de grande potência. Desde o início do século XIX, a Grã-Bretanha, a França e a Rússia, e mais tarde – no final do século XIX e no início do século XX – a Alemanha e os Estados Unidos atuaram na formação dos Estados-Nação dessa região, e o direito de autodeterminação serviu como fundo ideológico. Mas esse intento nobre não era a única justificativa para tais ações, estando sempre relegado ao segundo plano pelas razões dos interesses de estratégia e de segurança ou acompanhando-as. Ignác Romsics, historiador húngaro, encontra certa regularidade nos acontecimentos da

A EXPERIÊNCIA NACIONAL

política internacional: "Quanto mais uma grande potência se interessa pela região, tanto maior é a sua parcialidade em resolver as disputas territoriais e em geral os conflitos étnicos."[9]

Os fatos acima determinaram a posição da Dupla Monarquia, e nesse contexto a Hungria histórica também não podia contar com a lealdade das nações que viviam no seu território quando entrou e participou da Primeira Guerra Mundial ao lado das Potências Centrais. Assim a queda dessa formação centro-europeia no final da guerra foi decorrente de três fatores decisivos: os separatismos das nacionalidades existentes na Áustria-Hungria, as ambições irredentistas dos países vizinhos e os interesses estratégicos dos poderes vencedores. François Fejtö lança mais um ponto de vista particular: "A Áustria-Hungria foi destruída pela austrofobia generalizada que prevalecia na França e na Grã-Bretanha, e da qual os franco-maçons – que havia muito esperavam um acerto de contas com seus principais inimigos clericais – eram as pontas de lança, austrofobia que, depois de estimulá-los, explorou habilmente os movimentos autonomistas e separatistas da monarquia. Esse sentimento não era monopólio dos maçons e estes não foram os únicos responsáveis pela transformação da guerra clássica em guerra ideológica. Mas, embora seus objetivos fossem diferentes daqueles dos austrofóbicos nacionalistas 'puros', sua participação no desmembramento da monarquia não pode ser negligenciada."[10] Contudo, em novembro de 1918 – com a declaração do rei Carlos IV (o imperador Carlos) – a plena independência da Hungria foi reconhecida. E em 6 de novembro de 1921 o Parlamento da Hungria independente – indeferindo o requerimento das potências vencidas – destronou os Habsburgos.

O direito de autodeterminação das nações centro-europeias gerou reflexões "no outro extremo do mundo", no Brasil contemporâneo também, e algumas notas mostram certa atenção brasileira para o contexto da região. O fim da Grande Guerra parecia um momento decisivo no caminho da unificação das nacionalidades, segundo uma interpretação brasileira de 1919, a de José Pereira da Graça Aranha, escritor e diplomata que, cheio de esperanças e otimismo, não reflete sobre os interesses das grandes potências, mas sobre as vantagens das mudanças europeias: "Uma grande força de atração funde as nacionalidades da

A QUEDA DA ÁUSTRIA-HUNGRIA E SUAS CONSEQUÊNCIAS NO NACIONALISMO...

mesma língua e do mesmo pensamento, e desse esplêndido movimento de coesão nacional surge a Polônia renascida, a grande Romênia, a federação iugoslava, e a Boêmia revelada pelas Tchecos-Eslovacos."[11] Um outro escritor e jornalista, João do Rio, é um aliadófilo ("durante a guerra que se iniciou em 1914, a coisa mais difícil de encontrar no Brasil era um intelectual inteiramente neutro").[12] João do Rio tinha experiências pessoais da Dupla Monarquia, porque um pouco antes do início da guerra – de dezembro de 1913 até março de 1914 – visitara a Áustria e os Bálcãs (Turquia, Grécia, o Mar Negro na Rússia). Depois da Grande Guerra, quando uma delegação brasileira oficial participou da Conferência de Versalhes, estava presente também como correspondente de *O País*, e publicou perto de oitenta reportagens sobre o tema ("Woodrow Wilson", "Rainha Maria da Romênia", "Papa Bento XV" etc.), mais tarde reunidas nas 800 páginas dos três volumes de *Na Conferência de Paz*.[13] "No Brasil, as reportagens de João do Rio causavam certa inveja. O jornalismo brasileiro começava, ainda, a se internacionalizar, enviando os primeiros repórteres ao exterior. *O Correio da Manhã*, até bem pouco ardentemente germanófilo, não tardaria a mandar Assis Chateaubriand para a Alemanha, a fim de realizar nesse mesmo ano amplo inquérito sobre a recuperação de sua economia."[14] Desse modo, tanto o ponto de vista aliadófilo quanto o germanófilo eram representados na imprensa brasileira.

Em 3 de novembro de 1918, em nome da Dupla Monarquia – que nessa altura praticamente já não existia – o general Victor Weber assinou o armistício em Padova. Ao mesmo tempo, as revoluções sociais se espalhavam tanto pela Áustria-Hungria quanto na Hungria. A Revolução dos Crisântemos (eclodida em 30 de outubro de 1918) e seu líder, Mihály Károlyi (1875-1955), o primeiro presidente da República na Hungria (1919), não conseguiram defender a integridade territorial da Hungria antiga, e Károlyi não pôde levar a cabo o seu próprio programa nacional e de reformas sociais para formar uma democracia burguesa no território. "Na verdade, no entanto, a revolução democrático-burguesa húngara do outono de 1918 estava, em todos os aspectos, fundamentada em bases nacionais. Apesar de uma República Popular ter sido declarada em 16 de novembro, a revolução

A EXPERIÊNCIA NACIONAL

foi nacional, não popular. E era nacional no verdadeiro sentido da palavra, baseada em fatos históricos, o que significa também que, devido ao longo processo de se tornar uma nação, um profundo abismo surgiu entre o povo e a nação."[15]

Os danos consequentes do Tratado de Paz de Trianon são citados e analisados em diversas obras históricas. Registros desses fatos são acessíveis no Brasil, ou para ser mais exato em língua portuguesa também, desde os anos 1970, em virtude da publicação de um livro de força dramática, escrito por um historiador amador, Yves de Daruvar. Esse livro – dado à sobrecarga sentimental e a certas inexatidões – não é uma obra de critério científico, mas é sintomático como representante das opiniões de um agressivo nacionalismo húngaro.

Pelo Tratado de Trianon, a Hungria perdeu dois terços de seu território, reduzido de 282 mil km² para 93 mil km², e 57% de sua população, que passou de 18,2 milhões para 7,6 milhões de habitantes. "Tiraram da Hungria não somente as suas populações minoritárias, mas uma grande quantidade de territórios puramente magiares."[16] Da população húngara, 5,2 milhões passaram a ser habitantes da Romênia; 3,2 milhões da Checoslováquia; 1,5 milhão do Estado iugoslavo e 300 mil da Áustria. "Não se pode – dizia-se então – forçá-los a permanecer no quadro de um Estado se pela língua, pelos laços de sangue, por seus sentimentos e interesses eles querem se ligar a um outro país. Foi em virtude desse princípio, aliás, que muito justamente a Polônia e os Países Bálticos foram reconstituídos, mas o que se pode dizer também é que o desmembramento da Hungria não foi feito em conformidade com esse princípio, porque ninguém perguntou aos seus habitantes, húngaros ou não, se eles queriam ser incorporados aos países vizinhos."[17] Ao mesmo tempo, entre os países modificados pela queda da Dupla Monarquia havia somente três – a Áustria, a Itália e a Hungria – onde o percentual dessas nacionalidades não atingiu 10% do total populacional. A diversidade dos componentes sociais nos países vizinhos era um fator que contribuía para a instabilidade da região. O sistema dos Estados-Nação formados assim na Europa Central mostrava-se inapto mesmo para o seu alvo principal: deter o perigo da expansão de grandes potências da região, guardando o equilíbrio continental.

A QUEDA DA ÁUSTRIA-HUNGRIA E SUAS CONSEQUÊNCIAS NO NACIONALISMO...

A Hungria reduzida perdeu também a aparente posição imperial de que gozava na Dupla Monarquia, além da prosperidade relativa e do dinamismo econômico que, entre 1900 e 1914, culminaram na desintegração da unidade anterior.[18] Como Sándor Karácsony, filósofo e pedagogo húngaro da época, escreveu em 1942: "No momento em que a Dupla Monarquia falhou na Áustria-Hungria, o antigo rol da capital húngara, Budapeste, desapareceu e teve início uma corrente nova de vida. Até então a cidade fora um local europeu inserido numa colônia, depois se tornou uma mera florescência que tinha o seu fim em si mesmo num povo, num país, numa nação e num Estado que tinham os seus fins em si mesmos."[19] Depois das decisões em Trianon a Hungria foi profundamente alterada, fosse quanto ao tamanho de território, fosse quanto à composição da sociedade. Em consequência dos ditames territoriais do Tratado de Paz, a Hungria histórica multinacional tornou-se um país quase homogêneo quanto às nacionalidades. O número dos habitantes de línguas maternas não húngaras diminuiu: passou de 46% (1910) para 10% (1920). Essa tendência teve ligeira continuidade também nos anos seguintes, e a população das diferentes nacionalidades representava apenas 8% do total em 1938. Na Hungria independente o sentido e o conteúdo do Estado-Nação e do nacionalismo se alteravam radicalmente.

Sob essas condições, os intelectuais e os políticos húngaros procuravam a possibilidade de sobrevivência ou qualquer recuperação para o país. Como fundo ideológico atuavam as ideias de nacionalismo renascido, que provinham de fontes diferentes. A maioria da elite rejeitava completamente a mudança das fronteiras históricas e procurava uma argumentação coerente para apoiar sua política revisionista.

Certos historiadores elaboraram o conceito da "prioridade dos húngaros no Vale dos Cárpatos". Segundo estes, quando as tribos húngaras (magiares) vindas do Oriente no século IX ocuparam essa região encontraram terrenos despovoados ou quase desabitados, e assim só a nação húngara podia reivindicar o "direito histórico" dos territórios da serrania que se estendia do norte dos Cárpatos ao Adriático.

O outro conceito, o de Estado do Santo Estêvão, também tinha base em argumentos históricos.[20] Esse conceito referia-se à tolerância e ao caráter acolhedor que – hipoteticamente – caracterizaram a nação húngara desde a concepção de Estêvão I, que declarou: "Fraco e frágil é o reino que possui uma só língua e em toda parte os mesmos costumes."[21] Essa corrente negava a existência das tendências repressivas da política das nacionalidades da Dupla Monarquia no século XIX e admitia a hipótese de que os habitantes dos territórios desmembrados – quer os húngaros, quer os das demais nacionalidades – queriam voltar a um Estado renascido, a uma Magna Hungria federativa.

A terceira argumentação típica da época foi construída acerca do conceito da unidade geográfica/econômica da bacia central do Danúbio e da necessidade da cooperação natural entre os povos da região.[22]

Os três conceitos mencionados combinavam-se com razões que se referiam à superioridade cultural dos húngaros sobre os povos vizinhos e às suas aptidões elevadas em gestão e organização. Os representantes dessas ideias atribuíam a maior importância aos húngaros como a única das nações da região que poderia defender o mundo cristão ocidental. Ao mesmo tempo sublinhavam a importância da missão civilizatória dos húngaros na bacia do Danúbio, comparando-a com o caráter semelhante dos impérios Romano ou Britânico.[23] Yves de Daruvar, e o seu livro já mencionado, é um exemplar sintomático do pensamento nacionalista/revisionista, que combina como essência os conceitos acima apresentados. O autor diz: "O Tratado de Trianon desmembrou de fato da Hungria territórios que sempre lhe pertenceram, desde a tomada de posse do país pelos Magiares, isto é, desde mais de mil anos. Num traço de pena foi assim abolida não somente a unidade nacional e histórica, mas também a unidade física e econômica da Hungria, que, durante os dez últimos séculos, tinha ocupado toda a bacia dos Cárpatos." E continua: "Uma tal unidade geográfica reclamava inevitavelmente a unidade política e exigiu um povo capaz de organizá-la. Esse povo foi o húngaro – povo original, corajoso, 'orgulhoso de ser singular', 'até ser excepcional' como já se escreveu – e que foi o primeiro e o único a lograr êxito, onde tantos outros povos, notadamente os Avaros (567-796), tinham fracassado antes dele, ocupando desde o ano 896 sem grande dificuldade, aliás, toda a bacia do Danúbio e do Tisza."[24]

A QUEDA DA ÁUSTRIA-HUNGRIA E SUAS CONSEQUÊNCIAS NO NACIONALISMO...

Além das fortes correntes da época que insistiam na reconstituição do grande Estado histórico da Hungria, outras alternativas também existiam no pensamento político, mas com muito menos influência. Poucos advogavam a aceitação do *status quo*, outros pensavam em federação ou em uma possível confederação entre os países da região. E alguns intelectuais mais moderados, adeptos da retomada territorial, preferiam o programa de revisão baseado nos princípios étnicos ou etnográfico-nacionais. Essa tese observava a decomposição do Estado multiétnico como evolução orgânica da história, e não discutia a necessidade de formar Estados-Nação no lugar da Áustria-Hungria, mas considerava inadequado o modo de realização; não culpava a ideia do direito de autodeterminação das nações, mas sim a prática dos fazedores de paz.[25]

Entre as duas guerras mundiais, a elite e os círculos oficiais na Hungria perfilhavam as ideias do nacionalismo e do revisionismo, pelas quais foi determinada a política dos governos consecutivos. Esta levou o Estado a um caminho que se tornou muito perigoso e acabou envolvendo de novo o país numa guerra, e ainda ao lado da Alemanha nazista. A ideologia que nasceu do nacionalismo de injúria se desenvolveu de forma errada e desastrosa em meados do século XX. Sobre a restauração da Hungria histórica podemos afirmar, concordando com Pál Pritz:

> Não foi realista nem mesmo quando, entre 1938 e 1941, houve os espetaculares sucessos do revisionismo e o país duplicou seu território, em comparação com a situação em 1920. O programa não era realista, porque sempre lhe faltava poder; dessa forma, a expansão territorial foi alcançada graças à "generosidade" de uma grande potência. No entanto, na história (como sabemos e deveríamos/poderíamos já saber) não existe almoço grátis; há sempre um preço a pagar. A nação húngara pagou por tudo isso com sua terrível derrota na Segunda Guerra Mundial. Além disso, o estardalhaço deformou ainda mais a consciência da política externa do país – que já não era impecável, mesmo antes da crise.[26]

A EXPERIÊNCIA NACIONAL

Notas

1. Veja mais em Ignác Romsics. "Hungary's Place in the Sun". In: PÉTER, László; RADY, Martyn (orgs.). *British-Hungarian Relations Since 1848*. Londres: Hung. Cultural Centre/SSEES-UCL, 2004, p.193-204.
2. Viscount Rothermere. *My Campaign for Hungary*. Londres: London Eyre and Spottiswoode, 1939, p.60.
3. *Treaty of Peace Between the Allied and Associated Powers and Hungary*, 1920.
4. Pál Pritz. "The National Interest: Hungarian Foreign Policy in the Twentieth Century". In: *The Hungarian Quarterly*, n.198, vol.51, verão 2010, p.52-53.
5. Ignác Romsics. *Múltról a mának – Tanulmányok és esszék a magyar történelemről*. Budapeste: Osiris Kiadó, 2004, p.62-63.
6. Sobre a Europa Central como fenômeno especial veja mais os estudos de George Schöpflin; Nancy Wood. *In Search of Central Europe*. Cambridge: Polity Press/Oxford: Basil Blackwell, 1989.
7. François Fejtö. *Requiem pour un Empire défunt: Histoire de la destruction de l'Autriche-Hongrie*. Paris: Lieu Commun, 1988, p.349 – tradução para o português de Clóvis Marques.
8. Ignác Romsics. *Múltról a mának – Tanulmányok és esszék a magyar történelemről*. Budapeste: Osiris Kiadó, 2004, p.301.
9. Idem, p.21.
10. François Fejtö. *Requiem pour un Empire défunt: Histoire de la destruction de l'Autriche-Hongrie*. Paris: Lieu Commun, 1988, p.347 – tradução para o português de Clóvis Marques.
11. Graça Aranha. "A Nação". *Atlântida*, n.37, 1919, p.11.
12. Raimundo Magalhães Júnior. *A vida vertiginosa de João do Rio*. Rio de Janeiro: Civilização Brasileira/Brasília: INL, 1978, p.283.
13. João Carlos Rodrigues "Introdução". In: RIO, João do: *Histórias da gente alegre*. Rio de Janeiro: José Olympio, 1981, p: XIV.
14. Raimundo Magalhães Júnior. *A vida vertiginosa de João do Rio*. Rio de Janeiro: Civilização Brasileira/Brasília: INL, 1978, p.319-320.
15. Pál Pritz. "The National Interest: Hungarian Foreign Policy in the Twentieth Century". In: *The Hungarian Quarterly*, n.198, vol.51, verão 2010, p.102.
16. Yves de Daruvar. *O destino dramático da Hungria – Trianon ou a Hungria isolada*. Washington, D.C.: The Hungarian Historical and

A QUEDA DA ÁUSTRIA-HUNGRIA E SUAS CONSEQUÊNCIAS NO NACIONALISMO...

Geographic Society of America/ Transylvanian World Federation, USA/ São Paulo: Edições Loyola. (s.d.) [1970], p.61.

17. Idem, p.64.

18. Veja László Katus. *Hungary in the Dual Monarchy 1867-1914*. Boulder, Col. – Highland Lakes, N.J. – Social Science Monographs, Atlantic Research and Publications, Columbia University Press (Atlantic Studies on Society in Change n.132.), Nova York, 2008.

19. Gyáni Gábor. *Budapest – túl jón és rosszon – A nagyvárosi múlt mint tapasztalat*. Budapeste: Napvilág Kiadó, 2008, p.73).

20. Santo Estêvão ou Estêvão I foi o primeiro rei húngaro, fundador do país, reinando entre 1000-1038.

21. Yves de Daruvar. *O destino dramático da Hungria – Trianon ou a Hungria isolada*. Washington, D.C.: The Hungarian Historical and Geographic Society of America/ Transylvanian World Federation, USA/ São Paulo: Edições Loyola. (s.d.) [1970], p.17.

22. As concepções diferentes foram sistematizadas recentemente pelos historiadores húngaros, p.ex. Ignác Romsics. (Ignác Romsics. *Múltról a mának – Tanulmányok és esszék a magyar történelemről*. Budapeste: Osiris Kiadó, 2004, p.297-299.)

23. Esta visão pode evocar o conceito de Oliveira Salazar também.

24. Yves de Daruvar. *O destino dramático da Hungria – Trianon ou a Hungria isolada*. Washington, D.C.: The Hungarian Historical and Geographic Society of America/ Transylvanian World Federation, USA/ São Paulo: Edições Loyola. (s.d.) [1970], p.13-14.

25. Para uma análise das ideias de, por exemplo, István Bibó, veja Romsics. (Ignác Romsics. *Múltról a mának – Tanulmányok és esszék a magyar történelemről*. Budapeste: Osiris Kiadó, 2004, p.298-311.)

26. Pál Pritz. "The National Interest: Hungarian Foreign Policy in the Twentieth Century". In: *The Hungarian Quarterly*, n.198, vol.51, verão 2010, p.104.

Referências bibliográficas

DARUVAR, Yves de. *O destino dramático da Hungria – Trianon ou a Hungria isolada*. Washington, D.C.: The Hungarian Historical and Geographic Society of America/ Transylvanian World Federation, USA/ São Paulo: Edições Loyola. (s.d.) [1970].

A EXPERIÊNCIA NACIONAL

FEJTÖ, François. *Requiem pour un Empire défunt: histoire de la destruction de l'Autriche-Hongrie*. Paris: Lieu Commun, 1988.

GRAÇA ARANHA. "A Nação". *Atlântida*, n.37, 1919, p.7-12.

GYÁNI, Gábor. *Budapest – túl jón és rosszon – A nagyvárosi múlt mint tapasztalat*. Budapeste: Napvilág Kiadó, 2008.

KATUS, László. *Hungary in the Dual Monarchy 1867-1914*. Boulder, Col. – Highland Lakes, N.J. – Social Science Monographs, Atlantic Research and Publications, Columbia University Press (Atlantic Studies on Society in Change n.132.), Nova York, 2008.

MAGALHÃES JÚNIOR, Raimundo. *A vida vertiginosa de João do Rio*. Rio de Janeiro: Civilização Brasileira/Brasília: INL, 1978.

PRITZ, Pál. "National Interest in Hungarian Foreign Policy in the Twentieth Century". In: *Foreign Policy Review*, vol.7, p.99-108, 2010a. Disponível na internet em: <http://www.kulugyiintezet.hu/default.asp>. Acesso em 15 out. 2012.

_____. "The National Interest: Hungarian Foreign Policy in the Twentieth Century". In: *The Hungarian Quarterly*, n.198, vol.51, verão 2010, p.52-66.

RODRIGUES, João Carlos. "Introdução". In: RIO, João do: *Histórias da gente alegre*. Rio de Janeiro: José Olympio, 1981, pp.VIII-XVIII.

ROMSICS, Ignác. "Hungary's place in the sun". In: PÉTER, László; RADY, Martyn (orgs.). *British-Hungarian Relations since 1848*. Londres: Hung. Cultural Centre/SSEES-UCL, 2004, p.193-204.

_____. *Múltról a mának – Tanulmányok és esszék a magyar történelemről*. Budapeste: Osiris Kiadó, 2004.

ROTHERMERE, Viscount. *My Campaign for Hungary*. Londres: London Eyre and Spottiswoode, 1939.

SCHÖPFLIN, George; WOOD, Nancy. *In Search of Central Europe*. Cambridge: Polity Press/Oxford: Basil Blackwell, 1989.

Treaty of Peace Between The Allied and Associated Powers and Hungary. Disponível em: <http://www.dipublico.com.ar/instrumentos/143.html>. Acesso em 11 nov. 2012.

9. À procura de uma nova identidade italiana: a definição do pensamento nacionalista na passagem do século XIX para o XX

Goffredo Adinolfi (Tradução de Bernardo Romagnoli Bethonico)

É evidente que falar de nacionalismo leva inevitavelmente a falar de fascismo, de regime fascista e de Segunda Guerra Mundial. A associação entre esses três momentos é, diga-se de passagem, quase pavloviana. Entretanto, ainda que o historiador conheça sempre o resultado dos processos que tem como objeto de estudo, aqui seria necessário procurar entender o trajeto prescindindo, o quanto possível, de seu epílogo.

Trata-se de uma história de ideias, sem dúvida, entretanto estas vivem e se formam em um contexto tanto político quanto econômico. Considerando que tais ideias entram em contato, transformam e são transformadas pelo contexto, é preciso, mesmo que de forma sucinta, associar à análise do pensamento nacionalista também os acontecimentos nos quais esse pensamento nasce e se consolida.

E, enfim, um terceiro preâmbulo. Como diz Norberto Bobbio, o regime fascista é o conjunto de três componentes diferentes: o fascismo em sentido estrito, considerado primeiro como movimento e depois como partido, o liberalismo de caráter conservador e o nacionalismo.[1] Neste capítulo nos concentraremos no terceiro tronco, que, mesmo fundindo-se com o Partito Nazionale Fascista [Partido Nacional Fascista] em 1923, poucos meses após a nomeação de Mussolini à Presidência do Conselho, permaneceu sendo algo profundamente diferente, muito mais elitista e muito menos de massa. Mais um fenômeno intelectual e menos um fenômeno dos grupos paramilitares do esquadrismo.

A derrota de Adwa e o fim do sonho colonial

O nacionalismo que caracterizou o período imediatamente posterior à Revolução Francesa e que, paulatinamente, teria levado à unificação dos territórios da península italiana ao redor do reino saboiano foi fenômeno de um pequeno círculo de pessoas.[2] Enquanto isso, o nacionalismo que se desenvolverá a partir do fim do século XIX terá, apesar de sua inspiração elitista, uma vocação de massa.[3]

Se, por um lado, a Itália acompanha de perto a evolução da história europeia, por outro, o faz à sua maneira, sendo fundamental nesse ponto a necessidade de encontrar uma identidade nacional para um país de formação recente. Trata-se de uma questão de intensidade de um fenômeno que, em menor ou maior grau, atinge todo o continente europeu a partir dos últimos anos do século XIX: a transição de um nacionalismo à maneira liberal que poderíamos definir como progressivo, para um de caráter imperialista-nacionalista, extremamente regressivo.

A crise de fim de século tem um momento crucial para cada país: em Portugal, concretizou-se no ultimato imposto pelos ingleses contra uma expansão excessiva das posses coloniais; na Espanha, com a guerra em Cuba; na França, com o caso Dreyfus; e na Itália, com a esmagadora derrota das tropas italianas na Batalha de Adwa durante a Guerra da Abissínia, em 1896. Não por acaso, Mussolini, ao reiniciar essa experiência colonial em 1935, bradava da sacada do Palácio Veneza, em Roma:

> Está para soar na história da Pátria uma hora solene. Vinte milhões de homens ocupam neste momento as praças de toda a Itália. Jamais se viu na história da espécie humana espetáculo tão gigantesco. Vinte

À PROCURA DE UMA NOVA IDENTIDADE ITALIANA: A DEFINIÇÃO...

milhões de homens: um só coração, uma só vontade, uma só decisão. A manifestação deles deve demonstrar e demonstra ao mundo que a Itália e o fascismo constituem uma identidade perfeita, absoluta, inalterável. Mussolini declarou: tivemos paciência com a Etiópia por quarenta anos. Agora chega! Responderemos a atos de guerra com atos de guerra. Ninguém pense que nos derrubará sem antes ter lutado duramente.[4]

Dessa vez a Itália vencerá a guerra e, em maio de 1936, é proclamado o império, momento de maior sucesso para o regime fascista, em que o consenso, ou ausência de dissenso, se propagará ao máximo e se estabelecerá na sociedade italiana.[5] O inebriamento da vitória fará o líder do fascismo colecionar erros: primeiro, a intervenção na Guerra Civil Espanhola, depois a Albânia, a trágica invasão da Grécia e finalmente a Segunda Guerra Mundial. Um longo ciclo de guerras que demonstraria, mais uma vez, como a avaliação inexata das próprias forças, principalmente as industriais, poderia levar a dramáticos erros.[6]

A derrota na Batalha de Adwa é um choque absoluto e certamente um trauma para toda a "Nação". O tenente De Gennaro, que participou do combate, expressou da seguinte maneira seu espanto e terror pelos momentos vividos:

> Aproximadamente às 10:45 inicia-se o fogo. Primeiros alvos da seção, uma extensa garganta à frente, da qual saem grandes massas inimigas. Distância do tiro ajustada, 2 mil e 1.080m, tiro no começo lento e depois rápido (...) Os inimigos são obrigados a deter sua entrada juntos; mas logo depois reaparecem à direita deles, em uma margem à frente. (...) Nós, 14 mil homens, contra 100 mil em território desconhecido.[7]

Aquele mês de março concluiu uma época, mas germes de seu vírus continuam a viver discretamente. Foi a derrota definitiva de Francesco Crispi,[8] presidente do conselho que havia levado a Itália a uma megalomaníaca e desmedida experiência colonial. Em um primeiro momento, a reação à derrota abre-se ao período de governos liderados, direta ou indiretamente, por Antonio Giolitti, cuja principal orientação era a

A EXPERIÊNCIA NACIONAL

conciliação e síntese de milhares de interesses (industriais, do movimento operário, partidários). O nacionalismo exacerbado é deixado de lado, assim como as guerras coloniais. O Império Austro-Húngaro, entretanto, vira a mesa com a anexação da Bósnia-Herzegovina e, portanto, o consequente questionamento do expansionismo italiano no mar Adriático.[9]

A política externa é certamente o cenário para qualquer movimento nacionalista, mas o todo não se reduz a isso. Após a profunda crise ocorrida no final do século XIX, marcada não apenas por derrotas militares, mas também por um considerável desarranjo financeiro e por diversos escândalos ligados ao sistema bancário, a Itália, entre 1901 e 1910, conhece uma fase de profundo desenvolvimento e, portanto, de grande transformação de seus equilíbrios sociais. O peso relativo da agricultura na economia nacional sofre uma diminuição drástica, dando lugar tanto à indústria têxtil, com 11% dos empregados, quanto à siderúrgica, cuja produção aumenta nada menos que 12 vezes em apenas dez anos, chegando a cobrir quase 73% das necessidades internas.[10] A renda *per capita* aumenta 28%,[11] as horas de trabalho são reduzidas de 14 para 10 em 1914 e a taxa de analfabetismo chega a 38%. Se a Itália ainda não podia orgulhar-se de um desenvolvimento como o das mais avançadas nações da Europa, sem dúvida havia reduzido consideravelmente a diferença em relação às demais.

O movimento operário irrompe violentamente na cena com um protagonismo que, em um país ainda profundamente arcaico, não poderia deixar de causar grandes conflitos. Em 1892, nasce o Partido Socialista, que é dissolvido em 1894 por Crispi e, graças a uma aliança com Giolitti, tem no ano seguinte 15 deputados no Parlamento,[12] que serão 39 – cerca de 10% dos votos – nas eleições de 1909.[13] Paralelamente ao Partido Socialista, também o sindicalismo passa por uma fase de rápido crescimento. As câmaras do trabalho são 19 em 1900 e se tornam 90 em 1914,[14] os inscritos passam de 600 mil a quase um milhão, quase todos concentrados no dito triângulo industrial de Gênova, Turim e Milão e, em menor número, entre os camponeses da Emília, onde as ligas camponesas contam com 70 federações e cerca de 240 mil inscritos.[15]

À PROCURA DE UMA NOVA IDENTIDADE ITALIANA: A DEFINIÇÃO...

Em relação ao que ocorria na Espanha e em Portugal, por exemplo, o sindicalismo católico será uma particularidade italiana, pois, mesmo minoritário em relação ao sindicalismo socialista, está significativamente consolidado.[16]

O contexto até aqui descrito apresenta um país de profundas discrepâncias: um Norte economicamente muito desenvolvido contrapunha-se a um Sul pouco desenvolvido, caracterizado pelos grandes latifúndios da Sicília; Estado e Igreja, em conflito desde a conquista de Roma em 20 de setembro de 1870,[17] ainda não haviam se reconciliado e, também no interior da Igreja, uma parte de tendência mais conservadora opunha-se a outra de caráter mais social, diretamente inspirada nos princípios da encíclica *Rerum Novarum*.

As mudanças na estrutura social foram sem dúvida mais rápidas do que as ocorridas no pensamento e, politicamente, o crescimento do sindicalismo e do Partido Socialista era fonte de grande preocupação em amplos setores da sociedade. Um rompimento irreparável começava a se criar no país onde, de um lado, alguns consideravam necessário colocar em funcionamento os ponteiros de um relógio havia muito tempo esquecido (direitos sociais, latifúndio, representação política) e, de outro lado, pensava-se que o país tinha ido longe demais, era preciso dar um passo para trás e voltar ao espírito do governo anterior à unificação: a direita histórica.[18]

O movimento nacionalista dá os primeiros passos

Entre os saudosos da direita histórica há um vasto grupo que vai da pequena burguesia emergente até a alta burguesia, tanto industrial quanto agrícola. Todos reunidos pelo ódio a Giovanni Giolitti, considerado condescendente demais em relação aos pedidos de socialistas e sindicatos.[19] O nacionalismo é já em sua origem um movimento orgulhosamente e explicitamente burguês,[20] desde quando Enrico Corradini louvava a luta de classes burguesa nas páginas do jornal *Il Regno* de 1904.[21] A questão econômica é central, mas também se destaca a ideia de Estado que dela nasce. À luta de

A EXPERIÊNCIA NACIONAL

classes socialista ou à seleção das elites por meio de eleições, o pensamento nacionalista contrapõe a ideia de colaboração entre os vários componentes do Estado.[22]

Dessa forma, não há mais Montesquieu, não há mais tripartição de poderes que, controlando-se um ao outro, garantam equilíbrio e democracia. A maior virtude nacional no pensamento nacionalista apresenta-se essencialmente como solidariedade, e a maior forma de solidariedade era reconhecida na guerra.[23] Em um país que estava ampliando o sufrágio e no qual partidos de classe ganhavam força, o caráter reacionário do nacionalismo – antissocialista e antiparlamentar – tornava-se ainda mais evidente. Alfredo Rocco, que se tornará um dos máximos dirigentes da Associação Nacionalista Italiana (ANI), propõe uma autêntica contrarrevolução, discutindo a própria ideia de soberania popular e de contrato social. Se no pensamento liberal o povo está na base da existência da nação, no pensamento de Rocco o povo não pode existir sem que haja nação.

Evidentes devem mostrar-se também os motivos que tornavam esse movimento interessante aos industriais, porque, ao final, a tradução do conceito de colaboração entre classes leva inevitavelmente à ideia de que tudo deve ser feito em função não tanto do bem-estar social, mas da produção. O novo programa pode ser resumido da seguinte maneira: fim da luta de classes, proteção das empresas e, em certo momento, expansão. Especificamente em relação ao expansionismo, convém destacar que guerra significa, sim, morte e devastação, mas também ricas encomendas de armamentos por parte do Estado. A Itália é, no pensamento nacionalista, uma nação jovem e proletária que, para crescer, deve proteger seu ainda frágil e pouco competitivo tecido industrial da concorrência das potências mais desenvolvidas.[24]

As relações entre os três planos, econômico, ideológico e político, devem ser sempre lembradas se quisermos entender o desdobramento dos acontecimentos italianos; um fato influência o outro. Se, por um lado, a derrota na Batalha de Adwa representa o mito fundador, e a anexação da Bósnia-Herzegovina pelo Império Austro-Húngaro, em 1908, relaciona-se com o momento de agregação e nascimento do

À PROCURA DE UMA NOVA IDENTIDADE ITALIANA: A DEFINIÇÃO...

nacionalismo como movimento,[25] por outro lado, é na instabilidade dos equilíbrios de forças entre as classes que devemos procurar o verdadeiro detonador dos conflitos internos que depois levarão, não inevitavelmente, à construção do regime fascista.

A primeira fase do nacionalismo italiano, que se conclui basicamente com o Congresso de Florença em 1910, é confusa, mitológica e literária,[26] ligada ao decadentismo de Nietzsche[27] e de D'Annunzio, permeada de incertezas conceituais e presunções expansionistas, marcada principalmente pela busca de uma identidade burguesa, que ainda devia ser bastante fraca em relação ao que os socialistas tinham conseguido fazer com o proletariado.[28] Entretanto, nessa fase busca-se criar uma ideologia baseada em alguns fundamentos, como antiparlamentarismo, denúncia da decadência e da corrupção, abandono das classes fracas e exaltação da plebe. O atentado que, segundo os nacionalistas, estaria sendo realizado pelos socialistas contra as instituições saboianas era absolutamente inaceitável. Fazia--se necessário reagir ao intrínseco nivelamento por baixo com uma proclamação de individualismo, de estetismo e de voluntarismo exasperado. Nivelamento próprio da democracia e do socialismo como movimento político popular.[29]

Era preciso opor-se àquela ideia de progresso que parecia ir necessariamente na direção de uma socialização sempre mais ampla da economia, da política e da cultura. O pensamento nacionalista parece querer opor a tudo isso uma nova burguesia caracterizada pela posse da inteligência, do sentido e do sentimento de individualidade e de beleza.[30]

A difícil relação com o mundo católico complica a vida dos nacionalistas, que se pretendiam defensores dos valores ancestrais da Pátria. A aliança se torna impossível, ou no mínimo muito difícil, devido a três questões: a questão social, o pacifismo e a sacralidade do Estado.[31] E é exatamente em relação ao último ponto que Dom Luigi Sturzo, uma das mais inteligentes lideranças do Partido Popular, fará suas mais duras críticas ao nacionalismo.[32]

Guerra da Líbia

A partir de 1910 inicia-se a segunda fase de desenvolvimento do nacionalismo, em que predomina a liderança de Rocco e Corradini e em que o nacionalismo, antes fenômeno eminentemente "mítico-literário", transforma-se em movimento político, acentuando seus aspectos antissocialistas e antimaçônicos.[33]

Coincidem com essa fase os preparativos para a campanha da Líbia, que se torna grande ocasião para a inserção dos nacionalistas na trama da vida política italiana. Começam nesse período as publicações daquele que será o principal órgão do nacionalismo italiano:[34] *L'idea nazionale*. Mesmo não tendo se tornado órgão oficial da Associação Nacionalista Italiana (ANI), quase todos os seus redatores faziam parte do comitê central eleito em Florença, e em suas páginas a linha política da ANI era discutida e arquitetada.

A guerra contra o Império Otomano de 1911, apoiada também por parte do mundo católico, esboça uma possível aproximação entre religiosos e nacionalistas e, portanto, uma possível aliança na luta contra os blocos antissocialistas.

Na verdade, não são apenas os progressistas de Dom Luigi Sturzo que lançam olhares desconfiados aos nacionalistas, mas também a ala clerical moderada reunida em torno de Filippo Meda. Certamente a concepção de uma sociedade não classista poderia representar um ponto de encontro, mas na verdade isso era bem pouco para que pudesse haver acordo entre os dois movimentos. O verdadeiro nó residia na apologia da violência e no imperialismo como fundamento da visão nacionalista, que nunca poderia ter sido compartilhada pelos católicos. Aquilanti, que também apontava pontos de contato entre nacionalismo e catolicismo, por exemplo, a reação ao individualismo proclamado pela Revolução Francesa, a subordinação da economia e da produção a valores superiores, conclui que a Igreja jamais poderia aceitar a ideia de que a ética viesse não da religião, mas do Estado.[35] A questão se encerrará no Congresso de Roma, em dezembro de 1912, com a decisão da junta executiva, a qual afirmou "opor-se definitivamente ao Partido Socialista e ao Partido Clerical".[36]

À PROCURA DE UMA NOVA IDENTIDADE ITALIANA: A DEFINIÇÃO...

Se até esse momento tinha sido expressão de um sentimento de insatisfação, o nacionalismo, a partir daí, irá na direção de um antidemocratismo subversivo que vê no socialismo e na democracia elementos de desagregação. É verdade que nem todos concordavam sobre a questão democrática. Para Scipio Sighele, por exemplo, não há incompatibilidade entre democracia e nacionalismo. O verdadeiro princípio que devia ser seguido pelo nacionalismo, explica Sighele, não era o antidemocratismo, mas o determinismo.[37] No Congresso de Roma as duas posições são discutidas e o grupo associado à Ideia Nacional prevalece,[38] enquanto os "democráticos" ficam em minoria e saem do movimento. Emerge com mais força a aversão a qualquer tipo de internacionalismo, não somente socialista, mas também maçônico.[39]

Enquanto isso, eleição após eleição a população com direito de voto aumenta exponencialmente: em 1904, os inscritos nas listas eleitorais são mais de 2 milhões e, em 1913, após aprovação do sufrágio universal masculino, são 8 milhões. A direção para a qual apontava Giolitti, ao envolver sempre mais os cidadãos na vida do Estado, era exatamente contrária à desejada pelos nacionalistas, que, porém, nas eleições de 1913 obtêm apenas 300 mil votos (0,6% dos sufrágios), levando à Câmara o primeiro grupo de cinco deputados. É uma considerável derrota, que é justificada pela excessiva ampliação do sufrágio. Mais uma vez lembramos da direita histórica de 1870, quando os inscritos nas listas eleitorais eram apenas 500 mil pessoas, quando não havia partidos coesos disputando a soberania do Estado, quando não havia sindicatos discutindo o poder de industriais e coronéis locais.[40]

Notam-se inquietações também no sindicalismo. As alas mais radicais da Confederazione Generale del Lavoro (CGdL) [Confederação Geral do Trabalho], em polêmica pelo excessivo moderantismo e pelos vínculos demasiado próximos com o partido socialista, decidem romper. Em 1912, nasce a Unione Sindacale Italiana (USI) [União Sindical Italiana], inspirada no conjunto de teorias que originam o sindicalismo revolucionário. A questão é complexa, porque boa parte do pensamento do sindicalismo não segue o marxismo, mas Gustave Le Bon e George Sorel, ou uma convocação explícita à força irracional das massas e à

A EXPERIÊNCIA NACIONAL

dimensão revolucionária da greve geral. O sindicalismo revolucionário não é fortíssimo, mas há nesse grupo figuras que desempenharão um papel determinante na história do nacionalismo, antes, e do fascismo, depois. Entre muitos vale mencionar alguns: Edmondo Rossoni, Sergio Panunzio, Roberto Forges Davanzati e Michele Bianchi.

O ponto de contato entre nacionalismo e sindicalismo revolucionário está na raiz antiparlamentar e antipartidária, para a qual o reformismo social era o elemento que impedia o desenvolvimento do movimento operário.

O Estado orgânico, corporativo e totalitário

Na iminência da Primeira Guerra Mundial, entre 16 e 18 de maio de 1914, ocorreu o Terceiro Congresso da ANI. Trata-se de uma articulação crucial para o nacionalismo italiano, porque é justamente nesse congresso que o pensamento ideológico/jurídico alcança o ápice de sua maturidade, passando de simples panfleto genérico e leviano a elaboração precisa de uma doutrina aplicável à construção de uma nova tipologia de regime: o Estado corporativo.

Protagonista inegável do congresso é Alfredo Rocco, que apresenta três relações – sobre o problema alfandegário, sobre a política e sobre a ação social – que serão votadas e aprovadas, tornando-se programa oficial do nacionalismo italiano.

Se no Congresso de Roma definiu-se a relação entre democracia e nacionalismo, no de Milão afirma-se a diferença entre nacionalismo e liberalismo.[41] A questão fundamental, agora, é a relação entre Estado e indivíduo. O pensamento de Rocco parte de uma crítica aos próprios fundamentos do processo do Ressurgimento, que teve como consequência a unificação da península italiana, isto é, ao individualismo desagregador responsável pela frustrada construção de uma identidade nacional, em que o nacionalismo é usado como mero instrumento para imposição dos próprios ideais.[42] O Estado não pode ser dividido em partidos e sindicatos; deve ser orgânico e, no interior da construção orgânica da sociedade, o indivíduo deve deixar de estar na base da construção social, como na tradição liberal.[43] As únicas coletividades orgânicas para Rocco são a família e a nação; classes sociais e partidos, meras coletividades formais, não possuem vida própria.[44] Tudo deve estar subordinado às necessidades de um Estado organizado de modo orgânico: o indivíduo, sim, e também a economia devem ser estruturados em sentido nacional.[45] Isso significa que a livre concorrência[46] tem como limite o bem-estar da nação e o objetivo permanece sendo a conquista de mercados externos,[47] com o favorecimento da colaboração interna das empresas.[48] Para que haja colaboração e desenvolvimento econômico, indivíduo e empresas devem ser controlados e regulamentados de modo a evitar desequilíbrios inesperados dificilmente reabsorvíveis a curto prazo.[49]

Em um Estado orgânico, o conflito simplesmente não deve existir, porque todas as energias do único corpo pensante, a nação, devem ser empregadas para aumentar sua capacidade de projeção exterior.[50] É preciso, dessa forma, passar do liberalismo ao corporativismo, dos sindicatos de classe aos sindicatos nacionais, que não mais defendem os interesses dos trabalhadores, mas são organizações necessárias para o controle da produção.[51] Também porque, seguindo o pensamento de Rocco, o único interesse do trabalhador é aumentar a riqueza geral e, tolhido da luta de classes que busca outra distribuição de renda, a única forma de poder melhorar seu nível de vida é simplesmente o aumento de riqueza.[52] Nesse sentido, o principal erro do Estado liberal foi procurar subverter a ordem natural, orgânica, das coisas, sendo uma ideologia intrinsecamente antissocial.[53]

Os nacionalistas estavam bastante cientes do fato de que os sindicatos não poderiam ser *ipso facto* apagados: era preciso modificar sua natureza em todos os pontos de visível contraste com a teoria corporativa,[54] reconhecendo e valorizando os poucos pontos de contato.[55] O caminho a ser percorrido indicava a construção de sindicatos industriais, cuja principal tarefa é desenvolver a solidariedade entre produtores e entre produtores e trabalhadores. O Estado deve, assim, elaborar uma disciplina de reconhecimento jurídico das organizações patronais e operárias, para que estas não ultrapassem o campo das competições econômicas e não prejudiquem a nação.[56]

A EXPERIÊNCIA NACIONAL

Não é difícil encontrar coincidências de interesses entre mundo industrial e ideologia do Estado corporativo, não sendo assim por mero acaso que o principal jornal nacionalista, *Idea Nazionale*, passe a ser expressivamente financiado pelos próprios industriais.[57] Entre os financiadores do *Idea Nazionale*, destaca-se Dante Ferraris, ex-ministro dos governos Giolitti e uma das principais figuras do capitalismo italiano, presidente da Sociedade Italiana para a Fabricação de Projéteis, das Indústrias Metalúrgicas de Turim, presidente da Giovanni Gilardini, da Liga Industrial de Turim e, finalmente, vice-presidente da Fiat; portanto, como aponta o próprio Ferraris, toda a indústria de armamentos italiana financiava o diário *Idea Nazionale*.

Se no novo Estado corporativo os sindicatos deviam ser rigidamente regulados e controlados, os partidos, como representantes de classe, deviam simplesmente ser abolidos, substituídos pelos sindicatos nacionais,[58] não mais revolucionários e de classe.[59] No Parlamento, não deviam mais assentar-se representantes da soberania popular, homens culpáveis por priorizarem seus interesses em detrimento da nação, mas as forças vivas da nação, os produtores e representantes dos sindicatos. Era preciso, conclui Rocco, enfraquecer a Câmara dos Deputados e transformar o Senado em câmara corporativa.[60]

A Primeira Guerra Mundial e o Maio radiante

A deflagração da Primeira Guerra Mundial marca mais uma reviravolta dos interesses em jogo e uma reestruturação das posições das várias formações até aqui analisadas. A Itália, em 1914, está ainda presa a uma aliança com o Império Austro-Húngaro e com a Alemanha (Tríplice Aliança), mas muitas são as razões para permanecer fora do conflito ou, talvez, poucas são as razões que tornam desejável uma participação. Em 1914, o Exército italiano não era capaz de enfrentar uma guerra daquele tipo e, ainda assim, 23% do orçamento do país era consumido justamente pelos ministérios militares. Havia sobretudo um nítido desencontro entre os objetivos de política externa propostos por parte do mundo político italiano e as ferramentas necessárias para colocá-los em prática.[61] Além da evidente inferioridade do Exército italiano em relação a seus rivais, o que desaconselhava a participação na guerra, havia razões bastante triviais: a Itália, vista como mais potente do que na realidade era, poderia conseguir muitas compensações territoriais mesmo sem tomar partido.

Assim, apesar das agitações, a Itália por ora permanece neutra, mas o país não está todo neutro. Em posição neutralista estavam os liberais de Giovanni Giolitti, que ainda não era do governo, os católicos e os socialistas. O intervencionismo reunia os liberais conservadores de Antonio Salandra, os nacionalistas, o escritor Gabriele D'Annunzio, os futuristas e uma parte do sindicalismo revolucionário. O Parlamento, que teoricamente deveria representar a soberania popular, aderiu majoritariamente à não intervenção.

A guerra lança luz sobre as contradições do nacionalismo italiano, claramente intervencionista, por um lado na Tríplice Aliança – um pouco porque amante da ordem, um pouco porque antimaçônico, antidemocrático e antissocialista –, por outro lado ciente da inconciliabilidade de interesses entre Itália e Áustria-Hungria. Havia principalmente o cenário balcânico a ser dividido e, portanto, a influência sobre o mar Adriático, além dos territórios sob tutela austríaca habitados por populações de língua italiana, ainda numerosos. Sim, os nacionalistas estão divididos: por um lado há quem não descarte uma aliança com os países da Entente (França, Grã-Bretanha e Rússia), com os quais há tempos a Itália realizava uma política de reaproximação, e, por outro lado, há quem mantenha uma rígida orientação pró-austríaca, como Alfredo Rocco. A ambiguidade está fadada a durar por algum tempo. Três dias após a deflagração da guerra, a ANI passa a defender a Tríplice Aliança.[62] Em cinco dias, demonstrando uma coerência nada inabalável, apoia a Entente, buscando sustentar a expansão adriática[63] e óbvios interesses na área balcânica.[64] Os nacionalistas encontram-se, assim, na paradoxal condição de serem estrategicamente a favor da Entente e ideologicamente defensores da Tríplice Aliança.

É difícil encontrar uma posição equilibrada, mas é difícil também encontrar uma posição que diferencie o nacionalismo de parte dos partidos liberais, por exemplo os grupos liderados por Salandra, que

A EXPERIÊNCIA NACIONAL

apoiavam essa guerra. Surgem novos slogans que atingem diretamente as instituições do Estado liberal[65] e aplaudem a violência contra seus representantes.[66] Sem considerar muito o fato de que a Itália estava longe de ser a potência que os nacionalistas diziam que era, o *Idea Nazionale* procura resolver o paradoxo fazendo da guerra um fim, não mais um meio.[67]

Benito Mussolini, então diretor do jornal socialista *Avanti*, afasta-se dos socialistas justamente nos meses iniciais do conflito e aglutina em torno de si parte do mundo ligado ao sindicalismo revolucionário. Em abril de 1915, o ministro do Exterior, Sidney Sonnino, assina com a Entente o Tratado de Londres, estabelecendo condições para a participação italiana no conflito. Esse pacto permanecerá secreto até que a Rússia revolucionária publique o texto em 1917. Não tendo sido informado sobre as negociações então em andamento, o Parlamento é portanto forçado a aprová-las *ex post* e sob ameaça de renúncia do rei Vittorio Emanuele III. Em nome da *realpolitik*, os deputados, incluindo os neutralistas, votam a favor, sendo o único voto contrário dos socialistas: em 23 de maio, a Itália entrava na guerra.

Poucos dias antes, de 13 a 16, as várias partes do intervencionismo ocupam as ruas do país pressionando rei e governo a declarar guerra à Tríplice Aliança: era o Maio radiante, como o chamou Gabriele D'Annunzio, protagonista daqueles dias. Esse é um importante momento, pois nas manifestações de maio de 1915 aliam-se pela primeira vez os três grupos que serão a base do regime fascista: mussoliniano, futurista e nacionalista.

Apesar da vitória, a Itália deve renunciar a grande parte de suas aspirações. Os 14 pontos deliberados pelo presidente americano Woodrow Wilson e a derrota de Caporetto tornam o Tratado de Londres quase irrealizável. Assim começa a avançar o mito da vitória mutilada, nova frente de luta para os nacionalistas. A Itália do pós-guerra vê sua elite política dividida, os partidos liberais em crise e o irrompimento de grandes partidos de massa: socialistas e populares.[68]

Quando em 23 de março de 1919 o movimento fascista dá seus primeiros passos, em reunião ocorrida na Praça San Sepolcro de Milão, o nacionalismo havia definitivamente completado sua formação ideo-

À PROCURA DE UMA NOVA IDENTIDADE ITALIANA: A DEFINIÇÃO...

lógica, deixando os mitos abstratos dos primeiros anos do século XX e chegando a uma coerente ideia de Estado. Com satisfação, Rocco podia dizer que "o movimento nacionalista na Itália não é, absolutamente, um desleixado levante de exaltados admiradores da guerra, mas é principalmente uma concepção total e orgânica da sociedade e do Estado, uma filosofia social e política".[69]

O primeiro pós-guerra, o fascismo e a sua classe dirigente

Após a Primeira Guerra Mundial, os nacionalistas tornam-se ainda mais agressivos. A Itália havia obtido pouco do conflito e o grupo então se atira contra as elites políticas, destacando naturalmente a figura de Giolitti, culpado, segundo os nacionalistas, de ter sido neutralista primeiro e renunciante nos processos de negociação dos tratados depois.

Em uma Itália profundamente tumultuada, seja pelos soldados que retornavam das operações de guerra, seja pelas greves, seja pela "vitória mutilada", o clima é de guerra civil. A luta dos nacionalistas contra o socialismo não é apenas questão teórica: esquadrões de voluntários atacam fisicamente câmaras do trabalho, grevistas e ligas camponesas. Por isso, quando em 1919 nascem os "Sempre Prontos para a Pátria e para o Rei, esquadrões para preservação da ordem pública", ninguém se espanta. Tratava-se, na realidade, da formalização de um fenômeno já existente, uma vez que o esquadrismo nacionalista estava ativo desde junho de 1914, quando, "ao redor do primeiro núcleo de nacionalistas, organizaram-se rondas de cidadãos voluntários com o intuito de manter a vigilância da ordem pública para além da Segurança Pública".[70]

A convicção da vitória mutilada leva Gabriele D'Annunzio a ocupar em setembro de 1919 a cidade de Fiume, que, mesmo sendo majoritariamente de língua italiana, seria colocada segundo os tratados sob a soberania húngara. É a quarta etapa do processo de construção da identidade nacionalista que estamos analisando: a Batalha de Adwa, a anexação da Bósnia-Herzegovina e o Maio radiante. D'Annunzio desafia o mundo inteiro, que naqueles dias enfrentava negociações

A EXPERIÊNCIA NACIONAL

para a recomposição das fronteiras europeias após a dissolução de dois impérios e após a Revolução Soviética. O governo, liderado mais uma vez por Giolitti, manda tropas para desmobilizar os legionários de D'Annunzio, ocorrem dezenas de mortes em ambos os lados e Mussolini ambiguamente está do lado dos ocupantes, convocando uma arrecadação de fundos para sustentar o "comandante". O Estado liberal sai enfraquecido do combate e, nos meses da ocupação de Fiume, é criada a estética que depois será reciclada pelo próprio Duce: a saudação romana, o hino "Giovinezza" [Juventude] e os comícios de multidões oceânicas.

Mesmo assim, a aliança entre nacionalismo, fascismo, futurismo e D'Annunzio não está ainda consolidada, as ligações se fazem cada vez mais fortes, mas cada um dos jogadores está autonomamente em sua batalha. Giolitti procura, e em parte consegue, trazer Mussolini e os nacionalistas ao ventre do parlamentarismo e, em 1921, faz com o movimento fascista o que trinta anos antes havia feito com o socialismo: por meio de uma aliança eleitoral, permite a entrada de 35 fascistas no Parlamento. Uma das consequências dessa estratégia foi o acordo de paz entre socialistas e fascistas. As previsões de uma regulamentação das forças subversivas feitas pelo velho estadista pareciam realizar-se. Mussolini, talvez, procura separar-se de uma direita inconveniente e tenta aproximar-se de populares e socialistas. Os nacionalistas, por sua vez, mantêm uma orientação que remete, como vimos, aos ideais da direita histórica e prenunciam um retorno ao governo de Salandra.

As relações entre nacionalistas e fascistas permanecem bastante complexas e marcadas por desconfiança: não agradava aos nacionalistas a tendência mais socialista do fascismo e os fascistas rejeitavam o excessivo conservadorismo classista dos nacionalistas. Havia também a questão da luta contra os "tubarões de guerra", industriais acusados por Mussolini de aproveitarem-se das encomendas de provisões do Estado na guerra. Mussolini não quer "rabos presos" e anuncia a tendência republicana do fascismo,[71] sem dúvida totalmente inaceitável a nacionalistas rigorosamente monárquicos. Em agosto de 1921, após meses de desentendimentos, Mussolini assina o acordo de paz com os socialistas e propõe um governo de coalizão entre as três forças de

À PROCURA DE UMA NOVA IDENTIDADE ITALIANA: A DEFINIÇÃO...

massa do país: socialistas, populares e fascistas.[72] Era uma visão que prescindia das disposições mais profundas de um movimento que tinha se formado justamente contra o socialismo. Realmente, grande parte dos militantes fascistas é contrária ao acordo de paz, principalmente os mais extremistas ligados ao esquadrismo, como Dino Grandi e Pietro Marsich. A cisão torna-se um risco concreto, uma vez que as ações esquadristas continuam como se o acordo não tivesse sido assinado, e o Congresso Regional dos Fascistas Emilianos recusa-se a seguir Mussolini, que os demite. Em poucas semanas, o acordo de paz é deixado de lado, Mussolini e o partido compreendem não poderem viver um sem o outro, a abertura aos socialistas é definitivamente anulada em nome do realismo[73] e, a partir do final de agosto, o fascismo vira definitivamente à direita, ocupando um espaço inteiramente controlado pelos nacionalistas.[74]

Mudando inesperadamente a direção para todos os envolvidos, ocorre o quinto momento fundador de um caminho que levará ao arquivamento do Estado liberal: a Marcha sobre Roma. É preciso partir de uma pressuposição para compreender o que se desenrolou entre 28 e 30 de outubro: Mussolini podia apenas imaginar que logo seria nomeado presidente do conselho, porque, como em uma partida de xadrez, o resultado é fruto da decisão, negociação e ação dos agentes protagonistas daqueles dias. Diante da mobilização fascista, o rei e o governo liderado pelo giolitiano Luigi Facta hesitam e buscam ganhar tempo em um momento bastante inoportuno: facções mal-armadas provenientes de toda a Itália são detidas pelo Exército nas portas de Roma e o rei deve assinar o decreto que proclama o estado de assédio, como acordado poucas horas antes com Facta, mas, inesperadamente, não o assina, permitindo que os fascistas entrem na cidade.

As coisas se precipitam rapidamente. Os nacionalistas e uma parte do fascismo mais "moderado", por exemplo Cesare Maria De Vecchi e Dino Grandi, queriam um governo liderado por Salandra, o qual, de fato, após rápidas consultas, é incumbido oficiosamente pelo rei de criar um novo gabinete.[75] Mussolini vê que pode aumentar o preço de sua colaboração, afinal o Estado liberal havia já cedido. Ele rejeita a possibilidade de participar com seus ministros de um governo Salandra, mesmo com a importante pasta do ministério do Interior, e, diante do *impasse*, o rei o nomeia para a liderança de um novo governo de coalizão entre fascistas, populares, liberais e nacionalistas.

Formando-se um novo governo, o quadro político que esteve vigente nas últimas décadas muda radicalmente e, com a afirmação de um novo *status quo*, as classes dirigentes do país precisam fazer algo para se reciclarem. O nacionalismo desenvolve-se amplamente ao sul, onde coronéis necessitam encontrar novos padrinhos para manter seu poder e suas redes de clientela. Mussolini, por sua vez, precisava recuperar o Sul, onde o movimento fascista permaneceu bastante marginal, e decide apoiar-se na velha/nova elite, uma vez que de Norte a Sul "transformava-se em nacionalismo tudo o que não podia ser fascismo".[76]

Nacionalistas e fascistas começam a discutir uma possível fusão entre as duas formações. A decisão é fundamentada pela necessidade de gerenciar o recrutamento da nova elite e de colocar limites aos contínuos embates entre nacionalistas e fascistas, controláveis nas questões centrais, mas caóticos no âmbito periférico.[77] Na reunião do Grande Conselho de 12 de janeiro de 1923, a fusão entre nacionalistas e fascistas entra na pauta e, ao final do mês, é criado um órgão central de coligação. Em duas reuniões, o Grande Conselho aceita que dois dos principais pontos do programa nacionalista se tornem seus: a declaração de fé ao rei e o dever antimaçônico. Mussolini, entretanto, se recusa a aceitar as propostas de Rocco, consideradas excessivamente vinculativas, optando por declarações mais genéricas e, portanto, menos comprometedoras. Assim, faltando pouco mais de um ano para sua nomeação à Presidência do Conselho, a ANI se dissolveria no Partido Nacional Fascista (PNF), deixando formalmente de existir.

A situação, mesmo depois de tudo, permanece razoavelmente fluida, e seu andamento é retomado com as eleições ocorridas em 1924, últimas mais ou menos livres antes de 1946. Muitos indicadores mostram-nos um panorama aberto, apesar do clima de profunda violência e ameaça. As tiragens dos jornais nos meses da campanha eleitoral aumentam vertiginosamente e, no dia das votações, a par-

À PROCURA DE UMA NOVA IDENTIDADE ITALIANA: A DEFINIÇÃO...

ticipação cresce quase seis pontos percentuais. A maioria obtida nas listas ministeriais é de 66%, em parte devido às fraudes, certamente, e em parte devido ao efetivo consenso conseguido por Mussolini na sociedade, sem dúvida especialmente no Sul, onde a Lista Nacional atinge um sucesso superior ao obtido no Norte (respectivamente 81,5% e 54,3%):[78] foi o sinal intangível de que a transição dos partidos liberais ao fascista era já um fato.

Os nacionalistas desempenham agora, de dentro do regime em construção, um papel absolutamente crucial, de duas maneiras: ideológica e de elite.[79] Do ponto de vista ideológico, as elaborações nacionalistas dão sentido e forma ao movimento fascista, que de sentido e forma tinha pouco. Do ponto de vista da elite, os homens e as figuras provenientes da ANI são os que constroem a estrutura do novo Estado e, dotados de visão de Estado, constituem o próprio esqueleto do governo.

A avaliação de Gaeta, ainda que criticada por Emilio Gentile,[80] vale ser citada: "o nacionalismo teve a função de encaminhar o fascismo a uma direção autenticamente reacionária e, em outro sentido, a uma crise irreversível do Estado liberal",[81] posição que entretanto é compartilhada por outro grande teórico do fascismo, Giovanni Gentile.[82] Afinal, é o próprio Rocco quem reconstrói, em texto prefaciado por Mussolini, qual teria sido a trajetória de formação do pensamento fascista e nacionalista[83] e do posicionamento que estes tinham em comum sobre a sacralidade do Estado.[84] São duas partes do mesmo corpo, no qual o nacionalismo é cabeça pensante,[85] e o fascismo, órgão capaz de dar estrutura de massa a um pensamento elitista.[86]

Em 1924, Rocco é eleito presidente da Câmara dos Deputados e, em seu discurso de posse, proclama:

> Temos motivos para dizer com orgulho: os italianos estão prontos. Esta grande novidade, esta profunda transformação espiritual, que é a mais bela conquista da guerra e cuja mais concreta e eficaz expressão é, certamente, o movimento fascista, do qual eu mesmo provenho, deverá ter e terá uma favorável influência no desenvolvimento das instituições representativas italianas.[87]

A EXPERIÊNCIA NACIONAL

Em 1925, Alfredo Rocco será nomeado ministro da Justiça. São os anos cruciais para a formação do Estado fascista[88] ou, talvez seja mais correto dizer, o Estado pensado, estudado e almejado pelos nacionalistas.[89] O código penal é de autoria de Rocco, estabelecendo um preço talvez ainda maior para a falta de respeito a normas coercitivas, também estas inspiradas por todas as doutrinas elaboradas durante os trinta anos de vida do nacionalismo italiano: "O Estado é tudo e o indivíduo é nada. Era a fórmula que invertia o princípio comum a todas as correntes políticas do século XIX, para as quais o Estado era pura e simplesmente um instrumento, um conjunto de órgãos e aparatos para a realização de fins individuais e sociais."[90]

Notas

1. "Quem hoje ler as páginas do *Regno*, primeiro jornal dos nacionalistas, surgido em 1903, não pode não se impressionar com as semelhanças de ideias, de linguagem, de delírios entre estes e os fascistas, seus irmãos mais novos." Norberto Bobbio, *Dal fascismo alla democrazia*. Milão: Baldini Castoldi Dalai, 2008, p.43.
2. Concluído o processo de unificação italiana, Massimo D'Azeglio afirmou: "Fizemos a Itália, agora falta fazermos os italianos."
3. São úteis aqui as palavras de Hobsbawm: "The rise of mass politics helps us to reformulate the question of popular support for nationalism rather than to answer it." Eric Hobsbawm, *Nations and Nationalism since 1780*. Cambridge: Cambridge University Press, 2012, p.110.
4. Discurso pronunciado por Benito Mussolini em 2 de outubro de 1935.
5. Uma nota informativa da Segurança Pública daqueles anos: "O entusiasmo coletivo alcança o paroxismo, faz com que as remanescentes dúvidas se calem. As autoridades centrais e periféricas do fascismo podem ficar satisfeitas com os humores percebidos no mundo do trabalho: estas classes são fiéis ao Regime, animadas por um são patriotismo, pedindo apenas que continuem a trabalhar em paz. Verificam-se serenidade e tranquilidade, que formam um estado de ânimo geral." Citado por Simona Colarizi. *L'opinione degli italiani sotto il regime 1929-1943*. Bari: Laterza, 2000. p.194-195.

À PROCURA DE UMA NOVA IDENTIDADE ITALIANA: A DEFINIÇÃO...

6. "A aventura na Etiópia parece uma luz a cegar um pouco todos, até mesmo as grandes massas operárias e camponesas, em geral indiferentes aos 'destinos imperiais' da Itália fascista (...). A nacionalização das massas é ainda uma leve camada de verniz na superfície de um mundo do trabalho que permanece intimamente ligado a valores e certezas do passado." Idem, p.188-189.

7. Angelo Del Boca, *Adua, le ragioni di una sconfitta*. Bari: Laterza, 1997, p.11-18.

8. Francesco Crispi é o protagonista da política italiana entre 1887 e 1896, quando sai definitivamente de cena justamente devido à derrota na Batalha de Adwa. Com um passado revolucionário, Crispi havia sido lugar-tenente de Giuseppe Garibaldi e havia participado na Expedição dos Mil em 1860, que levou ao fim do reino dos Bourbon no sul da península italiana. Tornando-se presidente do Conselho em 1887, após uma fase inicial, bruscamente adquire convicções conservadoras. Entre suas referências está sem dúvida o chanceler alemão Otto Von Bismarck, de quem é interlocutor privilegiado.

9. Assim escreveu Rocco no *Idea Nazionale* de 2 de janeiro de 1922: "O nacionalismo surgiu formalmente em Florença, no ano de 1910, como afirmação geral de paixão e de vontade italiana, após um longo período de degradação do sentimento nacional, que começa em Adwa e vai até a crise da Bósnia-Herzegovina", e, poucos anos mais tarde, acrescenta: "O nacionalismo surgiu como espontâneo e inconsciente despertar do sentimento nacional contra a ignomínia do período de covardias e de renúncias que se seguiu à Batalha de Adwa. A reação amadureceu lentamente, logo após o infausto 1896, quando a Itália, declarando-se vencida por um estado semibárbaro, praticamente renunciou à posição de grande potência e, escancarando as portas ao socialismo devastador, iniciou, poucos anos após o início de sua formação, a decadência do Estado." Alfredo Rocco, *Scritti e discorsi politici*. Milão: Giuffré Editore, 1938, p.694 e 727.

10. A importação de carbono aumenta de 4 milhões de toneladas em 1896 para 10,8 em 1913. O índice de produção industrial (1896-1900 = 100) sobe 167 em 1906-1910 e 183 em 1911-1915. Christopher Seton-Watson, *L'Italia dal liberalismo al fascismo 1870-1925*. Bari: Laterza, 1999, p.332.

11. Idem, p.343.

A EXPERIÊNCIA NACIONAL

12. Foi mesmo Giolitti quem fez com que os deputados socialistas pudessem entrar no Parlamento, colocando-os nas listas de seu partido.

13. O sufrágio se tornará universal apenas após a Primeira Guerra Mundial: nas eleições de 1909 somente 3 milhões de cidadãos tinham direito ao voto.

14. Christopher Seton-Watson, *L'Italia dal liberalismo al fascismo 1870-1925*. Bari: Laterza, 1999, p.346.

15. Convém destacar que, na verdade, aquilo que ocorre na Itália não é muito diferente do que ocorre no resto da Europa, como explica Hobsbawm: "Socialmente três desenvolvimentos aumentaram consideravelmente o espaço para a criação de novas maneiras de inventar comunidades imaginadas ou até mesmo reais como nacionalidades: a resistência de grupos tradicionais ameaçados pelo rápido avanço da modernidade, as novas e bastante não tradicionais classes sociais agora em rápido crescimento nas sociedades em processo de urbanização nos países desenvolvidos e as migrações sem precedentes que espalharam múltiplas diásporas por todo o mundo, cada uma estranha tanto para os nativos quanto para outros grupos de migrantes, nenhum deles ainda com hábitos e convenções para coexistência." Eric Hobsbawm. *Nações e nacionalismo desde 1780*. São Paulo: Paz e Terra, 1990, p. 132-133. Trecho traduzido por Ana Luiza Libânio.

16. O sindicalismo católico certamente não era fenômeno marginal, ainda que de dimensão menor em relação ao socialista: "No triênio de 1911-1914, inscritos nos sindicatos católicos ultrapassam as 100 mil unidades com um máximo de 113.380 em 1913. Contemporaneamente, os filiados da CGdL [Confederação Geral do Trabalho] são 383.770 em 1911". Alceo Riosa, *Momenti e figure del sindacalismo prefascista*. Milão: Unicopli, 2000, p.144.

17. Há uma concatenação de eventos entre a queda de Napoleão III, defensor da independência do Estado da Igreja, a tomada de Roma e a unificação da Alemanha bismarckiana.

18. Entende-se por direita histórica o período que vai de 1849 a 1876, de Camillo Benso, conde de Cavour, a Marco Minghetti. É o período de unificação da Itália: 1861, Itália unida, 1866, anexação do Veneto e 1870, Roma capital. A ligação dos nacionalistas com a direita histórica – lembra Gabriele de Rosa – estava repleta de contradições. Enquanto durante esse período a pátria finalmente foi criada, estava claro também

À PROCURA DE UMA NOVA IDENTIDADE ITALIANA: A DEFINIÇÃO...

que em termos econômicos a direita histórica nada tinha de protecionista, pelo viés do sistema político o sufrágio na segunda metade do século XIX era restrito, enquanto os princípios constitucionais-liberais não eram minimamente colocados em discussão. Cf. Gabriele de Rosa, *L'Azione Cattolica. Storia politica dal 1905 al 1919*. Bari: Laterza, 1954, p.284.

19. Paolo Arcari, nacionalista membro da direção da ANI [Associação Nacionalista Italiana] e católico, afirma que "o nacionalismo se submeteu àquele gracioso, ressentido e mal-humorado misantropo, para o fortalecimento das classes inferiores que se insinua hoje na burguesia desorientada e que tem seu castigo no fato de não ser eficaz, de não conduzir a nada, de não prometer nada", enfim, o nacionalismo é uma ideologia pequeno-burguesa. Paolo Arcari, *Le elaborazioni della dottrina politica nazionale fra l'unità e l'intervento (1870-1914)*, vol.3. Firenze, 1934-1939.

20. A identificação entre nacionalismo e pequena e média burguesia é destacada tanto pelo histórico nacionalista Gioacchino Volpe quanto por Piero Gobetti, da escola liberal, que não deixa de mostrar o nacionalismo como ideologia de uma pequena burguesia frustrada. Cf. Franco Gaeta, *Il nazionalismo italiano*. Bari: Laterza, 1981, p.62 e seg.

21. Assim se lia em 1904 nas colunas do *Il Regno*: "Longe de nós a ideia de nos servirmos do irredentismo apenas como arma de classe. Mas, assim como for para o irredentismo, é para o expansionismo e para toda uma política externa ativamente nacional em geral. Estes podem ser também uma arma de classe. A burguesia é a nação, a organização burguesa é a organização da nação, a política burguesa é por direito a política da nação." Cf. "A proposito d'irredentismo". *Il Regno*, I, n.29, 1904, p.1-2.

22. Enrico Corradini define a nação como "um consentimento de gerações que seguem gerações, para uma missão a ser cumprida através dos séculos, a virtude nacional é o esforço de vontade de que é capaz um povo criando a sua história. A nação é uma multidão que tem por si a força de multidões de gerações. É a lei da continuidade da vida transformada em fato em toda a sua extensão". "La virtù nazionale". *Il Regno*, II, n.6, 1905.

23. O nacionalismo para Corradini era, portanto, "a doutrina daqueles que consideram a nação como a maior unidade de vida coletiva, como um

A EXPERIÊNCIA NACIONAL

verdadeiro indivíduo maior (...), um corpo estruturado, inteiro em si, vivo e ativo como o indivíduo, a família, a nação com um nome seu, próprio, uma missão própria e um consentimento para sua missão (...). É difícil tornar imperialista por fora uma nação, quando ela é afligida por um imperialismo interno de classe; somente quando este for vitorioso e repleto de energia, somente então começa necessariamente o outro, o verdadeiro imperialismo externo". Corradini, "Principi del nazionalismo", p.132.

24. Enrico Corradini, remetendo a um texto de Pascoli, muda o discurso socialista e transforma uma inteira nação, não apenas uma classe, em "proletária": "Devemos partir do reconhecimento deste princípio: há nações proletárias assim como há classes proletárias, nações cujas condições de vida estão em desvantagem, subordinadas às de outras nações, como acontece com as classes. Dito isto, o nacionalismo deve acima de tudo trabalhar duro nesta verdade: a Itália é uma nação materialmente e moralmente proletária (...). Submetida a outras nações é fraca, não de forças populares, mas de forças nacionais. Ora, o nacionalismo deve fazer algo para a nação italiana. Deve ser, em que pese a comparação, o nosso socialismo nacional. Como o socialismo ensinou ao proletário o valor da luta de classe, da mesma forma devemos ensinar à Itália o valor da luta internacional. Seria a luta internacional uma guerra? Pois que seja guerra! E que o nacionalismo inspire à Itália a vontade da guerra vitoriosa." Corradini, citado por Franco Gaeta. *Il Nazionalismo Italiano*. Bari: Laterza, 1981, p.120.

25. "Sob a violenta chicotada da anexação austríaca da Bósnia-Herzegovina, ocorrida em 1908, que pareceu privar a Itália de qualquer esperança de reaver suas províncias irredentas, o movimento, de literário e filosófico, alargou-se e tornou-se político." Alfredo Rocco, "La lotta contro la reazione antinazionale (1919-1924)". In: *Scritti e discorsi politici*. Milão: Giuffré Editore, 1938, p.727.

26. Rocco define o período da seguinte forma: "No início, como sempre acontece nas grandes transformações políticas, tratava-se de um movimento literário, uma aspiração de almas eleitas, solitárias, desdenhosas almas." Idem.

27. Na história da Itália, Croce identifica o nacionalismo como uma reação antipositivista e irracionalista, em que "os literatos italianos do nacionalismo incutiram elementos intelectuais extraídos do nacionalismo francês de Barrès, do racionalista de Maurras, da Action Française, do

À PROCURA DE UMA NOVA IDENTIDADE ITALIANA: A DEFINIÇÃO...

sindicalismo e da teoria da violência de Sorel". Benedetto Croce. *Storia d'Italia dal 1871 al 1915*. Bari: Laterza, 1973, p.247-248.

28. Se Corradini havia falado da luta de classes de uma nação "proletária", Prezzolini diz ser necessário que a burguesia "transforme em realidade aquilo que até agora foi apenas um odioso sermão, a luta de classes, com a intenção de, entretanto, cessá-la". Prezzolini, "A chi giova la lotta di classe?". *Il Regno*, I, n.18, 1904, p.2-4.

29. Corradini, no *Il Regno*, diz: "É preciso de uma vez por todas defender que também é possível fazer política nacional sem trazer à baila as palavras liberdade e liberal (...). Antes de tudo é preciso que a Itália resolva seus pequenos problemas em casa; entretanto, não consideramos que o melhor meio para solucioná-los e para resolver também problemas mais complicados em casa seja esquivar-se na primeira ocasião (...). Por isso neste momento somos expansionistas." Corradini, "Qualche altra parola". *Il Regno*, I, n.3, 1903, p.2-4.

30. Morasso afirma: "Ou com o socialismo, com a massa, com a plebe, com quem está embaixo, ou conosco, com a superioridade, o domínio, a individualidade. É preciso decidir-se e sobretudo abandonar as posições intermediárias: ou do nosso lado ou contra nós (nota 8)". Mario Morasso, *Uomini e idee del domani*. Torino: L'egoarchia, 1898, p.III.

31. A excomunhão da Action Française chegará somente em 1926, entretanto os desacordos com o Vaticano ocorrem muito antes da excomunhão oficial. No centro de um conflito implacável, está a ideia fundamental para o nacionalismo e inaceitável para a Igreja Católica de subordinação da religião à política.

32. Sturzo define o nacionalismo: "A teoria fundamental do nacionalismo calcado na hipervalorização da nação como entidade espiritual superior aos próprios homens reflete-se claramente na concepção que os nacionalistas têm de Estado. Para eles, o Estado é o instrumento da nação em sua razão absoluta de domínios; o Estado militarista, o Estado respaldado pelas classes industriais e bancárias, o Estado protecionista, o Estado governado por uma oligarquia ou por uma monarquia absoluta ou quase; o Estado antiliberal, antidemocrático, portanto." Luigi Sturzo, *Popolarismo e fascismo*. Turim: Nicola Zanichelli Editore, 1924, p.306-307.

33. "O nacionalismo rejeitava na maçonaria não apenas as formas já superadas e o segredo e a hierarquia oculta, mas o próprio espírito informador democrático, internacionalista e pacifista." Alfredo Rocco,

"La lotta contro la reazione antinazionale (1919-1924)". In: *Scritti e discorsi politici*. Milão: Giuffré Editore, 1938, p.729.

34. A ideia de uma Itália colonial não era certamente doença exclusiva dos nacionalistas. Assim escrevia o poeta decadentista Giovanni Pascoli: "A grande proletária se moveu (...). Agora a Itália, grande mártir das nações, após somente cinquenta anos de nova vida, apresentou-se ao dever de dar sua contribuição à humanização e à civilização dos povos; ao seu direito de não ser sufocada e impedida em seus mares (...). O povo que a Itália ressurgente não encontrou sempre pronto a seu chamado, a seu convite, a seu comando, está lá. Ó cinquenta anos do milagre! (...) Qual e quanta transformação! Convém repeti-lo: há cinquenta anos, a Itália não tinha escolas, não tinha ruas, não tinha indústrias, não tinha lojas, não tinha consciência de si, não tinha memória, não tinha, não digo esperança, mas desejo de futuro." Pascoli, "La grande proletaria si è mossa". *La Tribuna*, 27 nov 1911.

35. "(...) mas quando o Estado ético, comportando-se como Estado laico, proclama a própria soberania sobre a Igreja, então nos defendemos dele, porque, embora idealista, é sempre incompetente a legiferar em relação às organizações eclesiásticas". Aquilanti, "I cattolici nella vita italiana". *Idea Nazionale*, 19 fev 1914.

36. Congresso Nacional da ANI de 1912, citado por Franco Gaeta. *Il nazionalismo italiano*. Bari: Laterza, 1981, p.115.

37. Assim diz Sighele a propósito do nacionalismo: "Pode-se ser nacionalista com a crença em certas leis hereditárias que marcam pela eternidade aquilo que seremos e deveremos ser (...) o nacionalismo não é nada além da aceitação de um determinismo." Scipio Sighele, *Il Nazionalismo e i partiti politici*. Milão: Fratelli Treves, 1911, p.47. Maraviglia responde: "A soberania não diz respeito aos indivíduos, mas ao Estado concebido como pessoa distinta de seus membros e enquanto tutor não apenas de interesses gerais de seus membros atuais e futuros, mas de seus próprios interesses particulares." Maraviglia, "Nazionalismo e democrazia". *Idea Nazionale*, 14 dez 1911.

38. "O nacionalismo, como simples estado de espírito de reação provocadora, como perpétuo prurido de incitamento, acabou e deu lugar a um nacionalismo político de programa bem definido, no qual o elemento conservador deveria prevalecer sobre o elemento democrático." Castellini, "Il partito e il congresso". *Idea Nazionale*, 5 out 1911.

À PROCURA DE UMA NOVA IDENTIDADE ITALIANA: A DEFINIÇÃO...

39. "Em 1912, a Associação Nacionalista proclamava no Congresso de Roma a distinção e a antítese entre princípio nacional e democrático, e enquanto parecia que a democracia triunfava por todas as partes nos chamados blocos populares, o nacionalismo ousou afirmar que o universalismo democrático, pacifista, internacional, igualitário é antinacional e, necessariamente, declarava a incompatibilidade entre nacionalismo e maçonaria." Rocco, "La lotta contro la reazione antinazionale (1919-1924)". *Scritti e discorsi politici*, p.728.

40. O nacionalismo tenta legitimar-se remetendo ao pai fundador da pátria: "Com Cavour o partido liberal é nacional, ou melhor, nacionalista: Cavour não podia dizer-se nacionalista, porque liberal, mas liberal porque nacionalista (...). Quanto às tradições do antigo partido liberal cavourriano, é preciso diferenciar a substância nacional, que, com exceção do breve parêntese crispino, não foi continuada por outro grupo ou fração liberal e hoje é herdada intacta por nós, nacionalistas, pela parte contingente puramente liberal e liberista, que foi pouco a pouco dispersando-se para sobreviver apenas de forma puramente ideológica nos livros dos economistas puros e nas agitações de algum raro cenáculo." "Discussioni di dottrina e di metodo. Da Camillo Cavour al nazionalismo". *L'Idea Nazionale*, 17 ago. 1911.

41. "Ó processo de especificação com o qual o nacionalismo, depois de 150 anos, abria um novo período na história política, rejeitando completamente todas as doutrinas políticas originadas direta ou indiretamente da filosofia jusnaturalista da Revolução Francesa, era já perfeito." Rocco, "La lotta contro la reazione antinazionale (1919-1924)". *Scritti e discorsi politici*, p.730.

42. "Conosco o movimento individualista introduziu-se antes da afirmação nacional. O individualismo encontrou, assim, um obstáculo formidável nas dominações estrangeiras (...). O nacionalismo dos homens de nosso Ressurgimento não foi nada mais que um meio para concretizar o liberalismo ou a democracia." Rocco, "Nazionalismo economico". *I principi fondamentali del nazionalismo economico*, Relazioni del III Congresso dell'Associazione Nazionalista Italiana, p.10.

43. "É falso que o indivíduo seja o fim último de toda atividade social, que sociedade e Estado sejam feitos para o indivíduo. Os indivíduos viventes não encerram em si a sociedade, como erroneamente creem todas as doutrinas individualistas, mas são simplesmente órgãos desta, são, por assim dizer, os instrumentos de suas finalidades." Idem, p.12.

A EXPERIÊNCIA NACIONAL

44. "(...) Vida própria, ultrapassando a vida de indivíduos que nelas estão em todos os momentos, prolongando-se pelos séculos, criando suas finalidades específicas, seus interesses distintos e algumas vezes opostos àqueles dos indivíduos que em dado momento fazem parte delas." Idem, p.11.

45. "A primeira e fundamental atitude da economia nacional deve ser uma violenta, absoluta, irreconciliável oposição à economia individualista, liberal e socialista. A economia individualista assenta-se em todos os princípios antagonistas do movimento nacionalista: o individualismo, o materialismo, o internacionalismo." Idem, p.23.

46. "A disciplina das concorrências conduz a uma produção menos agitada, menos cara, mais tecnicamente perfeita, porque conduz à grande indústria, que dispõe de meios de pesquisa mais aperfeiçoados, que pode diminuir os custos gerais, que pode valer-se das capacidades técnicas e administrativas mais eficientes. O sindicato industrial é, portanto, um organismo econômico de caráter mais elevado, que traz consigo todos os benefícios da concentração industrial e comercial." Idem, p.42.

47. "O nacionalismo econômico, assim, empresta as palavras do nacionalismo expansionista e determina três objetivos: aumento da riqueza nacional mediante aumento da produção interna, aumento da riqueza nacional mediante expansão no estrangeiro e uma boa distribuição da aumentada riqueza que possibilite alcançar a ascensão das classes trabalhadoras." Idem, p.33.

48. "Toda indústria poderá enfrentar, nos mercados internacionais, a concorrência estrangeira, será possível produzir mais, e com preços mais baratos, será eliminada a concorrência interna, surgindo uma harmônica fusão entre os interesses dos operários e dos industriais." Idem, p.34.

49. "Operários vinculados às indústrias estão inclinados à urbanização e, concentrados na cidade, logo representam um elemento envelhecido do organismo social, com todos os vícios dos velhos elementos: egoísmo individualista, baixa natalidade, alcoolismo, pouca capacidade de poupar." Idem, p.63.

50. "Seja a iniciativa privada limitada e também eliminada todas as vezes que não servir ou servir imperfeitamente ao interesse nacional." Idem, p.64.

51. "Afirmamos que se pode criar um sindicalismo nacional, na medida em que existe um sindicalismo antinacional. A forma com que poderia

À PROCURA DE UMA NOVA IDENTIDADE ITALIANA: A DEFINIÇÃO...

ser implementado o sindicalismo nacional poderia ser velha e completamente italiana, porque este sindicalismo nada mais é que o nosso antigo corporativismo (...). É preciso que o nacionalismo coloque-se firmemente neste caminho e crie o movimento corporativista como a forma mais pura e mais perfeita de sindicalismo nacional." Idem, p.66.

52. "O primeiro postulado do nacionalismo é que a ascensão das classes trabalhadoras deve ser buscada não mais em uma nova distribuição da riqueza interna, mas no aumento global da riqueza nacional, mediante a conquista de novos territórios e o aumento da produção interna." Idem, p.68.

53. "Eis por que todas as doutrinas que fazem da sociedade instrumento de bem-estar dos indivíduos, como as economias liberal e socialista, são eminentemente antissociais e, quando penetram profundamente na consciência popular, causam ruína e desunião." Idem, p.72.

54. Corradini explica justamente que "para alcançar isso é preciso libertá-los da política e dos politiqueiros. É necessário que as lutas econômicas permaneçam sendo lutas econômicas. O nacionalismo deve reconhecer a suprema utilidade das organizações operárias em si mesmas, capaz de tratar sem intermediários seus interesses." Corradini, "Utilità nazionalista delle organizzazioni operaie". *Il Tricolore*, 10 ago. 1909, p.96-97.

55. "Nacionalismo e sindicalismo são dois programas sociais com finalidades completamente antagônicas, que entretanto trazem importantes e essenciais analogias de aproximação. Isto torna-se mais claro à medida que observamos que ambos se originam e se desenvolvem com o impulso de um mito: o sindicalismo revolucionário tem o mito da greve geral; o nacionalismo imperialista, o mito da guerra vitoriosa. O sindicalismo revolucionário quer dominar a democracia e a burguesia fraca e corrupta, para a instauração de uma nova elite vinda das classes operárias. O imperialismo, por sua vez, concebe o domínio e a supremacia de uma raça na maior extensão possível no mundo, com o comando entregue ao poder oligárquico de uma burguesia de trabalho, ciente de seu passado heroico demolidor do regime feudal." Viana, "Lotta di classe e solidarietà nazionale". *Il Tricolore*, 16 set 1909.

56. "É preciso quebrar o domínio do socialismo sobre os operários urgentemente, os sindicatos são centrais bolcheviques, mas queremos que o sindicato possa ser a base de uma organização também política, quando perder seu caráter antiestatal e revolucionário." Corradini, *Il*

A EXPERIÊNCIA NACIONAL

nazionalismo e i problemi del lavoro e della scuola. Atti del secondo convegno nazionalista di Roma, Roma, 1919, p.32.

57. "Exatamente no dia anterior à abertura do Congresso de Milão, formou-se em Roma a sociedade anônima 'L'Italiana' para a publicação de um jornal. O capital social somava 700 mil liras, em 140 ações de 5 mil liras cada, completamente subscritas, e poderia ser ampliado até a quantia de 2 milhões." Gaeta, *Il nazionalismo italiano*, p.164.

58. Para Corradini, sindicatos deveriam substituir partidos políticos: "O terreno estável, a unidade das leis de produção às quais nem capital nem trabalho podem se subtrair, a não ser que seja com a condição de destruírem-se um ao outro", encontrando "a unidade dos interesses particulares que se costuma chamar de interesse geral". Corradini, *La marcia dei produttori*, Roma, 1916, p.12.

59. "Queremos que o sindicato possa ser a base de uma organização também política, quando perder seu caráter antiestatal e revolucionário. Alguns dizem que isso não acontecerá, mas acontecerá fatalmente, porque confiar aos sindicatos funções políticas significa reconhecer-lhes juridicamente, o que quer dizer subordiná-los ao Estado. O princípio corporativo não deve ser entendido em sentido estrito como sinônimo de sindicalismo operário. A organização sindical deve compreender também os empresários, também os chefes, os técnicos da indústria." Corradini, *Il nazionalismo e i problemi del lavoro e della scuola*. Atti del secondo convegno nazionalista di Roma, Roma, 1919, p.97.

60. Assim conclui Rocco: "E então, sem tiros, teremos feito uma grande revolução, porque teremos eliminado o poder opressivo e demagógico da Câmara dos Deputados." Cf. Corradini, *Il nazionalismo e i problemi del lavoro e della scuola*. Atti del secondo convegno nazionalista di Roma, Roma, 1919, p.37.

61. "Anteriormente à expedição da Líbia, a força média nas armas era em torno de 240 mil homens e 14-15 mil oficiais efetivos. Com o recrutamento e a prevista formação de 10 novas divisões, o Exército entraria em campo com cerca de 900 mil homens, mais 350 mil de milícia territorial no país. Era – para se ter uma referência – uma força equivalente à metade da francesa. O atraso qualitativo em relação aos maiores Exércitos europeus evidenciava-se pelo menor desenvolvimento da cara cavalaria e principalmente pela artilharia média e pesada." Mario Isnenghi; Giorgio Rochat, *La Grande Guerra*. Bolonha: Il Mulino, 2008, p.146-151.

À PROCURA DE UMA NOVA IDENTIDADE ITALIANA: A DEFINIÇÃO...

62. Rocco afirma: "Não temos interesse algum na existência de uma potência francesa. Esteticamente, caso a França desaparecesse do mapa da Europa, não seria um desagrado para nós. Nacionalmente, não apenas não sentiríamos pena, mas teríamos razão para ficar bem alegres. Em contrapartida, temos grande interesse em relação à existência da Áustria. Alcançado o domínio do Adriático, eliminada a preponderância austríaca nos Bálcãs, poderíamos ser os melhores amigos, os mais fiéis aliados de uma Áustria-Hungria que fosse a sentinela dianteira da civilização ocidental contra o eslavismo." Rocco, "Armiamo l'Italia per tenerla pronta agli eventi". *Il Dovere Nazionale*, 1º ago. 1914, p.4.

63. O olhar dos nacionalistas volta-se ao Adriático: "Devemos observar o Mediterrâneo e o Adriático e, se os acontecimentos podem assegurar que no Mediterrâneo agora nada muda e as ameaças estão no Adriático, pois bem, observe-se o Adriático e tome-se firmemente o lugar que nos cabe." Cf. Paolo Arcari, *Le elaborazioni della dottrina politica nazionale fra l'unità e l'intervento (1870-1914)*, vol. 3. Firenze, 1934-1939, p.29-36.

64. Sobre a relação entre Itália e Tríplice Aliança, Corradini procura encontrar uma saída para um incômodo impasse: "O plano é um só. A Áustria nos obriga. Os problemas italianos estão no Oriente e mais além, estão no Oriente, no Ocidente, no Sul e até aqui podíamos ponderar resolver antes uma coisa e depois outra. Entretanto, agora a Áustria nos obriga a dar a preferência ao problema oriental." Corradini, "Il nostro dovere". *Idea Nazionale*, 13 ago. 1914.

65. Ainda páginas do *Idea Nazionale*: "O conflito é mortal: ou o parlamento destruirá a Nação ou a Nação derrubará o parlamento. Se o parlamento italiano encontra-se podre, a nova Itália o eliminará de seu caminho." "Il parlamento contro l'Italia". *Idea Nazionale*, 15 maio 1915.

66. Ou, nas palavras de Maffeo Pantaleoni, professor de economia: "Principalmente que não seja mais permitido a traidores da pátria apresentarem-se em público e irem ao Montecitório ou ao Palácio Madama [sedes do governo italiano]. Assumam os cidadãos o serviço desta faxina pública. Onde quer que se encontrem com eles. Ao som de bofetadas mandem-nos para casa. Que no dia 20 de maio, quando a Câmara deverá reunir-se, um serviço de segurança pública seja organizado pelos cidadãos, no domicílio dos malfeitores, diante de seus refúgios, às portas da Câmara e do Senado, e que lhes seja infligido tratamento

A EXPERIÊNCIA NACIONAL

adequado à sua indignidade. É esta a função do povo." Pantaleoni, "Avanti". *Idea Nazionale*, 15 mai. 1915.

67. Coppola diz que "Em primeiro lugar, para ter a suprema consagração da guerra (...) em sua recente vida de nação, não houve até hoje uma grande guerra, uma verdadeira guerra que a fizesse verdadeiramente sagrada no coração de seus filhos e verdadeiramente augusta na consciência dos estrangeiros". Coppola, "Per la democrazia o per l'Italia?". *Idea Nazionale*, 3 out. 1914.

68. Cf. Goffredo Adinolfi, "Political Elite and Decision-Making in Mussolini's Italy". In: António Costa Pinto (org.). *Ruling Elites and Decision-Making in Fascist-Era Dictatorships*. Nova York: Columbia University Press, 2009.

69. Cf. "Nazionalismo e sindacalismo in un'intervista con Alfredo Rocco". *Idea Nazionale*, 24 mar. 1919.

70. Cf. *Idea Nazionale*, 13 jun. 1914.

71. Mussolini, entrevistado pelo *Giornale d'Italia*, posiciona-se da seguinte maneira em relação à questão monárquica: "O fascismo não possui condições monárquicas ou republicanas, mas é tendencialmente republicano, nitidamente diferente dos nacionalistas, que são condicionadamente e simplesmente monárquicos." Cf. *Giornale d'Italia*, citado por Gaeta, *Il nazionalismo italiano*, p.225.

72. "E já que se fala de coalizão, ousarei dar uma opinião que neste momento pode parecer um tanto paradoxal. Penso que mais cedo ou mais tarde nos encaminharemos a uma nova e grande coalizão, a qual reunirá as três forças efetivas neste momento na vida do país (...). Se os partidos estão fracos, ou se se fortalecem ou morrem, as grandes forças manifestadas pelo país agora são três: um socialismo, que deverá corrigir-se e já começa a fazê-lo; a força dos populares, que existe, que é potente, também porque se apoia na imensa força do catolicismo e, finalmente, não se pode negar a existência de um terceiro movimento complexo, formidável, eminentemente idealista, que reúne a melhor parte da juventude italiana." Discurso pronunciado na Câmara, 23 de julho de 1921, citado por Renzo de Felice, *Mussolini il fascista: la conquista del potere, 1921-1925*. Turim: Einaudi, 1966, p.141.

73. Idem, p.139-171.

74. "Quem folhear as edições do *Popolo d'Italia* e de outros jornais fascistas do inverno de 1921-1922 poderá notar que um dos temas mais

À PROCURA DE UMA NOVA IDENTIDADE ITALIANA: A DEFINIÇÃO...

recorrentes deste período foram as relações com os nacionalistas e especialmente as semelhanças e diferenças entre fascismo e nacionalismo." Idem, p.193.

75. Idem, p.372.

76. Entrevista de Giovanni Preziosi publicada pelo *Giornale d'Italia*, 31 dez. 1922.

77. Assim se lê nas páginas do *Idea Nazionale*: "Trata-se de ambições locais, de fenômenos administrativos, de homens exacerbados por rancores pessoais, de subdomínios que colocam interesses privados e vinganças pessoais à frente da diretiva de entendimento afetuoso que reina no alto. Na verdade, certa organização vermelha buscou uma saída que chega nos fascistas, e certa administração democrática fez o mesmo, passando para o nacionalismo. É claro que estas súbitas mudanças no sexto dia são a principal razão que alimenta os remanescentes rancores e as aparentes divergências. A atual situação política confina em um fatal amplexo a direta, a dissolução de um partido ou de outro traria consigo em ruína inevitável o governo e a nação." Cf. *Idea Nazionale*, 18 nov. 1922.

78. Renzo de Felice avalia os resultados eleitorais de 1924 da seguinte maneira: "O sucesso não ocorria sem vultos significativos. O bloco ministerial mostrou-se mais forte no sul do que no norte, nas áreas do fascismo da décima terceira hora, mais do que nas da primeira. Os percentuais eram claros: o norte teve 54,3%, o centro, 76%, o sul, 81,5% e as ilhas, 69,9%." Renzo de Felice, *Mussolini il fascista: la conquista del potere, 1921-1925*. Turim: Einaudi, 1966, p.586.

79. Alatri se manifesta de modo lapidar sobre a relação entre fascismo e nacionalismo: "O fascismo não foi e não teria sido absolutamente nada sem o nacionalismo." Cf. Paolo Alatri, *Le origini del fascismo*. Roma: Editori Riuniti, 1962, p.187-188.

80. Não nos parecem citáveis as conclusões de Emilio Gentile de que "Entre ideologia reacionária, conservadora e fascista podemos encontrar, e houve conluios e confusões, mas não podemos falar de identidade nem de criação de uma única linhagem. A ideia amplamente difundida de uma captura ideológica do fascismo pelo nacionalismo torna-se, assim, infundada. O fascismo afirmou a ideia da nação como mito, enquanto para os nacionalistas a nação era uma realidade natural." Emilio Gentile, *Le origini dell'ideologia fascista 1918-1925*. Bolonha: Il Mulino, 1996, p.498-499.

A EXPERIÊNCIA NACIONAL

81. Cf. Gaeta, *Cit.*, p.192.
82. Giovanni Gentile, em sua análise sobre as origens do fascismo, coloca-o como elemento final de uma longa cadeia que partia de Maquiavel e onde o ponto de contato com o nacionalismo deveria ser procurado na ideia de Estado nacional. Cf. Giovanni Gentile. *Origini e dottrina del fascismo*. Roma: Libreria del Littorio, 1929, p.5-54. Citado por: Renzo de Felice. *Autobiografia del Fascismo:. Antologia di testi fascisti 1919-1945*. Torino: Einaudi, 2004, p.247-271.
83. "O desenvolvimento do pensamento fascista é idêntico ao do pensamento nacionalista entre 1910 e 1914. O fascismo revelou-se, como o nacionalismo, não apenas antissocialista, mas também antidemocrático e antiliberal. Como o nacionalismo, o fascismo proclamou a importância dos fatores espirituais da vida da nação e principalmente do fator religioso." Alfredo Rocco. "La lotta contro la reazione antinazionale (1919-1924)". In: *Scritti e discorsi politici*. Milão: Giuffré Editore, 1938, p.732.
84. "A esta altura é possível dizer realmente que qualquer diferença entre nacionalismo e fascismo foi afastada. O fascismo é nacionalismo, um nacionalismo de massas, um nacionalismo de ação, mas nacionalismo." Idem, p.732.
85. Giovanni Gentile assim afirmou sobre a relação entre cidadão e Estado: "Fazendo o Estado coincidir com a nação e fazendo desta uma entidade já existente, necessitava de uma classe dirigente, de cunho principalmente intelectual, a qual sentisse esta entidade, que devia primeiramente ser conhecida, compreendida, apreciada, exaltada. Aliás, a autoridade do Estado não era um produto, mas um pressuposto. Não podia depender do povo, pois era o povo que dependia do Estado. O Estado nacionalista era, portanto, um Estado aristocrático que necessitava constituir-se com a força conferida por sua origem, para então fazer-se valer na massa. O Estado fascista, por sua vez, é o Estado popular; e nesse sentido Estado democrático por excelência. O Estado existe por causa do cidadão e enquanto este o faz existir." Giovanni Gentile, *Origini e dottrina del fascismo*. Roma: Libreria del Littorio, 1929, p.48-49.
86. "A Associação Nacionalista, talvez por suas origens refletidas e intelectuais, parecia atuar mais no campo do pensamento e da propaganda que da ação política. Ao contrário, o Partido Nacional Fascista, por suas origens mais populares e mais determinadas pelas necessidades

da luta cotidiana contra elementos antinacionais, parecia estar mais no campo da ação." Idem, p.732.

87. Alfredo Rocco. "La formazione dello stato fascista". In: *Scritti e discorsi politici*. Milão: Giuffré Editore, 1938, p.1090.

88. "Na efetiva reforma das instituições, trabalhou outro professor universitário, desta vez jurista, Alfredo Rocco, proveniente do nacionalismo de direita. Rocco, como ministro da Justiça de 1925 a 1932, foi o artífice maior da legislação fascista." Norberto Bobbio, *Dal fascismo alla democrazia*. Milão: Baldini Castoldi Dalai, 2008, p.53-54.

89. Cf. Goffredo Adinolfi, "O constitucionalismo perante o regime fascista".

90. Norberto Bobbio, *Dal fascismo alla democrazia*. Milão: Baldini Castoldi Dalai, 2008, p.51.

Referências bibliográficas

ADINOLFI, Goffredo. "O constitucionalismo perante o regime fascista". In: MARTINHO, Francisco Palomanes; LIMONCIC, Flavio (orgs.). *Os intelectuais do antiliberalismo*. Rio de Janeiro: Civilização Brasileira, 2009.

ADINOLFI, Goffredo. "Political Elite and Decision-Making in Mussolini's Italy". In: PINTO, António Costa (org.). *Ruling Elites and Decision-Making in Fascist-Era Dictatorships*. Nova York: Columbia University Press, 2009.

ALATRI, Paolo. *Le origini del fascismo*. Roma: Editori Riuniti, 1962.

ARCARI, Paolo. *Le elaborazioni della dottrina politica nazionale fra l'unità e l'intervento (1870-1914)*, vol. 3. Firenze, 1934-39.

BOBBIO, Norberto. *Dal fascismo alla democrazia*. Milão: Baldini Castoldi Dalai, 2008.

COLARIZI, Simona. *L'opinione degli italiani sotto il regime, 1929-1943*. Bari: Laterza, 2000.

CROCE, Benedetto. *Storia d'Italia dal 1871 al 1915*. Bari: Laterza, 1973.

DE FELICE, Renzo. *Mussolini il fascista: la conquista del potere, 1921-1925*. Torino: Einaudi, 1966.

DE ROSA, Gabriele. *L'azione cattolica: storia politica dal 1905 al 1919*. Bari: Laterza, 1954.

DEL BOCA, Angelo. *Adua, le ragioni di una sconfitta*. Bari: Laterza, 1997.

GAETA, Franco. *Il nazionalismo italiano*. Bari: Laterza, 1981.

A EXPERIÊNCIA NACIONAL

GENTILE, Emilio. *Le origini dell'ideologia fascista 1918-1925*. Bolonha: Il Mulino, 1996.

GENTILE, Giovanni. *Origini e dottrina del fascismo*. Roma: Libreria del Littorio, 1929.

HOBSBAWM, Eric J. *Nations and nationalism since 1780*. Cambridge: Cambridge University Press, 2012.

ISNENGHI, Mario; ROCHAT, Giorgio. *La grande guerra*. Bolonha: Il Mulino, 2008.

MORASSO, Mario. *Uomini e idee del domani*. L'egoarchia. Turim, 1898.

RIOSA, Alceo. *Momenti e figure del sindacalismo prefascista*. Milão: Unicopli, 2000.

ROCCO, Alfredo. *Scritti e discorsi politici*. Milão: Giuffré Editore, 1938.

SETON-WATSON, Christopher. *L'Italia dal liberalismo al fascismo (1870-1925)*. Bari: Laterza, 1999.

SIGHELE, Scipio. *Il nazionalismo e i partiti politici*. Milão: Fratelli Treves, 1911.

STURZO, Luigi. *Popolarismo e fascismo*. Turim: Nicola Zanichelli Editore, 1924.

10. Nacionalismos alemães: do liberalismo ao nacionalismo excludente

Luís Edmundo de Souza Moraes

Introdução

Falar de nacionalismo alemão é falar de algo que tem sido usado, há muito, como uma figura importante nos estudos sobre nacionalismo. Esse é o caso mais frequentemente citado para tratar de um contraste existente entre duas tradições importantes de concepção de nação: aquela em que a nação é pensada de forma voluntarista ou subjetivamente e aquela em que a nação é tomada como um ente orgânico ou objetivo.[1]

Essa forma de pensar o nacionalismo alemão, como um tipo, ainda que justificada sobre alguns pontos de vista, trouxe consigo um vício de origem: o uso do singular para descrevê-lo. De fato, é comum o uso dessa forma de maneira naturalizada, como quem fala de um indivíduo. E aqui é necessário reconhecer que caminhamos em gelo fino: ainda que vejamos que em torno do significante "Alemanha" surgiu uma *forma de perceber a nação* que é distinta, por exemplo, da forma como isso se deu em torno da ideia de *nação brasileira*, não se pode, também, deixar de lado a ideia de que observar o fenômeno nacionalista na Alemanha é observar campos políticos diversos, o que significa que *nacionalismo alemão* deve ser declinado no plural.

A EXPERIÊNCIA NACIONAL

Tomar o fenômeno do nacionalismo alemão no plural (e, como hipótese de trabalho, quaisquer dos nacionalismos existentes) é uma exigência que nos é posta pela própria forma de estudar o fenômeno nacionalista: levando a sério a tese de Benedict Anderson, segundo a qual falar de nações é falar de comunidades imaginadas que se diferenciam umas das outras pelas formas particulares pelas quais são imaginadas,[2] é possível sugerir que falar do fenômeno nacionalista que se reivindica alemão na Europa Central é falar de projetos distintos de comunidade (e, portanto, de distintas nações) relacionados às diferentes formas de imaginá-las.[3]

Isso significa que, ainda que reconheçamos que uma nação exista, não se pode deixar de notar que observadores distintos e distribuídos no tempo e no espaço conduzem nosso olhar de forma tal que acabamos por ver diante de nós *substâncias* distintas, ainda que sejam chamadas genericamente da mesma forma: nação alemã. Para alguns desses observadores, ela é definida pela língua, pela cultura e pela história *comuns*, para outros pela raça, para outros ainda por um sentimento *comum* de pertencimento ou pela combinação de algumas dessas variáveis. Mas, apesar de todas as discordâncias, nuances ou pequenas diferenças, se olharmos por cima veremos tonalidades muito próximas que, talvez sem a intenção dos contendores, as insiram num campo de concordância mais geral: a nação existe e, como tal, pode ser definida por um observador externo a partir de critérios que orientem a inclusão de uns e a exclusão de outros. E, nisso, o que está em jogo é a própria legitimidade para poder traçar fronteiras que autorizem uns e não outros a fazerem parte da chamada nação alemã.

Levando isso em consideração, o artigo vai se servir de forma seletiva da história do nacionalismo alemão desde o fim do século XVIII para ressaltar o deslocamento, a partir do fim do século XIX, dos projetos nacionalistas alemães de um terreno ligado umbilicalmente a uma matriz liberal para um espaço no qual a hegemonia é dada pelo pensamento de extrema direita e racista.

NACIONALISMOS ALEMÃES: DO LIBERALISMO AO NACIONALISMO EXCLUDENTE

As palavras do nacionalismo alemão: *nation* e *volk*

Dois conceitos desempenham papel de destaque em toda a discussão sobre o nacionalismo na Alemanha: *volk* e *nation*. Seus sentidos específicos fazem com que sua aplicação, não raro, produza confusões, pois ambos podem ser traduzidos em língua portuguesa por "nação" – ainda que o primeiro seja empregado também significando "povo".

Apesar de em sua origem latina o termo *nation* remeter a "grupo de descendência", em sua apropriação no alemão descreve fundamentalmente um corpo político que pode abarcar, como sintetiza Dann, "diversos grupos culturais", podendo ser empregado até mesmo para descrever um grupo composto por aquilo que alguns considerariam "grupos nacionais" diversos.[4]

Apesar desse sentido para *nation*, os termos *national* e *nationalismus*, dele derivados, foram apropriados pela extrema direita e passaram a definir colorações políticas, em especial a partir do fim do século XIX e princípio do século XX. *Nationalismus* e *national*, ao contrário de *nation*, definem também concepções de mundo.

O termo *nationalismus* se aplica em geral àquilo que poderíamos chamar de nacionalismo excludente ou chauvinista, centrado em um programa racista de exclusividade de um grupo e de recusa do princípio de universalidade do humano. O termo *national* possui um uso mais abrangente. Mesmo que também seja usado para se referir ao país (a um país qualquer), como quando remete a uma seleção de futebol (por meio da palavra *nationalmannschaft*), no vocabulário político corrente a expressão é aplicada a uma tendência política conservadora de nacionalismo excludente, localizada à direita e à extrema direita do espectro político, que desde o fim do século XIX se autodenomina oposição nacional. É assim que é compreendido o campo político denominado *deutsch-national* (nacional-alemão), tendência política nacionalista ultraconservadora que possui expressão institucional em diversas associações e partidos, entre os quais a Liga Pangermânica e o *Deutschnationale Volkspartei* (Partido Popular Nacional-Alemão, ou DNPV). Da mesma forma, esse sentido se aplica ao *nationalsozialismus* (nacional-socialismo ou nazismo) e, no pós-guerra, ao *Natio-*

naldemocratischespartei Deutschlands (Partido Nacional Democrático da Alemanha, ou NPD), partido neonazista em atividade no cenário político alemão.

O conceito de *volk* é a outra referência decisiva nos discursos nacionalistas alemães. Trata-se aqui de um conceito de pertencimento. Termo vernáculo, *volk* define pertencimento a um grupo de descendência, ainda que seja normalmente visto e/ou traduzido entre nós, como alhures, por "nação" ou "povo". Isso dá a esse vocábulo, equivocadamente, uma dimensão eminentemente política pelo vínculo que tais termos da língua portuguesa têm com a figura do Estado. Na realidade, falar de *volk* é falar de um conceito que expressa pertencimento por herança e pela partilha de determinados atributos considerados definidores do grupo.

A partir do fim do século XVIII, dois desses atributos tornaram-se referências regulares na definição dos limites do *volk* alemão. O que inicialmente define se um indivíduo pertence ao *volk* (ou se dele está excluído) é o próprio "fato biológico do pertencimento" – elementos hereditários *objetivos* que são atribuídos e ligados à descendência. Por consequência, o indivíduo traz em si as marcas do seu pertencimento que se encontram *no sangue*, dele derivando as sempre lembradas características físicas, intelectuais e psicológicas típicas do *ser alemão*. Portanto, a definição das fronteiras de nacionalidade possui um lugar último que, objetivamente, permite definir os limites do pertencimento.[5]

Associado a isso, o pertencimento ao *volk* também é definido pelo fato de um indivíduo ou um grupo partilhar, "por herança", um conjunto de traços próprios do universo da *kultur* (cultura), em especial a língua.

Dessa maneira, a ideia de *volk* toma os referenciais hereditários do sangue e da língua (cultura) e estabelece uma demarcação de limites da *volk* (nação) que não se confundem com quaisquer limites político-geográficos do Estado-Nação: todos os que possuem determinadas características hereditárias *naturais* e os que partilham traços da cultura herdados fazem parte da nação, não importando onde vivem ou o local onde tenham nascido ou a qual Estado estejam ligados.

É o fim do século XVIII que vê esforços sistemáticos em elencar esses critérios e refletir sobre a forma pela qual súditos de diversos Estados centro-europeus podem ser chamados de alemães.

NACIONALISMOS ALEMÃES: DO LIBERALISMO AO NACIONALISMO EXCLUDENTE

Em busca da unidade: o século XVIII e os alemães como *nulturnation*

A configuração política da Europa Central de fins do século XVIII foi descrita por alguns de seus contemporâneos como *kleinstaaterei*, conceito depreciativo para descrever um emaranhado de *klein* (pequenos) ou microestados independentes que compunham o Sacro Império Romano-Germânico. Em 1806, quando o imperador Franz II abdicou da investidura de imperador e do trono do Sacro Império, existiam 314 unidades políticas soberanas – entre reinos, ducados, condados maiores e menores e cidades, fossem independentes, seculares ou eclesiásticos – e 1.475 senhorios livres.[6]

Até os tempos da Revolução Francesa e das Guerras Napoleônicas, esse quadro de fragmentação regional se estendia da constituição de burocracias até a economia e as aduanas de cada um desses pequenos estados, resultado do desenho político específico do Sacro Império. Ao contrário de desenvolvimentos de outros Estados europeus, as unidades políticas que compunham o Sacro Império tendiam a ser bem-sucedidas na resistência a tendências centralizadoras, o que garantiu a elas um alto grau de autonomia. Além disso, o processo de modernização e burocratização do Estado foi um fenômeno que atingiu não a grande estrutura imperial, mas sim diversos desses micro e pequenos estados.

Por outro lado, no que diz respeito à posição dos súditos nesse emaranhado de estados, a multiplicidade de culturas e as variações linguísticas, sem falar nas muitas vezes explosivas partições religiosas entre católicos e protestantes, conformam identidades e lealdades políticas rendidas a cada uma das pequenas pátrias que compunham o Sacro Império, contexto em que as pessoas se consideravam "súditos da Prússia, da Baviera, da Áustria, da Saxônia-Colburg-Gotha ou de Schwarzburg-Sondershausen".[7]

O século XVIII traz à tona novos desenvolvimentos que colocariam em questão essa tradição federalista do Sacro Império. Em um mundo no qual os grandes estados se burocratizam e se centralizam progressivamente, o Sacro Império, com o processo de modernização de pequenos estados autônomos e com a inexistência de reformas

A EXPERIÊNCIA NACIONAL

na estrutura do império, parece oferecer um incômodo exemplo de obsolescência política. O barão Friedrich Karl von Moser, escritor e conselheiro imperial da corte dos Habsburgos, já em 1765, em *Sobre o espírito nacional alemão*, se lamentava:

> Somos um povo com um nome e uma língua... O que somos, temos sido há séculos, isto é, um enigma em termos de constituição política, presa de nossos vizinhos, singular objeto de seu escárnio (...), desunidos entre nós mesmos, fracos por conta de nossas divisões, fortes o suficiente para ferir a nós mesmos, sem poder para nos salvar, insensíveis à honra de nosso nome, indiferentes à glória de nossas leis, invejosos de nossos governantes, desconfiando uns dos outros, inconsistentes sobre princípios e coercitivos em sua imposição, um grande povo que é também menosprezado; potencialmente feliz, mas realmente um povo muito lamentável.
>
> Essa descrição não é elogiosa, mas o original é ainda pior...[8]

Na esteira desse tipo de percepção, círculos reduzidos de literatos e intelectuais abrem um espaço de construção de referenciais de identidade que pouco a pouco se amplia e ganha contornos inéditos. E, enfatizemos, não é um mero detalhe o fato de ser a literatura um lugar privilegiado que fornece as condições para a articulação de um discurso que ao mesmo tempo rompa com lealdades locais e proponha referenciais de identificação que as englobem e, numa posição oposicionista clara, se sobreponham a elas. Segundo Elias,

> na melhor das hipóteses [os elementos burgueses] podiam "pensar e escrever independentemente", mas não agir da mesma forma.
>
> Nessa situação, a literatura torna-se o escoadouro mais importante. Nela, a nova autoconfiança e o vago descontentamento com a ordem vigente expressam-se de forma mais ou menos encoberta. Nela, que o aparelho dos Estados absolutos havia liberado até certo ponto, a geração jovem da classe média contrapunha seus novos sonhos e ideias contrárias, e com eles a língua alemã, aos seus cortesãos.[9]

NACIONALISMOS ALEMÃES: DO LIBERALISMO AO NACIONALISMO EXCLUDENTE

Com o domínio francês (1805-1815), essa busca de unidade ganha uma nova qualidade e um poderoso fator de unificação.

Em 27 de outubro de 1806, quando entrou triunfante em Berlim, capital da Prússia, Napoleão ainda foi festejado e acolhido por círculos intelectualizados liberais, que o viam como expressão dos ideais de 1789 e como catalisador de reformas sociais e políticas que se esperava que superassem a estrutura política típica do chamado Antigo Regime da corte dos Hohenzollern. Porém, em pouco tempo Napoleão e aquilo que simboliza se tornam um referencial negativo de unidade "dos alemães".

A invasão napoleônica esteve inscrita num plano de conflitos e concorrências mais amplas com a Inglaterra e com Estados monárquicos da Europa central e oriental (Áustria, Prússia e Rússia), que, em aliança, buscavam oferecer resistência à expansão francesa (e com isso às instituições da França Revolucionária). Os conflitos e a ocupação francesa reorganizam de forma bastante radical o mapa político e as estruturas institucionais da Europa Central. A derrota da Áustria em Austerlitz (1805) e a posterior dissolução do Sacro Império Romano-Germânico acompanham a abolição das instituições herdadas do *Ancien Régime* e a redução do número de Estados independentes a quarenta, incluindo protetorados franceses como a Confederação do Reno.[10]

A vitória francesa sobre a Prússia em Jena e Auerstëdt (1806) abre o caminho para Napoleão entrar em Berlim e, depois da vitória sobre a Rússia em 1807, reduzir o Estado prussiano a um fragmento daquilo que tinha sido constituído por Frederico o Grande.

Paralelamente, o tipo de dominação exercida sobre os Territórios Ocupados, com as tropas francesas se comportando como verdadeiros senhores da terra,[11] exercitando o confisco de bens e a arbitrariedade, facilita a afirmação irredutível, dos franceses e de Napoleão, como "o inimigo".

Em 1806, pela distribuição de uma brochura anônima intitulada *A Alemanha em sua profunda humilhação*, o livreiro de Nürnberg Johann Philipp Palm foi condenado à morte, por um tribunal de guerra, e fuzilado em 26 de agosto, ganhando o nacionalismo alemão o seu primeiro mártir. Este e outros eventos transformam o clima de

A EXPERIÊNCIA NACIONAL

hostilidade com as tropas de ocupação em movimento político pela unidade dos *alemães* contra o inimigo francês.[12]

Nesse sentido, não foi o fim do império que mobilizou espíritos em direção a demandas pela unidade dos sempre maldefinidos *alemães*. Hagen Schulze não deixa margem para dúvidas quando diz que Napoleão foi muito provavelmente "o verdadeiro pai da nação alemã".[13]

É só a partir desse momento que se pode, efetivamente, falar nos diversos movimentos nacionalistas alemães na Europa Central, visto que é só então que uma ideia ainda vaga de unidade passa a ser conjugada com traços gerais de um programa político.

Esse movimento, difusamente amparado em princípios políticos do liberalismo e tendo como referencial alguns valores inspirados pela Revolução Francesa, não se pautou por construir referenciais de identificação e de unificação nacional que ultrapassassem os limites de uma dimensão mais imediatamente cultural e moral. Por um lado, muitos deles viam de forma negativa a associação entre a identificação nacional e a política.

A língua como elemento substantivo (e valorizado) da germanidade ganha proeminência com o poeta Ernst Moritz Arndt, que tangencia aquilo que para os nacionalismos alemães é um problema de complexa solução: a questão das fronteiras. Em seu poema/canção de 1813, "Was ist des Deutschen Vaterland" (Qual é a pátria dos alemães), que se tornou um importante manifesto e instrumento de mobilização para luta contra o Exército francês, Arndt nos diz que a *Deutschland* não se confunde com quaisquer dos estados alemães, mas é o lugar onde o alemão é falado, superpondo as fronteiras linguísticas às fronteiras da nação.

Porém, mesmo que não carreguem consigo um programa positivo de constituição de um Estado-Nação, esses discursos nacionalistas que se centram na valorização da língua estabelecem uma demarcação com a francofonia das cortes absolutistas do Sacro Império (cujos jornais de maior destaque eram escritos em francês: *Gazzete de Cologne, Gazzete de Gotha, Gazzete D'Erlangen* etc.) e, em especial, da corte de Frederico II, monarca-autor que só publicou em francês em toda sua vida e que o estabeleceu como a língua civilizada da corte dos Hohenzollern.

NACIONALISMOS ALEMÃES: DO LIBERALISMO AO NACIONALISMO EXCLUDENTE

A língua tem centralidade absoluta nas justificativas dadas por Fichte para a afirmação da autonomia dos alemães diante dos franceses. No quarto de seus "Discursos à nação alemã", proferidos como aulas na Berlim ocupada pelos franceses entre 1807 e 1808, Fichte toma a língua como fundamento da antítese politicamente decisiva entre alemães e franceses.[14]

A preocupação do Romantismo em transformar o alemão, uma língua até então considerada bárbara, em um veículo legítimo de expressão da particularidade germânica, ao mesmo tempo erudito e popular, representou um ato eminentemente político de disputa pela autoridade linguística e cultural.

Assim, mesmo não incorporado em um projeto de Estado Nacional único para todos os alemães, durante parte importante do século XIX o fenômeno nacionalista alemão é, em uma de suas dimensões constitutivas, um programa de reformas das estruturas de poder dos estados alemães.

Paralelamente são constituídos os primeiros espaços, que se tornam estruturas organizativas para os novos movimentos nacionalistas.

Esse é o momento daquilo que podemos chamar de nacionalismo de sociedades, no qual associações intelectuais, de leitura e clubes, clandestinos ou não, se constituíram como espaços de resistência e de conspiração, e se tornaram pilares que sustentariam a construção de um programa de unidade dos "alemães".[15] Nesse espírito, Friedrich Ludwig Jahn, professor em Berlim e um dos nomes de maior projeção desses movimentos nacionalistas, forma em 1810 a *Deutscher Bund* (A Liga Alemã), construída com o propósito de preparar a insurreição contra Napoleão. Jahn publicara no mesmo ano o livro *Deutsches Volkstum*,[16] no qual adianta um projeto nacionalista de contornos ainda vagos, mas inspirado por um programa liberal de reforma dos diversos estados dinásticos alemães. A Liga Alemã se torna a primeira organização que canaliza essas pretensões e em pouco tempo se faz acompanhar por outras sociedades locais que tinham propósito semelhante, entre as quais a *Tugendbund* (Liga da Virtude).

Contudo, o divisor de águas nesse campo foi a experiência de constituição das *Turngeselschaften* – Sociedades de Ginástica –, fundadas

A EXPERIÊNCIA NACIONAL

por iniciativa do mesmo Friedrich Ludwig Jahn em 1811. Eram um tipo de organização pública, estruturada a partir da prática de ginástica como espaço de preparação para a luta contra o invasor e para a conscientização nacional. As diversas Sociedades de Ginástica eram dirigidas, em geral, por um professor e tinham uma estrutura hierárquica estrita.

Essas sociedades desempenharam um papel decisivo para dar uma qualidade de nacional à luta contra os franceses, visto que o movimento de libertação estava ancorado em princípios e interesses dinásticos. De fato, o caráter nacional do chamado movimento de libertação nada mais era do que vaga projeção de um maldefinido desejo. A falta de efetividade e materialidade política pode ser traçada, não exclusivamente, mas decisivamente, na ausência de instituições nacionais, a começar pela inexistência tanto de um Exército nacional quanto de um engajamento nacional dos diversos estados alemães, visto que alguns deles mantiveram a aliança com Napoleão, a exemplo da Confederação do Reno e da Saxônia, até mesmo depois do início da Guerra de Libertação.

De fato, um dos traços mais visíveis da inexistência de instituições unitárias ou de um projeto unitarista por parte dos príncipes era o fato de que a *Befreiungskrieg* (Guerra de Libertação), ocorrida entre 1813-1815, foi na realidade um momento da coalizão antinapoleônica e que os próprios exércitos "alemães" eram de fato exércitos dinásticos reunidos em uma aliança *internacional* composta por unidades prussianas, silésias, suecas, russas. Esse é um sintoma importante de que a Guerra de Libertação, ainda que trazendo consigo uma inédita mobilização em torno de referenciais de pátria e de *volk* (povo), remetia a lealdades políticas e identitárias próprias das diversas unidades políticas que tomam parte na frente antinapoleônica.

Sem uma referência territorial comum, sob a bandeira da libertação se reuniam tendências diversas e circunscritas a setores médios-urbanos intelectualizados que iam dos conservadores, centrados na manutenção do *status quo* e das estruturas institucionais dos respectivos estados dinásticos (os reinos da Prússia, Saxônia, Bavária, Áustria etc.), até os liberais, para quem reformas estruturais e algum tipo de unidade política estavam no horizonte.

NACIONALISMOS ALEMÃES: DO LIBERALISMO AO NACIONALISMO EXCLUDENTE

Esses campos políticos que foram unificados por Napoleão se distanciam novamente em função da Política de Restauração implementada pelo Congresso de Viena (1814-1815). O pivô desse distanciamento foi a constituição da *Deutscher Bund*, a Confederação Alemã, que não deve ser confundida com a sociedade homônima fundada por Jahn cinco anos antes. As fronteiras da Confederação eram em grande medida coincidentes com aquelas do Sacro Império Romano-Germânico e reuniam, além de cidades independentes e estados em sua maioria médios e pequenos, cinco importantes coroas: Áustria, Prússia, Dinamarca (por Holstein), Holanda (por Luxemburgo) e a Inglaterra (por Hanover). A Confederação Alemã marca o estabelecimento de uma concepção de unidade federativa de estados independentes que não deixa qualquer espaço para a materialização de um Estado Nacional fundado no constitucionalismo ou qualquer princípio de soberania popular, e frustra movimentos nacionalistas liberais. Ainda que alguns estados como a Bavária, Württenberg e Baden tenham adotado constituições, a Confederação representou a dupla derrota do nacionalismo liberal: tratava-se da vitória de princípios políticos do absolutismo e de um projeto nacional federativo sobre um projeto nacional unitário.

A derrota do nacionalismo liberal é canalizada para a resistência organizada. Inspirado pelo nacionalismo de Friedrich Ludwig Jahn, o movimento se estrutura em um outro tipo de organização que veio à tona nesse momento: as *Deutsche Burschenschaften*, fraternidades estudantis alemães que se estruturam em um *Burschenschaftsbewegung* (Movimento de Fraternidades Estudantis), constituído em quase todas as universidades existentes nos estados do antigo Sacro Império, com exceção da Áustria. O nacionalismo das *Burschenschaften* não estabelecia a existência de um Estado unificado como condição necessária para a unidade dos alemães. Nos Fundamentos das Fraternidades Estudantis Alemãs publicados em 1817, isso é claro:

> A Alemanha é una e una deve ser e permanecer. Quanto mais os alemães sejam separados em diferentes estados, mais sagrada é a obrigação de cada pio e nobre alemão, jovem ou adulto, de lutar para que a unidade não se perca e que a pátria não desapareça.
>
> (...)

A EXPERIÊNCIA NACIONAL

Se um estado alemão é atacado por uma potência estrangeira, então quem está sendo atacada é a Alemanha, pois cada estado é uma parte da Alemanha.[17]

Ainda que dividida em uma multiplicidade de estados, a declaração de que a "Alemanha é una" parece algo extemporânea, mas se assenta sobre a percepção de que a unidade está para além de uma estrutura política e um soberano comuns, e pode conviver com múltiplos estados alemães, desde que não se perca de vista que são todos parte de uma comunidade denominada Alemanha. Paralelamente, aliadas a um nacionalismo que não se estrutura por um projeto de construção de um Estado unitário, as *Burschenschaften* se pautavam pelos princípios do liberalismo:

> O direito de expressar sua opinião sobre temas públicos por meio da escrita e do discurso livres é um direito inalienável de todo o cidadão do Estado, que deve garanti-lo em todas as circunstâncias. Este direito deve complementar o direito dos cidadãos de participar de eleições, se ele mantiver a real Liberdade. Onde a expressão escrita e oral não é livre, ali não existe liberdade, ali não é a lei que rege, mas o arbítrio.[18]

Os movimentos nacionais ou patrióticos organizados (em especial as Sociedades de Ginástica e as *Burschenschaften*) têm no Festival de Wartburg, realizado em 18 e 19 de outubro de 1817, o seu ponto culminante e, ao mesmo tempo, o ponto de virada desse tipo de nacionalismo reformista gestado na Guerra de Libertação. O Festival de Wartburg deveria celebrar, simultaneamente, o quarto ano do *Völkerschlacht* de Leipzig[19] e os 300 anos da Reforma Luterana. Manifestações contrárias à Confederação Alemã e aos príncipes alemães são expressas por meio da queima de livros considerados antialemães e de símbolos do absolutismo. Expressões do nacionalismo excludente também têm lugar de destaque no festival principalmente por meio de expressões de ódio aos franceses e do antissemitismo.

As autoridades da confederação, tendo o austríaco Metternich à frente, se alarmaram com o risco representado pela ideia de superação

NACIONALISMOS ALEMÃES: DO LIBERALISMO AO NACIONALISMO EXCLUDENTE

da ordem estabelecida pelo Congresso de Viena e aproveitaram incidentes ocorridos entre 1817 e 1819 como motivadores para lançar as *Karlsbader Beschlüsse* (Resoluções de Karlsbad), aprovadas em setembro pela *Bundestag* (Assembleia da Confederação Alemã). De acordo com as resoluções, as Fraternidades Estudantis e as Sociedades de Ginástica foram proibidas, a censura à imprensa foi estabelecida e foi aprovado o "combate aos demagogos", o que implicou a demissão generalizada e, em muitos casos, a prisão de professores e intelectuais que tivessem alguma relação com os movimentos nacionalistas.[20]

Associado ao combate à política da Restauração e à superação do desenho político criado pela Confederação Alemã, o sentido mesmo do conceito de *nacional* se desloca, estando associado, em primeiro plano, a um programa liberal, e passando a ocupar o espaço de um fenômeno oposicionista. De fato, a oposição ao autoritarismo dos estados se tornou fenômeno mais proeminente do que a própria busca pela unificação política dos alemães.

As tensões entre liberdade e unidade: o nacionalismo entre liberalismo e pragmatismo conservador

No início da década de 1830, mais uma vez, a Europa central assiste a reverberações dos ventos revolucionários de Paris. Até o fim dos anos de 1840 essas reverberações reconfiguram o cenário político centro-europeu e o próprio perfil dos movimentos nacionalistas alemães.

Na Confederação Alemã, os protestos atingem quase todas as cidades, de Norte a Sul, e fazem com que movimentos oposicionistas ligados ao nacionalismo liberal ocupem mais uma vez o espaço público. A partir desse momento são cada vez mais audíveis as demandas por um Estado Nacional unificado, constitucional e parlamentar. Ao lado dessas demandas, setores radicais defensores de princípios de democracia política propõem um Estado unificado assentado sobre o princípio da soberania popular. Entre junho e julho de 1832, para combater esse movimento, mais uma vez a Confederação Alemã edita medidas de cerceamento da liberdade. As regulações "para a Manutenção da Paz e da Ordem, como é exigido por Lei" colocam fim à imprensa liberal, reforçam a censura e proíbem todas as formas de associação e assembleia.

Esse processo de radicalização e repressão divide os movimentos nacionalistas em dois campos relativamente bem definidos: de um lado, membros de Parlamentos dos estados alemães, industriais e financistas liberais buscavam uma solução nacional no âmbito da estrutura existente dos estados alemães. De outro lado, estavam os setores médios urbanos, reunidos em associações de estudantes, artesãos, jornalistas e advogados que, a partir das lutas do princípio dos anos de 1830, se agrupam em torno de um programa nacional centrado em demandas republicanas e democráticas.[21]

Um novo momento de radicalização em torno da questão nacional e de restabelecimento de laços entre as diversas colorações dos movimentos nacionalistas alemães foi dado pela Crise do Reno de 1840. Na busca por afirmação no cenário europeu e em meio a um conflito envolvendo o Império Otomano, o governo francês de Thiers apresentou a demanda de que o Reno fosse tratado como fronteira natural da França, o que implicaria a retomada da margem ocidental daquele rio.

As reações da Confederação Alemã se iniciaram por meio de um protesto em nome do espírito estabelecido pelo Congresso de Viena, segundo o qual as pretensões francesas alterariam o equilíbrio da ordem europeia, desnacionalizando o problema. Paralelamente, foram feitos preparativos para a guerra, que colocaram em movimento as estruturas defensivas da Confederação. Tudo isso foi seguido de um crescimento agudo do ímpeto nacionalista e do espírito antifrancês, o que, mais uma vez, recolocou o problema do nacionalismo em um lugar com o qual monarcas e súditos se identificavam, fazendo com que a atitude repressiva dos príncipes à liberdade de expressão e de organização dos movimentos nacionalistas fosse colocada de lado.

A partir da ameaça do inimigo externo e da percepção da capacidade mobilizadora do nacionalismo, o conservadorismo político abraça também uma retórica nacional, e o programa liberal é progressivamente colocado de lado, fazendo com que nacionalismo e liberalismo deixassem de ser um par necessário. O nacionalismo liberal continuou

NACIONALISMOS ALEMÃES: DO LIBERALISMO AO NACIONALISMO EXCLUDENTE

a ocupar a cena política de forma vigorosa até sua derrota definitiva, durante a Revolução Alemã de 1848-1849, quando se foi mais longe na tentativa de constituição de um Estado unitário alemão, ao mesmo tempo nacional e constitucional-parlamentar.

O chamado *Märzbewegung* (Movimento de Março) de 1848 foi o maior e mais importante movimento de massas nos territórios da Confederação Alemã e, para muitos, de todo o século XIX.[22] As notícias da Revolução de Fevereiro de Paris incendiaram o ambiente político da Confederação Alemã de tal forma que as demandas liberais por mudança no sistema político da Confederação sofreram uma enorme radicalização. O próprio Parlamento da Confederação Alemã foi desconstituído e em seu lugar foi convocada uma *Nationalversammlung* (Assembleia Nacional), retomando projetos ligados à tradição do liberalismo democrático, que deveriam encaminhar reformas sociais e políticas na região. Movimentos radicais ocuparam Berlim, Viena e diversas outras capitais dos Estados Confederados, e obrigaram a nobreza governante a se refugiar longe das cidades e dos governos. Lutas de rua e barricadas simbolizaram um processo de radicalização até então desconhecido.

O movimento, depois do enfrentamento inicial, se estabiliza: 809 representantes eleitos a partir dos critérios de cada um dos estados da Confederação Alemã reuniram-se em uma Assembleia Nacional, de maio de 1848 a maio de 1849, com a pretensão de dar aos estados alemães uma Constituição e os contornos de um Estado unitário. Esse foi o terreno que aproximou posições políticas muito diferenciadas, que tinham em comum a demanda pela criação de um Estado unificado. Em um dos extremos, defendendo uma saída nacional federativa mais próxima à da estrutura de funcionamento da Confederação Alemã, estavam os conservadores e os representantes do catolicismo político. No outro extremo, se encontravam democratas radicais de colorações políticas diversas que apostavam em um Estado unificado republicano, democrático e assentado sobre o princípio da soberania popular. Entre estes estavam localizados os liberais de tonalidades diversas, que apostavam em saídas intermediárias: mesmo que unificado, um Estado que retomasse os princípios de legitimidade dinástica e que afastasse os riscos trazidos pela ideia de soberania popular.[23]

A EXPERIÊNCIA NACIONAL

Aí vem à tona um conjunto de questões que são enfrentadas sistematicamente pela primeira vez nesse momento e que incidem de forma direta sobre os detalhes específicos do desenho do processo de unificação. Quais seriam as fronteiras desse novo Estado Nacional? Todos os estados que estavam abrigados sob o Sacro Império estariam incluídos nesse novo desenho ou somente os estados "alemães"? Sob a égide de qual das coroas seria constituído o Estado Monárquico Alemão? Do futuro Estado fariam parte todas as possessões das coroas ou somente as alemãs (não se pode esquecer que os Habsburgos da Áustria dirigem um Estado multinacional)?

Essas tensões internas ao campo do discurso nacionalista, que é efetivamente atravessado por importantes clivagens políticas, ideológicas e confessionais, têm exatamente na questão do Estado o ponto nodal de sua divergência. Essas questões trouxeram consigo uma polarização que tendeu a se tornar perene no campo do nacionalismo alemão: a oposição entre os defensores de que a unidade dos alemães deveria se dar sob a liderança da Casa dos Habsburgos e incluir os territórios do antigo Sacro Império em uma *Grossdeutschland* (Grande Alemanha) e os defensores de que a coroa do novo Estado Unificado dos Alemães deveria ser dada aos Hohenzollern da Prússia, excluindo a Áustria de seu desenho final, em uma *Kleindeutschland* (Pequena Alemanha).

A Revolução Alemã se encerra com a intervenção de tropas da restauração tanto na Prússia quanto na Áustria e em estados menores. A repressão varre não somente o espírito do liberalismo democrático, como também seus personagens e suas organizações. A reconstituição da Confederação Alemã (com a Áustria como potência a presidi-la) e o exílio simbolizam a derrota plena do nacionalismo liberal democrático e do movimento operário e socialista em construção. Sem um Estado unificado, sem Constituição, sem liberdades civis, 1849 tirou o conteúdo liberal do centro do projeto de constituição de um Estado Nacional. A grande questão que mobilizaria os debates dos movimentos nacionalistas a partir de então seria a polarização em relação ao desenho do Estado.

A criação do Império Alemão sob a liderança prussiana é resultado de uma disputa, entre a Prússia e a Áustria, pela hegemonia política

NACIONALISMOS ALEMÃES: DO LIBERALISMO AO NACIONALISMO EXCLUDENTE

e econômica na Europa Central. Bismarck, um inimigo declarado de qualquer forma de legitimidade popular, indica, poucos dias depois de assumir a função de chanceler (primeiro-ministro) prussiano, em setembro de 1862, o caminho a ser seguido:

> A Alemanha não se orienta pelo liberalismo prussiano, mas sim pelo poder da Prússia. (...) As grandes questões de nosso tempo não serão resolvidas por meio de discursos e de decisões de maioria – este foi o grande erro de 1848 –, mas por meio de ferro e sangue.[24]

A construção do Estado alemão, levada a cabo por Bismarck, foi tanto um movimento de afirmação externa do projeto de um Império Alemão sob a égide da Prússia quanto um movimento interno de consolidação da liderança prussiana em um modelo de Estado autoritário. No cenário internacional, o objetivo perseguido desde meados da década de 1860 era o de tirar de cena concorrentes externos e garantir a possessão de territórios disputados por meio de guerras cirúrgicas fulminantes travadas com a Dinamarca (1864, por Schleswig-Holstein), com a Áustria (em 1866) e com a França (1870), das quais o Exército prussiano saiu com enorme prestígio tanto interna quanto externamente.

Posteriormente, o movimento foi o de afastar do cenário forças políticas que eram obstáculos reais ou potenciais para a afirmação bem-sucedida do projeto de construção de uma Pequena Alemanha. De fato, liberais de esquerda, democratas de colorações diversas e católicos (pela distância que guardavam em relação à Prússia protestante e pela proximidade em relação à Áustria católica) foram em um momento ou em outro classificados como inimigos do Reich e retirados do centro dos debates sobre a Constituição do Estado Nacional na Alemanha. O nacionalismo adquire progressivamente uma coloração antiliberal, antidemocrática, antissocialista e protestante. Até os anos de 1880, o catolicismo político seria reintegrado à política nacionalista, mas a Revolução pelo Alto levada a efeito por Bismarck retirou definitivamente das mãos de liberais e de democratas a bandeira da unificação nacional, e o liberalismo perdeu definitivamente sua relação privilegiada com o nacionalismo.[25]

A EXPERIÊNCIA NACIONAL

A nação excludente: o nacionalismo e a direita

A fundação do império, o Estado Nacional Alemão, resultado da política hegemonista e expansionista da Prússia de Bismarck, foi tratada por Hans-Ulrich Wehler, com propriedade, como um movimento de divisão e não de unificação. Contemporâneos, em especial da oposição liberal e democrática, tomaram esse momento como o nascimento de um Estado nacional incompleto: a ele faltava ser um Estado de todos os alemães, visto que os limites do Estado não correspondiam aos limites do *volk* (grupo nacional). A ele também faltava aquilo que poderia diferenciá-lo de um Estado dinástico qualquer: cidadãos. Isso porque o Império Alemão foi constituído contra o princípio da soberania popular, tendo sido erguido sob a legitimidade dos arranjos feitos com os príncipes alemães.

Mas não só o nacionalismo liberal de oposição, progressivamente isolado no cenário político de fundação do império, via incompletudes na obra prussiana. Também os setores industriais e financeiros que foram ponto de apoio do projeto de construção de uma Pequena Alemanha viam na obra de Bismarck uma obra incompleta.

O Império Alemão, que passara por um processo vigoroso e rápido de industrialização, experimentou já na primeira metade da década de 1870 uma crise econômica típica do capitalismo.

Distanciando-se de toda uma tradição de pensamento nacionalista que tomava como ponto decisivo da agenda política o problema da unidade, pelo próprio fato de sua superação com a construção da Pequena Alemanha, essa questão trazia para o centro do debate o problema da produção industrial alemã e de suas relações comerciais em um mundo de concorrentes.

O momento era fértil para que o problema da viabilidade do Estado Nacional tivesse sido colocado em pauta. E viabilidade aqui significava pensar em um Estado que fosse militarmente potente para transitar no palco da política internacional e um Estado que fosse economicamente forte e vigoroso não somente por sua capacidade de produção, mas também, e principalmente, pela aquisição de colônias que lhe garantissem o escoamento de capital excedente e o acesso ao status de potência colonial.

NACIONALISMOS ALEMÃES: DO LIBERALISMO AO NACIONALISMO EXCLUDENTE

Esses dois fenômenos estavam conectados em um novo terreno no qual o nacionalismo se desenvolvia e que reunia tanto o militarismo quanto um projeto de um Estado expansionista, apresentado como solução para os problemas econômicos daquele momento.

O militarismo se fez socialmente presente pela criação de um conjunto de *kriegervereine* (associações de combatentes) e da influente *Flottenverein* (Liga Naval) para a promoção de uma política de expansão da Marinha de guerra alemã, instrumento considerado decisivo para um programa de conquistas coloniais. Assim, talvez tão importante quanto isso tenha sido o surgimento de associações que exigiam do governo imperial a adoção de uma política externa que se estruturava pela saída colonial: a *Westdeutsche Verein für Kolonisation und Export* (Associação Alemã Ocidental para Colonização e Exportação), a *Zentralverein für Deutsche Interesse im Ausland* (Associação Central para os Interesses Alemães no Estrangeiro), a *Verein für Handelsgeographie und Kolonialpolitik* (Associação para Geografia Comercial e Política Colonial) e a *Verein zum Schutz Deutscher Interesse im Ausland* (Associação para a Proteção dos Interesses Alemães no Estrangeiro).[26]

Em 1886, Karl Peters, com larga experiência em exploração imperialista na África, fundava a *Allgemein deutscher Verband zur Förderung Übersseischer Deutsch-nationalen Interessen* (Liga Alemã para a Promoção dos Interesses Nacional-Alemães no Além-Mar). No ano de 1890, o mesmo Peters, associado a Alfred Hugenberg, fundou, também para a promoção de interesses coloniais alemães, a *Allgemeiner Deutscher Verband*, que em 1894 passou a se chamar *Alldeutscher Verband* (Liga Pangermânica), que se tornaria não a maior, mas, certamente, a mais influente e proeminente das organizações ligadas a um novo tipo de nacionalismo: o nacionalismo *völkisch*. E sobre isso cabe uma rápida digressão.

O adjetivo *völkisch* é uma das palavras cujas traduções (por razões meramente formais) em geral a esvaziam completamente de sentido. Pelo fato de derivar de *volk* (povo, na acepção anteriormente discutida) o termo *völkisch* é normalmente traduzido por "popular" (e em alguns casos, mais distantes ainda do sentido original, "populista"). Contudo, no vocabulário político o termo refere-se, antes, a um tipo de projeto político nacionalista de extrema direita assentado sobre

A EXPERIÊNCIA NACIONAL

o pensamento racista, em especial o antissemitismo. Em função da dificuldade de encontrar uma tradução adequada, procederemos aqui seguindo o exemplo de algumas tradições intelectuais (dos franceses, por exemplo) que tendem a usar o termo em alemão, sem traduzi-lo. Falar em nacionalismo *völkisch* é falar, portanto, de uma nova matriz do fenômeno nacionalista alemão, que passa a compor um campo político chamado de forma ampla de *deutsch-national* – o que marca a apropriação do termo "nacional" pela extrema direita.

Em seus estatutos a *Alldeutsche Verband* afirma serem seus propósitos:

> 1. Fomento da consciência nacional e combate a todas as tendências contrárias ao desenvolvimento nacional; 2. Solução dos problemas educacionais em todos os níveis no espírito da nacionalidade [*volkstum*] alemã; 3. Apoio e proteção às tendências nacional-alemães em todos os países onde membros do nosso povo lutam para a afirmação de sua particularidade e a reunião de todos os alemães no mundo para este fim; 4. Exigência de uma enérgica política de interesses alemães na Europa e no além-mar, especialmente da continuação do movimento colonial alemão com resultados práticos.[27]

Sua composição social fazia da *Alldeutscher Verband* uma organização das elites alemãs, formada em especial por nobres, industriais e militares de alta patente, por aquilo que os alemães denominam de *bildungsbürgertum* (setores médios educados), por professores, advogados, funcionários públicos e pequenos comerciantes. Em 1922, a Liga alcançou um máximo de 38 mil membros. Mas sua influência política não se deixava limitar pelo número de filiados, visto que seus dirigentes gozavam de trânsito nas diversas esferas de governo e no Parlamento e faziam valer seus pontos de vista por meio de um número regular de parlamentares de partidos diversos que eram filiados à Liga.[28]

Apesar de essa composição social indicar uma proximidade muito grande com o governo na Alemanha Imperial, a *Alldeutsche Verband* guardava um grande grau de autonomia e exercia pressão política, conformando um campo autodenominado de *oposição nacional*.

NACIONALISMOS ALEMÃES: DO LIBERALISMO AO NACIONALISMO EXCLUDENTE

Em um evento que celebrava o aniversário do Imperador, em 1913, o presidente da Liga, Heinrich Class, sinalizava essa autonomia:

> Ainda que hoje estejamos unidos com o governo, (...) queremos dizer claramente que as forças armadas alemãs devem ser empregadas caso competidores ou vizinhos invejosos se coloquem contra nossas necessidades nacionais. (...) o mundo nunca está dividido definitivamente; hoje como sempre ele pertence aos fortes e corajosos.[29]

A política externa defendida pela *Alldeutscher Verband* tomava o Leste Europeu, ao lado da busca pela ampliação de colônias em regiões extraeuropeias, como alvo da expansão territorial. O chamado *Drang nach Osten* (Impulso para o Leste) implicava um projeto de expansão e de conquista de territórios eslavos, considerados um *lebensraum* (espaço vital) necessário para a viabilidade do Império Alemão, a serem germanizados por meio do assentamento de alemães. Essa concepção dá fundamento a um nacionalismo agressivo e belicista, do qual derivou uma política de crescente rivalidade com outras potências coloniais (Inglaterra e França) e de expansão do poderio bélico do Estado, em especial da Marinha de Guerra.

Por outro lado, essa concepção expansionista do nacionalismo *völkisch* se fundamentava na desvalorização racista de outros povos (em especial eslavos e judeus), o que fez com que as instituições desse campo político estabelecessem uma ligação perene e programática entre o nacionalismo e o racismo, assentadas na percepção de superioridade racial dos alemães sobre todos os outros grupos.

Joseph Ludwig Reimer, um intelectual ligado à *Alldeutscher Verband* e também a outras associações do campo *völkisch*, subordina o desenho das fronteiras do Estado à distribuição geográfica do povo. Para ele, os *blutverwandtschaft* (vínculos de sangue) são "o único fundamento da vida do Estado", o que faz com que seus propósitos sejam de buscar abarcar a todos que fazem parte dessa comunidade racial:

> A Alemanha deve fundar suas aspirações exteriores sobre a noção de comunidade racial e deve realizar sua política social de tal forma que proteja seus fundamentos raciais. A grande Alemanha como

Alemanha pangermânica deve ser o objetivo de uma arte da política que é caudatária de nossa História Racial.[30]

O racismo social-darwinista e o pensamento decadentista oferecem aqui a matriz intelectual a partir da qual o pensamento racista se torna programa político: as diferenças das culturas humanas são fruto direto da natureza, ou seja, da desigualdade racial natural e irredutível dos grupos humanos. A Europa do século XIX dá sinais nítidos de decadência cultural e civilizatória, e o elemento decisivo que explica a decadência do continente é a mistura de grupos humanos superiores e inferiores, fruto do processo de modernização e da expansão europeia, donde se deriva a necessidade da intervenção do Estado para a manutenção da pureza da raça superior. Daí ser natural não somente a aplicação de políticas segregacionistas, mas também a ampliação do *espaço vital* a ser usado pelos grupos racialmente superiores. Por último, também é legítima a própria utilização dos tipos humanos inferiores para o desenvolvimento das potencialidades criativas da raça superior. O esforço colonial e as próprias políticas domésticas excludentes são pensados, assim, como condição necessária para a sobrevivência nacional em um mundo de nações que se relacionam concorrencialmente e lutam, como na natureza, para sobreviver em um mundo com recursos limitados.[31]

No preâmbulo aos estatutos da Liga Pangermânica editados em 1903, é considerado uma tarefa fundamental "o fomento dos valores e sentimentos nacional-alemães, em particular o despertar da consciência da comunidade racial e cultural de todas as partes do povo alemão".[32] A preocupação em despertar a consciência dos alemães sobre seu valor racial implicava trazer para o terreno da política aquilo que círculos intelectuais e políticos nas últimas décadas do século XIX já adiantaram: os riscos representados pelo judaísmo. Heinrich Class, presidente da *Alldeutscher Verband* desde 1908, coloca o problema de forma relativamente simples: o perigo de declínio e de ruína dos alemães como nação está na falta de consciência do risco representado pela presença de "raças estranhas" ameaçando a pureza do *volkskörper* ("corpo da nação"), em especial pela presença do judaísmo em seu meio. No livro

NACIONALISMOS ALEMÃES: DO LIBERALISMO AO NACIONALISMO EXCLUDENTE

Wenn Ich die Kaiser Wär (Se eu fosse o imperador), de 1912, Class, assinando sob o pseudônimo de Daniel Frymann, apresenta o tema dos riscos da presença judaica para a nação alemã da seguinte forma:

> Alemães e Judeus são, em relação a seu ser mais profundo, como fogo e água; enquanto nossa vida nacional [*volksleben*] era moralmente sadia, não havia nada mais distante do que as concepções de vida alemã e judia. O Alemão não está preso à propriedade, mantém-se internamente livre em relação a ela e prova sua liberdade ao viver sem preocupação com o sucesso econômico. Honra, independência e vontade própria são os motores de suas ações... Já o Judeu coloca toda a sua vida sob o signo da conveniência e da utilidade; a compra e a posse são tudo para ele; ele é escravo delas e ordena toda a sua personalidade em relação a elas...
>
> Correspondendo à lei de seu ser – ninguém pode sair de sua própria pele, e isso vale para tudo o que é herdado racialmente – o judeu é em tudo o que ele faz judeu. (...) Em nenhum lugar o judeu é criador e produtivo (...) [o sucesso dos judeus em quaisquer aspectos da vida] significa devastação e corrupção de nossa vida pública.[33]

Ao lado do trabalho de *conscientização*, a pressão política sobre o Estado é o elemento articulador da ação das organizações ligadas ao nacionalismo *völkisch*. O Estado é pensado como instrumento indispensável para a promoção do desenvolvimento e para a afirmação da Alemanha em um mundo hostil. É por intermédio do Estado que se torna possível a execução de uma política externa expansionista, considerada condição fundamental para potencializar o desenvolvimento industrial. Da mesma forma, é por intermédio dele que se pode implementar um conjunto de políticas que objetivam garantir as condições de sobrevivência e a afirmação racial dos alemães interna e externamente, que vão desde projetos para ampliar as dimensões territoriais do Estado Alemão na Europa Central até políticas internas segregacionistas (especialmente em relação a judeus e eslavos), um dos elementos programáticos mais importantes desse campo.

Desde 1908, por exemplo, as organizações *völkisch* se empenharam em uma campanha para a alteração da Lei de Cidadania do império.

A EXPERIÊNCIA NACIONAL

O ponto de vista defendido pelos pangermanistas era de que a *herança de sangue* deveria ser considerada o único critério para a atribuição de cidadania. O mecanismo para isso era a aprovação de uma legislação que assegurasse a cidadania alemã somente àqueles que conseguissem demonstrar a germanidade do pai – no caso de filhos ilegítimos, a germanidade da mãe poderia ser aceita. Nascimento em território alemão ou qualquer outro critério que não considerasse exclusivamente a herança de sangue, não sendo tomado como critério de pertencimento ao *volk* (grupo nacional), por extensão, não deveria ser também considerado um critério de pertencimento à comunidade de cidadãos do Estado alemão. Sobre isso se assenta a diferença estabelecida pelos pangermanistas entre *Staatsfremde* e *Volksfremde*.[34]

A legislação de cidadania de 1913, que incorpora esses princípios e se torna referência para essa concepção racista de nacionalidade, incide também no problema da relação do Estado com indivíduos ou grupos que, ainda que pertencentes ao *volk* (povo), não eram cidadãos do império. Nesse sentido, ganha importância a figura dos *alemães no exterior*, especialmente depois da Primeira Guerra Mundial, que trouxe consigo uma ruptura de tal magnitude que é com razão considerada um divisor de águas na história da Alemanha, influenciando de forma imediata o programa nacionalista do campo *völkisch*.

Nos estatutos da Liga Pangermânica, reformulados depois da Primeira Guerra Mundial e publicados em 1919, o problema da não coincidência entre as fronteiras da nação e as fronteiras do Império (Estado) alemão ganha relevância.

§1. A Liga Pangermânica pretende despertar em todos os alemães sentimentos e valores *völkisch* fundados na lealdade e no amor pela particularidade alemã e uma vontade *völkisch* fundada exclusivamente no bem-estar da coletividade alemã. Sem atentar para a cidadania ou para filiações partidárias e religiosas, a Liga quer que todos os compatriotas [*volksgenossen*] juntos trabalhem para a tarefa comum a todos os alemães: manutenção, cuidado e desenvolvimento da nacionalidade alemã [*deutsches volkstum*].[35]

NACIONALISMOS ALEMÃES. DO LIBERALISMO AO NACIONALISMO EXCLUDENTE

Ao afirmar que a cidadania não é um empecilho à filiação à liga, fica explícito um traço importante do nacionalismo *völkisch*, que é a sua orientação pelo projeto de Grande Alemanha, que deveria ter em suas fronteiras todos aqueles considerados membros do *volk* (povo). Até esse momento, a estratégia fora a de estabelecer (ou manter) os vínculos dos *alemães do estrangeiro* com o Estado, e nesse sentido haviam sido criadas instituições para realização daquilo que se tornou conhecido como *Deutschtumsarbeit ou Deutschtumspolitik*. Trata-se aqui de uma política de suporte aos alemães no exterior para a manutenção de sua *deutschtum* (germanidade) por meios diversos, principalmente pela oferta de bens culturais *völkisch* no estrangeiro, pelo suporte a instituições culturais e de ensino e pelo envio de emissários para áreas de interesse dessas associações.

Pelo menos desde os anos de 1880, o assim chamado *Deutschtum im Ausland* é objeto de atenção desse campo político. Já em 1881 teve lugar a reunião de fundação daquela que foi talvez a mais importante associação que fazia *Deutschtumspolitik*, a *Verein für das Deutschtum im Ausland* (VDA ou Associação para os Alemães no Exterior), fundada com o nome de *Allgemeiner Deutscher Schulverein* (Associação Escolar Alemã). Até esse momento, a luta contra a "eslavização" e a "opressão dos alemães" na Áustria, na Hungria e na Transilvânia (parte do então Império Austro-Húngaro que posteriormente tornou-se uma região romena) era a palavra de ordem e fornecia o argumento principal para a construção de uma associação que se ocupasse de uma "minoria alemã" *desprotegida* e *necessitada* e que vivia em meio a uma "nação inimiga da cultura alemã".

Dessa constelação deriva uma concepção de *Deutschtumsarbeit*, que foi marcado pela ideia de *proteção*:

> O trabalho de proteção [*schutzarbeit*] (...) não é uma atividade dos próprios alemães [*auslanddeutschen*], mas uma atividade para eles. O núcleo da nação [*volkskern*], ele próprio não estando ameaçado em sua substância nacional [*volkstum*], intervém a favor de seus compatriotas por ver o perigo a que estão expostos ou porque são chamados pelos irmãos necessitados (...). A ajuda objetiva a manutenção da língua e da cultura e, por este meio, da própria substância nacional.[36]

A guerra representou um momento novo na ligação dos alemães que viviam fora das fronteiras do Estado Alemão com a Pátria-Mãe. Para muitos que viram o nascimento da República de Weimar, a guerra foi o próprio motor da mudança na percepção tanto de alemães que por força das perdas territoriais definidas pelo Tratado de Versalhes não viviam mais na Alemanha quanto daqueles descendentes de levas de migrantes que, desde o século XVII (para o Império Russo), se espalharam pelo mundo, e em maior número para as Américas.

A mudança de posição do conceito correspondeu à institucionalização dos "alemães no exterior" por um lado como objeto e por outro como sujeito da ação política do Estado, no sentido de que eles poderiam se constituir como sustentáculo das esperanças de reerguimento de uma Alemanha forte e poderosa. Os "alemães no exterior" passam a ser vistos não mais como somente uma parte perdida ou separada do corpo nacional, mas passam a ser tomados como o posto avançado da *volkstum* (nacionalidade) alemã.

Nos mesmos estatutos da Liga refeitos depois da derrota, vemos que, ao lado de projetos tradicionais do pangermanismo e de temas referentes à reconstrução da Alemanha, os "alemães no estrangeiro" são explicitamente mencionados:

§ 2. (...) a Alldeutscher Verband toma como sua tarefa em especial o salvamento e o reerguimento do povo alemão e do Império Alemão ameaçados de destruição por meio do desmoronamento de novembro de 1918. A Liga exige em particular para o bem-estar e a prosperidade da totalidade do povo alemão, indispensavelmente: 1) reforço moral de todos os círculos e estratos de nosso povo para despertar as qualidades que fizeram com que nossos antepassados em momentos de necessidade pudessem se levantar; 2) reconstituição de um forte Império Alemão; 3) reconstrução de uma potente força armada [*wehrmacht*]; 4) reconquista dos territórios roubados ao povo alemão; 5) incorporação da Áustria ao Império Alemão; 6) proteção e ajuda para os alemães no Estrangeiro [*auslanddeutschtum*]; 7) conformação de todas as dimensões da vida do povo e do Estado de acordo com a especificidade alemã (...) em particular buscar influenciar a juventude e o movimento de mulheres de acordo com princípios *völkisch*; 8) desenvolvimento

NACIONALISMOS ALEMÃES: DO LIBERALISMO AO NACIONALISMO EXCLUDENTE

racial planejado do povo alemão por meio de seleção e de incentivos aos que forem particularmente talentosos e qualificados como alemães; 9) combate a todas as forças que impeçam ou prejudiquem o desenvolvimento *völkisch* do povo alemão, em particular a dominação judaica existente em quase todos os terrenos do Estado no que se refere à economia e à cultura.[37]

O nacionalismo *völkisch*, depois da guerra, se assenta firmemente no espaço público alemão e estabelece com sucesso uma agenda para o pensamento nacionalista que se torna progressivamente inseparável do próprio nacionalismo alemão. Essa matriz do nacionalismo de extrema direita se tornou, na Alemanha, uma tendência política que ultrapassou fronteiras sociais, confessionais e partidárias.

Com a assim chamada Revolução Conservadora de Weimar, esse programa se afirma entre intelectuais de projeção, entre os quais Moeller Van der Bruck, Ernst Forsthoff, Hans Freyer, Werner Sombart e Ernst Jünger. Um conjunto grande de instituições nacionalistas e patrióticas (envolvendo pelo menos 530 jornais e perto de 550 associações, clubes políticos e grupos de pressão) incorpora os fundamentos desse programa e reproduz no cotidiano uma ideia de nação assentada sobre a noção de exclusivismo racial e uma identificação do movimento nacionalista com concepções de mundo da extrema direita *völkisch*.

Um programa político que envolvia a recusa da democracia liberal, o antissemitismo, o pensamento racista, o nacionalismo exclusivista, o anticomunismo e a busca por uma alternativa autoritária de poder estava mais disseminado e enraizado socialmente e atingia um espectro mais amplo do que as instituições políticas formais da extrema direita podem fazer crer.

Em um mundo no qual *nação, nacionalidade* e *nacionalismo* se transformam em uma gramática que dá sentido a atitudes e a projetos políticos e que estabelece mecanismos de inclusão e de exclusão social, padrões de identidade de grupo e referenciais de lealdade pessoal ou coletiva, a agenda do nacionalismo *völkisch* tomou de assalto o campo do nacionalismo e se afirmou como referência decisiva para as reflexões sobre nacionalidade e para a definição do que é ser alemão.

A EXPERIÊNCIA NACIONAL

Se até os anos de 1870 falar do nacionalismo alemão era falar de um programa liberal e antiabsolutista, oposicionista e emancipatório, o fim do século XIX viu a apropriação bem-sucedida do instrumental nacionalista pelo campo político da extrema direita. Essa "mudança de função" do nacionalismo alemão, para usar os termos de Hans-Ulrich Wehler,[38] se materializou no programa político do nacionalismo *völkisch* implementado pelos nazistas durante o Terceiro Reich (1933-1945). Desde então, racismo, autoritarismo e barbárie nazista, que derivaram de um programa de mundo excludente e de um nacionalismo exclusivista, ainda pairam, de certa forma, por movimentos políticos que se reivindicam caudatários do nacionalismo alemão.

Não é, assim, de surpreender que o pós-1945 (e mesmo o pós-1990) tenha observado um movimento de distanciamento progressivo de liberais, de democratas e de socialistas do terreno do nacionalismo, de seu vocabulário e de seu simbolismo em relação a referências de identidade pós-nacionais e centradas no patriotismo constitucional e estatal.

Notas

1. Cf. Stuart Woolf. "Introduction". In: Stuart Wolf (org.). *Nationalism in Europe, 1815 to the Present: a Reader*. Londres e Nova York: Routledge, 1996, p.4 e 5.
2. Cf. Benedict Anderson. *Imagined Communities: Reflections on the Origin and Spread of Nationalism*. Londres/Nova York: Verso, 1993, p.5 e 6.
3. Cf. também Eric Hobsbawm, *Nações e nacionalismo desde 1780*. Rio de Janeiro: Paz e Terra, 1990, p.14-15.
4 Otto Dann. *Nation und nationalismus in Deutschland: 1770:1990*. Munique: Beck, 1994, p.13.
5. Para alguns nacionalistas o sangue é uma referência concreta, para outros, metafórica, porém sempre constituindo-se em uma origem objetiva.
6. Hagen Schulze. *Staat und Nation in der Europäischen Geschichte*. München: Beck, 1994, p.43.
7. Hagen Shulze. "The Revolution of the European Order". In: _____. *Nation Building in Central Europe*. Nova York: Berg. Publishers, 1987, p.5.

NACIONALISMOS ALEMÃES: DO LIBERALISMO AO NACIONALISMO EXCLUDENTE

8. Friedrich Karl von Moser. *Von dem Deutschen Nationalgeist*. [Frankfurt a.M.]: Franz Varrentrapp, 1765, p.3 e 4.

9. Norbert Elias. *A sociedade dos indivíduos*. Rio de Janeiro: Zahar, 1994, p.36.

10. Cf. Otto Dann. *Nation und Nationalismus in Deutschland: 1770:1990*. Munique: Beck, 1994, p.45ss; Heinrich August Winkler. *Deutsche Geschichte vom Ende des Alten Reiches bis zum Untergang der Weimarer Republik*. Bonn: Bundeszentrale für Politische Bildung, 2000, p.40ss.

11. Hagen Schulze. *The Course of German Nationalism: From Frederick the Great to Bismarck, 1763-1867*. Cambridge: Cambridge University Press, 1991.

12. Heinrich August Winkler. *Deutsche Geschichte vom Ende des Alten Reiches bis zum Untergang der Weimarer Republik*. Bonn: Bundeszentrale für Politische Bildung, 2000, p.53ss.

13. Hagen Schulze. *The Course of German Nationalism: From Frederick the Great to Bismarck, 1763-1867*. Cambridge: Cambridge University Press, 1991, p.49.

14. Fichte, J. G. *Reden an die Deutschen Nation*. Quarto Discurso: Hauptverschiedenheit zwischen den Deutschen und den übrigen Völkern germanischer Abkunft. In: _____. *Sämmtliche Werke*, org. por I. H. Fichte, vol.6. Berlim: Veit & Comp., 1845-1846, p.325-326. Disponível online em: http://www.zeno.org/Philosophie/M/Fichte,+Johann+Gottlieb/Reden+an+die+deutsche+Nation.

15. Hagen Schulze. *The Course of German Nationalism: From Frederick the Great to Bismarck, 1763-1867*. Cambridge: Cambridge University Press, 1991, p.51.

16. *Volkstum* pode ser traduzido por "nacionalidade" em um sentido muito específico: no sentido de substância nacional. Dessa forma, *deutsches volkstum* (ou *deutschtum*) é próximo daquilo que os ingleses chamam de *englishness* e que nós chamamos de brasilidade: uma substância particular que atribui a alguém ou a algum grupo uma qualidade nacional específica.

17. "Grundsätze der Deutschen Burschenschaften, 1817". In: Peter Alter (org.) *Nationalismus. Dokumente zur Geschichte und Gegenwart eines Phänomens*. München/Zürich: Piper, 1994, p.78-79.

18. Idem.

19. Völkerschlacht de Leipzig, Batalha dos Povos, travada nos arredores de Leipzig, Saxônia, entre França (secundada por seus aliados alemães da

A EXPERIÊNCIA NACIONAL

Confederação do Reno) e os aliados Áustria, Rússia, Prússia, Suécia, foi a maior batalha registrada até a Primeira Guerra Mundial. Cf. Heinrich August Winkler. *Deutsche Geschichte vom Ende des Alten Reiches bis zum Untergang der Weimarer Republik*. Bonn: Bundeszentrale für Politische Bildung, 2000.

20. Idem, p.73-74.

21. Hagen Schulze. *The Course of German Nationalism: From Frederick the Great to Bismarck, 1763-1867*. Cambridge: Cambridge University Press, 1991, p.61-63.

22. De tão relevante social e politicamente, há uma periodização socialmente estabelecida para a História alemã do século XIX que toma o março de 1848 como um divisor de águas, e o período anterior é descrito de forma vaga (para alguns, iniciando com o próprio Congresso de Viena de 1815) por meio do conceito de *Vormärz* (pré-março).

23. Cf. Otto Dann. *Nation und Nationalismus in Deutschland: 1770:1990*. Munique: Beck, 1994, p.116ss.

24. *Apud* Dann, Idem, p.141.

25. Cf. Hans-Ulrich Wehler. "Nationalismus, Nation und Nationalstaat in Deutschland seit dem ausgehenden 18. Jahrhundert". In: Ulrich Herrnann. *Volk – Nation – Vaterland*. Hamburg, Felix Meiner Verlag, 1996, p.269-277.

26. Walter von Goldendach e Hans-Rüdiger Minow. *Deutschtum Erwache: Aus dem innenleben des staatlichen Pangermanismus*. Berlim: Dietz Verlag, 1994, p.42ss.

27. Essa versão dos estatutos foi publicada no "Meyer's Großem Konversations-Lexikon" de 1905, p.343-343. Disponível em: <http://www.zeno.org/Meyers-1905>.

28. Barry A. Jackisch. *The Pan-German League and Radical Nationalist Politics in Interwar Germany*. Burlington: Aschgate Publishing Co., 2012, p.3 e 4.

29. *Apud* Walter von Goldendach e Hans-Rüdiger Minow. *Deutschtum Erwache: Aus dem innenleben des staatlichen Pangermanismus*. Berlim: Dietz Verlag, 1994, p.83.

30. *Apud* Goldendach e Minow, idem, p.73ss.

31. Idem, p.46ss.

32. Disponível em: <http://germanhistorydocs.ghi-dc.org/pdf/deu/521_Satzungen%20Alldeut%20Verbandes_1021.pdf>.

NACIONALISMOS ALEMÃES: DO LIBERALISMO AO NACIONALISMO EXCLUDENTE

33. Daniel Frymann [Heinrich Class]. *Ich die Kaiser Wär'*. Leipzig: Dieterich'schen Verlagsbuchhandlung, 1912, p.30, 34, 35.
34. Ambos os termos são traduzidos por "estrangeiro", sendo que o primeiro indica que o "estrangeirismo" é uma qualidade atribuída a um indivíduo ou a um grupo pela inexistência de vínculos de cidadania (Estado) enquanto o outro pelo fato de não pertencer à *volk* (nação).
35. Cf. *Alldeutsche Blätter*, XXIX, 1919, p.310. Disponível on-line por meio do projeto Polunbi: <http://www.polunbi.de/inst/alldeutscher-verband.html>.
36. Erwin Barta e Karl Bell. *Geschichte der Schutzarbeit am deutschen Volkstum: Gedenkbuch zum fünfzigjährigen Bestehen der Schutzvereine*. Dresden, 1930, p.3.
37. Cf. *Alldeutsche Blätter*, XXIX, 1919, p.310. Disponível on-line por meio do projeto Polunbi: <http://www.polunbi.de/inst/alldeutscher--verband.html>.
38. Hans-Ulrich Wehler. "Nationalismus, Nation und Nationalstaat in Deutschland seit dem ausgehenden 18. Jahrhundert". In: Ulrich Herrnann. *Volk – Nation – Vaterland*. Hamburg, Felix Meiner Verlag, 1996, p. 276.

Referências bibliográficas

ALTER, Peter (org.). *Nationalismus. Dokumente zur Geschichte und Gegenwart eines Phänomens*. München/Zürich: Piper, 1994.

ANDERSON, Benedict. *Imagined Communities: Reflections on the Origin and Spread of Nationalism*. Londres/Nova York: Verso, 1993.

BARTA, Erwin; Bell, Karl. *Geschichte der Schutzarbeit am deutschen Volkstum: Gedenkbuch zum fünfzigjährigen Bestehen der Schutzvereine*. Dresden, 1930.

DANN, Otto. *Nation und Nationalismus in Deutschland: 1770:1990*. Munique: Beck, 1994.

ELIAS, Norbert. *A sociedade dos indivíduos*. Rio de Janeiro: Zahar, 1994.

FRYMANN, Daniel [Heinrich Class]. *Wenn Ich die Kaiser Wär'*. Leipzig: Dieterich'schen Verlagsbuchhandlung, 1912.

GOLDENDACH, Walter von; MINOW, Hans-Rüdiger. *Deutschtum Erwache: Aus dem innenleben des staatlichen Pangermanismus*. Berlim: Dietz Verlag, 1994.

A EXPERIÊNCIA NACIONAL

HERRMANN, Ulrich. "Volk – Nation – Vaterland: Ein grundproblem deutscher Geschichte". In: HERRNANN, Ulrich. *Volk – Nation – Vaterland.* Hamburgo: Felix Meiner Verlag, 1996, p.11-18.

HOBSBAWM, Eric J. *Nações e nacionalismo desde 1780.* Rio de Janeiro: Paz e Terra, 1990.

JACKISCH, Barry A. *The Pan-German League and Radical Nationalist Politics in Interwar Germany.* Burlington: Aschgate Publishing Co., 2012.

PLANERT, Ute. Nation und Nationalismus in der deutschen Geschichte: *Aus Politik und Zeitgeschichte* B 39/ 200, p.11-18.

RAMM, Thilo. "Die Deutschen – eine Nation?". *Aus Politik und Zeitgeschichte* B 39/ 200, p.32-38.

SCHULZE, Hagen. "The Revolution of the European Order". In: _____. *Nation Building in Central Europe.* Nova York: Berg. Publishers, 1987.

_____. *Staat und Nation in der Europäischen Geschichte.* München: Beck, 1994.

_____. *The course of German nationalism: From Frederick the Great to Bismarck, 1763-1867.* Cambridge: Cambridge University Press, 1991.

VON MOSER, Friedrich Karl. *Von dem Deutschen Nationalgeist.* [Frankfurt a.M.]: Franz Varrentrapp, 1765.

WEHLER, Hans-Ulrich. "Nationalismus, Nation und Nationalstaat in Deutschland seit dem ausgehenden 18. Jahrhundert". In: HERRNANN, Ulrich. *Volk – Nation – Vaterland.* Hamburg, Felix Meiner Verlag, 1996, p.269-277.

WINKLER, Heinrich August. *Deutsche Geschichte vom Ende des Alten Reiches bis zum Untergang der Weimarer Republik.* Bonn: Bundeszentrale für Politische Bildung, 2000.

_____. *Deutsche Geschichte, 1933-1945.* Bonn: Bundeszentrale für Politische Bildung, 2005.

WOOLF, Stuart. "Introduction". In: WOOLF, Stuart (org.). *Nationalism in Europe, 1815 to the Present: A Reader.* Londres e Nova York: Routledge, 1996.

11. Nações e nacionalismo na Rússia desde 1914

Angelo Segrillo

O estudo da problemática de nação, Estado-Nação e nacionalismo é especialmente complexo no caso da Rússia pelas especificidades tomadas historicamente no conceito de nação naquele país. Por exemplo, comecemos com uma pergunta provocativa: a Rússia atual é um Estado-Nação? A resposta poderia ser: parece que sim. Afinal, na Federação Russa os russos étnicos formam 81% da população, a língua russa é o idioma oficial federal e generalizado do país e a sua cultura exerce hegemonia sobre as demais.[1] Entretanto, a resposta oficial e inequívoca, dada por seu documento supremo, a Constituição, é: não. O artigo 3 (parágrafo 1) da Constituição Federal diz: "O portador da soberania e única fonte de poder na Federação Russa é o seu povo multinacional."[2]

O que significa um "povo multinacional"? Voltaremos a esse ponto em breve, mas, para reforçar a questão da multinacionalidade naquele contexto, devemos acrescentar que tanto o Império Czarista quanto a União Soviética anteriores eram reconhecidamente Estados multinacionais e não Estados nacionais, pois em seu território havia dezenas de nacionalidades diferentes – situação, aliás, que se repete na federação russa atual.

A raiz de toda essa problemática está no fato de que a nacionalidade na Rússia é determinada de forma diferente da de países ocidentais,

A EXPERIÊNCIA NACIONAL

como Brasil, França, EUA. Nestes, a nacionalidade de um cidadão é determinada pelo princípio do *jus soli* ("direito do solo"), em que o local de nascimento é determinante. Na Rússia, e nos países eslavos em geral, a nacionalidade nada tem a ver com o local de nascimento e é determinada pelo princípio do *jus sanguinis* ("direito do sangue"), isto é, pela nacionalidade do pai ou da mãe. Por exemplo, se um casal de japoneses migra para o Brasil e tem um filho, este é considerado automaticamente brasileiro. Se o mesmo casal japonês tivesse migrado para a Rússia e lá gerado um filho, este não seria considerado russo e sim japonês. Ou seja, o *jus sanguinis* eterniza as diferenças étnicas e faz com que a Federação Russa atual tenha cerca de cem nacionalidades diferentes – assim como a URSS ou o Império Russo anteriormente. Enquanto o *jus soli* homogeneíza o povo brasileiro, colocando em segundo lugar suas ancestralidades, o *jus sanguinis* preserva essas ascendências como categorias separadas. Tanto que na língua russa há dois termos para "russo": *russkii* e *rossiyanin*. *Russkii* é o russo étnico (de mãe ou pai russos). *Rossiyanin* é a pessoa nascida na Rússia (mas não necessariamente russo étnico, podendo ser checheno, ucraniano etc.). É importante notar que, perante a lei, todos são igualmente cidadãos da Rússia. A cidadania é a mesma, mas as nacionalidades são diferentes.

Ou seja, a Federação Russa é um país multinacional, assim como o foram a URSS e o Império Russo. E isso cria potenciais focos de tensão, já que existem cerca de cem *nações* diferentes dentro da Rússia, cada uma com sua cultura própria. Algumas delas, inclusive, abrigam grupos separatistas que desejam que sua nação não se mantenha mais dentro deste Estado multinacional – o caso mais nítido é o dos chechenos.

Chamamos a atenção para a especificidade da nacionalidade determinada pelo *jus sanguinis* na Rússia porque esse fator torna ainda mais complexos os problemas relacionados ao nacionalismo que se tornaram candentes com a Primeira Guerra Mundial. Se o nacionalismo de um país pode se tornar perigoso e belicoso em suas relações com os outros Estados, o que dizer de um país com muitos nacionalismos diferentes e competindo entre si?

NAÇÕES E NACIONALISMO NA RÚSSIA DESDE 1914

Um segundo problema que dificulta a questão e coloca a Rússia ainda mais na contramão do Estado Nacional no período do pós--Primeira Guerra é o caráter socialista marxista que a URSS assumiria nas décadas seguintes. O marxismo soviético adotou a perspectiva do internacionalismo proletário, que pregava a solidariedade entre os proletários do mundo, independentemente do país em que vivessem. O ponto de vista de classe suplantava o nacional. Como consequência disso, o princípio nacional, e especialmente o de Estado-Nação, foi propositalmente relegado a segundo plano e mesmo reprimido. O princípio do *jus sanguinis* já fazia da URSS naturalmente um Estado multinacional. O princípio do internacionalismo proletário conscientemente reprimia tentativas de colocar a perspectiva nacional acima do plano da de classe.

Veremos que a adoção de um ponto de vista internacionalista de classe não era um processo simples, e muitas vezes aspectos nacionais se imiscuíam na questão de formas sutis ou abertas. Na prática, trata--se de um processo repleto de contradições.

Essas contradições podem ser vistas claramente no processo de criação oficial da URSS em dezembro de 1922, após os anos de guerra civil que se seguiram à Revolução de 1917. Uma questão que dividiu os bolcheviques era se as unidades componentes da URSS deveriam ser formadas em bases étnicas ou não. Uma corrente do partido (capitaneada por G.L. Pyatakov e L.B. Sunitsa) seguia ideias que relembravam as de Rosa Luxemburgo, a marxista polonesa que pregava que era necessário evitar seguir critérios étnicos na divisão e na formação das unidades territoriais dos países socialistas, exatamente para erradicar os resquícios do pensamento nacionalista típico da era capitalista.[3] Do outro lado estavam os mais pragmáticos, que consideravam que, para evitar tensões desnecessárias naquela fase inicial, dever-se-ia levar em conta as composições étnicas na formação das unidades territoriais da URSS. A última corrente venceu. A composição final na prática foi mista, pois havia muitas partes da URSS em que tantas nacionalidades conviviam em um mesmo pequeno território que era impossível separá-las. Mas, de maneira geral, a nacionalidade titular (majoritária) determinava o nome adotado pelo local. Assim, a Ucrânia era o local

A EXPERIÊNCIA NACIONAL

onde se concentravam os ucranianos, a Geórgia, os georgianos, e assim por diante. Ao fim da divisão, a União Soviética seria composta por 15 repúblicas (o equivalente aos estados no Brasil). Mas como dentro dessas 15 repúblicas havia também uma miríade de outras nacionalidades, criaram-se as chamadas *regiões autônomas*, que eram as partes dentro das 15 repúblicas onde uma nacionalidade era maioria.[4] Esses enclaves étnicos dentro das repúblicas da União tinham direito a ter escolas em suas próprias línguas, leis específicas etc.

Ou seja, desde o início, vemos que o princípio nacional não foi totalmente erradicado pelo princípio do internacionalismo proletário. É importante diferenciar que o que se manteve vivo nessa formação territorial da URSS foi a ideia de *nação* e não de *Estado-Nação*, pois a União Soviética era assumidamente um Estado multinacional. Novamente precisamos chamar atenção para o conceito de *nação*, que na Rússia – URSS e países eslavos em geral – diferencia-se da concepção corrente no Brasil ou na maioria dos países ocidentais. Pelo *jus sanguinis*, russos, ucranianos, chechenos, judeus etc. formam diferentes *nações* dentro da URSS/Rússia. Na língua portuguesa, a palavra *nação* é muitas vezes empregada quase como sinônimo de país, ou país habitado por um povo. Por exemplo, a expressão "problemas nacionais" é quase sinônimo de "problemas do país". Na língua russa, isso não ocorre. Problemas "nacionais" se referem aos problemas das diferentes "nações" (russos, chechenos, judeus etc.). Quando se quer traduzir, por exemplo, a expressão "governo nacional brasileiro" (em oposição aos governos estaduais), em russo, se deve buscar outra expressão, como "governo federal brasileiro". Assim, o fato de inicialmente o governo soviético ter acomodado as "nações" do país em sua formação territorial não significa que esse governo necessariamente tivesse inclinações "nacionalistas", e sim que aceitou a existência *de facto* das nações (isto é, nacionalidades) na URSS como um pressuposto a ser levado em consideração.

Mas os problemas do nacionalismo na URSS iam além desses níveis abstratos, conceituais. Em primeiro lugar, tão logo ocorrida a Revolução Russa de 1917, seguiu-se um período de três anos de intensa guerra civil que quase retalhou o "país". Nesse período,

NAÇÕES E NACIONALISMO NA RÚSSIA DESDE 1914

algumas nações se levantaram em busca de sua independência. Os dois casos mais proeminentes foram os da Ucrânia e da Geórgia. Na Ucrânia, a Rada (Parlamento) não reconheceu o governo bolchevique em Moscou quando este assumiu o poder na Revolução de Outubro (de 1917) e declarou a independência da Ucrânia. Seguiu-se um período confuso durante a guerra civil, em que várias facções (inclusive uma pró-bolchevique, outra anarquista sob o Exército de Nestor Makhno e os invasores alemães) disputavam e ocupavam partes do território da Ucrânia. Ao fim da guerra civil, os soviéticos conseguiram derrotar os nacionalistas ucranianos e elaborar, com os alemães e poloneses, tratados que definiam que a maior parte da Ucrânia continuaria dentro do regime soviético. Mas a maneira traumática como isso foi realizado deixaria marcas nas décadas posteriores, em que o nacionalismo ucraniano seria um problema latente dentro do sistema. Entretanto, é preciso entender a complexidade da situação quando se nota que – de acordo com os preceitos do *jus sanguinis* – muitas regiões da parte oriental da Ucrânia são habitadas *majoritariamente* por populações russas étnicas, enquanto que os ucranianos étnicos (com nacionalismo ucraniano mais exacerbado) estão concentrados na parte ocidental do território. Trata-se de um país dividido.

O caso da Geórgia na guerra civil apresenta uma peculiaridade interessante. O governo independente que se formou no local era anti-capitalista, formado por socialistas mencheviques que discordavam da tomada do poder pelos bolcheviques à revelia das outras correntes de esquerda. Isso criava uma situação peculiar em que a questão étnica se misturava com a de classe, já que mencheviques e bolcheviques originalmente eram duas alas de um mesmo partido – o Partido Operário Social-Democrata da Rússia. Era uma visão diferente de socialismo moderado se contrapondo ao comunismo "duro" dos bolcheviques. O componente étnico, como na Ucrânia, era também extremamente complicado, já que a Declaração de Independência do Parlamento georgiano de 16 de maio de 1918 logo se viu embaralhada em uma série de intervenções internas e externas: uma guerra com a Armênia pelos territórios georgianos habitados majoritariamente por armênios; a luta não só contra os russos bolcheviques, mas também contra o

A EXPERIÊNCIA NACIONAL

Exército Branco (antibolchevique); e, finalmente, uma espécie de protetorado britânico sobre a região. Com o esgotamento gerado por essas disputas em tantas frentes, em fevereiro de 1921 a capital, Tíflis, caiu sob o ataque do Exército Vermelho (bolchevique).

Durante a guerra civil, governos independentes provisórios, como os da Ucrânia e da Geórgia, existiram também em outras partes do antigo Império Russo, como no Azerbaijão e na Armênia. Mas os casos mais radicais foram os das três repúblicas do Báltico: Lituânia, Letônia e Estônia. As três eram parte do Império Russo, mas, aproveitando-se das confusões trazidas pela Primeira Guerra Mundial e a Revolução Russa, conseguiram manter Estados independentes entre a Primeira e a Segunda guerras mundiais. Às vésperas da entrada da URSS na Segunda Guerra Mundial, nos rearranjos vindos na esteira do pacto Molotov--Ribbentropp, acabaram reincorporadas à União Soviética. O fato de as três repúblicas bálticas terem sido independentes durante todo o entreguerras explica por que nelas o espírito nacional se manteve mais forte e consciente dentro da URSS do pós-guerra e também por que elas foram as primeiras a declarar sua autonomia e depois independência em relação à União Soviética no período final da Perestroika.

Mas nem só de repressão e destruição de sentimentos nacionais vivia a nova URSS. Ironicamente, nos primeiros anos das décadas de 1920 e 1930 ocorreram, em algumas áreas do país, processos de *nation-building*, alguns dos quais com auxílio do governo soviético. Isso se deu principalmente na região da Ásia central, onde muitos povos, alguns nômades, encontravam-se ainda em estágio pré-nacional ou mesmo tribal. Em seus esforços de alfabetização da população, os soviéticos criaram alfabetos para povos que não os tinham, instituíram escolas para a propagação da cultura etc. Além disso, nos anos 1920, procederam ao processo de *korenizatsiya* ("indigenização"), pelo qual procuravam estimular a ocupação de posições no governo com quadros locais pela elevação do nível cultural e organizacional dos indígenas. O resultado não intencional de alguns desses esforços foi o surgimento de uma consciência nacional em alguns setores da população local que antes se viam muito mais como membros da tribo ou vila que de alguma entidade maior. Antes da Revolução Socialista de 1917, os atuais quirguizes e mesmo os uzbeques e cazaques não tinham uma consciência nacional definitivamente formada, pois muitos ainda eram povos nômades, com uma percepção mais tribal que nacional.[5] Muitos dos "uzbeques" de 1924, por exemplo, provavelmente ainda pensariam sobre si como primariamente membros de uma tribo (barlas, lokait etc.) ou como habitantes de determinada localidade ("bukharense", "samarkandiano" etc.).[6] As políticas de concessão de *territorialidade* e *expressão cultural* às diversas etnias (existentes ou em formação) levou à *consolidação*, ou mesmo *formação*, de diversas nacionalidades *dentro do período soviético*. Bennigsen[7] arrola, entre as *natsional'nosti* (nacionalidades) e *narodnosti* (subnacionalidades) que se formaram – em termos de consciência nacional própria, consolidada – dentro do período soviético, as seguintes: tchuvaches, iacutos, altaicos, gagaúzos, uzbeques, turcomanos e cazaques.[8]

Um interessante momento, que exemplifica todas essas contradições e tensões relativas ao fator nacional dentro do projeto soviético, foi a considerável mudança de política de Stalin durante a Segunda Guerra Mundial. Até esse momento, em seus apelos ao povo, os slogans do partido enfatizavam o fator classista, a luta de classes, e evitavam conscientemente o elemento nacional. Quando a URSS foi atacada de surpresa por Hitler em junho de 1941, levando o país a enfrentar uma situação desesperadora nos primeiros meses do conflito, Stalin mudou o tom e passou a usar também slogans "patrióticos" para animar a resistência. Assim, os cartazes de *Za Sotsializm* ("Pelo socialismo") deram discretamente lugar aos cartazes de *Za Rodinu* ("Pela pátria"). Essa foi uma tônica forte durante a guerra, que incluiu também uma reconciliação com a Igreja Ortodoxa com a finalidade de dinamizar a resistência ao invasor. O momento talvez emblemático dessa situação foi ao final da guerra, quando Stalin, em uma recepção organizada em honra dos comandantes do Exército Vermelho em 24 de maio de 1945, no Kremlin, para comemorar a resistência ao nazismo, propôs um brinde especial "ao povo russo!" (usando a palavra *russkii*, referente aos russos étnicos), e não, como seria de se esperar, "ao povo soviético!".[9]

A impossibilidade de desconsiderar a questão nacional ficou clara no arranjo político do Parlamento soviético: o Soviete Supremo. O

A EXPERIÊNCIA NACIONAL

Soviete Supremo era dividido em duas Câmaras, iguais em poderes formais e número de deputados: o Soviete da União e o Soviete das Nacionalidades. O Soviete da União era formado na base de um cidadão/um voto (com representantes eleitos individualmente a partir de cada distrito eleitoral de 300 mil pessoas). O Soviete das Nacionalidades era formado por composição étnica: 32 deputados para cada uma das 15 repúblicas da União, 11 para cada república autônoma, cinco de cada região autônoma e um de cada área autônoma.[10] Ou seja, uma das Câmaras do Parlamento soviético bicameral era formada em bases puramente étnicas. Era a concessão explícita de que o fator nacional tinha que ser levado em consideração mesmo na era do internacionalismo proletário.

Esse projeto de acomodação do problema nacional dentro da perspectiva socialista internacionalista levou a que nas décadas mais calmas e desenvolvidas seguintes à Segunda Guerra Mundial fosse gerada uma perspectiva otimista de que as divisões nacionais da URSS estavam sendo superadas. Tanto que, principalmente a partir dos anos 1960, o PCUS (Partido Comunista da União Soviética) passou a propagar fortemente a teoria de que estava ocorrendo uma *sblizhenie* (aproximação) e mesmo *sliyanie* (fusão) dos diferentes povos que compunham a URSS em direção à criação de um *povo soviético* único.[11] Como prova dessas tendências citava-se, entre outros fatores, a ausência de conflitos entre nacionalidades, o alto índice (um dos maiores do mundo) de casamentos interétnicos, um crescente intercâmbio cultural e a nivelação educacional entre as nacionalidades.[12]

Tendo em vista os sérios conflitos interétnicos ocorridos durante a Perestroika, a pergunta se coloca: afinal, no período pré-Perestroika, as relações interétnicas (na verdade, "inter-nacionais" na acepção russa) entre os povos da URSS eram relativamente calmas e estabilizadas ou havia tensões sérias a ponto de ameaçar a estabilidade da União?

A questão é difícil de responder objetivamente. No período pós-soviético, Gorbachev reconheceu que só se dera conta da seriedade das tensões e dos conflitos interétnicos na URSS muito tardiamente, no final da Perestroika, bem após o início dos primeiros conflitos interétnicos bélicos. Na verdade, o secretário-geral do PCUS teve essa percepção *somente depois que os primeiros conflitos interétnicos abertamente violentos irromperam no período final da Perestroika (i.e.*, após o início das disputas armadas entre armênios e azerbaijanos pelo território de Nagorno-Karabakh, em 1988-1989). Essa conscientização tardia foi admitida posteriormente pelo próprio Gorbachev em uma reunião *privé* realizada em Washington em 1992. Em maio daquele ano, o bibliotecário-chefe da *Library of Congress*, James Billington, organizou um *café da manhã com debate* entre o líder soviético e um grupo seleto, composto principalmente de acadêmicos americanos. Depois de ter afirmado que a questão mais complicada e que mais o surpreendeu durante a época da Perestroika tinha sido a dos separatismos nacionalistas, Gorbachev foi indagado sobre o momento em que tinha se tornado consciente disso – isto é, da seriedade do problema. A resposta, surpreendente, foi: "No outono ou inverno de 1990." Essa resposta deixou perplexos os ouvintes americanos, pois no final de 1990 já se passara mais de um ano após a irrupção dos primeiros conflitos interétnicos armados em Nagorno-Karabakh.[13]

Entretanto, Gorbachev não estava sozinho na baixa prioridade atribuída às tensões interétnicas na URSS pré-Perestroika. Fora uma minoria de opiniões dissidentes, a maioria dos especialistas ocidentais, mesmo observando que as relações interétnicas na URSS não eram amistosas como era divulgado pelo PCUS, não via, antes de 1985, potencial nessas relações para desestabilizar a então aparentemente sólida União Soviética.[14]

Mas como conciliar essa visão relativamente estável das relações interétnicas na URSS de antes de 1985 com o quadro conturbado desse tipo de conflito no final da Perestroika?[15] Como a URSS se dissolveu oficialmente quando as repúblicas constituintes foram uma a uma declarando autonomia e, depois, independência em relação ao centro governante, o fim da União Soviética poderia até ser visto como consequência dos movimentos separatistas dessas suas "nações".

Em trabalho anterior,[16] propus uma solução para essa aparente contradição. Argumentei que a questão nacional não havia sido totalmente resolvida na URSS pré-Perestroika, com alguns pontos de tensão, mas que esses pontos de tensão não seriam suficientes para,

A EXPERIÊNCIA NACIONAL

por si mesmos, causar um efeito desestabilizador geral no país. Uma vez iniciada a Perestroika, novas dinâmicas começaram a tomar curso próprio na URSS, e as tensões interétnicas se exacerbaram (durante a Perestroika) *acompanhando* fatores de ordem econômica, e política, principalmente. Durante processos de crise econômica uma das consequências mais comuns é o aumento da xenofobia contra estrangeiros, especialmente quando há trabalhadores imigrantes. Isso podia ser visto claramente nos protestos de cazaques em Novyi Uzen contra "estrangeiros" (de outras repúblicas soviéticas), na tradicional disputa na região de Osh, entre quirguizes e uzbeques, pelo uso das melhores terras para pasto etc. No final da Perestroika, a abertura para o jogo político multipartidário propiciava o acirramento entre nacionalistas e/ou populistas, consciente ou inconscientemente. Nas disputas nacionais, todos buscavam a melhor posição para seus grupos étnicos (e/ ou para si mesmos como políticos). Ou seja, muitas vezes os conflitos interétnicos serviam de *conduit*, de canais de transmissão (e amplificação) para contradições (insatisfações etc.) provindas de outras áreas, especialmente a econômica, em vista da severa crise econômica que acompanhou a Perestroika.

Na Federação Russa de 2016, muitas foram as mudanças desde o tempo soviético.

Em primeiro lugar, não há mais o manto ideológico do internacionalismo proletário. Assim, não há nenhuma força externa que aponte no sentido de uma superação ou eliminação das diferenças nacionais. Ao contrário, a ênfase, pelo que vimos na citação inicial da Constituição do país, é na convivência harmoniosa entre todas essas diferentes nacionalidades que formam seu "povo multinacional". As nações estão aí para ficar.

Outra grande mudança foi a demográfica. Se na URSS, em seu período final, os russos constituíam 52% da população, na nova Federação Russa os russos passaram a constituir 81%, o que os torna esmagadoramente hegemônicos em termos numéricos. Sem os freios da ideologia do internacionalismo proletário e da repressão à exaltação do nacionalismo (visto como um fenômeno típico do capitalismo) que o marxismo exercia, a volta ao capitalismo na Rússia foi marcada

NAÇÕES E NACIONALISMO NA RÚSSIA DESDE 1914

por um aumento dos fenômenos puramente nacionalistas. O chamado nacionalismo grão-russo reascendeu entre partes significativas da população.[17]

Em que consiste esse nacionalismo grão-russo no início do século XXI? Antes de entrarmos nessa explicação devemos fazer um excurso histórico, já que uma parte desse nacionalismo atual tem suas origens em séculos passados. Como vimos anteriormente, a origem da nacionalidade russa é envolta em controvérsias simbólicas. Afinal, a origem do Estado russo atual está no Estado kievano (nos séculos IX-XIII, quando os russos, ucranianos e bielorrussos atuais constituíam um povo só), ou apenas no Estado moscovita criado após o domínio mongol dos dois séculos seguintes? Após a queda de Constantinopla para os turcos (1453), Moscou se estilizaria como a Terceira Roma, já que era o maior Estado a professar a religião ortodoxa. Essa simbiose de Moscou com a Igreja Ortodoxa levaria à famosa fórmula "Ortodoxia, Autocracia, Nacionalidade" criada pelo ministro russo Sergei Uvarov, que colocaria como intrinsecamente ligados o czar, a religião e o povo. Sob essa fórmula se consolidou o nacionalismo oficial do império. Típico das contradições do nacionalismo russo é que esse nacionalismo "oficial", por defender a herança do czar Pedro I – monarca que promovera reformas modernizantes e *ocidentalizantes* na Rússia –, reprimia os "nacionalistas" *eslavófilos* que se opunham à influência estrangeira ocidental e desejavam uma Rússia que seguisse caminho próprio, baseado nas tradições da *Rus'* (o Estado kievano).[18] Além dos eslavófilos, outras correntes, como o movimento *pochvennichestvo* ("retorno ao solo", de Fiodor Dostoievski, Nikolai Danilevski e Konstantin Leontiev), também desenvolviam fortes sentimentos nativistas. Uma parte do movimento nacionalista se transmutou numa tendência internacionalista através da ideologia do pan-eslavismo, que pregava a união dos eslavos, implicitamente sob a hegemonia do grande irmão russo. Essas correntes citadas até aqui podem ser chamadas de correntes do nacionalismo moderado. Mas havia também correntes do nacionalismo extremista, que chegavam a apelar para a violência. O nome mais conhecido por esse ângulo é o das famosas Centúrias Negras, um movimento organizado que surgiu após a Revolução de

A EXPERIÊNCIA NACIONAL

1905 e defendia o czarismo e o povo russo (*russkii*). Incitaram *progroms* contra judeus e revolucionários. Se os czares do século XIX mantinham certa distância desses elementos do nacionalismo mais radical e violento, com a ascensão do movimento revolucionário o czar Nicolau II, especialmente após a Revolução de 1905, passou a tolerar suas atividades contrarrevolucionárias. Ligada às Centúrias Negras estava a União do Povo Russo, uma espécie de partido organizado dos nacionalistas radicais e xenófobos.

Com a Revolução Bolchevique de 1917 os participantes desses movimentos foram perseguidos ou obrigados a emigrar. Durante o período soviético, como vimos anteriormente, o nacionalismo passou a ser reprimido como ideologia típica do capitalismo. E as tentativas de organização de movimentos nacionalistas nas repúblicas soviéticas (como a Ucrânia, por exemplo) foram implacavelmente reprimidas, assim como o nacionalismo grão-russo aberto. Este sobreviveu em forma diluída entre alguns grupos de dissidentes, como, por exemplo, no periódico clandestino *samizdat* chamado *Veche*, editado por Vladimir Osipov. O escritor exilado Solzhenitsin se revelou também um símbolo, porta-voz de uma forma específica de nacionalismo russo.

Foi com o final da União Soviética que o nacionalismo russo renasceu com força. Mesmo antes do final da Perestroika, no período em que as contradições interétnicas irromperam em conflitos abertos, movimentos nacionalistas russos se reorganizaram. O mais famoso e influente foi a sociedade *Pamyat'* (Memória). A *Pamyat'* foi formada em meados dos anos 1980 como uma organização informal dedicada à preservação de monumentos e edifícios históricos. Com a radicalização da Perestroika, a preservação e a discussão do passado histórico acabaram levando a *Pamyat'* a se tornar o ponto focal ao redor do qual giravam nacionalistas radicais e mesmo antissemitas. Enquanto a *Pamyat'* era mais um clube de discussão, um grupo dissidente, liderado por Aleksandr Barkashov, desligou-se da sociedade e fundou uma estrutura do tipo protopartidária, que, a partir de 1990, seria chamada de Unidade Nacional Russa. Esta cresceria para se tornar o mais proeminente grupo de nacionalismo xenófobo da Rússia nos anos 1990. Em seu auge, em 1999, chegaria a ter quase 100 mil membros por todo o país. Usando a suástica como símbolo da superioridade indo-europeia, ela protagonizaria vários episódios de violência contra membros de outras nacionalidades, especialmente judeus.

Além de se fazer representar nesses grupos nacionalistas extremados extraparlamentares, o nacionalismo também está presente na *Duma*, a casa parlamentar. O exemplo mais claro é o Partido Liberal Democrático da Rússia (PLDR). O PLDR é tradicionalmente o terceiro ou quarto partido mais votado da Duma. Seu líder, Vladimir Zhirinovski, tem um discurso de claro nacionalismo grão-russo xenófobo, tendo chegado a pregar que a Rússia deveria reincorporar as antigas repúblicas da antiga União Soviética dentro de sua área de dominação. Outra forma de nacionalismo, bastante peculiar, é o pregado pelo líder do Partido Comunista da Federação Russa (PCRF), Gennadi Zyuganov. O PCRF foi o partido mais votado do país na segunda metade da década de 1990 e é o segundo partido mais votado no início do século XXI, devido em grande parte ao seu discurso, que mistura questões de classe com a questão nacional, defendendo o patriotismo russo. Inclusive, nos anos 1990, notou-se o fenômeno da oposição vermelho-marrom no país, quando o PCRF frequentemente realizava protestos com grupos nacionalistas de direita, ambos os lados unidos na sua oposição ao governo pró-ocidental de Boris Yeltsin.

A alta popularidade do PCRF nos anos 1990 sofreu um declínio com a entrada de Vladimir Putin no cenário político dos anos 2000. Nos anos 1990 muitos patriotas nacionalistas russos, mesmo não sendo comunistas, votavam no PCRF como a maior força capaz de se opor ao "entreguista" e pró-ocidental Yeltsin. Putin, com seu discurso mais nacionalista e patriótico que o de Yeltsin, conseguiu atrair votos do PCRF nesse eleitorado nacionalista, mas não comunista.

A relação do governo Putin com os grupos nacionalistas radicais é ambígua. Por um lado, sua gestão inicialmente recebeu apoio de muitos desses grupos por ter se mostrado bem mais "patriótica" que o governo Yeltsin. Putin sutilmente dá apoio à ideia de que o patriotismo é um sentimento importante. Mas enfatiza que a Rússia é um Estado multinacional e que os membros das outras nacionalidades constitutivas da Rússia são tão cidadãos do país quanto os russos étnicos. Ou seja,

A EXPERIÊNCIA NACIONAL

prega uma convivência harmoniosa entre as nacionalidades do país, mas ao mesmo tempo corteja os nacionalistas ao afirmar que, sendo os russos 81% da população, eles têm um papel importante e especial no destino do país.

O resultado de todos esses vetores é que na Rússia atual há uma coexistência tensa entre o discurso oficial da harmonia entre as nacionalidades e a existência de minoritários, estridentes grupos nacionalistas radicais cuja demanda principal é "A Rússia para os russos". Isso se refletiu nos recorrentes conflitos em Moscou entre russos étnicos e membros da diáspora de cidadãos da região do Cáucaso que trabalham na capital, principalmente no comércio de alimentos, em feiras e restaurantes.

O que se pode concluir é que o retorno ao capitalismo na Rússia foi acompanhado por um aumento do movimento nacionalista grão-russo, que estivera reprimido no período soviético do discurso classista do internacionalismo proletário. Ajudou a tornar mais evidente esse deslocamento o fato de que o percentual de russos étnicos na população pulou de 52% na URSS para 81% na Federação Russa atual. Isso ajudou a mascarar um pouco a grande contradição que é o nacionalismo em um Estado multinacional. Afinal, o que quer dizer "A Rússia para os russos"? Pela constituição da Rússia, um checheno é tão cidadão do país quanto um russo étnico. Em um país onde imperasse o *jus soli* provavelmente já nem existiriam essas subdivisões internas em tantas nacionalidades diferentes. Mas como na Federação Russa continua a valer o *jus sanguinis*, essas contradições do nacionalismo em um Estado multinacional ainda assombram e tornam complexas a problemática nacional no contexto "inter-nacional" daquele país.

Notas

1. Vserossiiskaya, 2010.
2. Konstitutsiya Rossiiskoi Federatsii 12 dekabrya 1993 goda ["Constituição da Federação Russa de 12 de outubro de 1993"]. Disponível no site oficial: <http://www.gov.ru/main/konst/konst0.html>.

NAÇÕES E NACIONALISMO NA RÚSSIA DESDE 1914

3. Como ilustração desses pontos de vista que favoreciam, na formação territorial da URSS, o centralismo soviético por sobre o direito das "nações", ver, por exemplo, as declarações de G. L. Pyatakov e L. B. Sunitsa, protocoladas nas atas do VIII Congresso do Partido Comunista Russo (bolchevista), realizado de 18 a 23 de março de 1919 (Rossiiskaya Kommunisticheskaya Partyia (bol'shevikov), 1933, p.80-81 e 88-89).

4. Em russo, estas regiões autônomas assumiam três formas diferentes: *avtonomnyi okrug* (área autônoma), *avtonomnaya oblast'* (região autônoma), e *avtonomnaya respublika* (república autônoma). É interessante notar que essas subdivisões autônomas foram mantidas na Federação Russa atual. Isso cria uma situação paradoxal. Os russos étnicos formam 81% da população da Federação Russa, mas como esta não é distribuída homogeneamente e há muitos bolsões territoriais em que outras nacionalidades formam quase 100% da população local, há regiões da Rússia em que os russos se sentem estrangeiros, pelo fato de haver poucos russos étnicos.

5. Alexandre Bennigsen. "Islamic or Local Consciousness Among Soviet Nationalities?" In: Edward Allworth *et al. Soviet Nationality Problems*. Nova York: Columbia University Press, 1971, p.169 e 176; Viktor Kozlov. *The Peoples of the Soviet Union*. Londres: Hutchinson Education, 1988, p.157.

6. James Critchlow. *Nationalism in Uzbekistan: A Soviet Republic's Road to Sovereignty*. Boulder: Westview, 1991, p.11.

7. Alexandre Bennigsen "Islamic or Local Consciousness Among Soviet Nationalities?" In: Edward Allworth *et al. Soviet Nationality Problems*. Nova York: Columbia University Press, 1971, p.169.

8. Os censos soviéticos dividiam os grupos étnicos em três categorias principais: *natsional'nost'*, *narodnost'* e *inostrannyi men'shistvo*, traduzidas no Ocidente, respectivamente, por *nacionalidade*, *subnacionalidade* e *minoria estrangeira*. Nos censos populacionais, eram considerados *nacionalidades* (*natsional'nosti*) os grupos étnicos mais consolidados e maiores (acima de 300 mil pessoas aproximadamente, como, por exemplo, russos, ucranianos, estonianos e outros); os de menos de 300 mil pessoas eram, em geral, considerados *subnacionalidades* ou *narodnosti* (calmucos, esquimós, tchuktches etc.). Exemplos de *minorias estrangeiras* são coreanos, finlandeses, tchecos, eslovacos.

A EXPERIÊNCIA NACIONAL

9. Entre outras coisas, Stalin, ao brindar, disse: "Camaradas, permitam-me fazer um último brinde. Como representante do governo soviético, quero fazer um brinde à saúde do nosso povo soviético e, acima de tudo, ao povo russo. Eu levanto a taça para o povo russo, pois ele se revela a mais notável de todas as nações que compõem a União Soviética. Eu faço um brinde ao povo russo pois ele mereceu nesta guerra, e antes dela, o título de força dirigente da União Soviética entre todos os povos do nosso país (...) À saúde do povo russo!" (V. Nevezhin, "'Za Russkii Narod!': Priem v Kremle v Chest' Komanduyushchikh Voiskami Krasnoi Armii 24 Maia 1945 goda." ["Ao povo russo": Recepção no Kremlin em honra aos Comandantes do Exército Vermelho em 24 de maio de 1945]. *Nauka i Zhizn*, n.5, 2005. Disponível on-line em: http://www.nkj.ru/archive/articles/527/).

10. *Bol'shaya Sovetskaya Entsiklopediya* ["Grande Enciclopédia Soviética"], vol.4. Moscou: Izdatel'stvo "Sovetskaya Entsiklopediya", 1970-1978, 3ª ed., p.564.

11. Kommunisticheskaya Partiya Sovetskogo Soyuza ["Partido Comunista da União Soviética"]. "Dvadtsat' Vtoroi S"ezd KPSS, 17-31 Oktyabrya 1961 g". ["XXII Congresso do PCUS de 17-31 de outubro de 1961"]. In: Institut Marksizma-Leninizma pri TsK KPSS ["Instituto de Marxismo-Leninismo do CC do PCUS"]. *Kommunisticheskaya Partiya Sovetskogo Soyuza v Rezolyutsyakh i Resheniyakh S"ezdov, Konferentsii i Plenumov TsK* ["Resoluções e Decisões Oficiais dos Congressos e Conferências do PCUS e das Reuniões Plenárias do Comitê Central"] vol.10. Moscou: Politizdat, 1983-1989, 9ª ed. rev. e ampl, p.163-165.

12. Idem, p.163-164; Valery Tishkov. *Ethnicity, Nationalism and Conflict In and After the Soviet Union: The Mind Aflame*. Londres: Sage, 1997, p.111.

13. Comunicação pessoal ao autor de dois participantes da reunião: professor Harley Balzer, em 30 jun. 1997 na Georgetown University, e professor Blair Ruble, em 21 jul. 1997 no Kennan Institute, em Washington, DC, EUA; episódio também citado em David Remnick. *Ethnicity, Nationalism and Conflict In and After the Soviet Union: the Mind Aflame*. Londres: Sage, 1997, p.17.

14. Hélène Carrère d'Encausse (*L'Empire Eclaté*. Paris: Flammarion, 1978, p.280), Richard Pipes ("Reflections of a Nationality Expert)." In: Linden, Carl A.; Simes, Dimitri K. *Nationalities and Nationalism*

NAÇÕES E NACIONALISMO NA RÚSSIA DESDE 1914

in the USSR: A Soviet Dilemma. Washington: Center for Strategic and International Studies of Georgetown University, 1977, p.10) e Zbigniew Brzezinski (*Soviet Politics: From the Future to the Past?.* Nova York: Research Institute on International Change of Columbia University, 1975, p.31) foram algumas das vozes minoritárias dissidentes que, com maior ou menor veemência, antes de 1985 já apontavam para o sério potencial desestabilizador de certas tensões interétnicas na URSS.

15. Os principais conflitos interétnicos abertos da Perestroika foram os seguintes: o conflito entre armênios e azerbaijanos pelo território de Nagorno-Karabach a partir do massacre de Sumgait em fevereiro de 1988; o Domingo Negro de 9 de abril de 1989 na capital da Georgia com tropas governamentais atacando simpatizantes dos que faziam greve pública de fome pela independência de Moscou; o *progrom* de uzbeques contra a minoria meskhetiana no vale de Fergana, no Uzbequistão, em junho de 1989; os protestos violentos de 17-21 junho de 1989, na cidade petrolífera de Novyi Uzen (Cazaquistão) de cazaques contra trabalhadores imigrantes de outras repúblicas vizinhas; os conflitos violentos entre uzbeques e quirguizes na região de Osh (Quirguízia) no verão de 1990. (Angelo Segrillo. *O declínio da URSS: um estudo das causas.* Rio de Janeiro: Record, 2000, p.166.)

16. Idem, p.168-176.

17. O termo "grão-russo" ou "grande-russo" se refere aos russos étnicos para diferenciá-los dos outros eslavos orientais, que são os ucranianos (ou "pequeno-russos") e os bielorrussos ("russos brancos", já que *belyi* significa "branco" em russo). Essas três nacionalidades já foram um povo só na época do chamado Estado kievano (sécs. IX-XII) e começaram a se diferenciar em três povos diferentes na época do domínio mongol de dois séculos (XIII-XV) sobre a Rússia.

18. As radicais reformas modernizantes ocidentalizantes de Pedro o Grande, no início do século XVIII, dividiram ideologicamente os russos. Os *ocidentalistas* são aqueles que acreditam que Pedro estava certo e que a Rússia é basicamente um país europeu, devendo, portanto, seguir o caminho da modernidade ocidental. Os *eslavófilos* acreditam que a Rússia é uma sociedade única (nem puramente europeia nem asiática) e, portanto, deve seguir um caminho próprio, a partir de suas tradições autóctones, e não simplesmente imitar o modelo europeu.

Referências bibliográficas

BENNIGSEN, Alexandre. "Islamic or Local Consciousness among Soviet Nationalities?" In: Allworth, Edward *et al. Soviet Nationality Problems*. Nova York: Columbia University Press, 1971. p.167-182.

BOL'SHAYA SOVETSKAYA ENTSIKLOPEDIYA [Grande Enciclopédia Soviética], 30 vols. Moscou: Izdatel'stvo "Sovetskaya Entsiklopediya", 1970-1978, 3ª ed.

BRZEZINSKI, Zbigniew. *Soviet Politics: From the Future to the Past?*. Nova York: Research Institute on International Change of Columbia University, 1975.

CARRÈRE D'ENCAUSSE, Hélène. *L'Empire Eclaté*. Paris: Flammarion, 1978.

CRITCHLOW, James. *Nationalism in Uzbekistan: A Soviet Republic's Road to Sovereignty*. Boulder: Westview, 1991. 231p.

KOZLOV, Viktor. *The Peoples of the Soviet Union*. Londres: Hutchinson Education, 1988. 262p.

PIPES, Richard. "Reflections of a Nationality Expert". In: Linden, Carl A.; Simes, Dimitri K. *Nationalities and Nationalism in the USSR: a Soviet Dilemma*. Washington: Center for Strategic and International Studies of Georgetown University, 1977, p.9-11.

REMNICK, David. *Resurrection: The Struggle for a New Russia*. Nova York: Random House, 1997.

SEGRILLO, Angelo. *O declínio da URSS: um estudo das causas*. Rio de Janeiro: Record, 2000.

_____. *O fim da URSS e a nova Rússia*. Petrópolis: Vozes, 2000.

_____. *Rússia e Brasil em transformação: uma breve história dos partidos russos e brasileiros na democratização política*. Rio de Janeiro: 7Letras, 2005.

_____. *Os russos*. São Paulo: Contexto, 2012.

TISHKOV, Valery. *Ethnicity, Nationalism and Conflict in and After the Soviet Union: The Mind Aflame*. Londres: Sage, 1997.

NAÇÕES E NACIONALISMO NA RÚSSIA DESDE 1914

Fontes

KOMMUNISTICHESKAYA PARTIYA SOVETSKOGO SOYUZA [Partido Comunista da União Soviética]. "Dvadtsat' Vtoroi S"ezd KPSS, 17-31 Oktyabrya 1961 g". [XXII Congresso do PCUS de 17-31 de outubro de 1961]. In: Institut Marksizma-Leninizma pri TsK KPSS [Instituto de Marxismo-Leninismo do CC do PCUS]. *Kommunisticheskaya Partiya Sovetskogo Soyuza v Rezolyutsyakh i Resheniyakh S"ezdov, Konferentsii i Plenumov TsK* [Resoluções e decisões oficiais dos congressos e conferências do PCUS e das reuniões plenárias do Comitê Central] vol.10. Moscou: Politizdat, 1983-1989, 9ª ed. rev. e ampl, p.59-204.

KONSTITUTSIYA ROSSIISKOI FEDERATSII 12 DEKABRYA 1993 GODA [Constituição da Federação Russa de 12 de outubro de 1993]. Disponível no site oficial: http://www.gov.ru/main/konst/konst0.html

NEVEZHIN, V. "'Za Russkii Narod!': Priem v Kremle v Chest´ Komanduyushchikh Voiskami Krasnoi Armii 24 Maia 1945 goda". [Ao povo russo: Recepção no Kremlin em honra aos Comandantes do Exército Vermelho em 24 de maio de 1945]. *Nauka i Zhizn*, n.5, 2005. Disponível on-line em: http://www.nkj.ru/archive/articles/527/

ROSSIISKAYA KOMMUNISTICHESKAYA PARTIYA (Bol'shevikov) [Partido Comunista Russo (bolchevista)]. "Protokoly S"ezda" [Atas do Congresso]. In: Institut Marksa-Engel'sa-Lenina pri TsK VKP(b) [Instituto Marx-Engels-Lenin do CC do Partido Comunista Russo (bolchevista)]. *Vos'moi S"ezd RKP(b), 18-23 Marta 1919* [VIII Congresso do Partido Comunista Russo (bolchevista) de 18-23 de março de 1919]. Moscou: Partiinoe Izdatel'stvo, 1933, p.1-471.

12. O "nacionalismo dos nacionalistas" na França desde 1914

Olivier Dard (Tradução de Clóvis Marques)

Na França, a historiografia distingue classicamente o patriotismo do nacionalismo, considerando que aquele seria compartilhado por correntes políticas ou forças presentes tanto na direita quanto na esquerda, ao passo que o "nacionalismo dos nacionalistas", derivado da crise boulangista (1888-1889) e do caso Dreyfus, seria apanágio das direitas radicais. Antes de 1914, dois nomes simbolizam esse projeto nacionalista: o escritor loreno Maurice Barrès, que também foi deputado, e o provençal Charles Maurras, mestre intelectual da Ação Francesa monarquista, que é ao mesmo tempo uma liga e um diário. Vetor importante do discurso sobre a Revanche antes de 1914, o nacionalismo francês é parte integrante da mobilização pela vitória durante o primeiro conflito mundial. Rompida depois de 1918-1919, a União Sagrada dá lugar a um pós-guerra marcado pela preocupação da Terceira República em resgatar a *época de ouro* anterior a 1914, equiparada à *belle époque*. Os nacionalistas franceses, por sua vez, contestam violentamente o regime em vigor, seja em sua política externa, vista como excessivamente conciliadora em relação à Alemanha, ou em suas instituições parlamentares, consideradas ineficazes. O entreguerras dos nacionalistas é o "tempo das ligas", marcado pela Revolta de 6 de fevereiro de 1934,

A EXPERIÊNCIA NACIONAL

equiparada pelas esquerdas a uma tentativa de golpe de Estado fascista. A marcha para a guerra, a derrota de 1940 e o advento do regime de Vichy levam os nacionalistas franceses a se dividir, embora muitos apoiem, pelo menos inicialmente, o marechal Pétain e o Estado francês. A Liberação de 1944-1945, marcada por considerável expurgo, inaugura um período de maré baixa, embora o anticomunismo e as guerras coloniais da Indochina e da Argélia permitam aos nacionalistas franceses recuperar um lugar na vida política e intelectual. Mas os tempos mudaram. Uma nova geração, encarnada no terreno parlamentar por Jean-Marie Le Pen, surge a partir de 1956, mas o fim da Guerra da Argélia e o fracasso da Organização do Exército Secreto em 1961-1962 mergulham o campo nacionalista em consideráveis divisões, sem que consiga encontrar uma audiência política importante. Nascida em 1972, a Frente Nacional só alcançaria seus primeiros êxitos cerca de dez anos mais tarde, e seu líder se impõe como uma das personalidades políticas de maior destaque na França do fim do século XX e do início do século XXI. A substituição por sua filha Marine de modo algum freia o avanço da FN, mas não podemos deixar de nos questionar, a um século de distância, sobre o que acaso aproximaria a FN de hoje de seus antecessores da época, tendo a herdeira da família Le Pen preconizado oficialmente um *aggiornamento* em relação a toda uma parte da herança nacionalista tradicional.

Organizado em bases cronológicas e sintéticas, este artigo será dividido em quatro etapas. A primeira examinará a Revanche e o primeiro conflito mundial, desde antes de 1914 ao início da década de 1920. A segunda será dedicada ao tempo das ligas. Uma terceira cuidará das direitas nacionalistas francesas e sua difícil recuperação logo depois da Segunda Guerra Mundial e dos expurgos, contra o cenário das incertezas ligadas ao regime político da França e da descolonização. Uma quarta parte examinará a ascensão e o fortalecimento da Frente Nacional.

O "NACIONALISMO DOS NACIONALISTAS" NA FRANÇA DESDE 1914

Revanche e primeiro conflito mundial

Nascidas da crise boulangista da segunda metade da década de 1880, as direitas nacionalistas francesas se construíram sobre a ideia de Revanche e a denúncia de uma Terceira República considerada um regime fraco e incapaz de promover a reconquista das chamadas províncias perdidas em 1870-1871. Entre os republicanos e os nacionalistas, escolhas decisivas em matéria interna e externa dão motivo a debate. O caráter das instituições as divide: se os republicanos são adeptos do parlamentarismo, os nacionalistas preconizam um poder Executivo forte. A relação com a potência também é pensada de maneira muito diferente. Assim, no início da década de 1880, os republicanos, sob a égide de Jules Ferry, privilegiam a expansão colonial para reafirmar a glória do país. A corrente nacionalista em gestação, por sua vez, então encarnada por Paul Déroulède (1846-1914), autor dos *Cantos do soldado* e fundador da Liga dos Patriotas a 18 de maio de 1882, continua focalizada na reconquista da Alsácia-Lorena.[1] Maurice Barrès (1862-1923), escritor loreno marcado pelas represálias cometidas pelos alemães em sua cidade, Charmes, em 1870, eleito deputado boulangista em 1889 e autor do *Romance da energia nacional*, torna-se o defensor da terra e dos mortos, e uma das principais figuras do pensamento nacionalista francês contemporâneo. Sua série *Os bastiões do Leste*, da qual faz parte *Colette Baudoche*, romance publicado em 1909 e muito difundido e traduzido, prepara-o para se tornar o "homem-bandeira" que viria a encarnar em 1914-1918. Charles Maurras (1868-1952) e a Ação Francesa (AF) são o terceiro marco do nacionalismo francês anterior a 1914. Se o vínculo entre Maurras e Barrès é profundo, como atesta uma correspondência volumosa, os perfis dos dois são diferentes. Se Barrès chegou a ser chamado de professor de energia, impondo-se como um mestre, nunca pensou em fundar uma escola. Muito diferente de Maurras, jovem crítico promissor na década de 1890, que se impõe no cenário nacionalista quando do caso Dreyfus, no qual se destaca como *antidreyfusard* militante. Por outro lado, apoiando-se na pequena "revista cinzenta", a *L'Action Française*, ele volta seu direcionamento, de início republicano, para o monarquismo e o nacionalismo integral, diferente do nacionalismo barrésiano. Em poucos anos, Maurras torna-se o pivô de uma Ação Francesa que agrega uma Liga (que apressa o declínio das antecessoras), um Instituto e um diário epônimo. O brilhante solista torna-se maestro de uma escola política que despreza profundamente a República, não exigindo sua transformação, mas sua eliminação, com o restabelecimento da monarquia. Da mesma forma, enquanto combate o "inimigo interno" dos quatro Estados confederados (judeus, maçons, protestantes e imigrantes), ele professa uma rejeição à Alemanha que se pretende ao mesmo tempo cultural (os "romanos" se opõem aos "bárbaros", e o Classicismo francês versus o Romantismo) e política. *Kiel e Tânger*, publicado pela primeira vez em 1910 e constantemente remanejado até 1921, é uma peça de acusação contra uma política republicana que teria enfraquecido consideravelmente o país, minando sua capacidade militar na esteira do caso Dreyfus, e debilitado, por pusilanimidade, sua posição frente à Alemanha, especialmente com o que Maurras chama de capitulação de abril de 1905 (Crise de Tânger). Para ele, assim, o importante é rearmar a França, inclusive no plano moral. É o que cuida de fazer a Ação Francesa, na qual certas penas mais afiadas, a começar pela de Léon Daudet, produzem antes de 1914 uma quantidade de panfletos contra a penetração alemã na França e seus supostos prepostos (do dirigente radical Joseph Caillaux à espionagem judia alemã). Ao ter início o conflito, os nacionalistas alinham-se em seu conjunto à União Sagrada, e inclusive à Ação Francesa, onde Maurras proclama a 2 de agosto de 1914: "Nosso vínculo mais forte é com França, nosso interesse mais poderoso, permanecer franceses." Maurras, impedido de combater pela surdez, declara toda a sua infelicidade por não poder ir para a frente, pretendendo, em compensação, exercer através da pena o que chama de "influência útil". Embora desde logo declare sua "esperança" e sua "fé" na vitória, ele se mostra lúcido quanto à duração que o conflito pode ter, e muito precocemente preocupado com o futuro pós-guerra. Para Maurras, a "união sagrada" não significa fazer tábula rasa do passado, e a 4 de agosto de 1914 ele frisa, na *L'Action Française*, a respeito dos republicanos: "(...) não pretendemos anistiar as instituições destruidoras." O restabelecimento da monarquia

O "NACIONALISMO DOS NACIONALISTAS" NA FRANÇA DESDE 1914

continua, assim, plenamente na ordem do dia. A esse respeito, as posições de Barrès são diferentes. Em julho de 1914, o deputado-acadêmico torna-se presidente da Liga dos Patriotas, substituindo Déroulède. Arauto da União Sagrada e da concórdia patriótica, está próximo de um outro loreno famoso, Raymond Poincaré, presidente da República. Autor prolixo (sua *Crônica da Grande Guerra* tem 14 volumes), Barrès não se limita a promover a união sagrada e a declarar sua fé na vitória. A guerra o transforma, e seu nacionalismo torna-se menos exclusivo, como demonstra seu célebre ensaio publicado em abril de 1917, intitulado *As diversas famílias espirituais da França*. O antissemitismo passa a ser rejeitado.

Além do desejo comum de vitória, Maurras e Barrès denunciam violentamente o pacifismo e a traição, como no momento da campanha contra "a canalha" do jornal *Bonnet rouge*. Conduzida por Barrès, em 1917, no Parlamento (onde é retomada por Clemenceau), a campanha ganha ressonância por intermédio de Maurras e Daudet na *L'Action Française*, cuja publicação é então suspensa pelo governo. A chegada de Clemenceau à presidência do conselho em novembro de 1917 muda a situação para os maurrassianos, que passam a apoiar esse ministério, considerado o ministério "da guerra total". O apoio à política clemencista não impede os questionamentos quanto ao pós-guerra, resumidos por Maurras numa frase já a 4 de agosto de 1914: "Criar sólidas defesas para o futuro." A *L'Action Française*, via Maurras, mas também o historiador Jacques Bainville preconizam a respeito da Alemanha um programa que exorta à recuperação das províncias perdidas, a pesadas indenizações (cujo produto seria destinado aos combatentes) e a um "desmembramento integral" da Alemanha, segundo o modelo dos Tratados da Vestfália (1648). O objetivo é quebrar definitivamente sua unidade, impedindo no futuro uma nova guerra. Barrès, por sua vez, preconiza que, ao lado da retomada de Metz e Estrasburgo, a França exerça sua soberania sobre a margem esquerda do Reno, ou que, no mínimo, seja criado um Estado renano autônomo, separado do Reich.

O armistício de 11 de novembro de 1918 provoca uma autêntica "alegria": "Acabou o massacre. Finalmente!", exclama Maurras em seu artigo do dia seguinte. Mas logo evidencia sua preocupação com a política governamental, denunciando a "vitória inconclusa" e a "decadência" de uma diplomacia pela qual responsabiliza a República Francesa, que se recusa a quebrar a Alemanha ao considerar que esta seria uma República irmã, ao passo que, para o líder da Ação Francesa, "a unidade alemã sempre determinou as conflagrações". É a principal crítica que faz ao "mau tratado" de Versalhes. Na verdade, Maurras considera bem amargos os frutos da vitória. Embora apoie o Bloco Nacional que sai vitorioso das eleições de 1919 e ostente um poincarismo de conveniência, a desilusão é profunda, especialmente após a morte de Barrès, sobre quem escreve na *L'Action Française* a 9 de dezembro de 1923, depois de prestar homenagem ao "amigo" e ao "artista": "Apesar de não ter o ouvido muito fino, ouvi nesse momento um enorme desmoronamento. Uma coluna do Estado era derrubada ruidosamente. Um conselheiro ouvido e privilegiado do chefe do governo [Poincaré] era levado pela morte. O último contraforte da França frente aos maus ventos da República e da Democracia."

O entreguerras, ou o tempo das ligas

Se desde o boulangismo a encarnação do nacionalismo no plano das organizações políticas esteve nas ligas, é de fato o entreguerras que assinala – até que sejam dissolvidas pela Frente Popular em 1936 – o tempo forte das ligas nacionalistas na França. É bem verdade que o fenômeno das ligas ultrapassa na França os meios nacionalistas, pois muitas são de tendência esquerdista. Mas o que caracteriza as direitas nacionalistas é que, durante muito tempo, estas não se organizam em forma de partidos, ao contrário das direitas parlamentares, então agrupadas em geral sob a etiqueta de "moderadas" em partidos denominados "Aliança" ou "Federação". Embora não deixem de ter vínculos com as direitas moderadas, cujos candidatos em muitos casos podem ajudar durante as campanhas eleitorais, as ligas nacionalistas apresentam características próprias que as vinculam às outras ligas. Desse modo, como muitas ligas "republicanas", a exemplo da Liga da República lançada no início da década de 1920 pelo ex-presidente do

O "NACIONALISMO DOS NACIONALISTAS" NA FRANÇA DESDE 1914

conselho Paul Painlevé, as ligas nacionalistas podem ser consideradas organizações políticas modernas no plano organizacional (surge no seu interior a função de secretário-geral), laboratórios ideológicos nos quais ideias e programas são discutidos e produzidos e, por fim, lugares de aprendizado para futuros dirigentes políticos, que nesses grupos dão seus primeiros passos antes de aderir a formações moderadas. Essa ausência de qualquer caráter estanque também convida a não absolutizar a separação, cômoda mas redutora, entre ligas consideradas como grupos de pressão e os partidos moderados, que seriam partidos políticos de pleno direito. Na verdade, muitas ligas nacionalistas participam no entreguerras das operações eleitorais, apresentando candidatos e conseguindo elegê-los (Léon Daudet pela Ação Francesa e Pierre Taittinger pelas Juventudes Patriotas). Por outro lado, as ligas nacionalistas exercem funções que os partidos moderados não têm então condições de desempenhar, a começar pelos serviços de ordem, mostrando por isso mesmo que sua paleta de militância é mais diversificada que seu *alter ego* partidário. Embora as ligas nacionalistas e as direitas parlamentares não possam ser equiparadas, não deixa de haver certa porosidade entre ambas, porosidade amplamente denunciada pelas esquerdas, que consideram as ligas nacionalistas um "fascismo francês".

Na França do entreguerras, as ligas nacionalistas são um fenômeno marcado pela massificação e a diversidade. Logo depois do primeiro conflito mundial, é, com certeza, a Ação Francesa que domina o campo nacionalista. Mas a AF não pode ser considerada o arquétipo das ligas nacionalistas. Primeiro, porque só muito parcialmente é herdeira das antecessoras, a Liga dos Patriotas e a Liga da Pátria Francesa, retomando, é verdade, uma parte do seu vocabulário, a começar pelo termo "nacionalismo", mas sem atrair seus dirigentes e militantes. Depois, porque a Liga da AF é inovadora, na medida em que atribui muita importância ao combate de ideias, ostenta seu monarquismo (ao passo que as demais eram mais cesarianas ou plebiscitárias) e, finalmente, pelo menos no papel, proclama a necessidade do "golpe de força". Entretanto, entre 1924, ano do advento do Cartel das Esquerdas, e 1926, data da volta de Poincaré ao governo, a forma da Liga significa, no interior

A EXPERIÊNCIA NACIONAL

das direitas nacionalistas, o fim de um ciclo e o esboço de recomposições. Depois da vitória do Cartel, a Liga da AF, tendo sofrido uma derrota esmagadora nas eleições da primavera de 1924, marca passo. Enfrenta a concorrência da Liga Republicana Nacional, lançada no mês de outubro seguinte, das Juventude Patriotas (JP) de Pierre Taittinger e sobretudo do Feixe de Georges Valois, dissidente da AF que lança no outono de 1925 aquele que pode ser considerado o primeiro movimento fascista francês. O momento é instrutivo, pois na hora em que as ligas nacionalistas entram em concorrência, em sua oposição ao Cartel,[2] o objetivo de Valois é atrair os militantes das outras ligas, seja da AF ou das JP. Um fracasso que evidencia a impotência quanto à criação de um partido fascista na França, ao mesmo tempo mostrando a atração que a forma da Liga preserva para os militantes nacionalistas, e isto não obstante a grave crise enfrentada pela AF após sua condenação pela Santa Sé em dezembro de 1926. Resta saber, todavia, o que significa o projeto da Liga nessa segunda metade da década de 1920. Se a AF permanece fiel a seu objetivo de restabelecimento da monarquia, sem por isto avançar na questão das modalidades a serem aplicadas nesse sentido, Pierre Taittinger faz uma outra escolha. Homem da ordem e parlamentar, ele entra no jogo eleitoral e se torna, na virada da década de 1930, um parceiro dos governos moderados, em particular o de André Tardieu. Assim é que o dirigente liguista proclama a 17 de março de 1929, no *National*, que "jamais pretendeu a destruição do regime", defendendo inclusive uma política externa que é de consenso geral no que diz respeito à evacuação de Mogúncia. Apesar dos violentos ataques de Maurras, que ironiza "as Juventudes Patriotas Republicanas, parlamentares, ministeriais, eleitorais", vendo nele um perjuro acusado de "perpetrar um crime contra a pátria", Taittinger aposta na aproximação entre as JP e os "republicanos nacionais" e no empenho de tirar sua liga, que vai de vento em popa, das margens do sistema político, ao mesmo tempo pretendendo isolar a AF. É portanto a questão da impossibilidade de formar uma Frente Nacional[3] liguista e de integrar as ligas nacionalistas ao sistema que vem a ser colocada às vésperas da crise dos anos 1930, num momento em que a França se pensa, em particular através de seus partidos de governo, como um

O "NACIONALISMO DOS NACIONALISTAS" NA FRANÇA DESDE 1914

país economicamente próspero, militar e diplomaticamente influente. Ela seria inclusive, no dizer de um dos seus presidentes de conselho, "uma ilha de prosperidade num mundo em crise". No verão de 1931, essa visão otimista é cruelmente desmentida.

A crise dos anos 1930 na França é uma crise polimórfica, a saber, econômica, político-institucional e militar-diplomática. É uma crise ligada à decisão do que é importante fazer em relação às questões do momento, dominadas pelo desemprego, os escândalos e a nova distribuição de cartas decorrente do avanço do hitlerismo na Alemanha. As ligas nacionalistas encontram aí um motivo de mobilização. A começar pela AF, que vê confirmado seu temor quanto ao perigo alemão e a sua condenação do princípio do regime. Debilitada por volta de 1928--1930, a AF se recupera graças ao seu jornal, à sua liga, que encontra novo dinamismo, e a uma nova geração intelectual, a "Jovem Direita", dominada pelas figuras de Robert Brasillach e Thierry Maulnier. Essa renovação maurrassiana é acompanhada de uma radicalização das JP a partir do verão de 1932, o que permite às falanges universitárias das JP promover ações conjuntas com os estudantes da AF. Mas as velhas ligas passam a sofrer concorrência das recém-chegadas. Embora as Cruzes de Fogo tenham sido fundadas em 1927, só a partir de 1931 se desenvolvem, sob a liderança do tenente-coronel De la Rocque. Cabe acrescentar ainda a criação, em julho de 1933, da Solidariedade Francesa, sob a égide do fabricante de perfumes François Coty, e do movimento Francismo, de Marcel Bucard, lançado no mês de setembro seguinte. A poucos meses do início do caso Stavisky, as ligas nacionalistas certamente vão muito bem e o regime da Terceira República parece fragilizado.

Não cabe aqui entrar em detalhes do escândalo Stavisky, envolvendo um vigarista de alto coturno e os compromissos com ele assumidos por dirigentes radicais. Tendo estourado em dezembro de 1933, o caso é explorado numa campanha de imprensa inclemente, especialmente pela *L'Action Française* – experiente nessa prática desde o período anterior a 1914 –, e diárias exortações a manifestações durante todo o mês de janeiro de 1934. O resultado é a sangrenta rebelião de 6 de fevereiro de 1934, com um balanço de 15 mortos (14 dos quais civis)

A EXPERIÊNCIA NACIONAL

e 1.435 feridos. O fato é considerado pela esquerda uma tentativa de golpe de Estado fascista (o que a historiografia descartou), ao passo que em sua edição de 7 de fevereiro a *L'Action Française* denuncia o regime e sua polícia – "Depois dos ladrões, os assassinos!" –, pedindo a punição de "todos os responsáveis pela matança". Na realidade, do ponto de vista das ligas nacionalistas e particularmente da AF, o 6 de fevereiro foi uma prova de fogo e um fracasso, embora seus dirigentes detestem esta palavra. Mas o episódio mostrou antes de mais nada a divisão das ligas, pois as Cruzes de Fogo agiram sozinhas, não querendo se misturar aos outros manifestantes. Por outro lado, não fora elaborado nenhum plano de tomada do poder, e o "golpe de força" tão preconizado nem começou a ser executado. Marco de uma violência eruptiva, o 6 de fevereiro não pode ser considerado uma etapa em direção a uma radicalização pensada e assumida. É verdade que a demissão do governo radical de Daladier representa uma satisfação dada aos liguistas, mas o governo de união nacional que o sucede, dirigido por Gaston Doumergue, não pode ser considerado, apesar de preconizar uma necessária reforma do Estado, como tradução no poder do programa das ligas nacionalistas, sobretudo da AF. As JP, por sua vez, aliam-se ao ministério Doumergue, via Taittinger.

O 6 de fevereiro marca, nas próprias fileiras das ligas nacionalistas, linhas de fratura que se traduzem em dissidências. Se a maioria dos efetivos segue os dirigentes (Taittinger, La Rocque), algumas minorias se fazem ouvir, denunciando a traição dos ideais e o oportunismo da "trégua" Doumergue. Como escreve Jean Philippet a respeito das JP, "existem na realidade duas ligas presas uma à outra", um polo dominado por Roger de Saivre, segundo o qual "nada mais se pode esperar das eleições", e o polo dominado por Taittinger e Henri de Kerillis, para quem é necessário organizar a Liga no plano eleitoral, o que evidentemente coloca a questão de sua transformação em um partido clássico. Se é contestado nas Cruzes de Fogo, em particular por Pozzo di Borgo, que o qualifica num ensaio de "fantasma à venda", o tenente-coronel La Rocque toma o cuidado de esclarecer na obra *Serviço público*, publicada em abril de 1936, que a violência "não tem lugar na França, e sua utilização nos leva diretamente ao que é odioso

O "NACIONALISMO DOS NACIONALISTAS" NA FRANÇA DESDE 1914

ou à palhaçada". Desse modo, muito antes de 1936 e da dissolução das ligas nacionalistas pela Frente Popular (Decretos de 18 e 23 de junho), é claramente colocada a questão de um devir que vai assumir três expressões. A primeira é uma dissolução precoce e sem futuro. Estamos falando da dissolução da Liga da AF logo depois da agressão a Léon Blum no enterro de Jacques Bainville em fevereiro de 1936. Na realidade, essa dissolução não tem grande repercussão entre os maurrassianos, para os quais o mais importante era a perenidade do jornal, o que explica a primazia, em Maurras, da propaganda pela pena sobre a ação de uma organização. O segundo caso diz respeito às JP e às Cruzes de Fogo, que decidiram apresentar candidatos às eleições de 1936 ou apoiá-los. Com resultados limitados. O Partido Nacional Popular de Taittinger consegue eleger 16 candidatos (o que é insuficiente para formar um grupo parlamentar) e obtém a vitória de 57 candidatos que contam com seu apoio. As Cruzes de Fogo, por sua vez, que não haviam apresentado nenhum candidato, afirmam ter obtido a vitória de 47 deputados, o que é uma ilusão. É notável o contraste entre as centenas de milhares de membros das Cruzes de Fogo e sua impotência política. La Rocque tem consciência desse "impasse" (Jacques Nobécourt), o que leva à fundação no verão de 1936 de um novo partido, o Partido Social Francês, contando apenas com 8 deputados efetivos (dos 47 esperados), mais cerca de 800 mil membros às vésperas da guerra e a perspectiva, nas primeiras pesquisas de opinião, de um sucesso nas eleições legislativas de... 1940. Como se sabe, essas eleições não ocorreriam, mas as direitas conservadoras agora contam com um partido de massa que não tem mais como concorrente os herdeiros das JP – o Partido Republicano Nacional e Social de Taittinger é um fracasso –, e entretanto vê surgir à sua frente um novo partido, também criado no verão de 1936: o Partido Popular Francês, fundado pelo ex-comunista Jacques Doriot e que simboliza o "fascismo francês" da segunda metade da década de 1930. Uma terceira opção apresenta-se em 1936-1937 aos elementos mais radicais das ligas, que se reúnem numa sociedade secreta conhecida pelo nome de Cagoule [cogula, túnica larga ou capuz religioso], dominada pelo Comitê Secreto de Ação Revolucionária. O objetivo

A EXPERIÊNCIA NACIONAL

de seus promotores é varrer o oportunismo dos dirigentes liguistas, erradicar uma ameaça comunista considerada iminente e derrubar o regime pela violência, provocando atentados. Em termos de efetivos, a Cagoule não conta com mais de 2 mil combatentes, e seu balanço é um fracasso retumbante. Ao mesmo tempo, mais que a cópia de um modelo fascista ou nazista, é de fato produto do nacionalismo francês, o que Jean Philippet chama de "casamento" do "ativismo violento da Ação Francesa com os métodos de organização das Cruzes de Fogo, por ela calcados completamente no seu caráter ao mesmo tempo burocrático, hierarquizado e secreto".

As direitas nacionalistas, entre a condenação e uma difícil volta por cima

As direitas nacionalistas com frequência são associadas ao regime de Vichy, à colaboração e aos grandes processos de expurgo. Com certeza muitas de suas figuras marcantes, de Charles Maurras a Robert Brasillach, passando por Pierre Taittinger, estão (em registros muito diferentes) entre as personalidades visadas nesses anos negros. Mas essa enumeração não deve negligenciar a importância do envolvimento das esquerdas (saídas do radicalismo, do socialismo ou do comunismo) no Estado francês e sobretudo no colaboracionismo parisiense (Marcel Déat, Jacques Doriot ou o jornalista Jean Luchaire), nem a presença de figuras do nacionalismo na Resistência e na deportação para a Alemanha (La Rocque). Mas a balança não se equilibra e, depois da derrocada da primavera de 1940, muitas figuras das direitas nacionalistas desejam ver na Revolução Nacional do marechal Pétain uma aplicação do seu programa. É bem verdade que muitos de seus representantes não são germanófilos nem filonazistas, nem vêm a tornar-se, à exceção de certos meios muito bem identificados, como os dissidentes maurrassianos da equipe do semanário *Je suis partout*. Mas a rejeição do inimigo interno (comunista, judeu, maçom), conjugada às esperanças projetadas na figura do chefe esperado e reverenciado (Pétain) e à promoção de uma "Revolução Nacional", palavra-chave

O "NACIONALISMO DOS NACIONALISTAS" NA FRANÇA DESDE 1914

das direitas nacionalistas nos anos 1930, das quais o regime retoma os principais temas – trabalho (corporativismo), família, pátria –, posicionou as direitas nacionalistas francesas no campo dos derrotados de 1945.

A recuperação é difícil, e os relatos dos protagonistas muitas vezes falam do "tempo das catacumbas" ou da "travessia do deserto" para caracterizar uma conjuntura realmente delicada. Com efeito, enquanto uma parte dos antigos militantes ou publicistas nacionalistas é condenada a penalidades que vão da pena de morte à execração nacional, os esteios de difusão dos discursos nacionalistas, a começar por muitos jornais, desaparecem. Só muito timidamente, a partir de 1947 (*Aspects de la France*) e mais francamente do início da década de 1950 (*Rivarol*), é que semanários de sensibilidade nacionalista voltam à superfície, atraindo leitores. O contexto é triplamente favorável. Assim, a Quarta República encontra dificuldades para se impor, e, como sua antecessora, é marcada por uma forte instabilidade governamental, o que permite retomar o processo habitual do regime parlamentar com suas fraquezas. A Guerra Fria, definida pela recrudescência de forte anticomunismo, é um importante elemento de convergência possível das direitas, se pensarmos no anticomunismo da Reunião do Povo Francês (gaullista) e no papel de passarela que tentam (em vão) desempenhar certas figuras da Resistência, como o coronel Rémy, pretendendo reunir antigos gaullistas e marechalistas. A defesa do Império francês é um terceiro tema suscetível de gerar convergências, tanto mais na medida em que antigos nacionalistas que passaram pela Resistência e o gaullismo se posicionam como correia de transmissão, a exemplo de Jean-Baptiste Biaggi, um dos responsáveis pela manifestação de 6 de fevereiro de 1956, em Argel, contra o socialista Guy Mollet. Depois da derrota de Dien Bien Phu na Indochina (maio de 1954), a Guerra da Argélia, tendo início já no 1º de novembro seguinte, mina a Quarta República. As eleições de 2 de janeiro de 1956 são um revelador significativo do descontentamento ambiente, pois são marcadas pelo sucesso de uma nova corrente política, o poujadismo, que não pode ser considerado um decalque das ligas do entreguerras, mas lhes toma emprestado um certo tom, certos métodos (recurso à ação direta), para não falar da presença de antigos membros dessas ligas, que voltam a entrar em ação no semanário *Fraternité Française*. Mais ainda que a figura de seu principal dirigente, o pequeno fabricante de papel Pierre Poujade, da região do Lot, podemos considerar instrutiva a de Jean-Marie Le Pen, eleito deputado aos 27 anos. Ex-estudante de Direito em Paris e dirigente da "Corpo", Le Pen forma-se no sindicalismo estudantil da época e tem entre seus principais mentores Pierre Taittinger, que o ajuda a montar os Jovens Independentes de Paris. Através do encontro Taittinger/Le Pen, uma certa tradição liguista que atravessa as décadas, Jean-Marie Le Pen se impõe no Parlamento pelo seu verbo, mas sem abraçar uma carreira política clássica, pois decide combater em Suez para compensar o fato de não ter ido a Dien Bien Phu. O agravamento da Guerra da Argélia e a polarização de que é acompanhado em 1957-1958 permitem às direitas nacionalistas tentar voltar à superfície, desenvolvendo-se tanto nesse local quanto na metrópole. Como no passado, todavia, as divisões dominam, pois a rejeição da Quarta República, o anticomunismo e a defesa do império não lhes permitem falar com uma só voz. Às vésperas da manifestação de 13 de maio de 1958 em Argel, que representa o começo do fim para a Quarta República e a progressiva e incontornável entrada em órbita do general De Gaulle, os nacionalistas apresentam-se divididos, pois os pretendentes são muitos, a exemplo dos grupos que encarnam, constituindo cada um deles uma capela. Cabe notar, contudo, pensando na conhecida expressão jornalística sobre os "13 complôs do 13 de Maio", que, entre os conspiradores, estão figuras bem-conhecidas do entreguerras, especialmente o Dr. Martin, antigo dirigente do serviço de informações da Cagoule. Mas em 13 de maio de 1958, como em 6 de fevereiro de 1934, as direitas nacionalistas não conseguiram mudar o curso da história a seu favor. Os gaullistas, presentes com eles em Argel nos preparativos da famosa manifestação, é que se saem bem, favorecendo aquele que consideram o único capaz de acabar com a Quarta República e conservar a Argélia francesa. Comparando o 6 de Fevereiro e o 13 de Maio, Pierre Taittinger observaria, no fim da vida, que "o 6 de Fevereiro poderia ter sido nosso 13 de Maio", e que "os nacionais pecaram por falta de unidade". É um fenômeno recorrente, que também se dá em 1961-1962 no contexto da Organização do Exército

O "NACIONALISMO DOS NACIONALISTAS" NA FRANÇA DESDE 1914

Secreto (Organisation de l'Armée Secrète – OAS), que se empenha até o fim pela violência, mas sem êxito, na defesa da causa da Argélia francesa contra a Frente de Libertação Nacional (FLN) e o próprio general De Gaulle, considerado um traidor pela OAS. Cerca de 15 anos depois dos expurgos, quando a esquerda equipara a OAS ao fascismo, as direitas nacionalistas tornam-se alvo das jurisdições de exceção, sendo obrigadas a fazer um balanço da condenação pública e de uma nova derrota. Dominique Venner, ex-dirigente do movimento Jovem Nação, traça o quadro mais crítico daquilo que chama de "taras da oposição nacional", dizendo respeito tanto à experiência das ligas quanto à da OAS, e que se resumem num "grave defeito de concepção" ligado a "dois sonhos irrealizáveis [dos] nacionais", o "'sobressalto nacional' espontâneo" e "o Exército vai se mexer". Venner apresenta-se como arauto de uma "nova teoria revolucionária", convidando os nacionalistas a "fazer um Lenin coletivo" e construir uma "organização revolucionária". As intenções e o programa são claros, mas os resultados não vêm, seja nas eleições presidenciais de 1965, nas quais o candidato da "oposição nacional" obtém apenas 5,2% dos votos, ou no ano seguinte, quando o Movimento Nacional Popular, fundado com vistas às eleições de 1967, não vinga. É assim que as direitas nacionalistas enfrentam a crise de Maio de 1968, muito divididas e sobretudo debilitadas, à exceção da Restauração Nacional, herdeira da Ação Francesa, que obtém certo êxito. Mas não devemos nos enganar: as direitas nacionalistas saem da República gaullista exangues, nem sequer apresentam um candidato às eleições presidenciais de 1969. Parecem já a essa altura pertencer a uma história superada, e o próprio Jean-Marie Le Pen, que não é mais parlamentar desde 1962 e foi diretor de campanha de Tixier-Vignancour, não conta mais com uma organização para apoiá-lo.

Avanço e fortalecimento da Frente Nacional

No início da década de 1970, as direitas nacionalistas voltam a encarar a questão de sua transformação e adaptação aos fatores em jogo no momento. Renascendo em 1968, a Ação Francesa volta a se dilacerar em 1971, com a dissidência de uma Nova Ação Francesa, que pretende adaptar Maurras aos fatores da época. Três anos depois, o fracasso está consumado e seu candidato, Bertrand Renouvin, obtém 42.719 votos na eleição presidencial de 1974. Os nacionalistas revolucionários, por sua vez, criando em 1970 o movimento Ordem Nova, tentam construir um partido nacionalista estruturado. Certos comícios marcados por atos de violência são muito divulgados, e nas eleições municipais de 1971 as listas do movimento obtêm em Paris 2,9% dos votos. O objetivo, assim, são as eleições legislativas de 1973, e nos seus preparativos em 1972 vem a ser fundada uma Frente Nacional cujo principal orador é Jean-Marie Le Pen. O jovem movimento apresenta apenas 104 candidatos, alcançando somente 0,52% dos votos em escala nacional (mas 2,3% nas circunscrições onde se apresentou e 5% para Le Pen em Paris). O resultado é globalmente decepcionante, mas, significativamente, Le Pen tem na linha de mira a campanha presidencial prevista para 1976. A morte de Georges Pompidou redistribui as cartas, e embora de fato se candidate na presidencial de 1974, Le Pen obtém apenas 0,76% dos votos, muito menos que Tixier-Vignancour em 1965. As direitas nacionalistas, assim, estão em estado vegetativo na década de 1970, não obstante os esforços de François Duprat, que pretende dinamizar a FN inspirando-se no exemplo dos neofascistas do Movimento Social Italiano (MSI). Depois de sua morte em 1978, sucedem-se os motivos de divisão e o Partido das Forças Novas (PFN) denuncia o arcaísmo da FN. Em 1981, nenhum dos dois movimentos é capaz de apresentar um candidato à eleição presidencial. Após a vitória de François Mitterrand, nada permitiria prever que a FN viria dois anos depois a esboçar um avanço para resultados de dois dígitos que acabam levando Jean-Marie Le Pen a disputar o segundo turno na eleição presidencial de 2002, frente a Jacques Chirac.

Embora não seja o caso aqui de contar três décadas de vida política francesa nem mesmo de traçar a história da FN, o fato é que seu sucesso, que segundo muitos observadores seria apenas fogo de palha, convida ao questionamento. Vamos nos interrogar menos sobre suas razões, próprias ao contexto da França atual, do que sobre o que isso nos ensina quanto à história das direitas nacionalistas ao

O "NACIONALISMO DOS NACIONALISTAS" NA FRANÇA DESDE 1914

longo de um século. Se a questão da filiação se coloca no caso de sua filha, Marine, já se apresenta muito menos como um problema no caso do pai, regularmente acusado de ser um fascista e mesmo um nazista, o que sempre negou. Na verdade, Le Pen não precisa muito buscar suas referências no exterior, de tal maneira pode ser considerado produto e síntese das direitas nacionalistas francesas – o último dos liguistas, seríamos tentados a dizer. Não cabe apenas lembrar sua ligação com Taittinger na juventude. Devemos ter em mente também sua relação com a organização política. Le Pen não pode ser chamado de um homem de partido, e, se controlou a FN, esta não pode ser considerada o modelo do partido organizado desejado por Venner e outros. Também devemos levar em conta o estilo oratório e as referências de Jean-Marie Le Pen, que são as referências de um "nacional" de sua geração, e que ele não se eximiu de invocar em seu último discurso pronunciado como presidente da Frente Nacional. Acrescentaremos ainda sua relação com o poder que o distingue de sua filha, disposta aos compromissos necessários para alcançá-lo, o que não foi o caso de um homem conhecido por suas provocações, especialmente a respeito das câmaras de gás. Mas ainda falta entender o sucesso da FN nesses trinta anos. Parece claro que ele decorre de um alicerce eleitoral fiel e da própria capacidade de atrair eleitores novos. Remete, portanto, pelo menos nas décadas em que Jean-Marie Le Pen era presidente da FN, à sua própria personalidade e ao papel determinante da eleição presidencial na notoriedade do partido; sem esquecer a importância de seu impacto televisivo, embora Le Pen tenha regularmente questionado os jornalistas. Num outro tipo de sistema político e partidário, a FN não poderia ter penetrado da mesma maneira. E por sinal basta ver como o escrutínio majoritário penaliza a França, que atualmente conta com dois deputados e poucos conselheiros-gerais – o que fica aquém, em termos de representantes, das ligas da Terceira República.[4] Mas a eleição presidencial por sufrágio universal, que não existia nas III e IV Repúblicas, permitiu-lhe nacionalizar seu discurso e se beneficiar de uma exposição pública sem precedentes em comparação com a de outros dirigentes nacionalistas. Acrescentemos que, nessa frente, Le

A EXPERIÊNCIA NACIONAL

Pen nunca enfrentou uma concorrência séria em seu próprio campo. Se a dissidência do nº 2 da FN, Bruno Mégret, em 1998, permite-lhe atrair para seu Movimento Nacional Republicano 140 conselheiros regionais, num total de 275,[5] e dois terços dos secretários departamentais do partido, ele consegue na eleição presidencial de 2002 apenas 2,34% dos votos, contra 16,86% para aquele que é chamado por seus partidários de "o Menhir". A designação certamente reflete as origens bretãs do dirigente político, mas também traduz a importância, no seu caso, de um incontestável carisma, além de um certo culto da personalidade que por sua vez igualmente faz parte do patrimônio das direitas nacionalistas francesas, marcadas por uma referência ao "salvador" e ao homem providencial.

Conclusão

Às vésperas da deflagração do verão de 1914, eram intensos os comentários sobre uma investigação a respeito dos "jovens de hoje" (conhecida como investigação de Agatão) e a questão de saber se, sob a influência da Ação Francesa, a juventude da época teria se tornado majoritariamente nacionalista. Na França de 2013, são frequentes os debates, da imprensa aos partidos políticos (em particular na mais recente Universidade de Verão do Partido Socialista, em La Rochelle), sobre a força e a ameaça representada pela FN. A um século de distância, as direitas nacionalistas continuam, portanto, muito presentes na paisagem política e intelectual francesa. A respeito dessa permanência, refletida nos fatos, poderíamos falar de uma semelhança, senão das situações, pelo menos do fenômeno? O relato em traços muito gerais dessa história permite constatar que sua cronologia de modo algum é linear e que o século XX é dominado, no caso das direitas nacionalistas, por derrotas sucessivas, períodos de travessia do deserto e uma crônica de divórcios e cisões em meios em grande medida divididos no plano ideológico e gangrenados por disputas pessoais. A um exame mais próximo, são de fato as diferenças que mais sobressaem entre as forças da FN da segunda

O "NACIONALISMO DOS NACIONALISTAS" NA FRANÇA DESDE 1914

década do século XXI e os esteios das direitas nacionalistas de ontem. A FN conseguiu erguer o que até então as direitas nacionalistas não tinham sido capazes de construir, a saber, não tanto uma organização mas um eleitorado numeroso, fidelizado em seu núcleo duro e capaz de se renovar e ampliar. Em sentido inverso, constatamos que o que fazia a força das direitas nacionalistas do primeiro século XX, a saber, homens da escrita e uma imprensa dinâmica, não existe muito no caso da FN, que se escora apenas em periódicos marginais e não dispõe de intelectuais de renome (bem sabemos do distanciamento assumido por Alain de Benoist, o fundador da Nova Direita, em relação ao partido frentista). Para dizê-lo em outras palavras e sem rodeios: se *L'Action Française* pretendia transformar seus leitores em eleitores, não conseguiu, tendo permanecido em grande medida uma escola de pensamento. A FN está numa situação muito diferente, e se pensa antes de mais nada como uma máquina eleitoral visando à conquista do poder, mas cujo programa é considerado sumário, inclusive por uma parte de seus partidários, que manifestam através dela um voto de contestação contra o sistema. Esse desafio da credibilização é que Marine Le Pen pretende enfrentar atualmente, na esteira da "desdiabolização" iniciada há vários anos. Nesse sentido, os fatores em jogo são novos e os paralelos históricos encontram seus limites. Marine Le Pen e a geração de dirigentes que a cerca não representam apenas um marco de rejuvenescimento, mas também embaralham as cartas pelo recurso a referências inusitadas nas direitas nacionalistas (por exemplo, ao general De Gaulle). Embora ainda seja cedo demais e delicado tentar responder com clareza à questão de saber se a FN de Marine Le Pen é muito diferente da que estava sob o comando de seu pai, à parte o impacto propagandístico, não deixa de ser verdade que a retirada de cena do "Menhir" (que apesar disso não se exime de declarações tonitruantes) assinala o fim de um ciclo na história das direitas nacionalistas do século XX, das quais ele vem a ser um herdeiro direto.

Notas

1. A guerra franco-prussiana de 1870 terminou em 1871 com a anexação da Alsácia e de uma parte da Lorena pelo Império alemão nascente.
2. Elas só conseguem reunir-se quando dos enterros de seus respectivos militantes abatidos, especialmente em fuzilarias com os comunistas.
3. Antes de ser o partido dirigido durante várias décadas por Jean-Marie Le Pen, a Frente Nacional foi na década de 1930 uma tentativa de federar as organizações de direita, antes que o partido comunista viesse a empregar a fórmula durante o segundo conflito mundial para federar movimentos de resistência ao seu redor.
4. Nas últimas eleições legislativas parciais, contudo, candidatos da FN, apesar de derrotados, obtiveram resultados muito elevados no segundo turno frente a candidatos da UMP.
5. Esses conselheiros são eleitos em votação proporcional.

Referências bibliográficas

BERNARD, Mathias. *La guerre des droites: De l'affaire Dreyfus à nos Jours*. Paris: Odile Jacob, 2007.

CRÉPON, Sylvain. *La nouvelle extrême droite: Enquête sur les jeunes militants du front national*. Paris: L'Harmattan, 2006.

DARD, Olivier. *Charles Maurras*. Paris: Armand Colin, 2013.

_____;GRUNEWALD, Michel; LEYMARIE, Michel; WITTMANN Jean--Michel (orgs.). *Maurice Barrès: la Lorraine, la France et l'étranger*. Atas do colóquio promovido na Maison des sciences de l'homme de Lorraine (sede de Metz) a 19, 20 e 21 de maio de 2010. Berna: Peter Lang, 2011, p.520.

_____;SÉVILLA, Nathalie (orgs.). *Le Phénomène ligueur en Europe et aux Amériques*. Metz: Centre de recherche universitaire lorrain d'histoire, 2011.

_____. *Le Phénomène ligueur sous la IIIe République*. Metz: Centre de recherche universitaire lorrain d'histoire, 2009.

_____. *Voyage au cœur de l'OAS*. Paris: Perrin, 2011 [1ª edição, 2005].

GAUTIER, Jean-Paul. *La Restauration nationale: Un mouvement royaliste sous la Ve République*. Prefácio de Nonna Mayer. Paris: Syllepse, 2002.

O "NACIONALISMO DOS NACIONALISTAS" NA FRANÇA DESDE 1914

_____. *Les Extrêmes droites en France: De la traversée du désert à l'ascension du Front national (1945-2008)*. Paris: Syllepse, 2009.

GIRARDET, Raoul. *Le Nationalisme français 1871-1914: Anthologie*. Paris: Seuil, 1983.

JOLY, Bertrand. *Déroulède: l'Inventeur du nationalisme français*. Paris: Perrin, 1998.

_____. *Nationalistes et conservateurs en France 1885-1902*. Paris: Les Indes Savantes, 2008.

KÉCHICHIAN, Albert. *Les Croix-de-Feu à l'âge des fascismes, travail, famille, patrie*. Seyssel: Champ Vallon, 2006.

LEBOURG, Nicolas; BEAUREGARD, Joseph. *Dans l'ombre de Le Pen: Une histoire des n° 2 du FN*. Paris: Nouveau Monde, 2012.

_____. *François Duprat: L'Homme qui inventa le front national*. Paris: Denoël, 2012.

_____. *Le Monde vu de la plus extrême droite: Du fascisme au nationalisme révolutionnaire*. Perpignan: Presses universitaires de Perpignan, 2010.

LOUIS, Patrick. *Histoire des Royalistes: de la Libération à nos jours*. Paris: Jacques Grancher, 1994.

MILZA, Pierre. *Fascismes français, passé et présent*. Paris: Flammarion, 1987.

NOBÉCOURT, Jacques. *Le Colonel de La Rocque ou les pièges du nationalisme chrétien*. Paris: Fayard, 1996.

PHILIPPET, Jean. *Le Temps des ligues: Pierre Taittinger et les Jeunesses Patriotes (1919-1944)*. Tese de doutorado em história, Institut d'études politiques de Paris, 2000.

RÉMOND, René. *Les Droites en France*. Paris: Aubier, 1990 [1ª edição em 1954].

STERNHELL, Zeev. *La Droite révolutionnaire: Les origines françaises du fascisme 1885-1914*. Paris: Seuil, 1978.

WINOCK, Michel. *Nationalisme, antisémitisme et fascisme en France*. Paris: Seuil, 1982.

13. Uma nação sem Estado: a Palestina dos palestinos

Leonardo Schiocchet

Introdução

Neste capítulo busco discutir a nação palestina: um grupo heterogêneo de sujeitos (individuais e coletivos) que tendem a definir seu pertencimento social com maior ou menor referência à ideia de *palestinidade*, que, por sua vez, está atrelada à concepção de um Estado palestino. Essa palestinidade tende a ser um centro gravitacional bastante forte para aqueles que direta ou indiretamente se sentem envolvidos com eventos críticos que podem direcionar a definição de noções de espaço e tempo associadas à ideia de "Palestina". Discuto aqui também as consequências do fato de que a nação palestina tem se desenvolvido na ausência de um Estado autônomo, ao contrário do que demanda a ideologia da "ordem nacional do mundo". Esse Estado palestino (e sua autonomia, prática ou utópica), no entanto, se realiza em uma práxis simbólica que emerge como produto sócio-histórico de uma arena – que envolve, assim, tanto disputa quanto compartilhamento – nacional palestina. Finalmente, buscarei refletir sobre a possibilidade simbólica e prática de uma articulação definitiva entre a nação palestina e um Estado correspondente, que por sua vez seria localizado em parte ou em todo o território considerado pelos palestinos como território nacional.

A EXPERIÊNCIA NACIONAL

A "Palestina dos palestinos" tende a ser pensada por seus membros como correspondendo, em termos territoriais, às fronteiras definidas durante o período do Mandato Britânico (confirmado pela Liga das Nações em 1922 e em vigor a partir de 1923 até a criação de Israel em 1948). Enquanto Israel foi formalmente reconhecido em 1948, por recomendação das Nações Unidas, como Estado-Nação, um Estado palestino autônomo nunca de fato existiu. Tal ausência histórica marca fortemente aqueles que se reconhecem como integrantes da nação palestina.

A maioria daqueles que se identificam no início do século XXI como palestinos possui ligação com alguma iteração daquilo que é chamado entre eles de forma geral de a *Causa Palestina* (*al-qadyia al-filastinya*). Na prática, esse conceito remete a uma miríade de noções bastante diferentes, tanto em termos de objetivo quanto em termos de estratégias para a obtenção de tais objetivos. Além disso, a Causa evoca um complexo heterogêneo de sentimentos e sensações e é marcada por um número de práticas disciplinares incorporadas e apenas em parte conscientes, geradas pela própria nação, seus líderes e seu processo histórico. Entretanto, quase que invariavelmente, a Causa Palestina é definida como representando a busca por um Estado(-Nação) palestino e marcada por uma noção de espaço-tempo definida em grande medida pela experiência (plural) do refúgio e a necessidade de resistência, por sua vez associada primariamente à criação de Israel. E, enquanto grupos de palestinos definem o território mandatário – que na época em que este livro é escrito incorpora Israel – como correspondendo ao território de tal Estado, outro grupo de palestinos busca a criação de um Estado com base em fronteiras definidas em 1967, durante o conflito conhecido como a Guerra dos Seis Dias, e que portanto não incorpora Israel. A primeira solução para o conflito é uma versão daquela conhecida como sendo a que propõe um Estado (*one state solution*), enquanto que a segunda é conhecida como a solução dos dois Estados (*two states solution*).

Ao fim deste capítulo voltarei ao tema das soluções territoriais. Mas antes disso será necessária uma concisa viagem histórica com vistas a informar o leitor sobre as bases históricas (diacrônicas) da nação palestina. Essa base – será argumentado posteriormente – é menos

UMA NAÇÃO SEM ESTADO: A PALESTINA DOS PALESTINOS

importante para a definição de um território nacional fundamentada em um suposto direito natural, e mais importante para a construção simbólica desse território. Em seguida, buscarei trazer o leitor de volta ao presente com uma discussão sobre as estruturas sincrônicas que definem essa nação no século XXI, da qual o território nacional faz parte. Só então, agora com mais propriedade, poderemos pensar sobre as implicações simbólicas da ausência de um Estado para a manutenção e o caráter da nação palestina e, por fim, sobre a viabilidade prática de um Estado palestino para sua nação.

Um território, duas nações

Como sugerido anteriormente, a história contemporânea da Palestina enquanto nação está intimamente ligada a um território definido como correspondente a ela. O termo *Palaistine* surgiu primeiro entre os gregos. Foi Heródoto quem o inaugurou no século V a.C., ao se referir a um distrito da Síria. Depois dos gregos, também os romanos chamaram de *Palaestina* (ou *Syria Palaestina*) uma de suas províncias (entre 135 e cerca de 390 d.C.). Os bizantinos então reconfiguraram a antiga província romana em *Palaestina Prima* e *Palaestina Secunda* (as duas são parte da *Dioecesis Orientis* ou, em português, Diocese do Leste, e incorporando um território muito maior do que aquele definido pelo termo na época em que este livro é escrito). Entretanto, o termo "Palestina" foi novamente resgatado apenas pelos britânicos, depois da Primeira Guerra Mundial.

Entre os árabes, o território que passou a corresponder a Israel e aos Territórios Ocupados (Cisjordânia e Faixa de Gaza) fazia parte de um domínio mais amplo chamado *Bilad al-Sham* e que também incorporava o que na segunda década do século XXI conhecemos como Síria, Líbano e Jordânia. Mas esses mesmos árabes também reconheciam uma parte do território do Bilad al-Sham como sagrada, tal como judeus e cristãos o faziam. Esse território era conhecido como Terra Santa (*al-Ard al-Muqaddasa*), e tinha como centro a cidade de Jerusalém (*al-Quds*, ou, em português, o Santuário).

A EXPERIÊNCIA NACIONAL

Antes de 1920, muçulmanos, cristãos e judeus viviam em relativa paz na Palestina, ainda que a desconfiança, as demonstrações políticas e mesmo alguns choques já tenham começado a se espalhar desde que a primeira grande leva de imigrantes judeus – a Primeira *Aliyah* – chegou, em 1881. Depois de 1920, a Palestina nunca mais foi a mesma. As transformações já haviam começado em 1916 com o Acordo Sykes-Picot, que previu que a Palestina seria transformada em uma zona internacional, a ser gerida pelos britânicos, assim que a Primeira Guerra Mundial provocasse a queda do Império Otomano.

A Declaração de Balfour, em 1917, foi o primeiro documento a mencionar explicitamente "um lar nacional para o povo judeu" na Palestina. Esse acordo e sua subsequente execução são polêmicos por duas razões principais: primeiro, o tratado fora assinado sem a aprovação da maioria da população palestina, e segundo, o documento não especificava exatamente o que significava "um lar nacional" para os judeus na região. A Turquia, país recentemente emergido dos escombros do Império Otomano e que havia se oposto ao tratado, capitulou em 1918 – abrindo caminho para que o Mandato Britânico na Palestina tivesse início efetivo já em 1920. Finalmente, em 1922, a Liga das Nações formalizou tanto o Mandato Britânico sobre a Palestina quanto outro sobre a Transjordânia. O objetivo desses mandatos, segundo havia sido divulgado, era o de garantir o governo dos respectivos territórios até que os habitantes locais estivessem prontos para assumir o controle sobre eles. Houve várias revoltas árabes na Palestina entre 1920 e a criação de Israel em 1948. Tais revoltas eram irmãs de outras que se estenderam a todas as províncias árabes do antigo Império Otomano, dominadas durante o período mandatário por potências europeias. Mas no caso da Palestina, o inimigo não era formado apenas pelas tais potências.

Talvez a mais famosa dessas insurreições tenha sido a Insurreição de 1920, quando árabes se revoltaram contra a imigração judaica e o plano sionista para a recolonização (judaica) da Palestina. Em 1935, o assassinato do Sheykh Izz Al-Din al-Qassam, pelos britânicos, inflamou a Grande Revolta Árabe (1936-1939), que consistiu de demonstrações organizadas contra o domínio britânico e, mais uma vez,

UMA NAÇÃO SEM ESTADO: A PALESTINA DOS PALESTINOS

contra a migração judaica e o plano sionista, muitas vezes acabando em protestos violentos. Como consequência, o governo britânico violentamente conteve os dissidentes árabes e decidiu pela partilha da Palestina.

Naquele tempo, uma organização paramilitar judaica, o *Haganah*, também retaliava violentamente as manifestações dos árabes da Terra Santa, ainda que oficialmente a organização judaica não possuísse laços com os britânicos. Outra consequência da Revolta Árabe foi a quebra da maior parte dos laços ainda existentes entre judeus e árabes na Palestina, levando por um lado ao reforço de uma identidade palestina e, por outro lado, a uma polarização radical da vida social de árabes palestinos e judeus na Palestina. Nesse ínterim, a primeira referência conhecida aos palestinos como um povo único (e não simplesmente como árabes) foi apresentada pelos palestinos aos britânicos em 1928. Para alguns, o uso relativamente recente do termo "palestino" é indicativo da ausência de um território e de uma cultura palestina única, enquanto para outros não. Este tema será retomado mais uma vez ao final deste capítulo. Por agora, entretanto, é essencial voltarmos à dimensão histórica constitutiva dos elementos que irão compor, no presente, a nação palestina.

Durante a Segunda Guerra Mundial, enquanto os judeus geralmente se identificavam com os Aliados, os palestinos não agiram em uníssono. Por exemplo, o Grande Mufti de Jerusalém, Muhammad Amin al-Husayni, foi exilado na Alemanha e buscou conduzir a simpatia dos muçulmanos na direção dos nazistas, na triste esperança de que estes fossem devolver a Palestina aos árabes. Enquanto isso, muitos palestinos escolheram apoiar os britânicos. Dado o histórico do conflito entre os palestinos e o Mandato Britânico e do percebido apoio deste ao plano sionista, a simpatia de alguns palestinos para com os nazistas (sobretudo de líderes das revoltas, tal como al-Husayni) não havia emergido como surpresa. Por outro lado, esse tempo de guerra testemunhou um *boom* econômico na Palestina e, em 1944, parte da liderança judaica organizou operações paramilitares contra as autoridades britânicas. Este grupo estava ligado a um grupo mais radical que emergiu do Haganah, chamado *Irgun*. Seus membros demandavam

A EXPERIÊNCIA NACIONAL

a soberania judaica na Palestina e o fim dos limites para a imigração judaica à região – limite este que havia sido imposto pelos britânicos em 1939, através do chamado *White Paper*, na tentativa de controlar os árabes e gerir o território.

Como resultado deste e de outros fatores, os interesses britânicos mudaram depois do final da Segunda Guerra Mundial, em 1945, e os britânicos perderam muito do controle que possuíam sobre a Palestina. Foi então que, em 1947, os britânicos colocaram o futuro da Palestina nas mãos da Assembleia Geral da ONU. A Comunidade Internacional viu-se então obrigada a tomar seriamente a ideia de partilha sugerida pelos britânicos já na década de 1930. Em novembro de 1947, a Assembleia Geral votou, por 33 votos a 13, em favor do plano de partilha, com apenas dez abstenções. A Partilha previa áreas administrativas distintas para árabes e judeus, com a região abrangendo Jerusalém e Belém a ser administrada pela ONU como uma zona internacional. Enquanto a liderança judaica (já representando então 35% da população) votou em favor do plano, a liderança árabe (representando ainda 65% da população da Palestina) votou unanimemente contra. Foi destarte a despeito do voto árabe que a partilha foi aprovada.

A Palestina imediatamente entrou em guerra civil, com muitas perdas de ambos os lados. Árabes (palestinos e outros) se organizaram em torno do Exército de Libertação Árabe (*Jaish al-Inqadh al-'Araby*), que adentrou a Palestina mas acabou derrotado. Como resultado, cerca de 700 mil pessoas foram expulsas ou fugiram da Palestina, e em sua maioria se tornaram refugiadas na Jordânia, na Síria ou no Líbano. Em 14 de maio de 1948, David Ben-Gurion finalmente declarou a independência israelense (*Yom HaAtzmaut*). Para os palestinos, o evento foi chamado de *Al-Nakba* (A catástrofe) e passou a servir como um catalisador em torno do qual se organizam a história e identidade.[1] Ainda que o termo (Al-Nakba) possa ser apropriado por diferentes sujeitos palestinos, em diversos tempos e de diversas formas, o evento marcado pelo termo é o mais forte e sólido referente informando um senso de palestinidade e, assim, definindo parte de uma noção de tempo palestina. Isso, por outro lado, tem grande influência sobre as

UMA NAÇÃO SEM ESTADO: A PALESTINA DOS PALESTINOS

formas pelas quais os palestinos se definem, organizam e agem sobre o mundo no início do século XXI.

Seguindo-se à Declaração de Independência israelense, muitos países árabes se organizaram pela primeira vez em torno do que foi chamado de Liga Árabe e atacaram Israel, demandando um Estado palestino que abrangesse toda a Palestina mandatária, e que tivesse Hajj Amin al-Husayni como presidente. Com o armistício de 1949, Israel ocupou o Oeste de Jerusalém e parte da Cisjordânia, enquanto a Jordânia anexou o Leste de Jerusalém e o resto da Cisjordânia, o Egito anexou a Faixa de Gaza e a Síria incorporou uma pequena parte do Nordeste do território particionado.

A Liga Árabe, bastante influenciada pelo presidente egípcio Gamal Abdel Nasser, criou a Organização para a Libertação da Palestina (OLP) em 1964 para ser o único representante do povo palestino. Inicialmente, a OLP foi contra a independência israelense e resistiu à presença de judeus em todo o território particionado, ainda que mais tarde essa posição tenha sido revista pela entidade (como será apresentado posteriormente). Através de sua legitimação política, a OLP possuiu um papel crucial para a construção de instituições sociais palestinas e, consequentemente, para a formação e manutenção da identidade nacional. Caridade, saúde, educação, a criação e manutenção de feriados e celebrações nacionais e outras festas e atividades sociais, todas se destacam como formas por meio das quais a OLP ajudou a criar e transformar a nação palestina.

Foi apenas depois da Guerra dos Seis Dias, em 1967 – na qual muitos países árabes e a OLP lutaram contra Israel –, que a Cisjordânia e a Faixa de Gaza finalmente se tornaram conhecidas como Territórios Ocupados, dada a derrota árabe a subsequente ocupação israelense. Ao longo dos anos, a OLP primeiro atacou Israel desde a Jordânia, antes do chamado Setembro Negro, e a sua consequente expulsão daquele país em 1970. Depois, a OLP fez do Líbano sua base operacional, até que foi expulsa pela invasão israelense de 1982. Com essa expulsão, a OLP se reorganizou brevemente na Tunísia, para só então fazer dos Territórios Ocupados sua base definitiva de operações. Seguindo-se a alguns acordos internacionais, a organização na segunda década do

A EXPERIÊNCIA NACIONAL

século XXI é reconhecida internacionalmente por mais de cem países como o único representante legítimo dos palestinos, e desde 1974 possui status de observador nas Nações Unidas. O período entre 1987 e 1993 marcou a Primeira Intifada – uma revolta de base popular não programada, sem o comando de partido político, contra a política de Israel no que tange aos palestinos. Apenas depois que a revolta já havia começado, partidos políticos palestinos (alguns alinhados à OLP, outros não) reuniram apoio da população e ajudaram a organizar a Intifada – de forma muito semelhante ao que aconteceria com a chamada Primavera Árabe décadas depois.[2] Israel e Estados Unidos consideraram a OLP uma organização terrorista até a Conferência de Madri em 1991, quando a OLP finalmente reconheceu o direito de existência de Israel e renunciou à violência em troca do reconhecimento israelense da organização como o único representante oficial legítimo dos interesses palestinos. Essa decisão, por sua vez, dividiu a opinião política palestina, já que muitas foram as organizações políticas locais que se opuseram ao acordo pelas mais variadas razões. A principal força política dessa oposição se tornou, ao longo dos anos, o Hamas.

Uma nação, múltiplos projetos

Em 1994, a Autoridade Nacional Palestina (AP) foi formada pela OLP como parte do Acordo de Oslo, em um tempo em que a opinião pública palestina acerca da OLP tinha atingido limites alarmantes, especialmente entre elementos islamistas. A Segunda Intifada então irrompeu entre 2000 e 2005. Sua principal consequência foi o fortalecimento da influência do islã como idioma concomitantemente social (moral) e político. Uma vez que o idioma político da OLP era secularista, com tons principalmente populistas e socialistas, o idioma islamista tem remodelado os termos nos quais os palestinos definem a si e aos outros, entendem o conflito contra Israel e se organizam enquanto uma sociedade e uma nação desenraizada (sem um Estado). Nesse processo, palestinos cristãos contrários à OLP e ao Fatah (principal facção da OLP, aquela de Yaser Arafat e Mahmoud

UMA NAÇÃO SEM ESTADO. A PALESTINA DOS PALESTINOS

Abbas) têm se sentido cada vez mais alienados da chamada Causa Palestina, juntando forças com a extrema esquerda de partidos políticos como a Frente Popular para a Libertação da Palestina--Comando Geral (FPLP-GC) ou a Frente Democrática para a Libertação da Palestina (FDLP) – ambas organizações secularistas, a primeira de tendência marxista-leninista e listada como uma organização terrorista pelos EUA, e a segunda de tendência maoista. Em geral, no entanto, o descontentamento com a liderança da AP e a força extrema da ocupação israelense têm reforçado o apoio palestino a grupos islamistas, particularmente o Hamas. A Frente Rejeicionista, liderada pelo Hamas, na época em que este livro é escrito goza de forte apoio popular nos Territórios Ocupados, especialmente na Faixa de Gaza, da qual, apesar do controle oficial da AP, o Hamas adquiriu *de facto* controle em 2006. Enquanto a OLP e a AP, lideradas pela Fatah, têm advogado dois Estados para duas nações, a Frente Rejeicionista, liderada pelo Hamas, continua assim advogando a utopia de um Estado palestino em todo o território da Palestina mandatária.

Entretanto, o Hamas não é considerado um representante legítimo dos palestinos por Israel e mesmo pelos EUA e outros dos principais articuladores internacionais das negociações de paz. Dessa forma, oficialmente, o *stand-off* nas negociações de paz tem se referido à seguinte questão: Israel continua a criar assentamentos judaicos na Cisjordânia, como resultado do que chama de "crescimento natural" da população judaica e a ausência de um acordo promissor que eliminaria a postura beligerante palestina. Em contrapartida, em 2011, o Hamas finalmente anunciou a aceitação da chamada "solução de dois Estados" como estratégia temporária, mas o grupo não renunciou à violência e manteve uma forte retórica de não aceitação do direito de existência de Israel. Como resultado, Israel não julgou satisfeita a sua condição inicial. No outro polo palestino, a AP avigorou sua demanda de congelamento do assentamento de judeus na Cisjordânia como precondição para negociações de paz. Em resposta, o presidente americano Barack Obama reforçou em discurso o pedido palestino aos EUA de congelamento dos assentamentos judaicos. Entretanto, Israel tem terminantemente recusado a precondição e os EUA na prática não impuseram sanções de tipo algum a Israel.

A EXPERIÊNCIA NACIONAL

Concluindo esta seção, a palestinidade – ou seja, os princípios da nação Palestina – é gerada, mantida e transformada em grande medida em relação ao processo político que envolve a disputa territorial entre palestinos e Israel. Assim, a nação Palestina é, na segunda década do século XXI, produzida e articulada tanto nos escritórios dos partidos e movimentos políticos quanto nas sedes de movimentos sociais populares e de organizações humanitaristas internacionais, nas ruas dos Territórios Ocupados ou dos campos de refugiados do Líbano, da Síria e da Jordânia, ou onde quer que estejam aqueles que se veem como parte da nação Palestina.

A próxima seção examinará mais diretamente um dos principais elementos que ancoram a noção (plural) de palestinidade. Esses elementos advêm não apenas da ausência de um Estado correspondente à nação, mas também da experiência do refúgio: uma noção de resistência advinda do cotidiano. Ainda como parte do mesmo esforço de apresentação das forças que constituem a palestinidade, depois desta próxima seção (Resistência), outra (Tempo palestino) examinará ainda os principais elementos da história nacional palestina – segundo os palestinos – que contribuem para uma noção de tempo nacional, que por sua vez age como uma força centrífuga conferindo corporalidade à nação. Estas duas próximas seções, desse modo, finalmente prepararão o leitor para a discussão final deste capítulo: as perspectivas para a criação de um Estado palestino.

Resistência

Esta seção apresenta a análise de uma tendência geral relacionada ao processo de pertencimento social palestino que está firmemente arraigada a ressignificações da experiência coletiva de refúgio, que por sua vez estão atreladas a variações de uma concepção de tempo palestino. É uma tendência de ligar simbolicamente a definição e a experiência de palestinidade no presente através do conceito de *al-šumud* (simplificadamente, esse termo implica ao mesmo tempo em firmeza, constância e resistência). Com *šumud*, um atributo divino islâmico, e

UMA NAÇÃO SEM ESTADO: A PALESTINA DOS PALESTINOS

samid (plural, *samidin*), um termo derivado que denota o sujeito que possui as qualidades de *šumud*, essa concepção palestina do tempo é, para muitos refugiados palestinos, em grande medida, inscrita em uma práxis islâmica.

Na prática, tanto quanto no discurso, a compreensão mais geral de palestinidade entre os refugiados passa pela experiência compartilhada da perda e da condição de exílio a que são submetidos. Em face de mais de seis décadas desde o início da diáspora original, os refugiados palestinos são assombrados pelo medo do apagamento de direitos, propriedades (materiais e não materiais), estilos de vida, e de sua própria identidade. Tais temores marcam a compreensão de si mesmos, que, por sua vez, posiciona seu engajamento com o mundo. O medo da autoanulação também leva a uma idealização da própria existência como resistência. Dentro de campos de refugiados palestinos em geral, ser refugiado é mais um elemento que reforça a equação "existência = resistência" como um atributo da palestinidade.

Essa equação define o tipo de resistência passiva que caracteriza a ideia de *šumud* ao contrário de *muqawama* – que é uma forma mais ativa de resistência (resistência armada, por exemplo). Refugiados palestinos tendem a sentir-se e dizer que são *mahrumin* (despossuídos). Sua experiência compartilhada de desapropriação os torna *mahrumin*, ao mesmo tempo em que torna suas rotinas do cotidiano mundano, a seus olhos, um ato de resistência. Através da linguagem, do folclore e de outras práticas sociais, eles insistem em seu sonho de viver a plenitude de sua palestinidade – isto é, ser palestino sem o estigma do termo e os impedimentos práticos gerados por esse estigma. O mais premente desses impedimentos é exatamente a condição de refugiado. Assim, viver como refugiado automaticamente implica ser *šamidi*, a menos que o refugiado ativamente desfaça essa qualificação por meio de comportamentos tais como se tornar um espião de Israel ou colaboracionista. Por outro lado, ser *šamidi* não implica necessariamente a participação na *muqawama*.

Todos os palestinos *šamidin* são após a morte considerados mártires da Causa Palestina – não apenas de acordo com o discurso dos partidos

A EXPERIÊNCIA NACIONAL

políticos e movimentos sociais, mas também de acordo com o entendimento popular. No entanto, a participação em, por exemplo, uma operação de martirização – independente ou organizada por um grupo islâmico secular ou político – geralmente confere ao participante mais capital social, reforçando sua palestinidade. Essa diferenciação causou até mesmo uma modificação no uso do árabe coloquial, introduzindo o novo termo, *istishhadi* (um mártir que procura deliberadamente seu martírio) ao contrário de *shahid* (mártir).

Apesar da tendência contemporânea e, por vezes, involuntária de inscrever *šumud* em uma práxis islâmica, o conceito tem também uma história mais "secular" – como evidenciado pelo uso do termo pela OLP, que enfatiza que viver como um refugiado e insistir em ser palestino (por exemplo, através da celebração do folclore palestino) já é uma importante forma de resistência contra os objetivos imperialistas de Israel. Mas mesmo entre os cristãos ou marxistas palestinos os quais estudei, para quem o Islã não definia conscientemente os termos de sua política vernacular, suas concepções de *šumud* ainda eram muito influenciadas pela sacralidade que o termo tem para os muçulmanos. Isso ocorria parcialmente porque, consciente ou inconscientemente, o enquadramento da Causa Palestina pela OLP – que popularizou o uso geral do termo *šumud* em dialetos culturais e políticos palestinos – emprestou da cultura islâmica muitos de seus acmes.

O pertencimento social palestino que testemunhei entre palestinos na América do Norte, no Brasil, no Oriente Médio e na Europa era firmemente atrelado à variação de uma concepção de tempo palestina que foi observada em parte também por Lena Jayyusi[3] e Rosemary Sayigh.[4] Essa concepção de tempo palestina é intimamente relacionada ao conceito de *šumud* e foi historicamente gerada e mantida dentro do contexto do ativismo secular de uma maioria muçulmana (sobretudo pela OLP), sendo sua linguagem vernacular cada vez mais islamizada (e importante também para islamistas-nacionalistas).

UMA NAÇÃO SEM ESTADO: A PALESTINA DOS PALESTINOS

Tempo palestino

Refugiados palestinos passam muito de seu tempo pensando e discutindo sua condição de refugiados. Esse status tende a condicionar o presente como um "tempo dentro do tempo" – expressão de Lena Jayyusi. Isto é, o presente é uma anormalidade, dado que a condição de refúgio é uma anormalidade. A vida cotidiana levada a despeito da condição de refugiado não representa assim a plenitude da palestinidade, mas sim uma aberração. Ser refugiado então surge como condição inescapável da vida, algo que é compartilhado de certa forma por todos os palestinos, que foram alijados do território e do Estado autônomo que deveria corresponder à sua nação. A condição de refugiado é assim vista como causa das agruras do cotidiano, e Israel (o imperialista) e a comunidade internacional (que aprovou a criação de Israel e mantém os palestinos até a época em que este livro é escrito na condição de aberração) são geralmente os culpados. Pobreza, preconceito, falta de saúde e de educação, separação da família, entre outras formas de sofrimento, são todas decorrentes da condição de palestino. Assim, o denominador comum que liga esses diversos grupos é justamente a condição de refugiado, que por sua vez existe por conta de sua palestinidade. Esse se torna assim um índice de identidade que se mostra radicalmente imposto a esse grupo, e com o qual ele tem que lidar no cotidiano – sobretudo em contextos de conflito intenso com grupos locais, como é o caso dos Territórios Ocupados e do Líbano.

Os palestinos, sobretudo os refugiados, se sentem obrigados a confrontar sua condição de refúgio, causada justamente pela palestinidade, a todo o momento, via o sofrimento do cotidiano. Assim, a nacionalidade (palestinidade) se torna uma questão existencial, e não simplesmente opção ou estratégia identitária. A maioria dos palestinos tenta lidar com essa condição existencial pela tentativa de controlar os significados dos termos "palestino" e "refugiado", o que tende a reforçar a positividade do termo e combater sua imposta negatividade. Assim, a palestinidade – incondicional – tende a ser extremamente reforçada e expressa. Tal evocação de palestinidade é ainda mais forte nos campos de refugiados – que se constituem como unidades que concentram essas propriedades nacionais por meio do sofrimento, da resistência e muitas vezes da revolta. Na maioria desses campos encontrei o que chamei de hiperexpressão identitária (de palestinidade), presente a todo momento nas manifestações do cotidiano.[5]

Essa hiperexpressão identitária é mostrada claramente na forma de uma ritualização do cotidiano, da qual fazem parte não apenas os rituais públicos e calêndricos, mas também a própria vida cotidiana tendo como centro simbólico o campo de refugiados como extensão da Palestina. Desde o nascer do dia até noite adentro, o que presenciei em campo foi o próprio cotidiano sendo ritualizado como expressão da palestinidade. Os cartazes nacionalistas, as bandeiras da Palestina, as marchas militares partindo dos escritórios dos partidos políticos, as poesias nacionalistas, de dor e devoção, brotando dos escritórios dos movimentos sociais, as roupas e as vozes dos palestinos, no dia a dia, a todo o momento fazendo referência à sua palestinidade, os grupos de ativistas estrangeiros reforçando as colunas locais – todo o contexto exalava palestinidade, muitas vezes de forma elaborada e mesmo reverencial. Tal era o presente.

Segundo esses mesmos palestinos, entretanto, toda a celebrada dor do presente poderia acabar no futuro. Apenas no futuro, quando uma ação corretiva (seja divina ou humana) reorganizar o calendário da nação palestina, é que os sujeitos dessa nação poderão exercer a plenitude de sua palestinidade mais uma vez – livre da sua condição de refúgio –, assim como era antes de 1948. O presente, "tempo dentro do tempo", é muitas vezes tomado também como um momento de articulação coletiva da condição existencial palestina via resistência – seja ela meramente via *šumud*, ou via adesão à *muqawama*. Assim, é apenas em parte planejadamente que a rotina cotidiana é inundada por símbolos nacionais e de resistência. Essa ação corretiva que quebrará a condição do presente e libertará o tempo de dentro do tempo é portanto uma utopia largamente compartilhada pela nação coletiva, motivando a identidade e a ação social no presente. Essa utopia é, por sua vez, geralmente articulada em torno da noção de Retorno dos refugiados à Palestina, e portanto da abolição final da condição de refúgio.

UMA NAÇÃO SEM ESTADO: A PALESTINA DOS PALESTINOS

Muitos sujeitos palestinos tendem associar o *al-'Awda* (Retorno), por sua vez, ao *al-Haqq al-'Awda* (O direito de Retorno) – fundado na resolução da Assembleia Geral da ONU 194, de 11 de dezembro de 1948, que previa o direito de retorno aos refugiados palestinos às suas vilas de origem. O Retorno então é um evento mítico, por vezes de caráter messiânico, em que as coisas no mundo retornarão ao seu devido lugar. Por conta disso, muitos não acreditam que esse dia sequer existirá, mas ainda assim a maioria dos palestinos vive sob um código que toma por vezes dimensões sociais, políticas, étnicas e religiosas criadas por essa utopia. Al-Haqq al-'Awda é portanto uma concepção ideal que motiva a prática da agência, da identidade e da organização social palestina no presente, corporificando a nação.[6]

O outro elemento desse esquema temporal palestino mais geral é justamente o ponto na história da nação que gerou a própria condição de refúgio: a criação do Estado de Israel em 1948 e o consequente início mítico da diáspora e do exílio. Esse ponto da história, como vimos, é chamado de al-Nakba (A Catástrofe) e marca a origem de todas as agruras do cotidiano. Esse evento e suas consequências devem ser desfeitos através de al-'Awda.

Esse esquema temporal serve também como mito principal da nação palestina e justifica a clássica definição de Ernest Gellner[7] de que o discurso nacionalista é aquele que atribui uma homogeneidade a certo grupo de sujeitos, a que corresponde uma cultura homogênea e um território original. Território original esse que, para usar a metáfora botânica de Liisa Malkki,[8] "enraíza" a nação que de lá "brotou" e lá tem seu destino selado – o que por sua vez explica por que o território não pode ser qualquer um. Assim, a concepção básica que encontrei na maioria dos palestinos entre os quais estudei envolve diversas iterações, combinações e ressignificações dos seguintes termos gerais: o tempo presente, abominável, é encerrado entre um passado idílico nacional – que nunca chegou de fato a existir, dadas as dominações do Império Otomano e do Mandato Britânico – e um futuro (al-'Awda) que representa uma volta ao passado mítico pré-Nakba, que por sua vez daria continuidade à história de glória da nação (ou ao menos de autonomia do sujeito nacional) desde seu ponto narrativo de origem.

A EXPERIÊNCIA NACIONAL

Aspectos simbólicos nacionalistas e a possibilidade de resolução do conflito israelo-palestino

Não procurarei aqui falar sobre o processo de paz desde o ponto de vista da história de sua evolução. Tampouco procuro tentar um mapeamento das alianças políticas, dos fluxos econômicos, dos entraves jurídicos ou, enfim, daquilo que é chamado de *realpolitik* desse conflito. Meu objetivo nas próximas seções será continuar desenvolvendo um tema muito menos abordado, mas não menos importante, que venho apresentando nas primeiras seções deste capítulo: o aspecto simbólico do conflito israelo-palestino. Qualquer investigação histórica que apresentarei a partir de agora tem como fio condutor, portanto, um mapeamento dos elementos simbólicos, apresentados nas seções anteriores, que estão envolvidos no conflito e formam certos princípios de impedimento a qualquer possibilidade de paz na região. A estrutura do argumento a partir de agora será a seguinte:

Primeiro buscarei problematizar a ideia de que a nação, de forma geral, é algo natural. Isso nos permitirá colocar em perspectiva justificativas históricas, étnicas e religiosas para a criação de um Estado judaico e de um Estado palestino na região. Depois de apresentar as bases de um argumento para a desnaturalização das demandas de direito ao domínio exclusivo dos territórios (Israel e Territórios Ocupados), buscarei problematizar a necessidade simbólica (e prática) de manutenção do caráter judaico de Israel e o peso (tanto simbólico quanto prático) que possuem o *refúgio* e a *resistência* no pensamento nacional palestino. Isso enfim me permitirá apresentar alguns questionamentos sobre as duas soluções propostas para esse conflito, ou seja, um Estado ou dois Estados – apontando para as vantagens e limitações de ambas as soluções, desde um ponto de vista ético e de possibilidade prática, levando-se em consideração as dimensões simbólicas e identitárias do conflito que vim delineando até aqui.

UMA NAÇÃO SEM ESTADO: A PALESTINA DOS PALESTINOS

Desnaturalizando o fato histórico objetivo e a ontologia da nação

A história contada pelos historiadores na segunda década do século XXI é bastante diferente daquela que se produzia na academia brasileira décadas atrás. Essa *nova* história é, sobretudo, diferente daquela que aprendi na escola – tendo em vista o agravante de que fui educado no fim do período da ditadura militar brasileira. A história que aprendi era em grande medida um mito: o mito heroico da nação. É provável que muitos dos leitores tenham também estudado OSPB e Educação Moral e Cívica; que tenham aprendido seus deveres enquanto cidadãos, a hastear a bandeira, cantar o hino e a amar o Brasil... ou deixá-lo. Tal história era nacionalista. Nessa história de heróis, aqueles que se seguiram a Pedro Álvares Cabral tinham não apenas o direito, mas o dever de civilizar os índios; a princesa Isabel assinou a Lei Áurea em um ato de simpatia para com os negros; e Getulio Vargas criou o décimo terceiro salário como um presente aos trabalhadores – todas dádivas do Estado à nação.

Naquela época, aprendi também que a história que me era ensinada representava a verdade, pois era baseada em "fatos históricos". Os tais fatos eram fatos porque tinham sido encontrados em "fontes históricas legítimas", ou seja, documentos – sobretudo os oficiais. Mas os tempos mudaram e outras perspectivas, tais como a história social, tomaram força. Por exemplo, Howard Zinn[9] e Fernand Braudel[10] nos ensinam que a história é escrita pelos vencedores. Foi Braudel, por exemplo, quem antes incentivou os próprios brasileiros a pensar a história do contato colonial desde o ponto de vista das nações indígenas. Ora, se os fatos históricos são baseados em fontes históricas legítimas e estas são especialmente documentos oficiais, então a história do "Descobrimento do Brasil" deveria ser contada com base em documentos escritos. Entre os habitantes autóctones das terras que posteriormente seriam chamadas de Brasil e os portugueses colonizadores, apenas os últimos dominavam a escrita. E, mais tarde, durante o período da escravatura, era também a elite de origem europeia que produzia os documentos oficiais – certamente não os escravos negros ou a popula-

A EXPERIÊNCIA NACIONAL

ção indígena. E se a princesa Isabel acabou de fato com a escravatura, como entender por que, no século XXI, quase não se veem negros nas universidades brasileiras? E se fôssemos tentar nos colocar no lugar das nações indígenas naquele 1500? Ou no lugar dos negros durante o período da escravatura? Será que não aprenderíamos outra versão dos tais fatos? Entendo, portanto – com Braudel e Zinn –, que esse ponto de vista subalterno não é de forma alguma menos factual do que aquele apresentado nos documentos oficiais.

As implicações dos questionamentos acima são claras: a história oficial da nação tende a ser apenas um mito nacionalista. E, segundo esse mito nacionalista, a nação é composta por sujeitos mais ou menos homogêneos (e, se não forem, devem ser homogeneizados, como no caso da ideia do "mestiço" no Brasil), aos quais devem corresponder uma mesma língua, costumes semelhantes, uma mesma origem, um mesmo *ethos* coletivo comum. A essa nação deveria corresponder também, por fim, um território, natural, de fronteiras bem definidas.

Na prática, entretanto, nem mesmo o dito Velho Continente foi ou é assim. Mitos heroicos nacionalistas, especialmente entre o início do século XX e o fim da Segunda Guerra Mundial, tais como o fascista e o nazista, fizeram crer o contrário. Mas então o que dizer da Suíça e da Bélgica, onde diferentes grupos étnicos, às vezes aos trancos e barrancos, habitam um mesmo território construído enquanto uma nação? E da Holanda, politicamente dividida em quatro pilares religiosos e ideológicos (católico, protestante, socialista e liberal)? E da Grécia, cuja mitologia nacional é baseada na Grécia antiga, mas cuja nação ainda é composta quase que exclusivamente por não descendentes dos gregos do período clássico?[11] Mesmo a própria "raça ariana", já dizia Marcel Mauss em 1913,[12] não passa de ideologia. Afinal a Alemanha era composta por vários grupos sociais de descendência do Leste Europeu, por exemplo – isso sem contar a própria contribuição judaica. Além disso, na Itália e na Alemanha, antes das respectivas unificações – e até a época em que este livro é escrito –, diferentes grupos de sujeitos falavam dialetos completamente diferentes uns dos outros (mutuamente ininteligíveis, por vezes), tinham costumes diferentes, por vezes mesmo fisionomias diferentes, e formas diferentes de ver o mundo. Assim, se a

UMA NAÇÃO SEM ESTADO: A PALESTINA DOS PALESTINOS

existência e a legitimidade de uma nação dependessem necessariamente da confluência entre língua, costumes, projeto político, religião, etnicidade e um território comum, se justificaria a partilha da Holanda, da Bélgica, da Grécia, da Alemanha, da Itália e da Suíça em territórios mais homogêneos. Por fim, se o mito nacionalista deve ser considerado princípio político universal, então o mesmo deveria se aplicar ao Tibete, ao Kosovo, a Montenegro e ao Saara Ocidental, mas também igualmente à Irlanda do Norte, a um País Basco, a uma Catalunha, a um Curdistão e mesmo a uma República Rio-Grandense no Brasil. Esse *cunundrum* levou o historiador e o cientista social do século XXI a procurar se afastar do mito nacionalista em sua interpretação científica. Meu argumento aqui é simplesmente que tais conclusões não valem apenas para o Brasil ou para a Alemanha nazista e a Itália fascista, mas virtualmente para todas as nações do mundo.

Da mesma forma que mitos nacionalistas sobre a história brasileira foram propagados aqui, também o foram na região que na segunda década do século XXI corresponde a Israel e aos Territórios Ocupados. Tais mitos são muitas vezes reforçados por meio da socialização pela família, pelo partido, pelo grupo folclórico e outros, o que tende a criar um *nós* com quem determinados sujeitos nacionais se identificam tão profundamente e um *outro* tão diferente desse sujeito que torna difícil que este se coloque em perspectiva. Buscar o *outro* com um olhar altruísta e julgar de forma imparcial as ações da nação com a qual o sujeito se identifica é uma operação mental muito mais difícil e um processo histórico muito mais raro na história dos povos do que contar as glórias que justificam a superioridade de uma dada nação.

Autores clássicos que vêm trabalhando a nação e o nacionalismo desde a academia – tais como Ernest Gellner,[13] Benedict Anderson,[14] Eric Hobsbawm,[15] Anthony Smith,[16] Partha Chatterjee[17] –, em todo o espectro entre liberais e marxistas, tendem a concordar com um ponto de partida básico: o nacionalismo (seja ele qual for) é uma construção mais ou menos nova – que teve origem entre o século XVII e o XIX; sendo que a nação é algo ainda mais recente, passando a existir não antes da Revolução Francesa, e tomando sua forma mais característica apenas ao fim da Primeira Guerra Mundial – quando o mundo foi se tornando dominado por Estados-Nação. Isso se contrapõe radicalmente ao mito nacionalista da ontologia da nação. Quer dizer, aos olhos do nacionalista, a nação é algo que sempre existiu e seu território é natural. Aos olhos do historiador toda nação é relativamente nova e seu território é construído por meio de processos simbólicos e políticos.

Liberais (como Gellner) e marxistas (como Hobsbawm), escrevendo especialmente desde a segunda metade do século XX, concordam com isso em contraposição justamente à xenofobia nacionalista que surge na Europa desde mais ou menos 1870 e que dá origem a movimentos como o fascismo na Itália e o nazismo na Alemanha. Escritores judeus, tais como Marcel Maus, já vinham apontando para os perigos do nacionalismo desde o começo do século XX. Os textos mais importantes de Mauss sobre a nação e o nacionalismo datam de 1913, 1920 e 1929, antecipando os horrores que poderiam ser acarretados em nome dessa corrente, a exemplo da perseguição que desembocou no genocídio de judeus na Europa.[18]

Anthony Smith afirma que existiram no mundo basicamente duas matrizes para a criação de virtualmente todas as nações modernas: a primeira é o nacionalismo étnico, tal como o alemão – que via na metáfora da pureza do sangue (não entendida apenas enquanto metáfora pelos nacionalistas) e da genealogia de um povo a justificativa para seu domínio sobre um território que lhe corresponderia e para a exclusão ou mesmo aniquilação de outros grupos étnicos que não teriam garantidos os mesmos direitos e deveres. A segunda matriz seria um nacionalismo territorial, inspirado no Novo Mundo e muito mais comum entre os países do mundo pós-colonial – dado que as fronteiras destes teriam sido definidas pelos colonizadores, e não pelos colonizados. Assim, fronteiras nacionais na África, no Oriente Médio, na Ásia e mesmo nas Américas tendem a cortar territórios culturais, políticos e econômicos locais.[19]

Entendo que a exceção à regra de Smith seja justamente Israel, por uma questão principal: sua localização, suas fronteiras e sua composição interna foram antes um programa do próprio movimento sionista, além de um desenvolvimento histórico posterior. Ainda assim, a criação dessa fronteira, como no resto do Oriente Médio, representou um corte

UMA NAÇÃO SEM ESTADO: A PALESTINA DOS PALESTINOS

arbitrário por entre outras fronteiras locais, sejam estas religiosas, culturais, políticas, étnicas ou econômicas. Dentro de Israel e dos Territórios Ocupados existem três religiões principais: cristianismo e islã entre os palestinos habitantes de Israel, e o judaísmo. Já a diferença étnica é muito maior. Entre cristãos estão, por exemplo, palestinos e imigrantes europeus e americanos. Entre os muçulmanos estão árabes e beduínos, e entre os judeus estão *ashkenasitas*, *sefaraditas*, e *mizrahitas*. Além disso, os judeus de Israel são provenientes de todos os cantos do mundo (inclusive da própria Palestina), falando línguas diferentes, com costumes diferentes, fisionomias diferentes, níveis de comprometimento religioso diferentes; todos possuindo apenas uma coisa em comum: a identidade judaica – ela mesma muito diversa em termos de prática ritual, por exemplo. Mas isso, como vimos, estaria longe de ser um empecilho segundo a lógica de Mauss, Zinn, Braudel e o argumento deste capítulo, já que a diversidade – diria também quase todo antropólogo vivo – é algo construtivo. Mauss, por exemplo, cita a própria riqueza das nações europeias como produto dessa diversidade, ainda que escondida por baixo da farsa de unidades étnicas nacionais. Vale lembrar ainda que essa mesma diversidade tenha sido o que inspirou os próprios ideais da Revolução Francesa e da Independência Americana poucos anos antes (1776). Assim, os ideais do Estado-Nação laico e do nacionalismo cívico (com base territorial e não étnica) emergem do valor dado à diversidade étnica e religiosa como projeto político.

Entretanto, devido ao contexto social da época – e, antes de tudo, ao genocídio dos judeus na Europa – o modelo de nacionalismo implantado em Israel foi o étnico, e não o cívico. Isso porque o movimento sionista entendia que, enquanto os judeus não possuíssem um Estado seu, não teriam segurança. Esse mote continua a motivar neossionistas e outros movimentos etnicistas até décadas depois, ainda que uma considerável parcela dos intelectuais israelenses tenha aderido a uma tendência de revisionismo histórico crítica ao caráter étnico de Israel. Essa tendência crítica, baseada na desclassificação de documentos históricos sobre a época da fundação do Estado de Israel, é denominada de pós-sionismo, e tem como expoentes, por exemplo, o jornal israe-

A EXPERIÊNCIA NACIONAL

lense *Haaretz* e escritores tais como Ilan Pappé e Uri Avnery. Central para tal perspectiva – mais entre estes citados do que para autores pós-sionistas que se mantiveram ainda um pouco mais próximos do sionismo, como Benny Morris – é o reconhecimento do papel histórico que teve a destituição palestina, perpetrada pelo movimento sionista, para a criação de Israel e para a manutenção de seu caráter judaico. Mas na arena política, a retórica do Estado em Israel não mudou e não dá indícios de que mudará tão cedo. As razões para tanto serão exploradas na próxima seção deste capítulo.

O caráter judaico do Estado de Israel e a centralidade do refugiado no imaginário nacionalista palestino

Existem pelo menos duas razões práticas motivando governo após governo em Israel a manter o caráter judaico do Estado. A primeira destas já foi apresentada: o receio de que os judeus jamais estarão seguros no mundo se não possuírem seu próprio Estado-Nação. Esse medo se justificava perfeitamente frente ao contexto político do mundo europeu entre 1870 e 1945. É verdade que o antissemitismo parece estar em alta mais uma vez na época em que este livro é escrito, mas não mais do que o racismo contra negros no Oriente Médio, o repúdio a árabes e muçulmanos na Europa, o preconceito contra homossexuais na América Latina, contra imigrantes asiáticos e habitantes das favelas no Brasil, contra descendentes de latinos nos EUA, e outras minorias. E isso, a meu ver, não justificaria um Estado-Nação para homossexuais, negros, ou habitantes de favelas do Rio de Janeiro. E, no caso de muçulmanos, árabes, judeus, descendentes de latinos e asiáticos, tampouco a solução seria deportá-los para seus países de origem. Quer dizer, a solução não deveria passar pelo princípio de fazer desaparecer a diversidade para não ter que lidar com ela. Em contraposição, a tese de Marcel Mauss faz mais sentido.

A segunda razão prática para a manutenção do caráter judaico de Israel – em vez de um Estado laico e democrático, que trate como cidadãos com os mesmos direitos e deveres todos os seus habitantes, o

UMA NAÇÃO SEM ESTADO: A PALESTINA DOS PALESTINOS

que não é o caso no momento – pode ser um pouco mais convincente. Esta se deve à impossibilidade lógica e prática de se derrubar uma fronteira simbólica que edifica todo o mito nacionalista israelense: aquele da sua própria independência.

Como apresentado na primeira seção deste capítulo, em árabe, sobretudo entre palestinos, a independência de Israel é conhecida como Al-Nakba, ou A Catástrofe. Ou seja, enquanto os judeus do mundo todo celebravam a conquista de um Estado que finalmente lhes garantiria sua segurança e autonomia, logo após a terrível experiência do genocídio na Europa e perseguição em outras partes do mundo, os árabes, sobretudo os palestinos, protestavam. Seria isso por conta de um apetite mesquinho por território ou por puro ódio aos judeus – tal qual aquele que os judeus conheciam muito bem da Europa, o antissemitismo?

Antes de tudo, deve-se notar que, como apresentado anteriormente, antes do início do movimento sionista e das atividades de compra de terra na Palestina no fim do século XIX, as relações entre os palestinos – cristãos, judeus e muçulmanos – não eram especialmente marcadas por uma ruptura mais profunda entre judeus e não judeus. Muito pelo contrário, as narrativas históricas e os documentos da época nos trazem algo diferente. Havia conflito, sim, mas não mais do que havia entre um clã e outro, muitas vezes da mesma religião. A religião cumpria um papel social, sobretudo durante o período de dominação otomana antes da grande reforma – a *Tanzimat* –, mas não era tida como o elemento fundamental na formação de alianças e na produção de conflito. Por exemplo, a diferença entre árabes (judeus, cristãos ou muçulmanos) e turcos muitas vezes era sentida de forma muito mais forte. Para além de clãs e de diferenças políticas representadas por diferenças étnicas – os turcos conquistadores e os árabes conquistados –, o gênero (em qualquer uma dessas três religiões) era um elemento de divisão social muito mais presente. Finalmente, para além de conflito, havia também amizade e compartilhamento.

A criação de Israel é chamada de Al-Nakba entre os palestinos porque simbolizou para estes a destituição de seus bens materiais e simbólicos, a separação dos membros da nação e, principalmente,

A EXPERIÊNCIA NACIONAL

a separação da nação palestina de seu território. A prometida terra sem povo para um povo sem terra – mote sionista – na verdade tinha um povo; quer ele se chamasse "palestino" e fosse único, ou não. E, como apontado no início deste capítulo, esse povo não tinha tomado parte no processo decisório de tornar sua terra a terra de outrem e tampouco aceitou esse fato facilmente. Sobretudo, não tinha decidido por livre e espontânea vontade ir embora para o Líbano, a Síria ou a Jordânia, abandonando a terra onde seus membros haviam crescido, onde seus pais e avós e os pais desses muitas vezes haviam crescido; onde tinham seus negócios, seu círculo de amizades, suas casas e, enfim, suas vidas.

Durante décadas, gerações de israelenses se recusaram a admitir as atrocidades cometidas em nome da criação do Estado de Israel. Mas a abertura de arquivos secretos da época tem ajudado a solidificar a posição de uma esquerda israelense pós-sionista advogando justamente o contrário. Tal posição levou um grupo mais radical de judeus a denominar os pós-sionistas de *self-hating jews* (judeus que odeiam a si próprios) e o governo israelense continua se recusando a admitir que o êxodo de mais de 700 mil palestinos somente em 1948, uma grande parcela da população da Palestina naquela época, tenha sido de fato forçado. A narrativa oficial do Estado de Israel é que esse contingente teria saído do país por escolha. Admitindo-se isso ou não, Israel tomou controle de suas recém-formadas fronteiras e proibiu a volta daqueles palestinos que tentaram retornar. A maior parte desse grupo de refugiados palestinos e seus descendentes, somando cerca de 5 milhões de pessoas,[20] em 2012, vive ainda em campos de refugiados no Líbano, na Jordânia e na Síria. Al-Nakba é, desse modo, o mito de origem do refugiado para os palestinos; um ponto de inflexão histórico, que colocou o mundo de cabeça para baixo. A "ordem nacional das coisas" – para usar uma expressão de Liisa Malkki[21] – só será restaurada, para a maioria dos palestinos, quando os refugiados forem restituídos de seu direito de voltar àquilo que chamam de Palestina – hoje, Israel ou os Territórios Ocupados. Como também já apresentado aqui, essa volta, *al-'awda*, tende a ser simbolizada pela resolução não vinculativa 193 da Assembleia

UMA NAÇÃO SEM ESTADO: A PALESTINA DOS PALESTINOS

Geral da ONU, que aponta para o direito de retorno dos refugiados palestinos. O não cumprimento histórico dessa resolução é um dos principais argumentos palestinos contra Israel, a falta de autoridade da ONU e a falta de sensibilização e de apoio ao que, apesar de diferenças gritantes em termos de escopo, método e objetivos, os palestinos chamam genericamente de a Causa Palestina.

Eis aí, finalmente, o segundo motivo de razão prática e simbólica pelo qual o Estado de Israel não dá sinais de reconhecimento de sua responsabilidade pelo exílio forçado e o massacre de grande parte da população palestina em 1948. Simbolicamente, isso significaria ter arrasado o mito histórico da nação, tanto quanto se os EUA e o Brasil admitissem que a conquista do Oeste daquele e de grande parte do território deste tenha sido baseada em genocídios indígenas. O dano simbólico não deve ser menosprezado aqui, tendo em vista que especialistas em nacionalismo, como os que citei anteriormente, demonstram a importância de mitos e rituais de celebração da nação para a manutenção da ordem, da lealdade a seus regimes e de sua legitimidade. Além disso, o caso de Israel possui um importante agravante: a consequência de ordem prática é que admitir isso, no caso de Israel, significaria assumir uma dívida financeira e territorial com cerca de 5 milhões de palestinos refugiados e seus descendentes. Ou seja, considerando-se que a população de Israel é atualmente de quase 9 milhões de indivíduos, sendo cerca de 20% destes palestinos não judeus, a absorção de cerca de 5 milhões de palestinos acarretaria imediatamente na realidade de que os judeus se tornariam menos da metade da população total, o que traria problemas para a legitimidade de um Estado declaradamente judaico. Por conta disso, esperar que o Estado israelense conceba a viabilidade da restituição das terras palestinas em Israel seria impossível. Até porque, em muitas das casas onde antes moravam palestinos, vivem judeus. Ou seja, essa restituição significaria a destituição de judeus – o que escaparia tanto da ética maussiana quanto das possibilidades práticas de tal utopia.

A EXPERIÊNCIA NACIONAL

Um Estado ou dois Estados?

Com ou sem o direito de retorno, governo após governo em Israel se alarma com o crescimento exponencial da população de árabes israelenses em comparação com aquela da população judaica. De uma forma ou de outra, em mais ou menos tempo, parece que a população de Israel está mesmo se transformando. E se a tendência continuar, em um futuro, ainda um pouco distante, os judeus serão menos da metade da população em Israel, que pode tombar na direção em que o Líbano tombou em 1975 – quando estourou a Guerra Civil libanesa, por conta do excesso de poder nas mãos dos cristãos (sobretudo maronitas) tendo em vista sua diminuta população relativa. Esse mesmo medo, portanto, faz com que certos grupos dentro de Israel cogitem seriamente uma forma de *apartheid* mais radical: a criação de um Estado palestino que serviria como via de escoamento dessa população que julgam indesejável. Para alguns, essa solução higienista é mesmo a única solução. Considerando essa situação, para estes, o caráter judaico do Estado é tanto objetivo quanto meio para garantir a segurança e a autodeterminação dos judeus, mas acaba necessariamente servindo como forma de assegurar a dominação de uns sobre outros. Assim, ironicamente, esse argumento tem sido utilizado ao mesmo tempo por radicais e pós-sionistas, com motivações distintas, como possibilidade de resolução do conflito.

Por tudo aquilo que apresentei aqui, idealmente, um único Estado que pudesse ser gerador de uma única nação compartilhada por israelenses judeus, muçulmanos e cristãos, descendentes de árabes, húngaros, alemães, franceses, americanos, marroquinos, etíopes, brasileiros e outros emerge como única possibilidade ética. Isso porque a lógica maussiana não comporta o *apartheid* como solução para superar um conflito de diferenças. Assim, se não um único Estado-Nação, pelo menos um Estado multinacional (nesse caso, binacional), tal como foi um dia a Holanda, e tal como são a Suíça e a Bélgica. Na prática, por outro lado, pelos pontos nodais simbólicos desse conflito, tal como também aqui foi apresentado, isso seria extremamente difícil de visualizar na época em que este livro é escrito. Não parece que Israel irá aceitar tão cedo a Resolução 193 da ONU – aquela que versa sobre o direito

UMA NAÇÃO SEM ESTADO: A PALESTINA DOS PALESTINOS

de retorno dos palestinos. Tampouco os palestinos dão sinal de aceitar algum outro tipo de compensação, tal como cidadania em uma Palestina criada pelas fronteiras de 1967 (aquela da Cisjordânia e da Faixa de Gaza). E a Autoridade Palestina, em parte por conta da história de negociações com o próprio governo israelense, nem sequer cogitou a possibilidade de aceitar os palestinos refugiados em tal Estado – o que pesa como um dos argumentos principais para a perda de legitimidade da AP frente aos palestinos (sobretudo aqueles cerca de 5 milhões de refugiados). É apenas com isso em mente que contemplo aqui a solução de dois Estados para duas nações – uma que necessariamente envolveria o retorno dos refugiados para um Estado palestino, ou pelo menos alguma outra forma de compensação, quando aceita por cada indivíduo em particular. Dois Estados, assim, apesar do silêncio da Autoridade Palestina quanto ao destino dos refugiados, seria talvez a solução mais viável. Apenas então é que entram questionamentos secundários sobre a renegociação das fronteiras estabelecidas em 1967.

Já à guisa de conclusão, Israel chegou mesmo a propor publicamente, em 2011, uma troca de populações, ao estilo daquela que ocorreu entre a Grécia e a Turquia em 1923 sob os auspícios da Liga das Nações (ainda um efeito da queda do Império Otomano e a consequente formação do Estado-Nação grego). Tal proposta expressa duramente o caráter do nacionalismo israelense oficial: étnico, e não territorial. Essa troca populacional envolveria também, de acordo com o plano apresentado, uma troca de territórios. Isso porque Israel não estaria disposto a ceder, a um futuro Estado palestino, partes da Cisjordânia ocupadas pelos assentamentos ilegais de judeus, já que esses assentamentos se localizam em terras produtivas ou sobre mananciais aquíferos, por exemplo, descritos por Israel como essenciais à sua existência. A solução proposta por Israel foi trocar partes do deserto de Negev – estéreis, desde um ponto de vista geológico, e habitadas principalmente por beduínos – por esses assentamentos na Cisjordânia, sobretudo aqueles na região da Galileia, Norte de Israel, que até 1948 era habitada quase que exclusivamente por árabes (cristãos e muçulmanos).

A aceitação de tais condições por qualquer negociador neutro tornaria a possibilidade de criação de um Estado autônomo palestino

A EXPERIÊNCIA NACIONAL

praticamente nula. Tal proposição revela ainda que o critério de negociação não é exatamente o argumento religioso, que sacralizaria o território (*Eretz Israel*). Ou mesmo o argumento nacionalista secular que revestiria a terra "original" da nação com um valor sentimental especial. Mas sim um cálculo econômico de razão prática, sustentado por uma narrativa simbólica étnica-nacional por vezes contraditória.

Finalmente, para concluir, resta mencionar ainda uma terceira possibilidade, que tenta unir o melhor das duas posições clássicas. A ideia de um Estado para uma nação híbrida foi apresentada pelo escritor israelense Oren Yiftachel – outro daqueles que podem ser chamados pós-sionistas. Em seu livro *Ethnocracy*,[22] o ponto de partida de Yiftachel é a solução dos dois Estados para duas nações, enquanto que seu ponto de chegada é a via de um Estado e uma nação. Isto é, gradualmente, dois Estados se fundiriam em apenas um. Isso poderia se conquistado aos poucos pela criação de pequenas zonas binacionais entre os dois Estados, a serem geridas em comum acordo por ambas as partes. As primeiras regiões sugeridas por ele são partes mistas de Jerusalém. Na medida em que gerassem resultados positivos, tais regiões seriam expandidas para outras partes dos dois Estados, que, assim, na medida do possível, se fundiriam em um. O princípio de Yiftachel é semelhante àquele de Marcel Mauss: violência gera violência; e a separação – tal como o *apartheid* – representa a derrota.

Mas mesmo a aplicação da proposta de Yiftachel necessita que, gradualmente, Israel assuma sua responsabilidade pela Nakba e que os palestinos aceitem o direito de retorno a um Estado-Nação que não inclua, ao menos de início, suas vilas de origem. Assim, a principal conclusão deste capítulo é que mesmo uma via híbrida deveria passar pelo compromisso israelense e palestino quanto às suas respectivas narrativas simbólicas nacionais e pelo abandono do nacionalismo étnico-religioso de ambos os lados. Em outras palavras, a revisão das premissas básicas de ambas as narrativas nacionalistas emerge assim como ponto de partida inelutável para qualquer processo de paz na região.

Notas

1. Leonardo Schiocchet: "Refugee Lives: Ritual and Belonging in Two Palestinian Refugee Camps in Lebanon". Tese de doutorado apresentada ao Departamento de Antropologia da Boston University, 2010; "Palestinian Sumud: Steadfastness, Ritual and Time among Palestinian Refugees". *Paper Series*, Ibrahim Abu-Lughod Institute of International Studies. Birzeit: Birzeit University, 2011; "Extremo Oriente Médio, admirável mundo novo: A construção do Oriente Médio e a Primavera Árabe". *Tempo do Mundo*, vol.3, n.2, ago. 2011, Brasília, Brasil, 2011; "Palestine". In: Stanton, Andrea, *et al. Cultural Sociology. Volume 1: Middle East*. Thousand Oaks, CA: SAGE, 2012.

2. Leonardo Schiocchet. "Extremo Oriente Médio, admirável mundo novo: a construção do Oriente Médio e a Primavera Árabe". *Tempo do Mundo*, vol.3, n.2, ago. 2011, Brasília, Brasil, 2011.

3. Lena Jayyusi. "Iterability, Cumulativity, and Presence". In: Sa'adi, Ahmad; Abu-Lughod, Lila. *Nakba: Palestine, 1948, and the Claims of Memory*. Nova York: Columbia University Press, 2007.

4. Rosemary Sayigh. *The Palestinians: From Peasants to Revolutionaries*. Londres: Zed Books, 2007.

5. Leonardo Schiocchet. "Refugee Lives: Ritual and Belonging in Two Palestinian Refugee Camps in Lebanon". Tese de doutorado apresentada ao Departamento de Antropologia da Boston University, 2010b.

6. Leonardo Schiocchet: "Between the Catastrophe and the Promised Return: Palestinian Refugee Trajectories and Conceptions of Time in Lebanon". *IWM Junior Visiting Fellow's Conference*, 2011/2012. Disponível em: http://www.iwm.at/index.php?option=com_content &task=view&id=424&Itemid=125. Acessado em 7 de abril de 2012.

7. Ernest Gellner. *Nations and Nationalism*. Ithaca: Cornell University Press, 1983.

8. Liisa Malkki. *National Geographic: The Rooting of Peoples and the Territorialization of National Identity among Schollars and Refugees*. Cultural Anthropology, vol.7, n.1, fev 1992, p.24-44.

9. Howard Zinn. *A People's History of the United States*. Nova York: Perennial Classics, 2003.

10. Fernand Braudel. *A History of Civilizations*. Nova York: Penguin Books, 1995.

A EXPERIÊNCIA NACIONAL

11. Anthony Smith. *National Identity*. Reno: University of Nevada Press, 1991.
12. Marcel Mauss. "Nota sobre a noção de civilização" (1913). In: *Ensaios de Sociologia*. São Paulo: Perspectiva, 1999.
13. Ernest Gellner. *Nations and Nationalism*. Ithaca: Cornell University Press, 1983.
14. Benedict Anderson. *Immagined Communities: Reflections on the Origin and Spread of Nationalism*. Londres: Verso, 2006.
15. Eric Hobsbawm. *Nations and Nationalism since 1780: Programme, Myth, Reality*. Nova York: Cambridge University Press, 1990.
16. Anthony Smith. *National Identity*. Reno: University of Nevada Press, 1991.
17. Partha Chatterjee. *The Nation and its Fragments*. Princeton: Princeton University Press, 1993.
18. Marcel Mauss. "Nota sobre a noção de civilização" (1913); "As civilizações – Elementos e formas" (1929). In: *Ensaios de Sociologia*. São Paulo: Perspectiva, 1999; "La Nación" (1920?). In: *Sociedad y Ciencias Sociales*. Barcelona: Barral Editores,1972.
19. Anthony Smith. *National Identity*. Reno: University of Nevada Press, 1991.
20. United Nations Relief and Works Agency for Palestine Refugees in the Near East (UNRWA). Site oficial. Disponível em: <http://www.unrwa.org/etemplate.php?id=86>. Acessado em 2 de novembro de 2012.
21. Liisa Malkki: "Refugees and Exile: from 'Refugee Studies' to the National Order of Things." *Annual Review of Anthropology*, vol.24, 1995, p.495-523; *Purity and Exile: Violence, Memory, and National Cosmology among Hutu Refugees in Tanzania*. Chicago: University of Chicago Press, 1995.
22. Oren Yiftachel. *Ethnocracy: Land and Identity in Israel/Palestine*. Philadelphia: University of Pennsylvania Press, 2006.

Referências bibliográficas

ABUFARHA, Nasser. *The Making of a Human Bomb: An Ethnography of Palestinian Resistance*. Durham, NC: Duke University Press, 2009.
ANDERSON, Benedict. *Immagined Communities: Reflections on the Origin and Spread of Nationalism*. Londres: Verso, 2006.

BRAUDEL, Fernand. *A History of Civilizations*. Nova York: Penguin Books, 1995.

CHATTERJEE, Partha. *The Nation and its Fragments*. Princeton: Princeton University Press, 1993.

GELLNER, Ernest. *Nations and Nationalism*. Ithaca: Cornell University Press, 1983.

HOBSBAWM, Eric. *Nations and Nationalism since 1780: Programme, Myth, Reality*. Nova York: Cambridge University Press, 1990.

JAYYUSI, Lena. "Iterability, Cumulativity, and Presence". In: Sa'adi, Ahmad; Abu-Lughod, Lila. *Nakba: Palestine, 1948, and the Claims of Memory*. Nova York: Columbia University Press, 2007.

MALKKI, Liisa H. *National Geographic: The Rooting of Peoples and the Territorialization of National Identity among Schollars and Refugees*. Cultural Anthropology, vol.7, n.1, fev 1992, p.24-44.

_____. "Refugees and Exile: From 'Refugee Studies' to the National Order of Things". *Annual Review of Anthropology*, vol.24, 1995, p.495-523.

_____. *Purity and Exile: Violence, Memory, and National Cosmology among Hutu Refugees in Tanzania*. Chicago: University of Chicago Press, 1995.

MAUSS, Marcel. "La Nación" (1920?). In: *Sociedad y Ciencias Sociales*. Barcelona: Barral Editores, 1972.

_____. "Nota sobre a noção de civilização" (1913); "As civilizações – Elementos e formas" (1929). In: *Ensaios de Sociologia*. São Paulo: Perspectiva, 1999.

SAYIGH, Rosemary. *The Palestinians: From Peasants to Revolutionaries*. Londres: Zed Books, 2007.

SCHIOCCHET, Leonardo. "Review of *The Making of a Human Bomb* by Naser Abufarha". *Interventions: International Journal of Post-colonial Studies 12.2*. Londres: Routledge, 2010.

_____. "Refugee Lives: Ritual and Belonging in Two Palestinian Refugee Camps in Lebanon". Tese de doutorado apresentada ao Departamento de Antropologia da Boston University, 2010.

_____. "Palestinian Sumud: Steadfastness, Ritual and Time among Palestinian Refugees". *Paper Series*, Ibrahim Abu-Lughod Institute of International Studies. Birzeit: Birzeit University, 2011.

_____. "Extremo Oriente Médio, admirável mundo novo: a construção do Oriente Médio e a Primavera Árabe". *Tempo do mundo*, vol.3, n.2, ago 2011, Brasília, Brasil, 2011.

A EXPERIÊNCIA NACIONAL

_____. "Palestine". In: Stanton, Andrea, *et al*. *Cultural Sociology. Volume 1: Middle East*. Thousand Oaks, CA: SAGE, 2012.

_____. "Between the Catastrophe and the Promised Return: Palestinian Refugee Trajectories and Conceptions of Time in Lebanon". *I WM Junior Visiting Fellow's Conference*, 2011. Disponível em: <http://www.iwm.at/index.php?option=com_content&task=view&id=424&Itemid=125>. Acessado em 7 de abril de 2012.

SMITH, Anthony. *National Identity*. Reno: University of Nevada Press, 1991.

YIFTACHEL, Oren. *Ethnocracy: Land and Identity in Israel/Palestine*. Philadelphia: University of Pennsylvania Press, 2006.

ZINN, Howard. *A People's History of the United States*. Nova York: Perennial Classics. 2003.

Fonte

United Nations Relief and Works Agency for Palestine Refugees in the Near East (UNRWA). Site oficial. Disponível em: <http://www.unrwa.org/etemplate.php?id=86>. Acesso em 2 nov. 2012.

14. Entre as tensões do europeísmo e a questão nacional: diagnósticos e deslocamentos temáticos na imprensa argentina diante do início da Primeira Guerra Mundial

Emiliano Gastón Sánchez (Tradução de Ana Luiza Libânio)

Os fortes laços históricos, culturais, econômicos e demográficos que em agosto de 1914 ligavam a Argentina à Europa tornavam previsível que o início de uma guerra de dimensões continentais no Velho Mundo pesaria sobre a sociedade, a economia, a cultura e a opinião pública na Argentina. Mais especificamente, no mundo da mídia impressa, paulatinamente durante o conflito austro-sérvio e de maneira intempestiva a partir de agosto de 1914, irrompeu uma inundação de informação sobre os mais diversos aspectos da Primeira Guerra Mundial. Tratava-se de uma densa rede de imagens, percepções e discursos abordados a partir de um amplo espectro de categorias e de uma variedade de sentimentos que vinham, em grande parte, do Velho Mundo, mas que foram ressignificados dentro do contexto rio-platense.

Diante desse novo cenário europeu, surgiram vários problemas causados por olhar para uma série de "outros" que trouxeram referentes culturais e modelos de sociedade – inclusive frequentemente construídos com vantagens temporárias – agora confrontados, desencadeando uma verdadeira ruptura civilizacional. A grande

A EXPERIÊNCIA NACIONAL

influência que a Europa exercia sobre o país explica por que durante os primeiros meses da Primeira Guerra Mundial diferentes setores da mídia, inclusive da mídia impressa, viram-se forçados a tomar partido a favor de certas nações em conflito, ou seja, a identificar modelos nacionais considerados afins ou dos quais a cultura argentina deveria se alimentar.

No entanto, junto com esses vários posicionamentos, baseados na empatia com certos países adversários e inseridos no quadro geral de uma representação prematura do conflito como choque entre dois paradigmas civilizatórios antagônicos, surgem, paralelamente e sob tensão, embora menos taxativos, um progressivo distanciamento em relação à academia europeia e a consolidação de uma identidade nacional no clima de incerteza que a guerra europeia provocou.

Dessa maneira, a Primeira Guerra Mundial também desencadeou uma série de reflexões sobre o lugar da Argentina no mundo e, por sua vez, produziu um ajuste dos projetos de construção de identidade nacional que tomavam como modelos civilizatórios alguns dos países europeus então envolvidos em uma batalha de grandes dimensões. Nesse jogo entre a herança simbólica recebida e a redefinição local em andamento, a imprensa argentina decifrou os contornos da Primeira Grande Guerra, ao mesmo tempo contribuindo para novas reflexões sobre a identidade e a cultura nacional no contexto dos atritos próprios ao vertiginoso processo de modernização iniciado a partir de 1880.

O objetivo deste capítulo é analisar os diagnósticos e as tensões resultantes da eclosão da Primeira Guerra Mundial na mídia impressa de grande circulação na Argentina. Após uma breve revisão das posições a favor de diferentes nações em conflito, analisaremos os deslocamentos temáticos produzidos a partir de um diagnóstico precoce da Primeira Grande Guerra como uma crise civilizatória que reabre, concomitantemente, a indagação acerca da questão nacional e as propostas nas quais a nova realidade argentina deveria se basear.

ENTRE AS TENSÕES DO EUROPEÍSMO E A QUESTÃO NACIONAL...

A imprensa argentina e suas primeiras reações diante da Primeira Guerra Mundial

O definitivo desencadeamento da guerra em dimensões continentais provocou forte comoção nos círculos da elite política e intelectual da Argentina e na opinião pública local. Os fortes vínculos que tradicionalmente ligavam a Argentina à Europa e a grande presença de comunidades estrangeiras no país contribuíram para explicar as preocupações e o posicionamento precoce da opinião pública, dos intelectuais e das forças políticas diante do conflito europeu.

Durante os primeiros meses do conflito bélico, esses posicionamentos se manifestaram como consequência de uma série de construções simbólicas motivadas pela empatia com os países que historicamente haviam sido considerados modelos para as elites locais que, a partir de 1880, aceleraram o processo de inserção da Argentina no mercado capitalista mundial.

Sem dúvida, grande parte da elite política e intelectual estava a favor da França, paradigma cultural e estético fortemente imitado pelas elites argentinas desde o início do século XIX. Além da francofilia havia também uma forte influência britânica baseada nos fortes vínculos comerciais e empresariais que a Inglaterra mantinha com o país, ainda que essa influência excedesse em muito o âmbito da economia e dos negócios.[1]

As representações da França produzidas ou reproduzidas pela imprensa argentina no início da Primeira Guerra Mundial tiveram como objetivo construir uma imagem da nação francesa que não só destacava seu papel como modelo cultural e estético, mas também a apresentava como portadora de uma missão civilizatória e como guardiã do legado da civilização ocidental. Ainda que no contexto da guerra essa imagem fosse estendida a outros países latinos, e esse novo clima de ideias proporcionasse à Inglaterra uma imagem de arauto da democracia parlamentar e dos direitos individuais protegidos pela monarquia constitucional britânica. Dessa maneira, a Inglaterra era de fato o maior parceiro comercial e de investimento da exportação agrícola argentina, mas no contexto da Primeira Grande Guerra podia

A EXPERIÊNCIA NACIONAL

também ser considerada modelo de organização política democrática para a jovem nação argentina.

Um bom exemplo desse tipo de construção pode ser visto em vários dos textos do líder radical Francisco Barroetaveña, dedicado a uma fanática campanha aliadófila nas páginas do *El Diario*. Barroetaveña agrupava as influências europeias na Argentina a partir de um critério de afinidades de raça e cultura em que se destaca o latinismo e de onde surge uma imagem da França como influência privilegiada, em detrimento da ascendência alemã.[2]

No entanto, nesse jogo de seleção de afinidades não se podia ignorar a importância desempenhada pelo Império alemão. Embora muito mais limitada, a defesa da causa alemã despertou o interesse de um grupo de intelectuais, incluindo Ernesto Quesada, Alfredo Colmo, Juan P. Ramos e Ernesto Vergara Biedma.[3] A fala desses intelectuais e a divulgação da propaganda pró-Alemanha encontraram lugar privilegiado nas páginas do jornal *La Unión*, criado em 31 de outubro de 1914 com o objetivo de transcender as fronteiras linguísticas dos mais tradicionais jornais da comunidade alemã (o *Argentinisches Tageblatt* e o *Deustsche La Plata Zeitung*) e tentar ganhar a opinião pública argentina em favor da causa germânica, ou pelo menos contrariar a hegemonia aliadófila da mídia local.[4]

As páginas do *La Unión* testemunharam o desenvolvimento de uma imagem diferente da Alemanha e de uma caracterização diferente da guerra em relação à informação fornecida pelos discursos aliadófilos, que reproduziam vários tópicos tradicionais da propaganda alemã. A primeira delas, a ideia de uma guerra defensiva contra uma coalizão de potências europeias que buscavam sufocar o desenvolvimento econômico alemão. A segunda, a unificação da cultura alemã diante do argumento reiterado pelos aliados de que a guerra mostrava a coexistência de duas culturas dentro do país: uma civilizada, ligada à experiência histórica do Romantismo e do idealismo alemão, e a outra bárbara e brutal, encarnada nos antigos valores prussianos, exemplificada de modo cabal nas ações dos exércitos do Kaiser durante a invasão da Bélgica.

Diante das acusações contra a Alemanha como responsável pela eclosão da guerra e por incorporar uma sociedade bárbara e retrógrada, criou-se uma contraimagem que enfatizava os bons resultados do Segundo Reich na educação e na sociedade, os quais acompanhavam e se alimentavam do enorme crescimento industrial experimentado pela Alemanha no contexto de uma sociedade hierárquica que pôde evoluir independentemente da existência de uma democracia parlamentar plena.

Essa empatia com os países que faziam parte do conflito europeu explica os diversos posicionamentos que a eclosão da Primeira Guerra Mundial provocou na imprensa argentina, os quais, por outro lado, excedem aos tradicionalmente mencionados na literatura.[5] Pois, além dos compromissos mais claros, como a aliadofilia (que seria mais correto denominar francofilia ou anglofilia) e a germanofilia, é possível observar outros posicionamentos durante os primeiros meses da guerra.

Em primeiro lugar, um pacifismo cristão, como o expresso nas páginas do jornal católico *El Pueblo*, que, conforme orientações do Vaticano e posicionamento do papa Pio X, ordenava que "todos os católicos do mundo fizessem orações públicas para que Deus misericordioso acabasse com as causas malignas da guerra, promovendo pensamentos de paz e não de aflição".[6] Na atmosfera das primeiras semanas do conflito, a Igreja Católica argentina começou a organizar peregrinações à Basílica de Luján e inúmeras orações pela paz, seguindo os ditames do papa Bento XV, recente sucessor de Pio X ao trono de São Pedro. Mas também cabe destacar outro tipo de pacifismo, alheio ao mundo religioso e que foi expresso em uma série de discursos em que era perceptível um tom mais moralista na oposição à guerra.[7]

Em segundo lugar, durante os primeiros meses da Primeira Guerra Mundial, houve posicionamentos genuinamente neutros, também próximos do pacifismo. Esses consideravam a guerra uma questão puramente europeia na qual a Argentina não deveria interferir e cujos significados não deveriam ser entendidos da mesma maneira durante o momento crítico de 1917, em que a neutralidade persistente do presidente Hipolito Yrigoyen foi considerada germanofilia disfarçada, explicando sua relutância em romper relações com o Império alemão e em declarar guerra contra as Potências Centrais.[8]

A EXPERIÊNCIA NACIONAL

Muitas dessas afinidades com potências europeias foram expressas por vários representantes das potências beligerantes, contribuindo para formar uma primeira imagem da Primeira Guerra Mundial como o choque entre dois paradigmas civilizatórios antagônicos, a civilização francesa ameaçada pela barbárie alemã, cujos contornos definitivos foram logo definidos quando do conhecimento e da denúncia das ações dos exércitos alemães contra a população civil da Bélgica e as províncias fronteiriças da França.

Essas diferentes imagens e representações amplamente divulgadas pela mídia impressa argentina no começo da Primeira Guerra Mundial foram elaboradas com base na empatia com os países que antes da guerra haviam sido referência para a cultura argentina e fundamentaram os diferentes posicionamentos da opinião pública local em relação à eclosão da guerra.

A Primeira Guerra Mundial como crise civilizatória e a questão nacional

Enquanto as páginas da imprensa argentina acomodavam essas imagens e representações dos países em guerra buscando influenciar a opinião pública em favor de um ou outro dos grupos em combate, rapidamente surgiram interpretações que identificavam a conflagração europeia como verdadeiro "suicídio da Europa". Do ponto de vista da Argentina, a Primeira Guerra Mundial desencadeou uma série de problemas para uma cultura nacional em formação que tradicionalmente se espelhava na Europa e que então precisava se redefinir a partir de uma imagem trágica que o Velho Mundo oferecia, depois de ter sido por anos o modelo paradigmático para as elites argentinas. Dessa forma, a Primeira Grande Guerra permitiu também uma série de reflexões sobre o legado da educação europeia na Argentina e reabriu uma questão sobre a identidade nacional.

Nessa densa teia de imagens e discursos provocados pela eclosão da guerra, verifica-se o retorno de vários dos problemas que marcaram as discussões sobre o chamado nacionalismo do Centenário.[9] No entanto, ao contrário do clima autocelebratório que marcou as comemorações de 1910, quando a Argentina comparava orgulhosa seu progresso com o da Europa, com a eclosão da guerra, o Velho Continente logo deixou de ser um exemplo a seguir. É por isso que uma caracterização do conflito militar como crise civilizatória reabre o debate sobre a identidade nacional e é também um pretexto para analisar alguns aspectos do projeto nacional lançado pela Geração de 80.

Tais discursos se encontram em um problema comum e partem de um diagnóstico bastante homogêneo que concorda em chamar a Primeira Guerra Mundial de ruptura civilizatória, dada a participação dos países que tradicionalmente foram considerados modelos na Argentina. Citando um comentarista anônimo do jornal *La Prensa*, o início da guerra foi "um salto formidável nas trevas", cujo resultado é difícil prever, uma vez que as "nações antigas, mestres da cultura e guias para a civilização mundial" intervieram no conflito.[10]

Esse tipo de diagnóstico rupturista também estava presente nos semanários populares ilustrados. Neles, a imagem desempenha um papel central na caracterização da guerra europeia como o fim de um ciclo civilizatório. Por exemplo, na primeira capa de uma edição de *Caras y Caretas*, de meados de outubro de 1914, o mapa da Europa é substituído por uma enorme marca de mão ensanguentada sobre a qual um pai, ou um professor, conversa com um jovem. Diante da pergunta sobre a razão para essas mudanças na geografia da Europa, a resposta irônica é: "Essa é uma das reformas impostas pela civilização." A ilustração de Manuel Mayol é uma crítica explícita à submissão da Europa à loucura da guerra, colocando em xeque seu caráter de modelo de civilização para as futuras gerações de argentinos, estas representadas pelo jovem de calças curtas que observa atento a explicação dada diante do "novo mapa da Europa".

A crise da guerra e, sobretudo, sua interpretação como fim do ciclo civilizatório europeu dão origem a um olhar satisfeito para o passado da Argentina e para seu presente. Nesse clima de ideias, surgem reflexões sobre o nacional que retomam alguns dos temas que marcaram os debates do Centenário da Revolução de Maio, em 1910. Acima de tudo,

A EXPERIÊNCIA NACIONAL

essa preocupação com "o nacional" surge de uma série de reflexões e pontos de vista sobre o futuro da economia da Argentina, no momento crítico que a guerra traz consigo para o modelo agroexportador e para as várias projeções sobre o futuro desse modelo econômico.

As primeiras consequências da guerra na Argentina foram as várias complicações que surgiram na área comercial e financeira. Após a eclosão da guerra, no sábado, 2 de agosto de 1914, em uma reunião de emergência do gabinete do presidente De la Plaza, o governo lançou uma série de medidas para controlar os possíveis choques econômicos que a guerra poderia provocar na Argentina. O pacote de medidas incluía: um decreto de feriado bancário e de câmbio, de 3 a 8 de agosto; uma moratória de trinta dias; o fechamento da casa de câmbio; e a proibição de exportação de ouro, trigo e farinha.[11] Posteriormente, em 5 de agosto de 1914, por intermédio de seu ministro de Relações Exteriores, José Luis Murature, a República Argentina declarou que, diante do estado de guerra entre "nações amigas", o governo de Victorino de la Plaza manteria "a mais rigorosa neutralidade".[12]

No entanto, as publicações dos jornais locais sobre a guerra que tinha acabado de eclodir na Europa mostravam otimismo em relação às possíveis consequências econômicas que o conflito poderia gerar na Argentina. Segundo um comentário do jornal *La Prensa* sobre a origem do pacote de medidas tomadas pelo governo, "a República da Argentina é um dos povos da terra que, por vários motivos e circunstâncias, experimentará seus efeitos ruinosos em uma escala menor". É por isso que pede para manter a calma e abandonar esse "impensado estado de exaltação" que tomou conta da opinião local.[13] Após os primeiros dias do início da guerra, para moderar a ansiedade, de acordo com *La Prensa*, "o povo recupera a confiança nos recursos do país e na ação prudente das autoridades para diminuir a influência de que não pode escapar o mecanismo financeiro do país, por isso está tão intimamente ligada ao continente agora devastado pela guerra".[14]

A Europa, principal sócio comercial da Argentina agroexportadora e principal investidor no país, passa a ser um continente em guerra, o que obriga a Argentina a adotar um olhar mais introspectivo sobre seu potencial para atravessar a crise econômica. Ainda que incerta no contexto discursivo e conceitual do liberalismo econômico, existe uma forte tendência a se prestar maior atenção às necessidades, aos problemas do mercado nacional e ao que é imprecisamente denominado de "nossos próprios interesses", ou "nossos recursos".[15] Além disso, o tom otimista de muitas dessas intervenções é geralmente acompanhado por uma imagem da guerra como uma situação da qual a Argentina deveria se aproveitar em termos econômicos. Por exemplo, o jornal *La Razón*, em sua publicação de 3 de agosto, convoca o povo argentino a cumprir com seus deveres em "defesa e manutenção de seus próprios interesses". O editor insiste no caráter transitório da situação criada pelos acontecimentos na Europa que possivelmente levariam a esforços e privações que, tão logo terminasse a guerra, trariam recompensa:

> O ouro não virá agora para "negócios", mas logo virá para pagar nossos produtos. Entretanto, devemos nos bastar e é nisso que consiste a transição que, repetimos, é momentânea, porque essa mesma luta europeia criará novas necessidades de investimento frutífero do capital e, sobretudo, as necessidades urgentes da nossa produção que são, em si, vitais.[16]

Dessa maneira, junto com um amplo prognóstico segundo o qual as operações militares não se estenderiam muito além do ano de 1914, a guerra é apresentada como uma situação anômala que, ainda que trazendo algumas complicações para o modelo econômico excessivamente dependente do exterior, abria a possibilidade de posicionar melhor os produtos argentinos em uma Europa com escassez de alimentos.

Esse tipo de intervenção adquiriu tom quase programático em várias publicações do *La Prensa*, brilhantemente refletido na nota "Los engranajes comerciales" [As engrenagens comerciais]. Nesta se afirma: "Em nosso país, devemos aproveitar a guerra europeia como valiosa experiência para impulsionar a economia nacional, mais que exclusivamente como formação militar", e para isso é necessário que governantes e as classes dominantes estudem "os fatores econômicos da Argentina, a fim de nos orientar no caminho exato das necessidades coletivas". Em primeiro lugar, é urgente incorporar capital, o que foi

A EXPERIÊNCIA NACIONAL

interrompido com a eclosão da guerra, e continuar a dinamizar a produção que "deve se orientar com base no mercado universal, nos artigos cuja demanda seja constante, mas sem esquecer das necessidades do mercado interno, aonde o produto deve chegar em condições favoráveis para o consumo".[17]

O editorial do *La Prensa* propõe a continuação do modelo agroexportador, apesar da conjuntura da guerra, levando à Europa a maior quantidade possível de produtos de exportação, mas também tendo em conta os preços do mercado interno para evitar escassez, aumento de preços e agitação social. Isso também explica publicações e artigos dedicados a denunciar a elevação de preços e o aumento do custo de vida da população, bem como aqueles dedicados a investigar a questão do emprego e as ações do Estado para evitar o desemprego.[18]

Além dessas especulações acerca das consequências econômicas do conflito europeu no mercado local, os primeiros dias da guerra foram marcados por manifestações de rua, uma forte demanda por informação e uma enorme expectativa sobre o desenrolar da guerra, quando, sem dúvida, tinha grande importância o alto número de imigrantes morando na Argentina desde agosto de 1914, em particular na cidade de Buenos Aires.[19]

Nesse sentido, a interpretação da Primeira Guerra Mundial como uma crise civilizatória e a posição da Argentina diante do conflito dão lugar a uma releitura de certos elementos do passado nacional, tais como a imigração ou o cosmopolitismo que tecem uma firme defesa pela neutralidade:

> (...) o peculiar contexto da sociedade argentina, filha de um cosmopolitismo heterogêneo, faz com que sintamos vivamente as consequências da espantosa tragédia. Convivem conosco, contribuindo para nosso progresso com seus esforços, elementos de todas as nações em luta: ingleses, franceses, alemães, austríacos, belgas. Eles criaram espaços em nosso país, lugares que devem sentir hoje a vibração trágica de sua pátria, alimentando um profundo amor pela nostalgia e a exaltação acentuada do espírito de raça com a solenidade do momento. Muitos argentinos, filhos desses lugares, sentir-se-ão contaminados pelo espí-

ENTRE AS TENSÕES DO EUROPEÍSMO E A QUESTÃO NACIONAL...

rito familiar, pela vibração da alma de seus pais. Por isso, a tragédia europeia repercute entre nós com tal variedade de matizes emocionais, sacudindo o espírito argentino das mais diversas formas.[20]

Essa situação possibilita um olhar de satisfação sobre a experiência da Argentina, que pode se vangloriar de ter sabido conjugar um enorme crescimento econômico e material com uma evolução histórica relativamente pacífica, já que, pelo menos desde sua formação como Estado Nacional, em 1880, não esteve envolvida em conflitos bélicos. Nesse jogo de espelhos, a visão argentina da guerra na Europa contrasta com a coexistência em Buenos Aires de milhares de cidadãos de nações em guerra que aqui souberam conviver em um clima de paz e respeito mútuo:

> (...) é de se notar com complacência: entre esses inimigos que lá empunham armas uns contra os outros, não houve irrupção aqui. Todos vão em busca de suas notícias, leem estimulados, com entusiasmo, ou grave silêncio, conforme o que elas lhes dizem à alma de cada um, e se retiram comentando-as com moderação de quem se sente em um lugar de hospitalidade comum a todos, verdadeiro campo neutro onde os ares de paz suavizam o calor dos espíritos levantados pela luta. Amanhã, muitos terão partido para seu respectivo país, onde o dever diante do perigo da pátria os chama e se encontrarão, quiçá, frente a frente no violento conflito colérico de guerra, buscando com fúria o coração do inimigo; no entanto, aqui, no tranquilo solo da América, nada os empurra um contra o outro e leem convivendo e respeitando, sem violência, as notícias que anunciam o princípio da guerra nas respectivas nações.[21]

É por isso que a defesa da neutralidade é uma questão de primeira ordem. Em várias publicações durante as primeiras semanas do conflito, o jornal *La Prensa* interveio pedindo calma, prudência e, sobretudo, neutralidade. Reconhece a importância que a questão da guerra adquiriu, transformando-se em assunto de conversa entre a população que começava a manifestar simpatia por um ou outro combatente. Diante disso, o *La Prensa* foi prescritivo: "devemos tomar cuidado para que os moradores aqui, compatriotas dos lutadores na Europa, não comprometam a nossa serenidade", e reitera uma imagem da Argentina que reproduz o velho clichê do *melting pot* argentino:

> Uma nação como a nossa, que acolhe sem reservas em seu espaço todos os trabalhadores do mundo, sem fazer distinção de nacionalidade, que recebe sangue, capital e ideias da França, da Alemanha, da Inglaterra (...) em momento tão solene como este não os separa para elogiar a uns e ferir a outros; observa como testemunha imparcial do doloroso drama e mantém a expectativa de que ninguém tem o direito de dizer que está inclinada para o lado de uns ou de outros.[22]

A eclosão da guerra foi um acontecimento que motivou também a ativa intervenção dos intelectuais nas páginas de jornais diários e nos semanários populares de Buenos Aires. Provavelmente, José Ingenieros foi o intelectual que expressou melhor esse diagnóstico e o deslocamento temático no calor da Primeira Guerra Mundial. Com base em uma noção de decadência ou esgotamento do ciclo civilizatório europeu que permitia uma interpretação da guerra como corte civilizatório, Ingenieros começou suas indagações sobre o que denominava "argentinidade" em uma série de artigos publicados no *Caras y Caretas*, entre agosto de 1914 e julho de 1915.

Essa ativa presença de Ingenieros em uma das mídias gráficas mais populares da Argentina corresponde a um momento muito particular de seu caminho intelectual marcado pelo regresso ao país, no final de julho de 1914, depois de ficar em autoexílio na Europa por mais de três anos e de ter apostado tudo em sua saída, o que o obrigou a progressivamente restabelecer suas relações intelectuais e a buscar novos espaços de inserção no contexto intelectual argentino.[23]

Essa situação, somada a uma genuína opção por construir um lugar de enunciação independente das instituições e do poder político, explica, em grande medida, o fato de Ingenieros ter optado por publicar essas reflexões sobre a Primeira Guerra Mundial em mídias de outra maneira legítimas, mas com maior capacidade de ampliar seu discurso, como é o caso do *Caras y Caretas*. Paralelamente, durante

ENTRE AS TENSÕES DO EUROPEÍSMO E A QUESTÃO NACIONAL...

os anos da Primeira Guerra Mundial, Ingenieros mergulhou em uma verdadeira febre pela organização da cultura nacional por meio de grandes projetos intelectuais: a *Revista de Filosofía, Cultura, Ciencias y Educación*, que surgiu em 1915, e o início de seu projeto editorial *La Cultura Argentina*.[24]

O ponto de partida dessas novas reflexões é sua precoce interpretação da guerra europeia como crise civilizatória, presente em seu célebre texto "El suicidio de los bárbaros", publicado no n.829 de *Caras y Caretas*, em 22 de agosto de 1914. O que mais chama a atenção é a abrangência do termo "bárbaro". Diante de uma representação inicial da Primeira Guerra Mundial como o resultado inexorável do choque entre dois paradigmas antagônicos (a barbárie alemã *versus* a civilidade francesa) cujos contornos foram logo definidos pela invasão alemã da Bélgica, Ingenieros atribui a toda a cultura europeia o termo "barbárie": "A civilização feudal que impera nas nações bárbaras da Europa se prepara para suicidar-se."[25] E não há, ao longo do texto, indícios que permitam excetuar dessa barbárie as duas nações que mais influenciaram a elite intelectual da Argentina, França e Inglaterra, que também levariam o rótulo de "nações bárbaras", às quais se referiu o autor.

Nessa primeira leitura de Ingenieros sobre a Primeira Guerra Mundial, surgiu uma importante falha no modelo eurocêntrico como paradigma histórico-cultural que, como assinalou Oscar Terán, se não chegou a gerar um antieuropeísmo,[26] abonou a representação da eclosão da guerra como o esgotamento de um ciclo civilizatório europeu: "Houve glórias; nós as admiramos. Houve heróis; ficaram na história. Houve ideais: cumpriram-se."[27]

No entanto, ao incluirmos esse escrito na formação discursiva de Ingenieros, notamos que com essa ruptura há a recorrência da utilização de termos como "feudalismo", "belicismo" e "barbárie", tradicionalmente usados para designar um estado negativo das coisas ("a barbárie capitalista" no exaltado discurso do jovem Ingenieros, anarquista fundador do jornal *La Montaña*), mas a novidade está no fato de que aqui descrevem e constroem uma determinada ideia da Europa.

A EXPERIÊNCIA NACIONAL

Nesse sentido, a interpretação de Ingenieros apoiaria um ponto de vista sobre a guerra que, como afirmou Tulio Halperin Donghi, representa uma "(...) dissolução da visão linear e ascendente do processo histórico que no século anterior havia marcado com seu signo a fé coletiva em uma Europa em ascensão, e na Argentina havia crescido essa outra fé nacional que alcançou seu ápice na histórica obra de Mitre", embora, como mostrado na primeira seção deste artigo, essa interpretação não possa ser extensiva a toda a leitura sobre a guerra, já que as interpretações inovadoras do legado europeu coexistem, por vezes nas páginas de uma mesma edição, onde há a defesa da civilização europeia ameaçada pelo militarismo e pela "tirania germânica".[28]

O breve texto de Ingenieros traz esse duplo posicionamento segundo o qual o diagnóstico da crise civilizatória europeia está acompanhado por uma abertura para o problema nacional. Dessa maneira, a Europa é momentaneamente relegada e abre questões sobre os pilares da identidade nacional. Com forte tom prescritivo, o texto não só firma uma opinião sobre a cultura europeia e o fim de sua potência ético-civilizatória ("Homens novos e raça nova! Saúdam o suicídio do mundo feudal com calorosos votos de que seja definitiva a catástrofe"), mas também aponta quais são os caminhos que a Argentina deve seguir até o futuro, o que permite reafirmar a identidade nacional que será uma das preocupações mais prementes desse período no trabalho de Ingenieros.

De forma semelhante a outros discursos já mencionados, nessas reflexões de Ingenieros o conflito europeu funciona como pretexto para reexaminar o processo de modernização iniciado e controlado pelas elites locais, desde 1880. Apesar dos transtornos, consequência imediata da guerra para um modelo econômico excessivamente exposto às variações do comércio exterior, o potencial da Argentina, apontado por Ingenieros, não contesta o modelo econômico baseado na terra: "Nós, argentinos, temos um solo generoso, mas é necessário trabalhá-lo com amor e energia."

A questão da terra é o ponto de partida para enaltecer vários heróis do panteão nacional – "Rivadavia e Alberdi ensinaram que a terra deve pertencer a quem a semeia (...)" – e certas figuras da elite intelectual

ENTRE AS TENSÕES DO EUROPEÍSMO E A QUESTÃO NACIONAL...

que sustentariam o potencial argentino, como "Sarmiento, o pensador da raça, Ameghino, o sábio revelador e também Almafuerte, o poeta magnífico".[29]

A genealogia traçada por Ingenieros, da qual ele seria o último elo, incluía grandes nomes do liberalismo do século XIX, como também uma particular biografia de Sarmiento, destacando, sobretudo, suas reflexões sobre raça e a persistência da referência ao mundo científico do qual Ingenieros fez parte, na figura de Ameghino. São esses os homens que, segundo Ingenieros, devem servir de inspiração para o advento de uma nova civilização, ainda que essa mudança de curso não pareça questionar o modelo agroexportador sem reafirmar o fundamento nos princípios morais do trabalho e da cultura: "Diante dos escombros do continente suicida levantaremos novos ideais que nos habilitem para ser uma grande pátria, forte para enfrentar novas lutas humanas no trabalho e na cultura, e propícia ao fecundo estímulo criador." Em outras palavras, o argumento de Ingenieros retoma a ideia de Sarmiento sobre o meio adequado para as raças europeias: a Argentina como sociedade nova e aberta é um ambiente propício para o surgimento de novos ideais que substituirão os que a velha Europa levou consigo para os campos de batalha.

Após esse diagnóstico da guerra como ruptura civilizatória, os textos de Ingenieros pretendem consolidar os pilares da nova cultura argentina iluminada pela crise do modelo europeu. Dessa maneira, seus artigos no *Caras y Caretas* são uma espécie de síntese programática de posturas mais amplas que serão adotadas por Ingenieros em outras mídias.[30]

Considerações finais

A eclosão da Primeira Guerra Mundial repercutiu de forma intensa na Argentina e provocou uma enorme expectativa sobre o destino das nações que participavam do conflito. Este capítulo analisou duas das reações mais evidentes na grande imprensa argentina. Em primeiro lugar, os variados posicionamentos da opinião pública argentina a

A EXPERIÊNCIA NACIONAL

favor das nações em conflito, motivados por uma afinidade com os países que tradicionalmente foram considerados modelos para as elites locais, que iniciaram o processo de inserção da Argentina no mercado capitalista mundial, e explicam a representação das nações beligerantes elaborada e reproduzida pela imprensa local.

Em segundo lugar, junto com esses compromissos e posicionamentos é possível constatar o precoce surgimento de uma série de interpretações com tendência a caracterizar a guerra europeia como um verdadeiro "suicídio da Europa". O precoce diagnóstico da guerra como crise civilizatória deu lugar, concomitantemente, a reflexões sobre o legado da educação europeia na Argentina e a um questionamento sobre o problema da identidade nacional. Como em um jogo de espelhos, a eclosão da Primeira Guerra Mundial resultou em um olhar introspectivo que permitiu reavaliar positivamente certos elementos do passado nacional, como a imigração ou o cosmopolitismo, enquanto se traçavam os novos rumos que a Argentina deveria seguir tendo em vista o novo cenário europeu.

Notas

1. Sobre as vicissitudes da influência do modelo francês nas elites políticas e intelectuais da América Latina, veja Denis Rolland. *La Crise du Modèle Français: Marianne et l'Amerique Latine. Culture, politique et identité*. Rennes: Presses Universitaires de Rennes, 2000. Sobre a importância da viagem à Europa na formação do imaginário das elites argentinas, veja David Viñas. "La mirada de Europa: Del viaje colonial al viaje estético". In: *Literatura argentina y realidad política*. Buenos Aires: Jorge Álvarez, 1964, p.3-80 e Beatriz Colombi. *Viaje intelectual: Migraciones y desplazamiento en América Latina (1880-1915)*. Rosario: Beatriz Viterbo, 2004. Para um estudo sobre a presença da cultura britânica na elite argentina, veja Cristina Andrea Featherston, *La cultura inglesa en la Generación del 80: Autores, viajes, literatura*. Buenos Aires: Biblos, 2009.

2. "Las naciones beligerantes. Vinculaciones argentinas". *El Diario*, año XXXIII, n.7697, 8 ago 1914, p.6-7. O texto foi posteriormente incluído

ENTRE AS TENSÕES DO EUROPEÍSMO E A QUESTÃO NACIONAL...

na coleção de textos do autor, *Alemania contra el mundo*. Buenos Aires: Otero & Co. Impresores, 4ª edição, 1916, p.79-85.

3. Sobre intelectuais germanófilos, veja María Inés Tato. "Contra la corriente: los Intelectuales germanófilos Argentinos frente a la Primera Guerra Mundial". In: *Jahrbuch für Geschichte Lateinamerikas / Anuario de Historia de América Latina*, n.49, Graz: Institut für Geschichte Karl Franzens – Universität Graz, 2012 (no prelo).

4. Sobre o jornal *La Unión* veja María Inés Tato. "A la conquista de la opinión pública argentina: El diario *La Unión* durante la Gran Guerra", comunicação apresentada no simpósio *Las sociedades latinoamericanas ante la Primera Guerra Mundial*, como parte do *54° Congreso Internacional de Americanistas*, realizado na Universidade de Viena, de 15 a 20 de jul. de 2012. Para um breve estudo sobre a imprensa da comunidade alemã na Argentina durante a Primeira Guerra Mundial, veja Katrin Hoffmann. "¿Construyendo una 'comunidad'? Theodor Alemann y Hermann Tjarks como voceros de la prensa germanoparlante en Buenos Aires, 1914-1918". *Iberoamericana. América Latina, Espanha, Portugal*, vol.IX, n.33, 2009, p.121-137.

5. Veja, por exemplo, o clássico estudo de Ricardo Weinmann. *Argentina en la Primera Guerra Mundial: Neutralidad, transición política y continuismo económico*. Buenos Aires: Biblos – Fundación Simón Rodríguez, 1994, p.65.

6. "Peregrinación pro paz". *El Pueblo*, ano XV, n.5.074, 23 ago. 1914, p.3.

7. Veja, por exemplo, "¡Maldita sea la guerra!". *Mundo argentino: Semanario popular ilustrado*, ano IV, n.187, 5 ago. 1914, p.1.

8. A crise de 1917 foi o resultado de uma combinação de fatores externos e internos relacionados à guerra. Em fevereiro daquele ano, os Estados Unidos romperam relações diplomáticas com o Império alemão e, em seguida, entraram na guerra, em resposta à restauração da guerra submarina irrestrita provocada pela Alemanha. Isso trouxe fortes pressões diplomáticas para que os países do continente adotassem a mesma postura, embora, no caso da Argentina, essas pressões não tenham conseguido mudar o curso da política neutralista do presidente Yrigoyen. A gravidade da situação aumentou a partir de abril, após submarinos alemães afundarem vários navios de bandeira argentina: em 4 de abril afundaram o *Monte Protegido*, em 6 de junho, o *Oriana*, e em 22 de junno, o *Toro*. Esse clima de hostilidade causou forte polarização da

A EXPERIÊNCIA NACIONAL

opinião pública entre neutralistas e rupturistas que disputavam as ruas da cidade em manifestações que procuravam forçar a ruptura das relações com o Império alemão. Enquanto o governo argentino administrava tais alegações através dos canais diplomáticos, um incidente marcou a última escalada da crise, o *Caso Luxburg*. Em setembro, o governo dos EUA divulgou uma série de telegramas cifrados do ministro alemão na Argentina, conde Karl Graf von Luxburg, para o Kaiser Wilhelm II. Neles o ministro utiliza termos depreciativos para se referir ao presidente Yrigoyen e seu ministro das Relações Exteriores, Honorio Pueyrredon, além de recomendar que as autoridades alemãs prosseguissem com o afundamento dos navios argentinos "sem deixar rastro". Obviamente, quando esses telegramas vieram a público, o presidente foi forçado a entregar os passaportes ao diplomata alemão, mas ainda assim não rompeu relações com o Império alemão. Sobre a contemporânea percepção da neutralidade de Yrigoyen como germanofilia disfarçada, veja Hernán Otero. "Yrigoyen y la Argentina durante la Gran Guerra según los agregados militares franceses". *Estudios Sociales: Revista Universitaria Semestral*, ano XIX, n.36, Santa Fé, UNL, 2009, p.69-90.

9. Na Argentina, a expressão "nacionalismo do Centenário" se refere a um tipo de nacionalismo que é, principalmente, liberal e que rechaça a ideia de nacionalidade exclusivamente centrada no pertencimento a uma cultura em comum e, portanto, voltada para o passado. Longe disso, postula que a formação de uma cultura nacional é questão que deve se abrir para o futuro e ancorar sua construção nos diversos aspectos específicos do processo histórico argentino, como, por exemplo, a imigração em massa. Os nacionalismos que floresceram no primeiro pós-guerra modificaram esse conceito radicalmente. Veja em Carlos Payá e Eduardo Cárdenas. *El primer nacionalismo argentino*. Buenos Aires: Peña Lillo, 1978; e Fernando Devoto. "El momento del Centenario". In: *Nacionalismo, fascismo y tradicionalismo en la Argentina moderna: Una historia*. Buenos Aires: Siglo XXI, primeira reimpressão revisada e corrigida, 2006, p.47-119.

10. "Guerra en el continente europeo". *La Prensa*, ano XLV, n.15.971, 2 ago 1914, p.7. Vale destacar que o diagnóstico da Primeira Guerra Mundial como crise civilizatória provocou, após o fim da guerra, outros tipos de reações no campo cultural argentino, como, por exemplo, a busca, no Oriente, de uma civilização que sucedesse ao fim do ciclo civilizatório

ENTRE AS TENSÕES DO EUROPEÍSMO E A QUESTÃO NACIONAL...

europeu. Veja em Martín Bergel. *Un caso de orientalismo invertido: Representaciones intelectuales del Oriente en la cultura argentina de la primera postguerra (1918-1930)*. Tese de doutorado (inédita), Facultad de Filosofía y Letras, Universidad de Buenos Aires.

11. Ricardo Weinmann. *Argentina en la Primera Guerra Mundial: Neutralidad, transición política y continuismo económico*. Buenos Aires: Biblos – Fundación Simón Rodríguez, 1994, p.39-41.

12. "Decreto de 5 de agosto de 1914 declarando la neutralidad de la República en el estado de guerra entre Austria-Hungría, Servia, Rusia, Alemania, Inglaterra, Francia y Bélgica". In: *Libro Azul. Documentos y actos de gobierno relativos a la guerra en Europa*. Buenos Aires: Ministerio de Relaciones Exteriores y Culto, 1919, p.5 e 6.

13. "Repercusión de la guerra en la Argentina". *La Prensa*, ano XLV, n.15.971, 2 ago. 1914, p.6.

14. Idem, n.15.978, 9 ago. 1914, p.7.

15. Enquanto durante a guerra há maior demanda por intervenção estatal, o intervencionismo econômico e social é acompanhado com muito cuidado para evitar "excessos". Por exemplo, quanto à medida tomada pelo governo para abrigar no hotel de imigrantes as pessoas que estão em situação de pobreza por falta de trabalho, o *La Prensa* é muito crítico ao recordar: "Até agora, entre nós o conceito de missão do Estado tem sido garantir e facilitar o desenvolvimento das atividades como condição indispensável para contribuir para o progresso nacional." Veja "El gobierno y los obreros sin trabajo", n.15.990, 21 ago. 1914, p.8.

16. "Deberes populares". *La Razón*, ano X, n.2.724, 3 ago. 1914, p.4.

17. *La Prensa*, ano XLV, n.15.986, 17 ago. 1914, p.7.

18. "El precio de los artículos de consumo". *La Prensa*, n.15.985, 16 ago. 1914, p.4; "Oportunidad para el desarrollo de la viticultura". *La Prensa*, n.15.987, 18 ago. 1914, p.5; "La política de la producción. Deberes y responsabilidades de los poderes públicos". *La Prensa*, n.15.990, 21 ago. 1914, p.5; "La falta de trabajo y la acción del gobierno". *La Prensa*, n.15.991, 22 ago. 1914, p.9; e "Orientaciones e incertidumbres". *La Prensa*, n.15.998, 29 ago. 1914, p.4.

19. Segundo os dados do terceiro censo nacional populacional, de junho de 1914, aproximadamente 30% da população do país era estrangeira, e nas grandes cidades, como Buenos Aires, esse percentual subia para 50%. Veja AA.VV, Dirección General de Estadísticas y Censos de la

A EXPERIÊNCIA NACIONAL

Ciudad de Buenos Aires. "La ciudad en el Censo Nacional de 1914. Tercer Censo General". *Población de Buenos Aires*, ano 5, n.8, out. 2008, p.83-94. Em 1914, o percentual da população estrangeira segundo sua origem era o seguinte: italianos (40,6%), espanhóis (36,3%), russos (4,1%), franceses (3,5%), sírio-libaneses (2,8), austro-húngaros (1,7%), britânicos (1,2%), alemães (1,1%) e suíços (0,6%). Os dados foram retirados em Vicente Vázquez Presedo. *El caso argentino: Migración de factores, comercio exterior y desarrollo, 1875-1914.* Buenos Aires: Eudeba, 1971, p.94. Sobre as mobilizações e manifestações desencadeadas com o início da guerra, veja María Inés Tato. "La contienda europea en las calles porteñas: Manifestaciones cívicas y pasiones nacionales en torno de la Primera Guerra Mundial". In: _____; Martín Castro (orgs.). *Del Centenario al peronismo: Dimensiones de la vida política argentina.* Buenos Aires: Imago Mundi, 2010, p.33-63.

20. "La guerra en el continente europeo". *La Prensa*, ano XLV, n.15.974, 5 ago. 1914, p.7.

21. "La conflagración europea. Su influencia en nuestro país". *La Nación*, ano XLIV, n.15.304, 5 ago. 1914, p.9.

22. "Juicio popular argentino". *La Prensa*, ano XLV, n.15.976, 7 ago. 1914, p.8.

23. O motivo de sua saída é fato conhecido: depois de um longo período de inserção de acadêmicos e de instituições, em 1911, Ingenieros se apresentou para ocupar a cátedra de Medicina Legal na Facultad de Medicina de La Universidad de Buenos Aires. Devido a suas experiências anteriores com a docência e suas publicações de referência na área, o conselho diretivo da faculdade o considerou primeiro candidato entre os três apresentados ao Poder Executivo nacional, de quem, até então, seria a decisão final nas designações de docentes. Não obstante, provavelmente em resposta à pressão da Igreja católica, o Dr. Roque Sáenz Peña ignorou a recomendação e designou outro candidato. Desanimado, Ingenieros apelou para o último recurso entre os gestos intelectuais: o escândalo. Com sua grandiloquência, renunciou a seu posto no *Instituto de Criminología* e à direção das revistas de sua responsabilidade, fechou seu consultório e distribuiu parte de sua biblioteca entre amigos e discípulos. Mas, antes de abandonar o país, em um ato que é indício do progressivo impacto do campo intelectual, repetindo o gesto de Émile Zola durante o Caso Dreyfus, escreveu uma carta aberta ao presidente

ENTRE AS TENSÕES DO EUROPEÍSMO E A QUESTÃO NACIONAL...

da República denunciando a ofensa contra sua pessoa e anunciando que não voltaria a morar no país enquanto o presidente fosse Sáenz Peña. Ingenieros cumpriu sua promessa, já que ao regressar ao país, em 22 de julho de 1914, Victorino de la Plaza era o presidente. Essa segunda permanência na Europa, que Ingenieros logo descreveu como "uma reviravolta para a alma", foi fundamental para compreender a nova etapa que se inaugurou com seu retorno à Argentina. Em primeiro lugar, porque provocou o progressivo abandono dos pensamentos anteriores marcados pelo positivismo, pelo spencerismo, pelo determinismo, pela criminologia lombrosiana e pelo darwinismo social. Essa "reação antipositivista" é concomitante com uma maior recorrência de elementos moralistas e idealistas em seu discurso, como pode ser percebido no texto fundamental desse período *El hombre mediocre*, escrito em 1913, com clara alusão a Sáenz Peña. Para uma descrição mais detalhada, veja Oscar Terán. *José Ingenieros: Pensar la nación. Antología de textos*. Buenos Aires: Alianza, 1986, p.57-72.

24. Para uma análise dos empreendimentos culturais de Ingenieros, veja o estudo introdutório de Luis Alejandro Rossi. "Los proyectos intelectuales de José Ingenieros desde 1915 a 1925: La crisis del positivismo y la filosofía en la Argentina". *Revista de Filosofía, Cultura – Ciencias – Educación*. Bernal: UNQUI, Colección La ideología argentina, 1999, p.13-62; Fernando Degiovanni. "Nacionalismo de mercado y disidencia cultural: *La Cultura Argentina* de Ingenieros". In: *Los textos de la patria. Nacionalismo, políticas culturales y canon en la Argentina*. Rosario: Beatriz Viterbo, 2007, p.215-320.

25. A versão incorporada em *Los tiempos nuevos* é um pouco diferente e menos elíptica: "A civilização feudal predominante nas nações bárbaras europeias resolveu cometer suicídio jogando-se no abismo da guerra." *Los tiempos nuevos: Reflexiones optimistas sobre la guerra y la revolución*. Buenos Aires: Losada, 1961 [1921] p.11.

26. Oscar Terán. *José Ingenieros: Pensar la nación. Antología de textos*. Buenos Aires: Alianza, 1986, p.74.

27. Cabe aqui esclarecer que, no decorrer do conflito, Ingenieros reformulou seu posicionamento. Por um lado, existiu um fugaz "momento aliadófilo" na *Revista de Filosofía* em torno da crise de 1917, que em sua edição de maio reproduziu quase na íntegra o artigo "Neutralidad imposible", de Leopoldo Lugones, originalmente publicado

no jornal *La Nación*, em 7 abr. 1917. Em seguida, a partir de 1918, a Revolução Russa, a Reforma Universitária e a Semana Trágica de 1919 passaram a ser as causas com as quais se identificou e interveio. Nesse sentido, na conferência *Ideales viejos e ideales nuevos*, de 8 de maio de 1918, na cidade de Rosário, afirma: "Simpatizo com a França, a Bélgica, a Itália, com os Estados Unidos, porque essas nações estão mais próximas dos novos ideais e em oposição aos velhos ideais. Em suma, simpatizo com a Revolução Russa..." *Los tiempos nuevos: Reflexiones optimistas sobre la guerra y la revolución*. Buenos Aires: Losada, 1961 [1921] p.25.

28. Tulio Halperín Donghi. *Vida y muerte de la República verdadera*, vol. IV. Buenos Aires: Ariel, Colección Biblioteca del Pensamiento Argentino, 1999, p.66.

29. Na versão incluída em *Los tiempos nuevos* foram retiradas a interpelação aos argentinos e as referências a Rivadavia e Alberdi.

30. Veja, entre outros, "Patria y cultura". *Caras y Caretas*, ano XVII, n.840, 7 nov. 1914; "El nuevo nacionalismo argentino". *Caras y Caretas*, ano XVII, n.41, 14 nov. 1918; e "Filosofía de la argentinidad". *Caras y Caretas*, ano XVII, n.842, 21 nov. 1914. Em seguida, dedicou-se a estudos direcionados à questão: "Para una filosofía argentina". *Revista de Filosofía*, jan de 1915; e *La formación de la raza argentina*, conferência no *Instituto Popular de Conferencias* em parceria com o jornal *La Prensa* e nele publicada em 2 de setembro de 1915, em que apresenta a questão do substrato histórico do país, o qual definiu ao fim da guerra em seu livro *La Evolución Sociológica Argentina*.

Referências bibliográficas

BERGEL, Martín. *Un caso de orientalismo invertido: Representaciones intelectuales del Oriente en la cultura argentina de la primera postguerra (1918-1930)*. Tese de doutorado (inédita), Facultad de Filosofía y Letras, Universidad de Buenos Aires.

COLOMBI, Beatriz. *Viaje intelectual: Migraciones y desplazamiento en América Latina (1880-1915)*. Rosario: Beatriz Viterbo, 2004.

DEGIOVANNI, Fernando. "Nacionalismo de mercado y disidencia cultural: La Cultura Argentina de Ingenieros". In: *Los textos de la patria: Nacio-*

nalismo, políticas culturales y canon en la Argentina. Rosario: Beatriz Viterbo, 2007, p.215-320.

DEVOTO, Fernando. "El momento del Centenario". In: *Nacionalismo, fascismo y tradicionalismo en la Argentina moderna: Una historia*. Buenos Aires: Siglo XXI, primeira reimpressão revisada e corrigida, 2006, p.47-119.

FEATHERSTON, Cristina Andrea. *La cultura inglesa en la Generación del 80: Autores, viajes, literatura*. Buenos Aires: Biblos, 2009.

HALPERÍN DONGHI, Tulio. *Vida y muerte de la República verdadera*, vol.IV. Buenos Aires: Ariel, Colección Biblioteca del Pensamiento Argentino, 1999.

HOFFMANN, Katrin. "¿Construyendo una 'comunidad'? Theodor Alemann y Hermann Tjarks como voceros de la prensa germanoparlante en Buenos Aires, 1914-1918". *Iberoamericana. América Latina, España, Portugal*, vol.IX, n.33, 2009, p.121-137.

OTERO, Hernán. "Yrigoyen y la Argentina durante la Gran Guerra según los agregados militares franceses". *Estudios Sociales. Revista Universitaria Semestral*, año XIX, n.36, Santa Fé, UNL, 2009, p.69-90.

PAYÁ, Carlos; CÁRDENAS, Eduardo. *El primer nacionalismo argentino*. Buenos Aires: Peña Lillo, 1978.

ROLLAND, Denis. *La crise du modèle français. Marianne et l'Amerique Latine: Culture, politique et identité*. Rennes: Presses Universitaires de Rennes, 2000.

ROSSI, Luis Alejandro. "Los proyectos intelectuales de José Ingenieros desde 1915 a 1925: La crisis del positivismo y la filosofía en la Argentina". *Revista de Filosofía, Cultura – Ciencias – Educación*, Bernal, UNQUI, Colección La ideología argentina, 1999, p.13-62.

TATO, María Inés. "Nacionalismo e internacionalismo en la Argentina durante la Gran Guerra". *Projeto História*, n.36, São Paulo, EDUC, jun. 2008, p.49-62.

_____. "La contienda europea en las calles porteñas. Manifestaciones cívicas y pasiones nacionales en torno de la Primera Guerra Mundial". In: _____; CASTRO, Martín (orgs.). *Del Centenario al peronismo: dimensiones de la vida política argentina*. Buenos Aires: Imago Mundi, 2010, p.33-63.

_____. "Contra la corriente: los intelectuales germanófilos argentinos frente a la Primera Guerra Mundial". *Jahrbuch für Geschichte Lateinamerikas*

A EXPERIÊNCIA NACIONAL

/ *Anuario de Historia de América Latina*, n.49, Graz, Institut für Geschichte Karl Franzens – Universität Graz, 2012 (no prelo).

————. "A la conquista de la opinión pública argentina' el diario *La Unión* durante la Gran Guerra". Comunicação apresentada no simpósio *Las sociedades latinoamericanas ante la Primera Guerra Mundial*, como parte do *54° Congreso Internacional de Americanistas*, realizado na Universidade de Viena, de 15 a 20 de jul. 2012.

TERÁN, Oscar. *José Ingenieros: Pensar la nación. Antología de textos.* Buenos Aires: Alianza, 1986.

VÁZQUEZ PRESEDO, Vicente. *El caso argentino: migración de factores, comercio exterior y desarrollo, 1875-1914.* Buenos Aires: Eudeba, 1971.

VIÑAS, David. "La mirada de Europa: Del viaje colonial al viaja estético". In: *Literatura argentina y realidad política.* Buenos Aires: Jorge Álvarez, 1964, p.3-80.

WEINMANN, Ricardo. *Argentina en la Primera Guerra Mundial: Neutralidad, transición política y continuismo económico.* Buenos Aires: Biblos – Fundación Simón Rodríguez, 1994.

Fonte

MINISTERIO DE RELACIONES EXTERIORES Y CULTO. *Libro Azul. Documentos y actos de gobierno relativos a la guerra en Europa.* Buenos Aires, 1919, p.5-6.

15. Uma breve história da República Popular da China

Lorenz Bichler (Tradução de Ana Luiza Libânio)

Introdução

Entre a miríade de ditados de Mao Tsé-tung, um dos mais memoráveis diz respeito a uma observação sobre a escrita: "Além de outras características, o que é excelente sobre as 600 milhões de pessoas chinesas é que elas são pobres e estão em branco. Isso pode parecer uma coisa ruim, mas na realidade é bom. A pobreza dá origem ao desejo de mudança, o desejo de ação e o desejo de revolução. Em uma folha de papel em branco sem qualquer marca, os mais novos e os mais belos personagens podem ser escritos; as mais novas e as mais belas imagens podem ser pintadas."[1]

Embora, à primeira vista, a metáfora de Mao possa impressionar o leitor como algo agradavelmente poético, a partir de um segundo olhar, quando percebemos que Mao não é apenas um poeta, mas o implacável político do contexto, a metáfora se torna a perfeita imagem representativa da maneira ditatorial pela qual ele conduziu o país. Benedict Anderson descreveu como comunidades imaginadas, construídas por jornais, livros e assim por diante, foram capazes de se tornar alicerce para nações. Mao, no entanto, quis inscrever *seu próprio texto*, sua própria imaginação, na mente do povo chinês, nessa

A EXPERIÊNCIA NACIONAL

"folha de papel em branco". Mao tornou sua própria imaginação a pedra angular da República Popular da China. Primeiro, a vitória na guerra contra os exércitos japoneses durante a Segunda Guerra Mundial, em seguida, a vitória na guerra contra o seu arqui-inimigo Chiang Kai-chek concederam a Mao um enorme prestígio. Ele usou esse prestígio, e o medo que isso gerou, para governar incontido por décadas com consequências devastadoras.

Na primeira década do século XXI ficou claro que o nacionalismo evoluiu para se tornar um aspecto proeminente de uma região do mundo dominada pela República Popular da China. Em uma reviravolta irônica, Mao Tsé-tung, o homem do momento naquele país, responsável por iniciar movimentos devastadores, tais como o Grande Salto Adiante e a Revolução Cultural, tornou-se uma espécie de santo do último dia, um tipo de mascote para nacionalistas renascidos, balançando em espelhos retrovisores de taxistas, e suas milhares de estátuas colocadas ao lado de esculturas de Buda em restaurantes e até mesmo em templos recebem oferendas de laranjas e maçãs. O nacionalismo na República Popular da China é fomentado por um crescente PIB, aliado à crescente assertividade militar do Partido Comunista, e, assim, tornou-se problema não só para países vizinhos e parceiros comerciais, como também, e provavelmente acima de tudo, um problema da historiografia: o Partido Comunista está convencido de que um Estado-Nação glorioso, rico e forte precisa de um passado glorioso e forte, um Passado com P maiúsculo, digno de sua glória atual. Essa busca por uma "história forte" produziu uma riqueza de informações sem precedentes sobre a história da República Popular. Arquivos gradualmente começaram a ser abertos no final da década de 1990, importantes coleções de documentos até então inacessíveis foram publicadas. Ainda mais importante, numa atitude tipicamente imperial, o governo central, imitando esforços similares durante a dinastia Ming (1368-1644), ordenou que cada um dos cerca de 2.250 Xian (o equivalente a um distrito ou um município) produzissem seu próprio Xianzhi, um almanaque rico em informações.[2]

Embora tais fontes enriqueçam enormemente nosso conhecimento, as tentativas do Partido Comunista para controlar o que é feito com as fontes de informação ainda continuam inabaláveis. Muitos temas ainda são rigorosos tabus e não se pode escrever livremente sobre eles dentro da Republica Popular.[3]

Intercâmbios acadêmicos tornaram-se comuns e a cooperação de estudiosos chineses com colegas estrangeiros virou assunto frequente, enriquecendo nosso conhecimento nesse campo.

Essa situação criou dois tipos de linhas de estudo bastante distintas: trabalhos acadêmicos publicados dentro da RPC e trabalhos publicados fora de seus limites. O fato de que alguns autores são capazes de publicar em ambos os campos é certamente uma novidade.[4]

Assim, em grande medida, escrever sobre história na RPC é assunto político. Não só os historiadores do partido, que, por definição, devem escrever a história de acordo com as ordens dos seus líderes, mas mesmo estrangeiros têm sido limitados e restringidos pelos contornos da história da RPC definidos pelo partido. O problema começa com a periodização. Para sermos justos, precisamos salientar que alguns dos períodos em que os historiadores do partido dividem a história da RPC fazem certo sentido e têm sido adotados por estudiosos de uma gama muito diversificada de convicções políticas, também por estudiosos que veem a história da RPC de um ponto de vista bastante crítico.[5]

No ainda sacrossanto texto da *Resolution on CPC History (1949-1981)* [Resolução da história do Partido Comunista da China (1949-1981)], o capítulo que trata dos anos entre 1949 e 1956 é intitulado "The Seven Years of Basic Completion of the Socialist Transformation" [Os sete anos de conclusão básica da transformação socialista]. Embora esse título pareça bastante inócuo, há um interesse por trás dessa formulação. Em primeiro lugar, a transformação foi distribuída de forma desigual pela China. Na *Resolução*, no entanto, somos informados de que "o partido levou *todo* o povo a gradualmente perceber a transição da nova democracia para o socialismo".[6] Dizer que "todo o povo fez a transição" significa que alguns são forçados a aceitar uma transição pela qual, de forma alguma, passaram. A conclusão da "transformação socialista" também significava que as mais agravantes mudanças que estavam por acontecer em nome do Grande Salto Adiante estavam presentes, com certeza retroativamente, dada

A EXPERIÊNCIA NACIONAL

uma série de justificativas: como a "transformação socialista" tinha sido concluída, o Grande Salto Adiante, tão ambicioso, e em seus resultados desastrosos, poderia ser logicamente justificado.[7] Os sete anos mencionados são ainda segmentados no período entre 1949-1952, e o período do primeiro Plano Quinquenal Chinês começou em 1953. Mais uma vez, o que parece uma mera divisão conveniente em uma linha do tempo tem amplas implicações políticas e historiográficas. Adiante ainda se discutirá mais esses complexos problemas.

Visão global

Ao olharmos para um mapa da China, somos levados a nos surpreender: um litoral de 15 mil km que se estende do Nordeste ao Sudoeste forma uma fronteira natural. No Oeste, há planaltos, desertos e altas montanhas que da mesma maneira confinam a paisagem que estamos acostumados a chamar de China. No Norte, há imensas estepes e mais desertos.

Essa característica que tem sido chamada de "insular"[8] também está refletida no próprio nome China: *Zhongguo* significa literalmente Reino do Meio, e é um termo repleto de significados há pelo menos 3 mil anos: refere-se àquele "lugar debaixo do céu", onde a "cultura" reside (*tianxia*, uma palavra que significa simplesmente "o mundo" em chinês clássico). Os bárbaros estão à margem, pagam tributos e, portanto, têm direito a receber proteção militar do Reino do Meio. Mas o que nós queremos dizer quando falamos "A China é..." ou "Na China tem..."?

Existe um conto budista sobre um grupo de homens cegos tocando um elefante para descobrir o que é "um elefante". Cada um faz uma diferente descrição do animal, todas completamente diferentes dependendo da parte do elefante em que tocaram, já que não podiam ver a coisa por inteiro. Quando falamos na China, muitas vezes nos comportamos como os cegos: dependendo da parte da "China" para a qual olhamos, chegamos a uma conclusão; ao olharmos para uma parte diferente, convencemo-nos de que "China" é algo completamente diferente.

UMA BREVE HISTÓRIA DA REPÚBLICA POPULAR DA CHINA

A moral dessa história quando aplicada à China é que devemos usar o termo "China" com cuidado. Sempre que falamos "China" somos levados a simplificar demais as questões. E ainda assim será quase impossível não utilizar "China" como conceito, usar o termo "China" com referência a algo pelo qual temos interesse.[9]

Falar da República Popular da China é, de certa forma, um pouco mais fácil. Com esse termo, referimo-nos a uma entidade política que existe desde 1º de outubro de 1949: um país com território terrestre aproximadamente igual ao dos Estados Unidos (9,6 milhões de Km²) e uma população, em 2010, de cerca de 1,3 bilhão de pessoas, cinco vezes a população dos Estados Unidos. E, no entanto, falar até mesmo sobre a *República Popular da China* (deste ponto em diante RPC) é muito difícil. O Partido Comunista da China, que governa a RPC desde o início em 1949, tem sido responsável por uma quantidade impressionante de sucessos, bem como de fracassos. O Partido Comunista é pelo menos parcialmente responsável pelas piores crises de fome no fim da década de 1950, em que dezenas de milhões de pessoas pereceram; houve a Revolução Cultural sem precedentes, que deixou milhões de mortos e dezenas de milhões de pessoas deslocadas com a vida interrompida e muitas vezes destruída. Por outro lado, há inegáveis êxitos como o "milagre" econômico que em trinta anos catapultou a RPC de um país de terceiro mundo, no fim de 1970, a um gigante econômico cujo PIB só perde para o dos Estados Unidos. Mesmo o desenvolvimento da RPC durante os anos de Mao, de 1949 a 1976, é impressionante, se pensarmos no estado de devastação pela guerra que o Partido Comunista encontrou quando tomou conta do país, em 1949.

A China é, em suma, uma terra muito complexa, onde múltiplas realidades operam sob uma fachada de Estado-Nação unificado.[10]

O fio dourado (vermelho): propaganda

Em um aspecto, porém, o Partido Comunista tem sido extremamente bem-sucedido, quase sem sofrer qualquer derrota: no campo da propaganda. O termo em si soa mal em línguas ocidentais. Na Europa,

A EXPERIÊNCIA NACIONAL

as pessoas pensam de imediato em Goebbels e no Partido Nazista e, portanto, são quase incapazes de ver o que também pode ser a propaganda. A propaganda é para o Partido Comunista Chinês o que o marketing é para uma empresa como a Coca-Cola. Como o socialismo, a Coca-Cola chegou para ficar, ninguém se atreve a questionar a realidade de sua existência. Mas como vender o produto? Décadas depois, o Partido Comunista ainda confia em um sistema de propaganda que se estende por toda a sociedade como uma rede. O Departamento Central de Propaganda (*Zhongyang xuanchuan bu*) era, e continua sendo, o departamento mais poderoso dentro do Comitê Central.

O Partido Comunista entende o termo "propaganda" (em chinês, *xuanchuan*) de forma semelhante ao uso que a Igreja Católica deu ao termo: em 1622, depois da Reforma, o papa quis dar início a uma ação para reconquistar algumas das almas perdidas durante a reforma. Assim, uma organização foi fundada e denominada *de propaganda fide*, "sobre a propagação da [verdadeira] fé". Foi exatamente assim que o Partido Comunista entendeu o termo propaganda: trata-se do marketing das ideias que os líderes têm, em qualquer ponto da história. É o esforço para educar, explicar e, mais além, convencer o maior número possível de pessoas sobre a causa do Partido Comunista.

Desde os primeiros anos da RPC, o partido começou a submeter cada movimento, cada campanha, cada nova mudança de política aos regulamentos do Departamento de Propaganda do Comitê Central. De um ponto de vista atual, uma ordem referente a bandeiras como a traduzida abaixo beira o cômico, mas, naquele momento, essas questões foram tratadas pelo partido como de absoluta importância. Isso é o que o Departamento de Propaganda tinha a dizer sobre o hasteamento de bandeiras: "Em salas de reuniões, especialmente em escritórios do governo e em reuniões do governo, somente é permitido hastear a Bandeira Nacional, a bandeira do Partido Comunista não deve ser exibida."[11] Por um lado isso é uma simples instrução da burocracia do partido, obcecada por detalhes, por outro, esse trecho revela uma contradição profunda e um problema enorme que até a

UMA BREVE HISTÓRIA DA REPÚBLICA POPULAR DA CHINA

época em que este livro é escrito assombra o partido: depois de 1949, o Partido Comunista – cujos líderes, durante a guerra civil, eram tudo, menos grandes líderes militares, ainda que dependessem de um governo – decidiu cada movimento e cada passo de forma a dar às ações e às decisões uma aparência civil. O fato de que o partido decidia tudo estava tão arraigado em funcionários do partido e do governo que parecia natural para eles exibir as duas bandeiras. Aos olhos do partido era de suma importância que a aparência de um governo funcional, um governo que se mostrasse independente do partido, fosse uma realidade visível.

Em abril de 1949, quando os exércitos sob a liderança do Partido Comunista atravessaram o rio Yangzi, ficou claro que Mao e suas tropas estavam vencendo a guerra civil. Imediatamente após o empurrão em direção Sul, Mao Tsé-tung, em 25 de abril de 1949, publicou um manifesto, o chamado *Eight Point Proclamation to be Observed by All Chinese People* [Proclamação de oito pontos que devem ser seguidos por todo o povo chinês], que explicava aos chineses, e ao mundo, o que era de se esperar com o domínio do Partido Comunista.

O principal aspecto, o mais importante no final de uma longa guerra civil, foi mencionado como primeiro ponto: o Exército vai tratar bem os civis; "A vida e os bens de todas as pessoas serão protegidos." Enquanto esse ponto tentou tranquilizar aqueles que tinham sofrido com a guerra, os observadores mais cínicos foram rapidamente apontar que isso se tratava de mera propaganda do Partido Comunista.

De fato, era propaganda, mas emprestada de um códice de conduta que havia sido feito por comandantes dos exércitos comunistas, décadas anteriores. Mao tinha formulado pela primeira vez esses pontos em 1930 e então os sintetizou em "Três regras e oito pontos", em 1947, numa tentativa de aumentar a fé em suas trupes:[12]

1. Obedeça ordens em todas as suas ações.
2. Não aceite uma única agulha ou um pedaço de linha das massas.
3. Entregue tudo o que for capturado.

A EXPERIÊNCIA NACIONAL

Os "Oito pontos para se prestar atenção" são os seguintes:

1. Fale educadamente.
2. Pague um preço justo por aquilo que compra.
3. Devolva tudo o que pedir emprestado.
4. Pague por qualquer coisa que você danificar.
5. Não bata nem xingue as pessoas.
6. Não danifique as colheitas.
7. Não tome liberdade com as mulheres.
8. Não maltrate prisioneiros.

Se prestarmos atenção especialmente às palavras usadas, descobriremos que o breve texto já revela muito do que viria: "Se houver elementos contrarrevolucionários ou outros elementos disruptivos que se aproveitam da situação para perturbar, e para saquear ou destruir, eles serão punidos sem falta."[13] Aqui encontramos citada pela primeira vez, e abertamente, a expressão "elementos contrarrevolucionários". Dois pontos merecem destaque: a designação dos seres humanos como "elementos" fala uma linguagem clara: o Partido Comunista categorizava toda a população de acordo com seus próprios princípios, e as dicotomias maniqueístas de "preto e branco", "bom e mau", "revolucionário e contrarrevolucionário", "comunista e Kuomintang" frequentemente significavam a morte para uma pessoa classificada na categoria "errada". O termo "contrarrevolucionário" já estava em uso por um longo tempo quando, em 1951, foi inserido no Código Penal. Assim, qualquer um que tentasse, de qualquer forma, derrubar o poder do Partido Comunista ou abalar o sistema socialista seria considerado um "contrarrevolucionário", e a pena máxima era sentença de morte.[14]

Em relação aos estrangeiros restantes, entre eles centenas de judeus que fugiram da Alemanha nazista e viviam em Xangai, a Declaração de Oito Pontos destacou que "todos de nacionalidade estrangeira serão protegidos", e "todos de nacionalidade estrangeira devem respeitar as leis e os decretos do Exército de Libertação Popular e do Governo Popular. Eles não devem se envolver em atividades de espionagem nem em atos contra a causa da libertação do povo".

'UMA BREVE HISTÓRIA DA REPÚBLICA POPULAR DA CHINA

Aqui, outro termo-chave, "libertação", é introduzido no discurso. Embora até a segunda década do século XXI muitos autores em Taiwan utilizem o termo "libertação" entre aspas, a fim de ressaltar o fato de que o que o Partido Comunista chama de libertação é, na verdade, seu oposto. Na RPC, tal termo (em chinês *jiefang*) tornou-se um dos mais sagrados, usado pelo Partido Comunista com o máximo de cuidado e sofisticação. Ele é utilizado, como dissemos no início, para designar o ano zero do regime comunista na China continental. Jiefang, significando 1949, tornou-se sinônimo de ano zero de uma nova era. Consequentemente, expressões como "antes da libertação" e "depois da libertação" designam dois períodos distintos, separados pela fundação da RPC, e separando o passado obscuro e humilhante do glorioso e forte presente.

Posteriormente, o termo *jiefang* passou a ser usado, e ainda é, para tudo o que é positivo e desejável: *jiefang sixiang*, por exemplo, significa "libertar pensamentos".[15]

Reforma agrária

Para o Partido Comunista, um dos primeiros e mais importantes projetos era a reforma agrária. Foi nisso que Mao e seu partido viram-se especialistas. Mao afirmou: "Foi a vitória da reforma agrária (nas velhas zonas libertadas) que tornou possível a nossa vitória na derrubada de Chiang Kai-chek."[16] O Partido Comunista tinha conseguido estabelecer redes organizacionais até os níveis de base e tinha sido muito bem-sucedido na construção da confiança e da cooperação entre os grandes segmentos da população rural. Depois de 1949, o partido quis usar esse seu ativo para consolidar o poder e para avançar ainda mais com o programa de reestruturação total da sociedade e de todo o país.

Mesmo o rótulo de "reforma agrária" é enganoso, em certa medida. Como um programa de reformas econômicas, a reforma agrária conseguiu redistribuir cerca de 43% das terras cultivadas na China para cerca de 60% da população rural. Os camponeses pobres aumentaram

A EXPERIÊNCIA NACIONAL

substancialmente sua participação, mas, na verdade, camponeses médios foram os grandes beneficiados, sobretudo devido à sua posição inicial mais forte. Como já foi várias vezes mencionado, o objetivo global da "reforma agrária" era político, psicológico e administrativo. Os proprietários de terra foram humilhados, algumas vezes executados, os camponeses pobres foram autorizados a queimar suas escrituras e a participar das campanhas *Speak Bitterness* [falar de amarguras].[17] Como Song Daolei analisou recentemente e destacou, a campanha *Speak Bitterness* se tornou uma ferramenta altamente politizada, a fim de criar uma dicotomia rigorosa entre o bem e o mal, entre o novo e o velho, e entre inimigos do povo e o povo. Todas essas dicotomias eram essenciais nas tentativas do Partido Comunista de ganhar controle sobre a China, de estabelecer um regime e de aproveitar a população em uma corrente de movimentos políticos e de campanhas que duram até a época em que este livro é escrito.

O primeiro passo nesse movimento (em chinês *yundong*), como em todos os movimentos, foi a criação de um inimigo. A fim de criar um inimigo, em primeiro lugar a população teve de ser dividida em categorias: no topo, na categoria dos vilões, estavam os senhores de terra; em seguida, os camponeses ricos, seguidos dos camponeses médios; na parte inferior, estavam aqueles que supostamente lucrariam, os camponeses pobres e trabalhadores rurais. Pesquisas recentes sobre a relação entre os camponeses ricos e os pobres na China antes de 1949 têm mostrado de forma conclusiva que as relações foram, de longe, mais harmoniosas do que o Partido Comunista simulou durante a campanha para a reforma agrária. Portanto, um dos objetivos das categorias era gerar ódio, com base na escolha dos camponeses ricos e donos de terras a serem punidos e, em milhares de casos, executados, enquanto os mais baixos escalões seriam remunerados pela participação ativa no movimento. *Speak Bitterness* tornou-se o lema do momento. Os pobres foram incentivados a dizer publicamente tudo sobre seu sofrimento durante os velhos tempos, incluindo acusações contra aqueles que os haviam explorado. *Speak Bitterness*, como expressão, foi de suma importância nesse momento. Além disso, os clãs, os templos e as sociedades secretas das antigas vilas foram substituídos de uma vez por todas por secretarias do Partido Comunista, por equipes de trabalho e, mais tarde, por comunas. O que começou como uma simples mudança no uso da expressão *speak bitterness (suku)* tornou-se base para uma mudança que teve sérias consequências para os então 400 milhões de camponeses chineses, e para os tempos vindouros.

Campanhas e mudanças nas cidades

A transformação da agricultura foi vista por Mao como base de todas as outras transformações, base sobre a qual a nova reforma de toda a nação teria início.

É verdade que as principais cidades, como Pequim e Xangai e até mesmo Cantão, no Sul, foram tomadas, uma a uma, pelo Exército de Libertação Popular sem que se disparasse um tiro, porque os exércitos Kuomintang de Chiang Kai-chek[18] preferiram fugir a lutar. Isso não significa que nas cidades não houve resistência contra o novo regime. Na maior parte, a resistência não era evidente, e é nesse ponto da história que o partido começou a desenvolver uma fixação por revelar pessoas que tivessem pensamentos dissidentes.

Supressão de contrarrevolucionários

Uma das campanhas mais ferozes a serem lançadas durante esses anos foi a Campanha de Supressão de Contrarrevolucionários. Mais uma vez, o primeiro objetivo dessa campanha era criar dicotomias severas, em seguida desencadear terror revolucionário primeiramente contra os inimigos óbvios da revolução, depois expandindo o terror para grupos maiores na sociedade.[19]

Um ano após o estabelecimento da RPC, a campanha nacional para suprimir contrarrevolucionários pode ser vista como prova de que "grandes revoluções políticas e sociais tenderam a ser marcadas por três experiências comuns: 1. A irônica conclusão do projeto do Antigo Regime para a construção do Estado, por meio do fortalecimento do

A EXPERIÊNCIA NACIONAL

Estado e de sua burocracia; 2. Guerra externa; e 3. A disseminação do terror revolucionário".[20]

Na China, encontramos todos esses elementos e, na verdade, não apenas os encontramos facilmente, como trata-se de elementos constituintes utilizados por Mao e seu partido para estabelecer o novo regime não só no Leste da Ásia, mas no cenário da política mundial.

Por um longo tempo, o terror desencadeado por Stalin depois de 1936 na União Soviética foi comparado ao terror de campanhas como a Campanha de Supressão de Contrarrevolucionários. O aspecto característico na China foi a tentativa do Partido Comunista, de um modo geral bem-sucedida, de desencadear o terror de uma forma mais direta, concentrada e seletiva para efeito máximo no público. Esforços consistentes foram feitos para relacionar a supressão de contrarrevolucionários e outros indesejáveis com a mobilização de apoio popular ao regime.[21]

É assustador ler o que, sistematicamente e contando com a pura razão, os funcionários do partido falavam sobre a campanha. Peng Zhen, na ocasião o novo prefeito de Pequim, mencionou em seu relatório de fevereiro de 1951 as pessoas do partido e do governo que tinham medo das consequências negativas da campanha de terror. Mas Peng simplesmente afirmou: "Aqueles que ficam agitados e aterrorizados são os que devem ser exterminados, os outros não têm nada a temer. Então, a campanha é uma coisa boa."[22] A realidade do tamanho do terror permanece em grande parte obscura. Apesar de os arquivos municipais, ao longo dos últimos 15 anos, terem ficado cada vez mais acessíveis, continua impossível calcular o número de pessoas executadas. É seguro considerar que o número de mortos na campanha está entre 2 milhões e 3 milhões.[23] Provavelmente ainda mais grave do que o fato de que houve milhares de execuções era a atmosfera de medo e terror que foi criada durante essa campanha: ainda por décadas, expressar pensamentos e divulgar críticas para a maioria das pessoas passou a estar associado à possibilidade de ser acusado de atividades contrarrevolucionárias.

Há novamente uma expressão, cunhada durante esses dias, que permaneceu no Código Penal da RPC até muito recentemente: crime

UMA BREVE HISTÓRIA DA REPÚBLICA POPULAR DA CHINA

de atividades contrarrevolucionárias. Essa expressão, cunhada na campanha, foi usada em escala extremamente larga. Em 1950, ela se referia principalmente aos remanescentes do Kuomintang e líderes de sociedades secretas que formaram uma inflexível oposição ao regime. Mas, aos poucos, o termo "contrarrevolucionário" passou a ser mais usado e mais incisivo, até que, na década de 1960, mesmo o presidente da República Popular, Liu Shaoqi, foi tachado de contrarrevolucionário e preso.

A campanha Resistindo aos Estados Unidos e Ajudando a Coreia (a Guerra da Coreia)

Mais uma vez, a terminologia tem grande importância. Nos Estados Unidos, a Guerra da Coreia está quase esquecida, enquanto na China as memórias da campanha Resistindo aos Estados Unidos e ajudando a Coreia (*Kangmei yuan Chao*) permanecem frescas e claras. Essas memórias foram escritas em forma de histórias de soldados heroicos que sessenta anos depois ainda aparecem nos livros escolares,[24] e todos na China sabem que o filho de Mao Tsé-tung foi morto nessa guerra. Além disso, foram utilizadas para reforçar a identidade precoce da RPC e o fato de que os Estados Unidos e as Nações Unidas foram incapazes de subjugar a Coreia do Norte, e a China foi e é vista como prova da força da recém-fundada RPC e do socialismo.

A campanha foi lançada em junho de 1950. No início, do ponto de vista da China, não foi diferente de outras campanhas descritas até o momento: um esforço para reunir grandes grupos da população sob a nova bandeira da RPC. Orgulho e desafio eram seus objetivos. As tropas que seriam enviadas para a Coreia foram eufemisticamente chamadas de *zhiyuan jun*: Exército de Voluntários. Os slogans que a imprensa do partido divulgou frequentemente soam ocos em nossos ouvidos; na época da jovem RPC, essas expressões certamente tiveram um significado maior para muita gente: os voluntários do povo chinês estavam lutando com coragem pela paz mundial e contra a agressão imperialista.

A propaganda da guerra claramente tentou relacionar o esforço de guerra com um esforço no plano interno para reforçar a produção e para acelerar a industrialização. Assim, a Guerra da Coreia foi uma justificativa bem-vinda para pedir sacrifícios ainda maiores da população em nome do patriotismo. Muito poucas pessoas naquele momento se atreveram a não responder com entusiasmo a essas chamadas do partido. A Guerra da Coreia foi, e é, para historiadores chineses obrigados a escrever sob a ditadura do Partido Comunista, um problema. Em 2010, o Partido aproveitou as comemorações do 60° aniversário do início da guerra, junho de 1950, para apontar o dedo e responsabilizar as tropas norte-coreanas que dispararam os primeiros tiros. Livros didáticos chineses sempre afirmaram que a Guerra da Coreia começou quando "os Estados Unidos organizaram um exército das Nações Unidas contando com 15 países e, num ato desafiador, marcharam para atravessar a fronteira e invadir a Coreia do Norte, espalhando as chamas da guerra para o nosso rio Yalu". Agora, pela primeira vez, depois de estar em negação por cinquenta anos, a mídia oficial chinesa reconheceu o fato de que foi a Coreia do Norte que deu o primeiro golpe.

Cem flores

Como resultado da tentativa de uma rápida industrialização, juntamente com a mecanização da agricultura, a necessidade da especialização de intelectuais se tornou um fator urgente. Isso trouxe à tona um dos dilemas intrínsecos de qualquer organização leninista: o impasse entre *vermelhos* e *experts*. Por vermelho entendemos os que verdadeiramente acreditam na causa comunista; geralmente os encontramos nos escalões mais altos da hierarquia do partido, alguns também em níveis mais baixos. Eles atingiram certa maturidade dentro da organização preenchendo cargos de secretaria em uma fábrica, escola ou até mesmo em uma universidade. O secretário, o líder da célula do partido, é a cabeça de fato de qualquer grupo político. Por outro lado, temos os experts, tipicamente engenheiros, professores em

UMA BREVE HISTÓRIA DA REPÚBLICA POPULAR DA CHINA

escolas e universidades. Apesar de ser esperado que apoiassem o regime, não era obrigatório que se juntassem ao partido. Algumas vezes, esses experts expressavam suas ideias livremente, ideias que, por vezes, em determinado ponto eram impossíveis de se conciliar com a linha do partido. Esse dilema ficou ainda mais difícil de resolver quando o grupo tentou forçar a velocidade do desenvolvimento econômico para além de medidas razoáveis. Um bom exemplo também é o dos primeiros defensores do controle de natalidade na China. Ma Yinchu era um especialista em população que, em 1957, se atreveu a pedir medidas drásticas para controlar o crescimento da população chinesa. Mao o criticou usando argumentos políticos. MaYinchu por meses ficou sob ataque, e no final foi marginalizado e silenciado. Foi somente em 1979 que a China recorreu a algumas das medidas que ele havia sugerido.[25]

Quando olhamos para os anos de 1956 e 1957, podemos encontrar o núcleo de alguns dos problemas políticos e sociais que afligem a República Popular sessenta anos depois; 1956 foi um ano de muito tumulto no campo socialista. Em fevereiro, Kruchev, em seu famoso "discurso secreto", denunciou Stalin como criminoso. Consequências diretas e indiretas desse golpe para um ídolo foram o Outubro Polaco e a Revolução na Hungria, também em outubro do mesmo ano, que acabou esmagada por tropas soviéticas. Uma das questões mais cruciais para Mao era como reagir a essas turbulências. A denúncia de Stalin foi imediatamente rejeitada na China.[26]

No entanto, o impacto da denúncia de Kruchev foi claramente sentido na China, também. Na primavera de 1956, cada vez mais críticas diretas a deficiências no sistema foram divulgadas, algumas das quais em jornais oficiais do partido. O remédio que Mao tinha em mente era a chamada Campanha de Retificação, uma espécie de processo de autolimpeza do Partido Comunista. Um dos problemas mais graves foi denominado "subjetivismo". Esse termo significava a cópia cega e dogmática de experiências da URSS. Essa foi realmente uma faca de dois gumes: por um lado, a experiência da URSS, com a coletivização da agricultura, a construção de uma forte indústria de defesa e assim por diante, era claramente um modelo didático para o Partido Comunista. No entanto, a denúncia de Stalin em termos tão

A EXPERIÊNCIA NACIONAL

gritantes era algo que o PC chinês tinha que evitar a todo custo. Assim, a tarefa de Mao foi definir uma linha tênue ao longo da qual a crítica sobre a forma como o partido lidava com problemas na RPC poderia ser divulgada, mas sem tocar no sagrado status do líder supremo. Outro problema que foi identificado e que deveria ser "tratado" era o sectarismo. Esse termo descreve uma atitude de superioridade de grupos do Partido Comunista sobre membros apartidários. Na época, havia muitos intelectuais que não participavam do partido, mas foram basicamente levados a trabalhar para o novo regime. No entanto, eles sofreram, por vezes muito, com o sectarismo, e também expressaram críticas sobre esse tratamento. Então Mao lançou a Campanha das Cem Flores. Em uma reunião do partido, afirmou: "Deixar cem flores desabrocharem, deixar cem escolas (de pensamento) lutarem significa que nas artes haverá cem flores (ou seja, obras de arte) desabrochando ao mesmo tempo, e em questões acadêmicas haverá cem diferentes opiniões em conflito."[27]

Em fevereiro de 1957, a campanha cresceu e os intelectuais foram convidados a expor suas críticas de novo, com Mao salientando que os membros do partido, tendo nível social elevado na época, não estavam acima das críticas daqueles fora desse nível. A crítica que os intelectuais fizeram ao partido, na verdade a todo o sistema socialista, foi devastadora. Mao e outros líderes ficaram chocados. Enquanto esperavam uma "leve chuva de verão", tiveram uma tempestade de indignação. Isso não poderia ser tolerado. Mao decidiu, e rapidamente cancelou o exercício e lançou a Campanha Antidireitista, durante a qual aproximadamente 400 mil intelectuais foram privados de seus empregos e enviados para o campo para serem "corrigidos pelo trabalho".

Mao, em um discurso bastante debatido, disse que era importante distinguir flores de ervas daninhas. Essas ervas daninhas, ou seja, os direitistas, deveriam ser arrancadas e "transformadas em adubo".

Até a época em que este livro é escrito, a Campanha Antidireitista deixa o país bastante dividido e a memória a seu respeito é um dos temas mais discutidos na China. Quem observa o país de fora, como o eminente observador jesuíta chinês Laszlo Ladany, simplesmente fala de uma "armadilha"; na própria China, a expressão "atrair a cobra para fora do buraco" (*yinshe chudong*) é muitas vezes usada para descrever a forma com que o Partido mudou sua tática tão de repente para punir uma grande parte de sua *intelligentsia* não partidária.[28]

A maioria dos que foram vítimas da Campanha Antidireitista nunca foi capaz de retomar sua carreira mesmo após a morte de Mao, vinte anos depois. Aliado a isso, o estigma associado ao rótulo de "direitista" foi muito prejudicial ao início da Revolução Cultural, em 1966. Quando, finalmente, no início de 1978, um grande número de intelectuais, autores, editores, cineastas, poetas, mas também os estatísticos, especialistas em controle de natalidade, retomaram seus postos de trabalho, o fizeram com energia, e muitos deles até mesmo com um grande senso de lealdade ao partido.

O Grande Salto Adiante

A destrutiva batalha do Partido Comunista contra os reais e imaginários inimigos direitistas é tão importante porque até 1978 – quando o partido sob comando de Deng Xiaoping reabilitou todos, com exceção de alguns – qualquer um que se atrevia a questionar a sabedoria do presidente era chamado de "direitista", ou mesmo "antipartidário" e "antissocialista" (essas sendo as mais graves ofensas na China), durante o resto do reinado de Mao até sua morte, em 1976.[29]

Mao e seus tenentes ficaram impressionados com a colheita de 1957 e a rapidez com que a economia, em geral, se desenvolveu. Não é de surpreender que nessa situação o partido tenha tentado forçar ainda mais o desenvolvimento da agricultura e da produção de aço, o que, no final, custou dezenas de milhões de vidas.[30]

Como isso aconteceu? No centro está a ambição do partido para obter sucesso ainda mais rápido do que o inicialmente previsto. Há uma relação muito próxima com a situação da Guerra Fria, em que dois sistemas lutaram pela supremacia. Então, quando estava em Moscou, Mao repetiu a declaração de Kruchev, em 1957, de que a União Soviética ultrapassaria os Estados Unidos na produção *per capita* de carne, manteiga e leite em um futuro próximo.[31] Alguns líderes do

A EXPERIÊNCIA NACIONAL

Partido Comunista também contemplaram novas campanhas econômicas, cunharam slogans como "mais, mais rápido, melhor e mais econômico". Outros foram mais cautelosos e se opuseram ao que chamavam de aventureirismo. Finalmente, os otimistas que cercavam Mao e Liu Shaoqi ganharam a luta interna e descaradamente declararam, ecoando o modelo soviético: "Em 15 anos podemos alcançar e superar o Reino Unido na produção de ferro, aço e outros grandes produtos industriais."[32]

Então, o Grande Salto passou a ser o slogan do momento.[33] Mais importante, e isso de acordo com a experiência antidireitista, aqueles que ousaram se opor aos imprudentes slogans de avanço de Mao e seu grupo, foram caracterizados no *Diário do Povo* da seguinte forma: "Qualquer um que não faz um Grande Salto é um conservador de direita."[34] Ser assim rotulado era equivalente a ser privado de um emprego, ser condenado ao ostracismo em muitos aspectos e ser feito pária.

A fim de acelerar o país em seu caminho para o socialismo, Mao queria organizar a agricultura em unidades cada vez maiores. O caminho para um paraíso comunista deveria ser semeado com comunas populares (*renmin gongshe*). Novamente, é o próprio termo que conta a história, livremente baseado nas ideias de Karl Marx em sua descrição da Comuna de Paris de 1871 – sendo este consagrado, as realidades descritas também se tornaram consagradas. Para resumir toda a ideia em uma ferramenta de propaganda que fosse ainda mais sucinta, a expressão "três bandeiras vermelhas" foi cunhada, referindo-se às comunas populares, ao Grande Salto Adiante, e à linha geral do partido.

Organizar comunas significava que camponeses deveriam entregar para a Comuna a pequena propriedade privada de que dispunham. Significava também, no final, a abolição da família, da vila e do distrito como unidade de referência. Tudo deveria ser misturado em uma Comuna. Havia salas de jantar comunal, e todos trabalhavam "segundo sua capacidade e recebiam as mercadorias conforme suas necessidades".[35]

O momento crucial em toda a questão do Grande Salto Adiante resume-se a uma reunião no tranquilo Lushan, um resort na montanha. Mao, Peng Dehuai, o ministro da Defesa, Liu Shaoqi e muitos outros

UMA BREVE HISTÓRIA DA REPÚBLICA POPULAR DA CHINA

estavam reunidos nessa conferência. Todos esses líderes do Partido Comunista haviam viajado pela China nas semanas anteriores e foram convocados por Mao para ali discutirem os novos desenvolvimentos. Até a Conferência de Lushan, Mao advertira, pelo menos verbalmente, contra um avanço acelerado, e admitira erros.

Um tema que estava no topo da pauta foi a questão da produção de aço por camponeses. Eles haviam sido forçados a esmagar seus utensílios de cozinha e a derretê-los em fornos de fundo de quintal, para cumprir as metas de produção de aço que tinham sido estabelecidas pelo partido. Não surpreendentemente, o "aço" assim produzido era inútil.

Na Conferência de Lushan houve muita discussão sobre esses fornos. Repetidas vezes, aqueles que tinham testemunhado os destrutivos resultados desse movimento foram marginalizados e criticados como "antipartidários". Peng Dehuai, o ministro da Defesa e por décadas aliado de Mao, reportou sua viagem pelas comunas, e manteve sua convicção de que o esforço era inútil. Ele escreveu uma carta pessoal para Mao criticando o Grande Salto. Mao imprimiu a carta e, na reunião, disponibilizou cópias para todos os líderes. Esse foi o fim de Peng, que morreu em desgraça durante a Revolução Cultural, mas foi reabilitado depois da morte de Mao, como muitos outros funcionários "leais". Ainda assim, o partido nunca reconheceu seus erros totalmente, e décadas depois ainda fala em "calamidades naturais" responsáveis pelos milhões de mortos.

Os anos que antecederam a Revolução Cultural foram utilizados principalmente para encontrar soluções para a situação catastrófica na agricultura. O resultado foi algum crescimento, mas, ideologicamente, a extrema esquerda começou a tomar posições em 1965, preparando o terreno para um ataque a instituições fundamentais no partido e a muitos escritórios do governo. A explicação oficial é que esses membros do alto escalão, que mais tarde seriam apelidados de Bando dos Quatro, inescrupulosamente usaram a fragilidade de Mao para fazer avançar seus próprios planos sinistros. Dificilmente qualquer pessoa contestaria que Mao tivesse sua própria pauta, e que estivesse disposto a fazer todos esses sacrifícios para cumpri-la completamente, usando o Bando dos Quatro como seus executores.

A EXPERIÊNCIA NACIONAL

A Revolução Cultural

Meio século depois, a Grande Revolução Cultural Proletária é um enigma interpretado de uma maneira pelos historiadores do partido chinês e de muitas outras por historiadores ocidentais e escritores dissidentes da China, e parece haver apenas um consenso: a miríade de eventos – crimes, maquinações, resistência heroica, traições e pesadelos de sobrevivência – é quase impossível de ser colocada em uma linha "lógica", em uma narrativa coerente.

Há, porém, um consenso entre muitos autores: sem a devastação que ocorreu durante a Revolução Cultural (RC), não teriam acontecido as reformas econômicas radicais da década de 1980. Em outras palavras, o cataclismo da RC foi um mal necessário que pavimentou o caminho para o sucesso econômico atual da China.[36]

Em muitos aspectos, a acentuada virada à esquerda de Mao durante a campanha antidireitista iria dominar o resto de sua vida, e levaria o Partido Comunista à beira do colapso.

O medo que Mao tinha tanto do revisionismo, que teria seu epicentro na União Soviética de Kruchev, quanto da igualmente perigosa Evolução Pacífica, uma "solução" que os EUA preferiram para a China, levou-o a declarar guerra contra seus tenentes mais confiáveis. Como aconteceu com Peng Dehuai, o ministro da Defesa demitido durante o Grande Salto Adiante, Mao viu que havia pessoas não confiáveis, traiçoeiras e perigosas infiltradas no partido. A fim de lidar com estas, Mao tentou intensificar o chamado Movimento de Educação Socialista. Naquela ocasião, um documento claramente enunciou o objetivo: "O ponto-chave deste movimento é retificar essas pessoas, em posições de autoridade dentro do partido, que pegam a estrada capitalista. Dessas pessoas em posições de auto-ridade que pegam a estrada capitalista, algumas são bem abertas quanto a isso, algumas se escondem. Entre aquelas que estão em níveis mais elevados, há algumas pessoas nas comunas, nos distritos, nos municípios, nos distritos especiais, e até mesmo no trabalho de departamentos provinciais e do Comitê Central, que se opõem ao socialismo."

UMA BREVE HISTÓRIA DA REPÚBLICA POPULAR DA CHINA

No início do verão de 1966, a Guarda Vermelha começou seu reinado de terror. Incentivados por Mao por meio de slogans como "se rebelar é justo", e "bombardeie a sede", muitos estudantes deixaram a escola e começaram a atuar como Guardas Vermelhos. Eles tinham poder para revistar casas para descobrir tesouros escondidos, bens ocultos e, mais importante, contrarrevolucionários escondidos, reais ou imaginários.

Por muito tempo, houve tentativas urgentes de Zhou Enlai, o primeiro-ministro, e de outros, para convencer os Guardas Verme-lhos a não atacar Liu Shaoqi e Deng Xiaoping em suas batalhas de propaganda. Mas essas tentativas foram grandes fracassos. Já em outubro apareceram cartazes com o slogan: "Liu Shaoqi é o Kruchev da China."[37] Logo em seguida, os autoproclamados rebeldes, que se denominavam "regimento da bandeira vermelha", apareceram na casa de Liu Shaoqi e obrigaram-no, juntamente com sua esposa, a sair para enfrentar denúncias. Seguiram-se ataques semelhantes a Deng Xiaoping e ao marechal Zhu De.

Em 1969, Mao presidiu o IX Congresso do Partido Comunista e fortaleceu a nova liderança com o Bando dos Quatro como membros centrais das mais altas agremiações partidárias.

Depois do Congresso do partido, Mao enviou o Exército de Liber tação Popular para muitas províncias e cidades, a fim de acabar com a sangrenta luta interna entre os crescentes grupos autoproclamados rebeldes.

Liu Shaoqi morreu em uma prisão por negligência; Deng Xiaoping, que havia escrito autocríticas extensas, pelo menos foi autorizado a trabalhar em uma pequena fábrica, até que Mao o chamou de volta, em 1973.

Já em 1971, Mao havia lançado uma iniciativa que teve grandes consequências, as quais perduram quarenta anos depois. Ele decidiu se reaproximar dos Estados Unidos, em uma tentativa de unir-se ao inimigo que estava longe contra um inimigo que estava perto, a União Soviética. Os Estados Unidos sob o comando de Nixon estavam bas-tante dispostos a aceitar a proposta de Mao, e a visita de Nixon a Pequim, em fevereiro de 1972, abriu novos caminhos para a China no domínio da diplomacia e, mais tarde, no campo da economia.

A EXPERIÊNCIA NACIONAL

Uma consequência da nova "amizade" foi a admissão da China no Conselho de Segurança das Nações Unidas, do qual, até então, Taiwan havia sido membro permanente. Provavelmente ainda mais importantes foram os intercâmbios acadêmicos que começaram em 1975, quando os primeiros estrangeiros chegaram à China para estudar em um país que esteve literalmente fechado por décadas. Em número crescente, chineses também começaram a estudar no exterior.

Os relatórios de participantes internos sobre os cruciais dias e semanas antes e depois da morte de Mao Tsé-tung são lidos como histórias de terror. O objetivo de um pequeno grupo de velhos revolucionários era deter o Bando dos Quatro. O próprio Mao referiu-se a esse epíteto como parte de um complicado esquema. A quadrilha era composta pelos membros Jiang Qing, esposa de Mao; Zhang Chunqiao, chefe de propaganda de Xangai e aliado próximo de Mao; Yao Wenyuan e Wang Hongwen. Foi o velho marechal Ye Jianying, herdeiro do posto de ministro da Defesa de Lin Biao, em 1971, que liderou a conspiração para prender o bando. Juntamente com Li Xiannian eles planejaram a derrubada do Bando dos Quatro, um rótulo que, novamente, foi utilizado depois da morte de Mao, a fim de separá-lo de forma bem definida daqueles que "usaram a fraqueza do velho Mao" para fazer avançar suas mal-intencionadas ambições. O texto era parte do esquema: ao separar Mao e os que, na maioria das vezes, haviam trabalhado sob seu comando direto, tornou-se mais lógico perseguir o Bando dos Quatro, deixando intacto o lugar de Mao no panteão comunista.

A prisão do Bando dos Quatro, em 6 de outubro, foi seguida pela reintegração de muitos líderes veteranos que haviam sofrido durante a Revolução Cultural.

Consequências da Revolução Cultural e consolidação

Mesmo depois de quase cinquenta anos, a Revolução Cultural ainda está muito presente na China. Há novos esforços para encenar as revolucionárias óperas que Jiang Qing havia patrocinado, e os historiadores tentam aceitar esse evento sem precedentes de tal forma que a Revolução Cultural ainda está muito viva. Os muitos atos de heroísmo, em grande parte nascidos da pura vontade de sobreviver, deram origem a uma riqueza impressionante de obras de ficção e cinema, memórias e histórias pessoais sobre a década e suas consequências. As obras vão desde o filme underground de Hu Jie sobre o espancamento até a morte de Bian Zhongyun, por seus alunos, estudantes de uma famosa universidade de Pequim, até o filme independente *My Cultural Revolution* [Minha revolução cultural], do escritor e cineasta Xu Xing, sobre sua vida de adolescente abandonado a percorrer sozinho as cidades de um país devastado, passando por obras de ficção consagradas, como *Snowstorm tonight* [Tempestade de neve hoje à noite], de Liang Xiaosheng, sobre um jovem mártir que morre congelado em uma tempestade de neve enquanto cumpria a sagrada tarefa de fazer sentinela na fronteira com a União Soviética. Há também tratamentos convencionais, tais como *Voices from the Whirlwind: An Oral History of the Cultural Revolution* [Vozes do turbilhão: Uma história oral da Revolução Cultural], de Feng Jicai.

Uma das tarefas mais importantes após a Revolução Cultural era encontrar uma explicação para os horrores a que o Partido Comunista, sob comando de seu líder Mao Tsé-tung, levara o país. Milhões de pessoas foram deslocadas, houve canibalismo, assassinato, execuções e quase uma quebra total do resto de civilidade que havia sido deixado intacto depois de décadas de campanhas anteriores.

Deng Xiaoping percebeu que o partido precisava aceitar sua história, se fosse para recomeçar.

Então reuniu os líderes veteranos do partido e começou a compilar um texto que viria a ser publicado em 1º de julho de 1981, para o 60º aniversário do partido. A pequena obra, *Resolution on CPC History (1949-1981)*, tentou encontrar uma saída para o dilema. Em 1956, Kruchev deu o seu "Discurso Secreto", uma denúncia a Stalin, chamando-o de criminoso, sugerindo que o partido deveria voltar às boas tradições de Lenin, que havia sido traído por Stalin. Referindo-se ao "Discurso Secreto", ficou famosa a fala de Deng: "Nosso problema é que não temos um Lenin em quem nos apoiar." Então Deng e seus historiadores do partido tiveram que "salvar" Mao, declarando que

A EXPERIÊNCIA NACIONAL

ele tinha, na época do Grande Salto, se tornado fraco e frágil, e que pessoas más, tais como o Bando dos Quatro, se aproveitaram de sua fraqueza para atingir objetivos próprios, com resultados catastróficos. Deng também apontou o fato inegável de que Mao havia vencido, além de ser responsável pela reconstrução bem-sucedida do país após décadas de guerra civil.

O início da reconstrução: *gaige kaifang* – abertura e reforma

O final de 1978 presenciou uma das mais importantes reuniões do Comitê Central do Partido Comunista. Durante a terceira sessão plenária do 11º Comitê Central, Deng Xiaoping foi capaz de lançar sua grande visão de uma China mais aberta, e teve essa visão publicada nos anais do partido.

A terceira plenária marcou a primeira vez, desde 1949, que a China como país buscou uma política de portas abertas. Deng poderia apontar para o finado Mao Tsé-tung, que deu os primeiros passos nessa direção quando convidou Richard Nixon para a China, em 1972. Mas a partir de 1978, Deng empurrou vigorosamente a China para um caminho que levaria a mudanças sem precedentes e que afetaria toda a população, cada um dos chineses, e consequentemente o mundo inteiro.

Apesar de a decisão pela "reforma e abertura" parecer indiscutível e ter sido anunciada por todo o país com a eficácia habitual das máquinas de propaganda, as mudanças concretas foram apenas graduais e houve inúmeros momentos em que os ideólogos retornaram a seus antigos modelos e tentaram restringir uma mais livre expressão de ideias.

A empresa Schindler China Elevator Co. Ltd. foi a primeira *joint venture* industrial fundada na China. Uma empresa da neutra Confederação da Suíça, que havia reconhecido diplomaticamente a RPC como um país de visão capitalista ocidental, representando uma escolha fácil.

Com as *joint ventures*, veio a procura por ter hotéis para estrangeiros, uma enorme demanda para o investimento em infraestrutura. Quando a Volkswagen, em 1984, assinou um contrato de 25 anos para produzir automóveis de passageiros em Xangai, a iniciativa foi

UMA BREVE HISTÓRIA DA REPÚBLICA POPULAR DA CHINA

recebida por muitos como um sinal de esperança. Ao mesmo tempo, no entanto, havia facções conservadoras dentro do Partido Comunista que estavam ansiosas para citar uma frase de Deng Xiaoping, visto pela maioria como o arquiteto por trás da "reforma e da abertura", que advertia: "Se você abrir a janela, é inevitável que moscas entrem." Ou, em palavras que estão em maior conformidade com o partido: "A penetração de ideias burguesas é inevitável."

Assim, simultaneamente com a assinatura do acordo com a Volkswagen, o Partido embarcou em uma campanha contra a "poluição espiritual". Muitos estrangeiros riram do nome, os estudantes chineses, escritores, cineastas e historiadores, porém, estavam cheios de apreensão e medo, ocupados escrevendo autocríticas.

A campanha foi breve, e foi o próprio Deng Xiaoping quem chamou os esquerdistas de volta, trazendo a campanha para um fim. Essas idas e vindas entre "reformadores" e "conservadores"[38] continua sendo, décadas depois, um traço típico da política chinesa.

Em outras áreas, as mudanças foram muito mais lentas. Depois de décadas de uma agricultura cada vez mais ineficaz e coletivizada, o momento para mercados livres (*ziyou shichang*) tinha finalmente chegado, dessa vez para ficar.[39]

Porta de Tiananmen

Há poucos lugares de memória na China que são mais carregados de significado histórico e simbólico do que a Porta de Tiananmen. Tiananmen significa, literalmente, "O portão da paz celestial", é o portão mais externo que guarda o antigo Palácio Imperial. Nele, Mao Tsé-tung fez, em 1949, o pronunciamento de fundação da República Popular com as palavras "o povo chinês se levantou". No início do verão de 1989, dezenas de milhares de chineses se levantaram novamente, protestando por semanas contra a falta de liberdade de imprensa, contra a corrupção e muitos outros males. Estudantes de universidades de elite começaram as manifestações, matavam aulas carregando faixas com suas demandas escritas em letras grandes e

A EXPERIÊNCIA NACIONAL

pretas, que lembraram Deng Xiaoping das similares expressões de raiva usadas durante a Revolução Cultural. O paralelo perceptível era tanto errado quanto se provaria fatídico para os estudantes.

Logo, trabalhadores e outros membros insatisfeitos da sociedade se juntaram aos estudantes e os protestos cresceram, tanto em número quanto em urgência. Han Dongfang até desafiou o partido ao organizar a Federação Autônoma de Trabalhadores de Pequim.[40] Ao final de maio, além de em Pequim, houve protestos em muitas outras cidades chinesas.

Os protestos começaram a cavar um fosso na liderança do partido: as demandas foram consideradas por alguns como legítimas, por outros, como forma de hooliganismo. O secretário-geral do Partido Comunista, Zhao Ziyang, tentou entender os estudantes, argumentando em reuniões de alto escalão que o partido deveria conceder pelo menos algumas de suas exigências. Outros, como Li Peng, ficaram chocados e temeram o início do caos e uma consequente perda de controle do poder. No final, foi Deng Xiaoping, em cuja residência algumas dessas reuniões foram realizadas, quem decidiu reprimir os estudantes usando o Exército.[41] Quando o partido deixou claro em vários pronunciamentos em rádio e televisão que os estudantes deveriam retornar ao campus, muitos obedeceram, mas alguns decidiram ficar na praça.

Pouco antes da meia-noite, em 3 de junho de 1989, o Exército de Libertação Popular começou a avançar em direção ao centro da cidade de Pequim. Em seu avanço, o grupo disparou contra espectadores e manifestantes que não seguiram as instruções dadas no dia anterior, segundo as quais todos deviam ficar longe das ruas. Quando percebeu que o Exército usava munição real, matando instantaneamente dezenas de pessoas, o público começou a atirar pedras em veículos militares e em soldados. Depois de literalmente lutar pelo caminho até o centro da cidade, para a Praça da Paz Celestial, o Exército conseguiu, pouco antes do amanhecer, "liberar" a praça. Novamente, é difícil dizer quantas pessoas morreram, mas foram milhares.

Apenas um comandante do Exército, Xu Qinxian, recusou-se a seguir as ordens para atacar a população civil e os estudantes. Ele foi rapidamente substituído, julgado por insubordinação e condenado a cinco anos de prisão.

O ano de 1989 é visto por muitos como o último ano do "breve século XX".[42] O que começou em 1914 com a Primeira Guerra Mundial, que levou à Segunda Guerra Mundial e à Guerra Fria, terminou no verão de 1989, momento em que as fronteiras da Alemanha Oriental ficaram mais e mais frágeis, e Mikhail Gorbachev, secretário-geral do Partido Comunista da União Soviética, decidiu não intervir quando grandes segmentos da população em países como Alemanha Oriental, Checoslováquia, Romênia e Hungria começaram a se rebelar contra os governantes comunistas. A Queda do Muro de Berlim, em novembro de 1989, marcou o fim da Guerra Fria, no sentido de que era o prelúdio para o fim da União Soviética e, consequência lógica, o fim de um mundo com duas superpotências lutando por supremacia mundial. A União Soviética deixou de ser um verdadeiro concorrente para o domínio do mundo, e isso levou alguns historiadores no Ocidente a concluir que "o fim da história" havia chegado.

Conclusão

A inclusão da RPC na Organização Mundial do Comércio, no ano 2000, marca o ponto em que a história dá lugar a um presente incerto. Um presente repleto de muitos problemas do passado, cujo maior obstáculo é o próprio passado. Existe um amplo consenso de que, se o partido não oferecer um tratamento adequado para eventos traumáticos tais como os protestos estudantis em 1989, seguidos da brutal repressão por militares, a Campanha Antidireitista de 1957 e a Revolução Cultural, não haverá transição fácil para uma sociedade civil saudável, o que para muitos é condição para um maior crescimento econômico. Com o advento das mídias sociais como o Weibo, espécie de Twitter chinês, seus 300 milhões de usuários têm uma compreensão muito melhor do que está realmente acontecendo. Todos os anos, boa parte das dezenas de milhares de protestos é monitorada de perto por ativistas Weibo, o que às vezes leva o partido a admitir com ressentimento seus erros. Por

A EXPERIÊNCIA NACIONAL

outro lado, há a pesada censura dessas mídias sociais, de modo que as postagens são eliminadas logo depois de aparecerem nos dispositivos móveis dos usuários.

Ainda está para ser visto se o partido será capaz de lidar com o enorme problema de corrupção, um mal generalizado. Como não há controle da corrupção sem supervisão independente dos envolvidos, isso inevitavelmente significaria perda de poder para o Partido Comunista, um passo que é improvável que o partido dê no futuro próximo.

Notas

1. Mao Tsé-tung. "Janguo yilai Mao Zedong wengao", vol.7, p.177.
2. Veja: Julia Strauss. "Introduction: in Search of PRC History". *The China Quarterly*, n.188, The History of the PRC (1949-1976), p.855-869. A quantidade de *xian* aqui informada é citada a partir de Yang 2006: 97.
3. Alguns tópicos, tais como o momento antidireitista, o Grande Salto Adiante e a Revolução Cultural *são* discutidos na RPC, mas isso deve ser feito seguindo rigorosamente as interpretações oficiais determinadas pelo partido.
4. "No Ocidente há um encantamento pelo termo dissidente." Para dar um exemplo no campo da literatura, Yang Lian é poeta que publica como dissidente no exterior, mas também como autor local. Suas duas personas se engrandecem mutuamente.
5. Ver, por exemplo, Teiwes. "The Establishment and Consolidation of the New Regime". In: Roderick MacFarquhar (org.). *The Politics of China*. Cambridge University Press, 2011, 3ª ed.
6. CCP 81:17.
7. A grande diferença nos níveis de renda que tanto preocupa a China na segunda década do século XXI é provavelmente o fator mais grave escondido por trás das generalizações da *Resolução*.
8. Tony Saich. *Governance and Politics of China*. Hampshire: Macmillan, 2004, p.3.
9. Por muitos anos estivemos acostumados a aceitar o conceito de Benedict Anderson, das "comunidades imaginárias". No que diz respeito à China, podemos também, com bastante propriedade, falar sobre "imaginar

UMA BREVE HISTÓRIA DA REPÚBLICA POPULAR DA CHINA

comunidades", com referência às diferentes comunidades que criam imagens da China conforme suas próprias necessidades e com base em suas próprias possibilidades. Portanto, existe uma "China" como a escrita pela imprensa estrangeira, que está mais interessada nos fracassos que nos sucessos. Não precisamos mencionar que essa divisão também é política. (Ver: *Chinaberichterstattung in deutschen Medien*. Berlim: Heinrich-Böll Stiftung, 2010.)

10. Tony Saich. *Governance and Politics of China*. Hampshire: Macmillan, 2004, p.2.

11. Ver: *Dang de xuanchuan gongzuo wenjian xuanbian* (Seleção de documentos sobre a propaganda do Partido). Pequim: Zhongyang xuanchuan bu bangong ting (org.), 1994. Essa é uma publicação interna cuja distribuição é estritamente limitada a membros dos órgãos do partido. O autor obteve uma cópia por intermédio de um amigo.

12. "The Three Main Rules of Discipline and the Eight Points for Atten tion" [As três principais regras de disciplina e os oito pontos para se prestar atenção] eram regras disciplinares para trabalhadores chineses e camponeses do Exército Vermelho, elaboradas por Mao Tsé-tung e outros durante a Segunda Guerra Revolucionária (1927-1937). Variavam discretamente em seu conteúdo conforme o tempo e a unidade do Exército. Em outubro de 1947, o quartel-general do Exército Chinês de Libertação Popular publicou a versão-padrão aqui citada.

13. Para as citações de fontes primárias, ver: Harold C. Hinton: *The People's Republic of China 1949-1979, a documentary Survey*. Wilmington: Scholarly Resources, 1980.

14. Em 1982, quando as leis criminais foram revisadas, o código penal contrarrevolucionário ainda não havia sido eliminado e permaneceu até 1997, quando foi substituído pelo crime de "colocar em risco a segurança nacional" (Henry He. *Dictionary of the Political Thought of the People's Republic of China*. Armonk: Sharpe, 2001, p.121).

15. É desnecessário dizer que "libertar" aqui é sinônimo de "estar em con formidade com a ideologia do Partido Comunista Chinês".

16. Mao Tsé-tung. *Selected Works*, vol.V, p.33.

17. Veja o artigo de Song Daolei: "The Political Technique of *Speaking Bitterness* in the Land Reform Movement". *Ershiyi shiji* 118, abril 2010, p.21-32. Disponível em: <http://www.cuhk.edu.hk/ics/21c/issue/articles/118_0812007.pdf>.

A EXPERIÊNCIA NACIONAL

18. Jiang Jieshi e Guomíndang são, na época em que este livro é escrito, a transcrição comum para Chiang Kai-chek e Kuomintang.

19. Sobre essa campanha em particular, ver Julia C. Strauss. "Paternalist Terror: The Campaign to Suppress Counterrevolutionares and Regime Consolidation in the People's Republic of China, 1950-1953". *Comparative Studies in Society and History*, vol.44, n.1, jan. 2002, p.80-105.

20. Veja Julia Strauss, "Paternalist Terror: The Campaign to Suppress Counterrevolutionares and Regime Consolidation in the People's Republic of China, 1950-1953". *Comparative Studies in Society and History*, vol.44, n.1, jan. 2002, p.80-105.

21. Idem, p.82.

22. Peng Zhen, "Guanyu zhenya fangeming he chengzhì fangeming tiaolie wentide baogao", 20 fev. 1951. Relatório apresentado na XI Conferência do Comitê Central do Governo. In: *Jianguo yilai zhongyao wenxian xuanbian*, vol.2, p.51.

23. Julia C. Strauss apresentou uma visão geral sobre as diferenças nas estimativas feitas por fontes chinesas e por ocidentais. Para detalhes, veja seu artigo "Paternalist Terror: The Campaign to Suppress Counterrevolutionares and Regime Consolidation in the People's Republic of China, 1950-1953". *Comparative Studies in Society and History*, vol.44, n.1, jan. 2002, p.80-105.

24. Tal como o livro de ensino médio que ainda persiste, *Shei shi zui ke ai de ren* ["Quem é o mais adorável?"], da autoria de Wei Wei.

25. Veja: Tien Yuan. "Demography in China: 'From Zero to Now'". *Population Index*, vol.47, n.4, inverno 1981, p.683-710.

26. O fato de que o Partido Comunista Chinês jamais consentiu a publicação do chamado *Discurso Secreto* demonstra quão perigoso o partido considerou o tal ataque. Até hoje o veredito oficial dado a Mao e Stalin permanece o mesmo: eles eram "70% bons e 30% ruins".

27. Ver em <http://news.xinhuanet.com/ziliao/2003-01/20/content_698003. htm> uma descrição oficial desse episódio. Acessado em 24 de novembro de 2013.

28. Para conhecer a abordagem de Ladany, ver Laszlo Ladany. *The Communist Party of China and Marxism. 1921-1985*. Londres: C. Hurst & Company, 1988, p.223. Até mesmo o Partido Comunista Chinês apenas admite que o escopo da Campanha Antidireitista foi "muito amplo, e vários intelectuais, patriotas e membros do partido eram justificada-

UMA BREVE HISTÓRIA DA REPÚBLICA POPULAR DA CHINA

mente rotulados direitistas com infelizes consequências" (*Resolution on CPC History* (1949-1981). Pequim: Foreign Language Press, 1981, p.27.

29. Roderick MacFarquhar dedicou grande parte da vida a escrever a história em três volumes, *The Origins of the Cultural Revolution* [A origem da Revolução Cultural].

30. A quantidade de pessoas que sofreram com o Grande Salto Adiante e suas consequências é, obviamente, controversa. Frank Dikötter, em *Mao's Great Famine: The History of China's Most Devastating Catastrophe, 1958-62*. Walker & Company, 2010, estima que 45 milhões morreram. Outros autores apontam números por vezes substancialmente mais baixos.

31. Roderick MacFarquhar, 1983, p.16.

32. *Xinhua banyuekan*, 1, 1958, p.12.

33. Há um grande número de pessoas nascidas em 1958, a maioria homens, que receberam o nome Grande Salto (*yuejin*), uma tentativa dos pais de provar sua fidelidade ao partido.

34. Laszlo Ladany, 1985, p.242.

35. Essas formulações remetem a Karl Marx e a seu texto "Crítica do Programa de Gotha", de 1875. A ideia básica de um futuro comunista descrito aqui foi adotada por Lenin, Stalin e, aqui, Mao como possibilidade real para o país.

36. Um argumento similar, mas muito mais afiado, foi abordado no livro recente de Orville Shell e John Delury. *Wealth and Power: China's Long March to the Twenty-First Century* [Riqueza e poder: A longa caminhada da China rumo ao século XXI], em que os autores dizem que a destruição de Mao foi uma "destruição criativa" da sociedade antiga e que ele deixou o campo preparado para a construção econômica de Deng. Ver: *Nova York Review of Books*, vol.LX, 18, p.60.

37. Roderick MacFarquhar; Michael Schoenhals. *Mao's Last Revolution*. Cambridge: The Belknap Press, 2006, p.146.

38. Esses termos, apesar de tornarem as coisas mais claras para uma leitura não chinesa, precisam ser entendidos claramente: ambos, os chamados liberais e os conservadores, são membros do Partido Comunista e seguem um objetivo, a vitória do Socialismo (não importando como isso possa ser compreendido).

39. Experimentos com formas mais livres de produção agrícola e de mercado foram conduzidos pelo partido logo após o Grande Salto Adiante. Mas

A EXPERIÊNCIA NACIONAL

já em 1964, no que deveria ser visto como prelúdio para a Revolução Cultural, durante a *Four Cleanup Campaign* [Campanha de arrumação] (Siqing yundong), os que foram bem-sucedidos foram atacados como "camponeses novos-ricos".

40. Em um sistema dominado pelo Partido Comunista, os sindicatos eram 100% controlados pelo partido, porque, sendo teoricamente livres de exploração por capitalistas, os trabalhadores não precisavam de um órgão independente para representar seus direitos. Han desafiou esse sistema havia muito estabelecido ao fundar uma espécie de sindicato fora do sistema do partido.

41. No início dos anos 1990, um membro ainda anônimo do lado reformista do Partido Comunista da China contrabandeou vários documentos para fora da China. Estes acabaram sendo publicados por Andrew Nathan, da Columbia University, com o título *The Tiananmen Papers* [Os documentos Tiananmen].

42. O termo foi proposto pela primeira vez por Ivan Berend, então passou a ser amplamente utilizado por Eric Hobsbawm em seu livro *The age of Extremes: A History of the World 1914 - 1991* [A era dos extremos: uma história do mundo 1914-1991]. Nova York: Pantheon Books, 1994.

Referências bibliográficas

Chinaberichterstattung in Deutschen Medien. Berlim: Heinrich-Böll Stiftung, 2010.

COHEN, Paul A. "Ambiguities of a Watershed Date: the 1949 Divide in Chinese History". In: _____. *China Unbound: Evolving Perspectives on the Chinese Past.* Londres: Routledge, 2003.

DIKÖTTER, Frank. *Mao's Great Famine.* Londres: Bloomsbury, 2010.

HINTON, Harold C. *The People's Republic of China 1949-1979, a Documentary Survey.* Wilmington: Scholarly Resources, 1980.

LADANY, Laszlo. *The Communist Party of China and Marxism. 1921-1985.* Londres: C. Hurst & Company, 1988.

MACFARQUHAR (org.). *The Politics of China.* Nova York: Cambridge University Press, 2011, 3ª ed.

_____; Schoenhals, Michael. *Mao's Last Revolution.* Cambridge: The Belknap Press, 2006.

Resolution on CPC History (1949-1981). Pequim: Foreign Language Press, 1981.

SAICH, Tony. *Governance and Politics of China*. Hampshire: Macmillan, 2004.

STRAUSS, Julia. "Paternalist Terror: The Campaign to Suppress Counter-revolutionares and Regime Consolidation in the People's Republic of China, 1950-1953". *Comparative Studies in Society and History*, vol.44, n.1, jan 2002, p.80-105.

TSCHIAO-MU, Hu. *30 Jahre Geschichte der Kommunistischen Partei Chinas*. Berlim: Dietz Verlag, 1954.

WESTAD, Odd Arne. *Decisive Encounters. The Chinese Civil War 1946-1950*. Stanford: Stanford University Press, 2003.

YANG, Su. "Mass Killings in the Cultural Revolution. A Study of Three Provinces". In: Esherick; Pickowicz; Walder (orgs.): *The Chinese Cultural Revolution as History*. Stanford: Stanford University Press, 2006.

ZEDONG, Mao. *Jianguo yilai Mao Zedong wengao*. (Manuscripts of Mao Zedong since the founding of the People's Republic). Pequim: Zhongyang wenxian chuban she, 1987.

ZHANG, Liang (org.). *The Tiananmen Papers*. Public Affairs: Nova York 2001.

Fontes

Dang de xuanchuan gongzuo wenjian xuanbian (Selection of documents on the Party's propaganda work). Pequim: Zhongyang xuanchuan bu bangong ting, 1994

Jianguo yilai zhongyao wenxian xuanbian (Selection of important documents since the founding of the People's Republic of China). Pequim: Zhongyang wenxian chuban she, 1992.

Sobre os autores

ÁGNES JUDIT SZILÁGYI é professora associada do Departamento de História Contemporânea da Universidade Elte (Budapeste), onde é responsável pelas regiões da Península Ibérica e da América Latina. Licenciada ainda na Faculdade de Letras de Elte, nos Departamentos de História e de Língua e Literatura Portuguesas, doutorada (Ph.D.) em História pela Universidade de Szeged, com a tese "A construção da nação e a política da cultura na época do Estado Novo brasileiro (1937-1945)".

ANDREA MARZANO é professora adjunta do Departamento de História da Universidade Federal do Estado do Rio de Janeiro. Publicou, entre outros, *Cidade em cena: O ator Vasques e o teatro no Rio de Janeiro, 1839-1892* (Folha Seca, 2008); *Vida divertida: Histórias do lazer no Rio de Janeiro, 1830-1930* (Apicuri, 2010, organizado com Victor Andrade de Melo). Atualmente, dedica-se ao estudo da cidade de Luanda entre as décadas de 1870 e 1930, tendo publicado diversos artigos sobre o tema.

ANGELO SEGRILLO é professor de história contemporânea da Universidade de São Paulo. Com doutorado pela Universidade Federal Fluminense e mestrado pelo Instituto Pushkin de Moscou, é autor de vários livros sobre a Rússia, entre os quais *Os russos* (Contexto, 2013), *O declínio da União Soviética: Um estudo das causas* (Prismas, 2014), *Rússia e Brasil em transformação* (7Letras, 2005) e *De Gorbachev a Putin: A saga da Rússia do socialismo ao capitalismo* (Prismas, 2014).

A EXPERIÊNCIA NACIONAL

EMILIANO GASTÓN SÁNCHEZ é doutor e professor de História na Faculdade de Letras da Universidade de Buenos Aires, com mestrado em Sociologia da Cultura e Análise Cultural pelo Instituto de Estudos Sociais (Idaes). Pesquisador assistente do Conselho Nacional de Pesquisa Científica e Tecnológica (Conicet), com atuação no Instituto de Estudos Históricos (IEH) na Universidade de Tres de Febrero (Untref). Leciona na cadeira Problemas do Mundo Contemporâneo na Faculdade de Artes da Universidade de Buenos Aires.

EUGÉNIA PALIERAKI é historiadora e professora da Universidade de Cergy-Pontoise (França). Tem licenciatura em História, Arqueologia e História da Arte pela Universidade de Atenas e Ph.D. em História Contemporânea pela Universidade de Paris 1 Panthéon-Sorbonne e pela Universidade Católica do Chile. É autora de uma série de artigos e livros coletivos sobre a noção de revolução na América Latina e na Europa e a história política dos anos 1960.

FLÁVIO LIMONCIC é professor de História da América da Universidade Federal do Estado do Rio de Janeiro. De sua autoria, a Editora Civilização Brasileira publicou *Os inventores do New Deal: Estado e sindicatos no combate à Grande Depressão* (2009) e, coorganizado com Francisco Carlos Palomanes Martinho, *A grande depressão: Política e economia na década de 1930 – Europa, Américas, África e Ásia* (2009) e *Os intelectuais do antiliberalismo* (2010).

FRANCISCO CARLOS PALOMANES MARTINHO é professor livre-docente do Departamento de História da Universidade de São Paulo. Pesquisador do CNPq, desenvolve investigações sobre a história portuguesa contemporânea. Entre suas mais recentes publicações estão *O passado que não passa: A sombra das ditaduras na Europa do Sul e na América Latina* (Civilização Brasileira, 2013), com António Costa Pinto, e *Intelectuais do antiliberalismo* (Civilização Brasileira, 2010), com Flávio Limoncic.

SOBRE OS AUTORES

FRANCISCO SEVILLANO CALERO é doutor em História e professor titular de História Contemporânea na Universidade de Alicante. Entre seus livros estão *Propaganda y medios de comunicación en el franquismo* (Publicaciones de la Universidad de Alicante, 1998); *Ecos de papel: La opinión de los españoles en la época de Franco* (Biblioteca Nueva, 2000); *Exterminio: El terror con Franco* (Oberon, 2004); *Rojos: La representación del enemigo en la guerra civil* (Alianza Editorial, 2007) e *Franco: Caudillo por la gracia de Dios* (Alianza Editorial, 2010).

GOFFREDO ADINOLFI é pesquisador em Ciência Política no Centro de Investigação e Estudos em Sociologia no Instituto Universitário de Lisboa (desde 2006) e doutor em História Contemporânea na Universidade de Milão (2005). Publicou *Ai confini del fascismo, Propaganda e consenso nel Portogallo salazarista* (FrancoAngeli, 2007) e "Political Elite and Decision-Making in Mussolini's Italy", *in Ruling Elites and Decision-Making in Fascist-Era Dictatorships* (Social Science Monographs, 2009), entre outros.

LEONARDO SCHIOCCHET é Ph.D. em Antropologia pela Boston University e pós-doutorado pela UFF e pela Academia Austríaca de Ciências (AAS). Atualmente é pesquisador associado do Instituto para Antropologia Social (ISA) da AAS. Entre suas principais publicações estão: "Suspicion and the Economy of Trust among Palestinian Refugees in Lebanon" (*Cambridge Anthropology*, 32(2), outono de 2014, p.112–127) e "Palestinian Refugees in Lebanon: Is the Camp a Space of Exception?" (*Mashriq & Mahjar*, vol.2, n.1, verão 2014).

LORENZ BICHLER estudou história chinesa, japonesa e moderna em Zurique, Pequim, Tóquio e Heildelberg. Foi professor na New School e na New York University e atualmente é professor da Universidade de Heidelberg, Alemanha. Entre seus principais interesses estão a história do Partido Comunista, a história da propaganda comunista e a história da mídia. No momento, trabalha em um livro sobre o jornal *Jiefang Ribao* (Liberation Daily), de Xangai.

A EXPERIÊNCIA NACIONAL

LUCIA LIPPI OLIVEIRA é socióloga e professora emérita do Programa de Pós-Graduação em História, Política e Bens Culturais do CPDOC da Fundação Getulio Vargas. Tem-se dedicado ao estudo da construção da identidade nacional. Publicou *A questão nacional na Primeira República* (Brasiliense, 1990); *Americanos: Representações da identidade nacional no Brasil e nos Estados Unidos* (Editora UFMG, 2000); *Nós e eles: Relações culturais entre brasileiros e imigrantes* (FGV, 2006) e *Cultura é patrimônio: Um guia* (FGV, 2008).

LUÍS EDMUNDO DE SOUZA MORAES é doutor em História pelo Centro de Pesquisas sobre o Antissemitismo da Universidade Técnica de Berlim. Atualmente é professor associado de História Contemporânea e do Programa de Pós-Graduação em História da UFRRJ. Publicou artigos diversos e o livro *Konflikt und anerkennung: Die ortsgruppen der NSDAP in Blumenau und in Rio de Janeiro.* (Metropol Verlag, 2005).

MARCELO BITTENCOURT é professor associado do Departamento de História da Universidade Federal Fluminense (UFF). Publicou, entre outros, *Dos jornais às armas: Trajectórias da contestação angolana* (Vega, 1999); *Estamos juntos! O MPLA e a luta anticolonial 1961-1974* (Kilombelombe, 2008); *Mais do que um jogo: O esporte no continente africano,* com Augusto Nascimento e Victor Melo (Apicuri, 2011) e *Esporte e lazer na África: Novos olhares,* com Augusto Nascimento, Nuno Domingos e Victor Melo (7Letras, 2013).

MICHEL BOCK é professor associado em História na Universidade de Ottawa (Canadá) e comanda uma cadeira na Faculdade de História Canadense-Francesa. É especialista em história intelectual e política, com foco em nacionalismos no Canadá. Já recebeu numerosos prêmios por sua pesquisa, incluindo o Canada's Governor General's Literary Award for Non-Fiction.

SOBRE OS AUTORES

OLIVIER DARD é professor de História Contemporânea da Universidade de Paris IV – Sorbonne. Publicou sete trabalhos autorais, entre os quais: *Charles Maurras, le maître et l'action* (Armand Colin, 2013) e *Voyage au cœur de l'OAS* (Perrin, 2011). Coordenou sete obras coletivas, das quais se destacam: *Références et thèmes des droites radicales au XXᵉ siècle (Europe/Amériques)* (Peter Lang, 2014) e *Scandales et corruption à l'époque contemporaine. Les Coulisses du politique dans l'Europe contemporaine*, tome 3 (Armand Colin, 2014).

*O texto deste livro foi composto em
Sabon LT Std, corpo 11/15.*

*A impressão se deu sobre papel off-white
pelo Sistema Cameron da Divisão Gráfica
da Distribuidora Record.*